Vladimir Lenin

列宁传

季正矩 / 著

天地出版社 | TIANDI PRESS

图书在版编目（CIP）数据

列宁传 / 季正矩著. 一成都：天地出版社，2017.8（2023年5月重印）
ISBN 978-7-5455-3010-0

Ⅰ.①列… Ⅱ.①季… Ⅲ.①列宁（Lenin, Vladimir Ilich 1870-1924）—传记 Ⅳ.①A732

中国版本图书馆CIP数据核字（2017）第180179号

列宁传

出品人	杨 政
作　者	季正矩
责任编辑	陈文龙　李建波
装帧设计	思想工社
封面图片	CFP
电脑制作	尚上文化
责任印制	王学锋

出版发行	天地出版社
	（成都市锦江区三色路238号 邮政编码：610023）
	（北京市方庄芳群园3区3号 邮政编码：100078）
网　　址	http://www.tiandiph.com
电子邮箱	tianditg@163.com
经　　销	新华文轩出版传媒股份有限公司
印　　刷	天津文林印务有限公司
版　　次	2018年1月第1版
印　　次	2023年5月第11次印刷
成品尺寸	170mm×240mm　1/16
印　　张	32.25
字　　数	488千字
定　　价	58.00元
书　　号	ISBN 978-7-5455-3010-0

版权所有◆违者必究

咨询电话：(028)86361282（总编室）
购书热线：(010)67693207（营销中心）

如有印装错误，请与本社联系调换。

列 宁

前　言

恩格斯在评价欧洲文艺复兴时代时曾说过："这是一次人类以往从来没有经历过的最伟大、进步的变革，是一个需要巨人而且产生了巨人——在思维能力、热情和性格方面，在多才多艺和学识渊博方面的巨人的时代"，这些巨人"几乎全都处在时代的运动中，在实际斗争中生活着和活动着，站在这一方面或那一方面进行斗争，一些人用舌和笔，一些人用剑，有些人则两者并用。因此，就有了使他们成为全面人的那种性格上的丰富和力量"。今天，我们站在新的历史起点上，重温恩格斯这句话，回首 20 世纪的发展历程时，深深地觉得，20 世纪更是一个伟大和进步的时代，列宁就是这个时代中的巨人之一。这是因为，列宁是世界上第一个社会主义国家苏联党和国家的主要缔造者，著名的马克思主义理论家，全世界无产阶级和被压迫人民的领袖和导师，对世界历史和俄国历史产生了巨大而深远的影响。因此，了解和研究列宁生平事业及其思想有着重要的理论价值和现实意义。

列宁逝世后，世界各国出版的有关列宁的论著和文章，数不胜数，浩如烟海。但由于人们的立场、观点、方法不同，具体看法和结论也不尽一致。尤其是苏联解体、东欧剧变后，世界社会主义运动遭到严重挫折，对列宁及其思想的评价再次成为人们关注的焦点。诸如，列宁领导的十月革命是历史的必然还是悲剧性错误？列宁创建的第一个社会主义政权是不是"早产儿"？列宁是不是"极权主义的设计师"？列宁主义是不是斯大林主义的"原罪"？列宁的帝国主义论是否已过时？苏联解体、东欧剧变是否意味着列宁主义本身是错误的？列宁主义作为一种理论模式是否仍具有现实性和指导价值？……

列宁问题，不仅仅是列宁个人的荣辱问题，也不是历史遗留的某种情感问题，而是对他所从事的事业及其思想的评价问题，也是一个现实而敏感、严肃而深刻的问题。因此，应该客观、历史、全面和系统地了解和把握列宁的生平业绩及其思想，并从中得出科学而正确的结论。这对于我们更好地坚持和发展马克思主义，深刻总结苏联解体、东欧剧变的教训，坚定理想信念，不断推进中国特色社会主义伟大事业，有着重要的作用。

本书力求体现以下几个特点：

（1）实事求是。在西方出版的一些列宁传记中，尽管不乏一些新观点和新角度，但也有不少对列宁的歪曲和攻击等不实之词。例如，一些西方学者打着心理分析方法的旗号，宣称列宁"从小就是个精神病患者"，抑郁症和轻躁狂症相互交替，贯穿列宁的一生；一些人攻击列宁在党内是信奉"权力意志论"的尼采主义者，在党外则是为达目的而不择手段的马基雅维利主义者，把"权力欲"说成是列宁从事政治活动的思想动力；还有一些人程度不同地否定列宁主义是马克思主义与俄国革命实际相结合的产物，把马克思的哲学思想和列宁的哲学思想对立起来，鼓吹列宁的历史观是经济决定论和唯意志论，把列宁的晚年思想和新经济政策说成是列宁"最后的绝望斗争"。对于这些奇谈怪论，我们自然不能接受。在苏联，有关列宁的传记很多，材料丰富，体裁和方法多样，对列宁的介绍和评价基本上是全面的、中肯的，但毋庸讳言，也有不少地方带有明显的"时代"痕迹和个人崇拜的因素。反对个人崇拜是列宁生前一贯倡导的思想，他本人也身体力行，反对人们对他"歌功颂德"。因此，我们应该坚持实事求是的原则，客观、公正、全面地叙述列宁的生平及其思想。本书对列宁的描述持以下观点：一是列宁是历史中的"人"。列宁是人，不是神，无论其个人的成长，还是思想的

前言

发展都有一个不断成熟和完善的过程，会存在这样或那样的一些不足和历史局限性，也有悲欢离合和喜怒哀乐。二是列宁是时代和历史的巨人，这主要体现在他的不朽的业绩、艰苦卓绝的斗争历程、博大精深的思想体系、崇高的品德、科学的思想方法和工作方法等方面。三是列宁是一个具有鲜明特色和个性的人，其人格具有独特的魅力。

（2）学术性和通俗性兼顾。本书力求以翔实的资料为基础，系统介绍列宁从一个懵懂少年到优秀的中学生、学运领袖、仗义执言的律师，最后成长为无产阶级革命家的历程，叙述了列宁如何处理友情、爱情、亲情等方面的关系，阐述了列宁如何坚持捍卫和发展马克思主义，揭示了列宁治党、治国、治军的高超艺术和胆识，从而多方面、多层次、多角度地展现列宁作为一代伟人的风采。本书是一本通俗性传记，不是一本列宁思想研究专著，无意于对学术界的各种观点和看法作出评介，但是也力求简明扼要地叙述列宁在各个时期的重要著作的历史背景、写作过程、基本内容和主要观点，从而梳理出列宁思想认识的来龙去脉，阐明列宁主义的"实态"和整体性。同时，书中对列宁主义的实践性、时代性、科学性和俄国特色都有所反映。一些具体的评论一般采用学术界比较统一或大多数人的观点。鉴于列宁晚年的一些思考十分重要，本书也侧重予以介绍。

（3）在结构形式上进行了一些新尝试。作为传记，本书在辅配一些插图的基础上，以列宁生平活动的时间顺序为主安排章节，同时为了更好地概括列宁的有关活动和思想，某些章节的时空跨度较大，从而把"条条"（以事件为线索）和"块块"（以历史时期为线索）结合起来。

本书是集体智慧和劳动的结晶。在写作过程中，广泛吸收和借鉴了国内外有关成果和资料，得到了有关专家、学者和同仁的指导和关怀，在此一并表示衷心的感谢！

目 录

第一章　伏尔加河畔
- 金色童年 2
- 全优生 14
- 心灵的震撼 19
- 一个"不安分"的大学生 25
- 放逐乡下 29

第二章　从律师到革命家
- 特殊的律师 36
- 到彼得堡去 49
- 身陷囹圄 63
- 在西伯利亚流放地 69
- 革命伴侣 89

第三章　建党的历程
- "星火"行动 98
- 历史性多数 114

医治党内危机 128
革命的预演 136
在白色恐怖中 156
流亡日内瓦 173
寓居巴黎 184
独立建党 198

第四章　十月的决战

迁往克拉科夫 212
在第一次世界大战硝烟中 227
远方来信 243
在两个政权并存的日子里 251
转入地下 263
震撼世界的十天 282

第五章　治国安邦

红色专政 300
"不幸的和约" 317
三次遇刺 334
国内战争 346
创建共产国际 359
战时共产主义 371
为革命辩护 377
在威信与权力面前 384

第六章　晚年的探索

危机后的选择 400

外贸垄断制的争论 415
格鲁吉亚事件 421
三次中风 430
凝重而深邃的思考 439
最后岁月 469

附 录 列宁年谱 483

第一章

伏尔加河畔

金色童年

公元1870年4月,正值春天的俄罗斯母亲河——伏尔加河及其支流斯维亚加河开始解冻,融化的冰块不时发出"噼啪"的撞击声,河面逐渐开阔起来。在两条河的交汇处坐落着一座城市——辛比尔斯克,现名为乌里扬诺夫斯克。相传400多年前有一个姓"辛比尔"的保加利亚公爵曾住在这儿,因此人们便习惯用他的名字称呼这个地方。17世纪中叶,沙皇下令在这里修建了一座内城,并构筑了坚固的堡垒,使它成了一座军事要塞,用来抵御来自南方游牧部落的侵袭。经过几个世纪的发展,到19世纪辛比尔斯克已成为商港,是粮食、鱼、羊毛、硝石等的贸易集散地。全城大约有3万多人,大部分是工人和伏尔加河上的纤夫。辛比尔斯克省国民教育视察员伊里亚·尼古拉耶维奇·乌里扬诺夫一家就住在城市边缘特列尔茨街的一座木板结构的房子里。

列宁的故乡——伏尔加河畔的辛比尔斯克(19世纪)

第一章 伏尔加河畔

4月22日（俄历4月10日）[①]，阵阵婴儿的啼哭声从乌里扬诺夫家的小木屋中传出，家中又添丁进口了。小孩大脑袋，高颧骨、蒙古型眼角、略为向上的眼睛和宽阔的前额，极像父亲。父母给孩子起名为弗拉基米尔·伊里奇·乌里扬诺夫，乳名沃洛佳，这就是后来成为全世界无产阶级伟大领袖和导师的列宁[②]。

4月28日，在一片钟声中，尼科尔教堂的执事为列宁做了神圣的洗礼，并登记造册。

列宁出生的房子：辛比尔斯克市特列尔茨街乌里扬诺夫家的住所

在小列宁的摇篮旁，母亲玛丽亚·亚历山大罗夫娜·乌里扬诺娃充满了做母亲的幸福、骄傲和希冀，唱起了美丽的歌曲：

[①] 为行文方便，本书所述时间一律采用公历，1900年3月前，俄历比公历晚12天，1900年3月起，俄历比公历晚13天。1918年2月14日起，俄国统用公历。

[②] "列宁"这个名字，并非原来的名字，它是弗拉基米尔·伊里奇·乌里扬诺夫30岁之后(1901年)开始用的化名。为保密或革命事业的需要，弗·伊·乌里扬诺夫一生中使用了不少化名或笔名，如彼得耶夫、迈耶尔、自由人、伊林、卡尔波夫、伊万诺夫斯基、弗雷、列宁等。其中"列宁"后来成为他自己喜欢、别人也喜欢的一个较通用的名字，相沿成习，便一直沿用下来。本书为行文方便和尊重人们的习惯，一般使用"列宁"这个名字，叙述他的伟大一生。

列宁传

你生到这个世上来，
命运有什么安排？
你会建立丰功伟绩，
让英名天下传遍？
在危难紧急的关头，
我们敬爱的领袖，
你将英勇地挺起胸膛，
保卫自己的家乡，
用正直无私的心肠，
光明正大的力量，
战胜罪恶和黑暗，
捍卫住真理正义。[①]
……

列宁的父亲伊里亚·尼古拉耶维奇·乌里扬诺夫出生于1831年7月26日，是一位出色的国民教育家和社会活动家。他出身于阿斯特拉罕一个贫苦的手工业者家庭，祖父早年是农奴，祖母是属于蒙古族的加尔梅克人。在其7岁时，父亲不幸因病去世，家中一贫如洗。列宁的伯父过早地担起养活全家的重任，虽然他自己也很想求学，但为了使弟弟受到教育，他只好放弃自己求学的念头，先后赶过大车和当过商店伙计，终生未娶，把整个一生都献给了贫穷的家庭。伊·尼·乌里扬诺夫长大成人后，一直十分感激哥哥为他作出的牺牲。凭着自己的不懈努力和杰出天赋，在不断克服困难的情况下，伊·尼·乌里扬诺夫于1843年进入阿斯特拉罕中学，先后两次获奖学金，1850年中学毕业时获得银质奖章和荣誉公民称号，同年进入喀山大学学习，毕业时获得物理数学候补博士学位。大学毕业后，伊·尼·乌里扬诺夫在奔萨贵族学院担任数学、物理教师，并担任了

[①] M.戈尔登斯坦：《列宁与音乐》，音乐出版社1960年版，第4页。

喀山气象站的气象观察工作。

为人师表后，伊·尼·乌里扬诺夫力求做到行为世范、诲人不倦。他讲课细致又耐心，对学生的淘气行为从不疾言厉色，还免费帮助贫苦学生，因此深受学生们的爱戴。19世纪50年代末，当时负责教育行政管理的领导认为，他教学热心、教学成绩好、知识渊博，故此给他以奖励。

60年代初，伊·尼·乌里扬诺夫在同事奔萨贵族学院学监维列金尼柯夫的家中，认识了后来成为其妻子的玛里亚·亚历山大罗夫娜·勃兰克，维列金尼柯夫是玛丽亚的姐夫。

列宁父亲伊里亚·尼古拉耶维奇·乌里扬诺夫（1831—1886）

因工作成绩突出，1869年，伊·尼·乌里扬诺夫被任命为辛比尔斯克省国民教育视察员，之后又升任省国民教育总监，获世袭贵族称号。

伊·尼·乌里扬诺夫担任国民教育视察员时，正值俄国废除农奴制并开始创办国民教育体制之际。当时俄国乡村教育十分落后，师资缺乏，资金困难，没有固定的课本和教育参考用书，伊·尼·乌里扬诺夫奔波于各乡村之间，在村公会上劝说农民支持教育，并多方筹集资金支持教育，为青年教师举办师范进修班，以便使他们按教育学原理授课。到1886年去世时，他在全省共创办了近450所学校，在校学生2万余名，其中有几所中学和上千名中学学生。伊·尼·乌里扬诺夫的思想接近于19世纪60—70年代的俄国启蒙学派。他平易近人，同情农民的疾苦和艰辛，厌恶当时那种奴颜婢膝、追求功名的官僚习气，对当时的沙皇专制不满。

1863年夏天成家后，伊·尼·乌里扬诺夫几乎把全部薪金都用在养家糊口和培育子女上，自己也不爱好各种享受和社交活动，近乎把全部业余时间都用在家中，注意锻炼孩子们的意志，激发他们的求知欲，教育他们诚实正直、热爱劳动、严于律己、宽以待人。他时常给孩子们讲故事，开开玩笑，对孩子们提出的问题总是尽量通俗易懂地予以解答，有时也和孩子们玩一下槌球、下下棋，

列宁传

列宁的母亲玛丽亚·亚历山大罗夫娜·乌里扬诺娃（1835—1916）

孩子们感到无拘无束，客厅里经常传出欢快的笑声。

列宁的母亲玛丽亚·亚历山大罗夫娜·勃兰克是医生亚·德·勃兰克的女儿，1835年3月6日生于彼得堡。亚·德·勃兰克的父亲是一位德国商人，母亲是一位瑞典人。亚·德·勃兰克出身于市民阶层，1824年毕业于彼得堡医学院，早年丧偶，夫人给他留下了6个年幼的孩子。亚·德·勃兰克学识渊博，思想进步，为人耿直，不趋炎附势，因此而不受上司青睐，工作屡被调换，晚年在喀山省科库什基诺村附近买了一个不大的庄园，种地之余，给附近的农民治病。在德国姨母的严厉教育下，玛·亚·勃兰克很小就养成了勤劳和俭朴的习惯。她的父亲按斯巴达克方式来教育女儿们，5个女孩子一年四季都穿短袖敞领的印花布连裙，就连这种衣服每人也只有两套替换穿。伙食很简单，甚至她们成年以后也不喝茶和咖啡，因为当医生的父亲认为茶和咖啡有损人体健康。这种生活方式使玛丽亚的身体长得结实，特别能吃苦耐劳，"不知道什么是神经衰弱"。玛·亚·勃兰克性格沉稳，天资聪颖，在姨母的指导下，自学了英、法、德语，学过音乐，读过不少书，钢琴技巧很娴熟。虽然未正式进过学校的门，但却通过了中学的笔试，成绩优异，获得了在小学当女教师的资格。但由于经济条件所限，未能上大学，成为一大憾事。婚后，玛·亚·勃兰克专注于理家和相夫教子，对当时上流社会中讲究穿着打扮和喜欢飞短流长的习气不感兴趣。她做事有条不紊，持家勤劳节俭，对孩子从不体罚打骂，总是耐心地引导和教育。

列宁共有5个兄弟姐妹，姐姐安娜·伊里尼奇娜·乌里尼奇娜·叶利扎罗娃（生于1864年）、哥哥亚历山大·伊里奇·乌里扬诺夫（生于1866年，乳名萨沙）、妹妹奥丽加·伊里尼奇娜·乌里扬诺娃（生于1871年）、弟弟德米特里·伊里奇·乌里扬诺夫（生于1874年）、妹妹玛丽亚·伊里尼奇娜·乌里扬诺

第一章 伏尔加河畔

乌里扬诺夫一家（1879年摄于辛比尔斯克）

娃（生于1878年）。另外，列宁还有一个姐姐和一个弟弟，他们出生不久就不幸夭折了。家中的保姆格里果列夫娜最喜欢列宁和妹妹奥丽加，经常把他们一边一个放在膝上，给他们讲故事。在兄弟姐妹中，列宁和妹妹奥丽加关系最好，小时几乎形影不离。

为了使儿女们有一个比较舒适的生活环境，在列宁半岁时，父母把家搬到了特列尔茨街17号房子的二楼上。1878年，父母又用全部积蓄买下了莫斯科街58号的一幢木制的带有阁楼和回廊的平房。列宁和兄弟姐妹们的青少年时期的大部分时光就是在这儿度过的。新居因面对大街，一年四季尘土飞扬、人声喧哗，但房间却宽敞明亮。下层有5个大房间，分别作为父亲的书房、母亲的卧室、餐室、厅堂和客厅，东西还各有一间前室以及厨房。阁楼上面还有4个小房间，这

· 7 ·

列宁传

里是孩子们的天地,列宁住在朝东的一个房间里,与哥哥萨沙相邻。同时,新居的旁边是一个幽深的大院落和一座花园,里面有各种各样的花草和树木,每到夏秋季节,这里便呈现出一片郁郁葱葱、果实累累的景象,充满了大自然旺盛原始的野趣,这里成为孩子们流连忘返的乐园。

孩提时代的列宁聪明、活泼、淘气,在父母的呵护下,过着天真烂漫的生活。

列宁喜欢玩热闹的游戏,常常把妹妹奥丽加赶到沙发底下,然后喊口令:"从沙发下面往外开步走。"有一次,他和妹妹奥丽加玩过家家的游戏。奥丽加坐在用干树枝搭成的窝棚中,窝棚外面放着一堆干树枝,上面放一层红叶子,表示篝火熊熊燃烧,火上面放着一个瓦罐,表示在做饭。奥丽加头上插着一块很大的绿色牛蒡草叶子作为头饰,等待"猎手"归来。过一会儿,列宁"打猎"归来,一手握弓箭,一手拖着被他捕获的"野兽"——一块大树根。他手舞足蹈地向奥丽加讲述了他同野兽搏斗的经过:他一箭射中野兽之后,野兽咬他、追他,使他失去了知觉。列宁一面讲着,一面学着野兽的咆哮。最后列宁说自己狩完猎后,又累又饿,要求奥丽加给他回家取两块面包吃。

有时候,顽皮的列宁喜欢搞一些恶作剧,戏弄弟弟妹妹。有一回,他和妹妹奥丽加玩"赶马人"游戏。开始列宁扮演赶马人,妹妹扮演马。他用绳子套着"马",用鞭子抽打"马","马"很驯服。而当列宁扮演马时,没等妹妹用鞭子赶"马"走,列宁就挣脱绳子跑到了一边。妹妹坐在草地上赌气地说:"这样玩不行,我不玩了。"列宁做了个鬼脸说:"马总比人力气大,赶马人应爱惜马,给马喂点好吃的,比如带盐的黑面包,那马就会乖乖地听使唤了。"

和其他小孩一样,列宁喜爱玩具。所不同的是,玩具一经他的手,准会四分五裂或面目全非。列宁过三岁生日时,保姆格里果列夫娜给他买了一个十分逼真的菊花青马玩具,作为

四岁时的列宁

生日礼物。这下可逗乐了他，他用惊讶的目光看了看这精致的生日礼物后，便拿着新玩具藏到门后去了。不到10分钟的光景，当姐姐安娜找到他时，这匹小马已经躺倒在地板上，脚被拧断了，尾巴被揪了下来，列宁还在一个劲儿地抠马的玻璃眼睛。

"你为啥这样干？"大家责备列宁。"想知道这是不是一匹真马，"列宁噘起小嘴天真地答道，"还想看看它里面究竟有什么东西。"

正是由于这种对玩具的特殊爱好，以及想弄懂它的内部构造的浓厚兴趣，列宁曾把弟弟的一管笛子砸开，看看空气如何通过笛子的活瓣；他还把妹妹心爱的布娃娃的眼睛挖出来，看看为什么它的两眼一会儿睁开，一会儿闭上。

虽是家中最淘气的一个，但列宁还是听大人的话的。有时，妈妈为了让他安静些，就让他坐在一把圈椅上，作为处罚，只有等妈妈允许之后，才能站起来再去玩耍，对此，列宁把圈椅叫"黑凳子"。一次，妈妈叫他坐在椅子上，正好有人把妈妈招呼走了，把他忘了。过了好久，妈妈才想起这件事，赶紧跑去一看，发现列宁早已安静地坐在椅子上睡着了。

列宁的智力和精力要比同龄孩子们明显高出一截。有一次，全家坐轮船到喀山乡下避暑。这是列宁生平第一次出远门，他兴奋不已，在轮船上不停地喊叫。

"在轮船上是不允许这样大声喊叫的。"妈妈对列宁说。

"可是轮船自己也在大声喊叫呀！"列宁不假思索地回答道。

列宁的回答引起周围人们的一阵欢笑，也使妈妈一时语塞。

还有一次，列宁和一个比他高出一头的表兄摔跤。开始时，表兄用犯规动作把列宁绊倒了，得意扬扬。列宁很不服气，他提出，单看跌倒的时候谁在上头不公平，这时候应该慢慢地数数，如果数到一百，下面的人还没翻上来，上面的人才是赢家，并且要有裁判监督。于是两个人又开始了较量，列宁又被对方绊倒了，但他很快就翻到表兄的身上，一直到数完一百为止。

列宁不仅很机警，也很勇敢。每到夏天，父亲就领着孩子们到伏尔加河的支流斯维亚加河游泳。列宁十分喜欢游泳，很快练就了一身好水性，敢于到水流湍急的深水区遨游。在他的带动和指导下，弟弟德米特里也学会了游泳。

列宁传

列宁从小不说谎话，并且勇于承认错误和改正错误。5岁时，他把姐姐的一把心爱的尺子弄断了，立即向姐姐说明是自己不小心把尺子弄断的，希望姐姐原谅。8岁时，有一次母亲带他去姨妈家做客，在和表兄表姐玩时，一不小心，他把姨妈家的一只长颈玻璃花瓶打碎了。姨妈问是谁打碎的，大家都说不是自己干的，列宁也跟着大家说不是自己干的。到了晚上，列宁躺在床上，翻来覆去睡不着，为自己撒的谎难过。最后，列宁还是勇敢地向妈妈承认了错误，请求妈妈给姨妈写一封信，请求原谅。

受父母的引导和影响，加上自身活泼好动的性格，自幼起列宁就培养了广泛的兴趣和爱好：打猎、游泳、击木、弹钢琴、唱歌、旅游、打槌球、下象棋，等等。

列宁自幼就表现出很高的音乐天赋，在父母的熏陶下，音乐成为他生活的一部分。在七八岁时，他就能灵巧地弹奏很多儿童歌曲，还同母亲或姐姐安娜一起做四手联弹。但上中学后他就完全不弹钢琴了，倒不是因为怕影响了学习成绩的缘故，主要是因为他当时受了这样一种旧观点的影响：弹钢琴不是"男子汉的事"，只有女孩子才学。这让母亲十分惋惜。1883年，有人给家中送来了一架手风琴，哥哥、姐姐和妹妹都没有学会，出于好奇的列宁很快就学会了，并且《一辆跑得飞快的三套马车在大道上奔驰》还拉得相当不错。后来在中学里，列宁是学生晚会的有力组织者，使每次晚会的节目既有趣，又丰富。

从很小的时候起，列宁就会唱不少歌曲。如《快马》：跳，跳，跳！嗨，大步跳！马儿，马儿，你快快地跑，过大河，跨高山……《燕子之歌》：草儿绿茵茵，太阳暖融融，春天来到了，春燕入门庭……列宁还喜欢和妹妹奥丽加一块儿唱《渺无人迹的大海》：波涛啊，只把意志坚强的人送向彼岸！……乘狂风，破巨澜，勇敢些，弟兄们！我的船坚固无比，勇往直前。后来列宁还喜欢唱达哥米日斯基的《婚礼》、海涅作词的《美妙的小眼睛》、歌剧《浮士德》里瓦连京的咏叹调，以及《伟大的柱石》《土鲁罕之歌》《华沙革命歌》《船夫歌》等民歌。保姆还教列宁学习一些歌曲，如《财主大混蛋》《抱着钱罐常失眠》《穷人贫如洗》《唱唱乐乐多欢喜》。

一些歌曲成为当时人们悲欢离合、所思所怨所忧的一面镜子，这深深地印入了列宁的脑海中。许多年以后，列宁看到俄罗斯农民歌曲集时曾动情地说："多有趣的材料！用这些材料真可以写出一份关于人民的心愿和希望的出色的研究报告……这是真正的民间创作，它对我们今天研究人民的心理是多么需要，多么意义重大……"①

下象棋是列宁的一大爱好，父亲是他的启蒙老师。父亲伊里亚认为，下棋是一种智力竞技，可以培养和发展小孩的想象力、机智灵活性、逻辑思维能力和注意力，因此他十分鼓励孩子们学象棋。列宁从八九岁起下象棋，开始时同父亲、哥哥下棋，后来又同姐姐和弟弟下。到15岁时，父亲已不是列宁的对手了，于是父亲建议他跟辛比尔斯克高手伊林学棋并较量一下。列宁下棋时遵守一个很好的规矩，就是摸子走棋，落子无悔，观棋不语。他下棋时很认真，也很顽强，有时胜利看似无望的情况下，也不轻易放弃，而是认真思考，寻出妙着，从而绝处逢生、反败为胜。1886年夏天，列宁和哥哥每逢晚上便在一个房间里进行象棋比赛。两个人静静地坐在房间里，往往几个小时都不离开棋盘。

列宁没有上过小学，但他5岁左右就跟着母亲识字读书。乌里扬诺夫家保持着让孩子们自觉读书的习惯，父母给孩子们选择读物并给予指导。列宁也自幼养成了读书的习惯。童年列宁没有什么特别喜欢读的书，他较愿意读的是"儿童读物"之类的杂志。

1878年，列宁可以去上学了，但还不能算学校里的正式学生，而是预备班的学生。父亲主张早一点让列宁上学，这样可以让他早些学会劳动，增强自律性。但是在四年级上学的哥哥萨沙反对过早地把列宁送进学堂而套上学校的羁绊，毫无用处地每天在教室里坐到下午3点钟。列宁也不愿意上预备班，而愿意在老师业余时学习。父母亲同意这样做了。列宁先是跟一个男教师学习，后来是一个离家很近的市立学校的女教师给予列宁指导。列宁每天去女教师那里一小时，偶尔两小时，时间是在女教师上课之前，或在女教师课余空闲时间。父亲检查列宁

---

① 《列宁与音乐》，音乐出版社1960年版，第8页。

列宁传

列宁的姐姐安娜和哥哥亚历山大

列宁和妹妹奥丽加

列宁的弟弟德米特里(右)和妹妹玛丽亚

的读、写、算的状况后,认为列宁即使在家留一年,不经过预备班和老师的帮助,也能成为正式学生。

因为丈夫常年在外奔波,等待丈夫归来和抚养孩子成为母亲玛·亚·勃兰克生活中的绝大部分内容。她就像一个乐队的指挥有节奏地指挥着一大群儿女。大清早,孩子们还在梦乡时,她就起来浇花、准备早饭,然后轻轻地弹奏肖邦等名家的乐曲,孩子们都养成了伴随她的琴声醒来的习惯。临睡前,她拿上蜡烛检查孩子们的床铺,同孩子们谈话、讲故事,然后坐下来读书或弹钢琴。

乌里扬诺夫夫妇十分注意培养孩子们的劳动习惯。孩子们从小就要自己照管自己并且帮助大人。女孩子要注意使自己和小兄弟们的服装经常保持整洁。夏天，全家人聚在露天亭子里愉快地喝茶，大孩子拿茶炊，其他孩子搬椅子，拿茶具。喝完茶后，女孩子帮助母亲清洗茶具，男孩子搬走椅子。在给花园的花草浇水时，一个孩子抽水，其余孩子做力所能及的工作，大家愉快友爱地劳动着。

　　父母是孩子的第一任教师，父亲的正直、博学、宽厚、勤恳，母亲的慈爱、辛劳、稳重，深深根植于孩子们的幼小心灵中。温馨的家庭，为孩子们的自由发展，以及踏上人生之路提供了新起点。在父母的精心培育下，列宁和兄弟姐妹们先后都走上了革命道路，干出了一番事业，没有辜负父母的辛勤栽培。列宁的哥哥萨沙在彼得堡大学期间参加了民意党，成为刺杀沙皇的英雄。姐姐安娜是俄共（布）著名活动家和职业革命家，1898年任俄国社会民主工党第一届莫斯科委员会委员，协助列宁出版了大量著作，参加编辑《前进报》《女工》《织工》《无产阶级革命》等报刊，曾多次遭到逮捕或流放。弟弟米佳（德米特里）是一位医生，1900年参加《火星报》组织，曾在图拉、基辅、辛比尔斯克、敖德萨、克里等地从事革命活动，俄国社会民主工党第二次代表大会后任中央委员会的代表，1917年任塔夫利达省党委会委员，十月革命胜利后，任克里木临时工农政府副主席，在莫斯科卫生人民委员部、斯维尔德洛夫共产主义大学等单位担任领导工作。妹妹玛丽亚17岁就参加了革命，1903年秋在党中央书记处工作，编辑过《火星报》《工农通信员》《真理报》，十月革命后曾任联共（布）中央监察委员会主席团成员、苏联工农检查人民委员部委员、苏联中央执行委员会委员等职。虽然父亲伊·尼·乌里扬诺夫由于过早地于1886年去世，没有亲眼看到儿女们日后的发展，但他在世时，邻里、朋友十分羡慕他的孩子们聪慧、听话和懂事，对此伊·尼·乌里扬诺夫夫妇俩也感到十分满足和自豪，他生前曾对儿女们作过这样的评价："我没有不称心的孩子，但他们各不相同。"他把自己的孩子根据其特点分成几对，每一对有一个男孩和一个女孩，"第一对——亚历山大和安娜。他们是有本领的、有才华的，将来会大有成就；第二对——弗拉基米尔和奥丽加。这是我最喜欢的一对，他们将会胜过哥哥和姐姐，前途更加远大；第三对——德米

列宁传

特里和玛丽亚。他们也是很有才干的"。①知子莫如父，父亲的评价是中肯的，尤其是对列宁的评价，不是预言，胜似预言。

全优生

1879年8月，9岁半的列宁被编入辛比尔斯克古典中学一年级。他穿着一身学生制服，被母亲亲自送到了学校。列宁的学校生活开始了。

为使孩子们有一个良好的学习环境和条件，乌里扬诺夫一家实行严格的作息制度。列宁和哥哥、姐姐一样，早晨7点钟起床，用冷水沐浴，收拾一下床铺，就坐下来复习功课，一直等到妈妈在饭厅准备好早饭和茶为止。吃饭时，必须把饭菜吃光，不许浪费。喝完茶后，还要在饭桌旁边端端正正地坐上10分钟，以免浑身热乎乎地上街导致感冒，同时还可以稳定情绪。习惯成自然，慢慢地，这些规矩就成了家中生活的一部分。

列宁9岁半时就读的辛比尔斯克古典中学

① 伊·阿·伊万斯基：《列宁的青年时代》，中国青年出版社1959年版，第111页。

尽管列宁淘气、好动，但在课堂上却能认真听讲，加上天资聪慧，所以在课堂就能很好地掌握所学的知识。回到家后，他一会儿就把功课做完了。因为没事干，列宁就和妹妹玩起来，翻跟斗、打虎跳，甚至把自己的胶皮套鞋从脚上脱下来乱抛，并对妹妹说："你瞧，胶皮鞋会飞！"引得妹妹也跟着学起来，俩人把家中吵得不得安宁。这时，父亲会从自己的书房走出来，把列宁领到自己那里去，检查他的功课，照着课本从头到尾考他。他通常都能答出来，使父亲原来的火气消了大半，不过，父亲还是得给他找点事干。

在家中，父母要求孩子们亲自编一种手写的家庭杂志《礼拜六》，列宁就用笔名"库贝什金"在杂志上写了一些小故事。每逢星期六晚上，孩子们便当着父母的面朗诵自己的"得意之作"，然后相互评点。

从入学的第一天起，列宁就是班上的优秀生，每次升级都能得到一等奖。同时，他也很愿意帮助同学，谁有疑难问题都愿意向他请教，而且他总是有求必应。每次母亲在列宁书包中放的水果和食品，他从来都是和大家一块分享。钢笔和本子他也常给同学们用。为此同学们对他很尊敬、友好，他成为同学中的"中心人物"。有一次，拉丁文教师费多罗夫斯基在课堂上叫学生把俄文译成拉丁文。拉丁文学起来特别困难，他一连叫了12个学生，谁也翻译不出来，都面红耳赤地站着。按规矩，如果没有人翻译出来，他们是不能坐下的。学生们一个接一个从各自的位置上站了起来，都默不作声。班里有近半数人都站起来了，每个人都希望老师快点叫列宁，而教师只是扫了列宁一眼，绕过他而去叫别的同学，20多个同学都答不出来。最后，终于轮到列宁了，列宁很熟练地把整个句子和后面一整段文字翻译出来。大家终于轻松地喘一口气坐下了，教师免去了20多个同学的罚站。为此，同学们常常称列宁为他们的"救命人"和"备用辞典"。

列宁的作文写得很出色。校长费·米·克伦斯基讲授文学和逻辑学，他让学生在两个星期内写一篇作文。许多同学都是在最后一两天才匆忙动手，只有列宁一个人从第一天就开始动手。他先在一张大纸上拟好写作提纲，有引言和结论。他的写作方法是：把白纸竖着对折起来，在纸的左边打上草稿，草稿是用削得尖尖的铅笔写的，以便修改时擦掉不必要的字句；纸的右边暂时空着。当需要了解

列宁传

有关资料和文献时,列宁就到离学校不远的卡拉姆津图书馆去,那里有他家三张押金为15卢布的借阅证。列宁找到所需要的书并了解其内容后,就在纸的右边空白处写上对自己草稿的补充和修改,摘录文献中的一些内容,注明书名和页码。待素材和构思完全成熟时,列宁便开始用钢笔认真地写作文草稿了。草稿打好后,通读一遍,再仔细推敲一下有关章、节、词、句,然后拿出干净的本子,把写好的作文工工整整地抄在上面。

克伦斯基对列宁的作文十分满意,见到列宁的父母时,总是赞不绝口,认为列宁的作文结构严谨、内容充实、文字精练。他给列宁打的分不是普通的最高分"五分",而是"五加",而且每次都把列宁的作文作为范文念给同学们听。

列宁不仅作文写得好,而且其他科目,如拉丁文、历史等的成绩也是优秀。变换的是学习科目,不变的是成绩优秀。父亲伊里亚高兴之余,也有一些担心:如果列宁学习赶来如此容易,那么他能不能把自己培养成工作能力很强的人?经过仔细观察,父亲发现列宁办事也是十分认真的,总是外表整洁、神态端庄、精力集中。在制订好一天的时间表后,列宁就按部就班地准备做功课、阅读、休息和玩耍,各有其时,从不因为贪玩而影响学习。列宁曾有一段时间酷爱滑冰,但后来发觉影响学习,就主动放弃了这一爱好。

在中学时代,列宁最大的生活乐趣就是读书。列宁读书涉猎的范围相当广泛,包括古典文学名著、诗歌、政论、生活和人物传记,等等。不仅在卡拉姆津图书馆经常可以见到列宁的身影,而且列宁还经常向同学借书看。普希金、莱蒙托夫、果戈理、屠格涅夫、托尔斯泰、赫尔岑、别林斯基、车尔尼雪夫斯基、杜勃罗留波夫、皮萨列夫等人的著作都引起了列宁的极大热情和兴趣。列宁不仅对书中的人物和细节了如指掌,而且能够大段大段地背诵其中的精彩之处。在这些人的不朽作品中,引人入胜的故事情节,使人或爱或憎的个性鲜明的主人公,发人深思的哲理,令人振奋的名言警句,都引起了列宁内心的共鸣。一本本好书,给列宁打开了一个个崭新的世界,从而使他的思维更加活跃,心灵得到净化,爱憎得到梳理,理想得到升华,视野愈加开阔。值得一提的是,俄国革命民主主义先驱者别林斯基、赫尔岑、车尔尼雪夫斯基、皮萨列夫、杜勃罗留波夫等人的革命思想和对当时社会黑暗、政治腐败的抨击，都对列宁产生了很大影响。这些作品提出了一个共同性的问题："将来怎样生活，怎么办？"不同的作家对这个问题的答案虽然不同，但却有一个共同的呼声：不能再这样生活下去了，不能让这种"活人羡慕死人"的社会再继续存在下去了，要把这种生活摧毁。别林斯基揭露说：黑暗的俄国是一个可怕的花花世界。在这里，拿人做买卖时，连美国农场主所用的那种证明黑人不是人的狡辩都不需要。同时，他还号召俄国的革命者行动起来，要求他们即使自己过不上好日子，也要使别人在将来过得好一些。这些正义的呼声引起列宁心中强烈的共鸣。列宁十分赞赏赫尔岑具有的那样深刻而敏锐的思想。赫尔岑著作中那种对人民的深切同情和热爱，深深地打动了列宁的心，使他下定决心去弄清人民遭受苦难和国家贫穷落后的原因。进步的政治家皮萨列夫忠贞不渝为真理而奋斗的一生，更成了列宁心中的榜样。车尔尼雪夫斯基《怎么办？》一书，列宁尤其喜欢，他说这本书把他的思想重新耕耘了一遍。其中有一句话他还特意做了摘抄：

> 一个男性儿童如果没有获得独自参加社会事业的习惯，没有具备公民感，那么他长大以后就会变成一个中年的、以后又是老年的存在物，而不能成为一个男子汉，或者至少不能成为一个具有高尚品德的男子汉。一个人如果不参加社会事业，不把自己的感情贡献给这种事业，那他的存在和发展就没有什么意义……剩下的只是每个人为关心自己的私囊、关心自己的肚皮或者关心自己的快乐这些狭隘的个人利益而奔波劳碌。

列宁不仅读书多，而且喜欢就有关问题和同学、伙伴们展开讨论。列宁的能言善辩在同学中是有名的。一次，一个同伴说出了这样一个想法：倘若所有的人都同意不让黄金有那么大的价值和力量，那么大家的生活就能更好一些。列宁立即进行了反驳："倘若所有观众在戏院里都一齐打喷嚏，那么，大概能把四面的墙都震塌的。然而怎么能做得到呢？"一席话说得大家哈哈笑了起来。还有一次，列宁问表兄维列坚尼科夫读过屠格涅夫的《烟》没有，表兄很尴尬地说读过。列

列宁传

宁立即从表兄的表情中察觉出问题,于是便又问道:"那你读过一篇关于利特维诺夫的中篇小说吗?"表兄摇了摇头。列宁立即笑着说:"瞧,你撒谎了,如果你读过《烟》,那就会知道,利特维诺夫是《烟》这篇小说中的主人公。"表兄听了列宁的话,不得不佩服列宁的"狡猾"。

辛比尔斯克中学是一所贵族学校,贵族及官吏子弟占该校学生中的多数。当时,正是俄国政治上最反动的时期,沙皇专制政府反动腐败,许多进步人士和先进的思想家,如备受列宁崇拜的皮萨列夫、赫尔岑、车尔尼雪夫斯基等人都先后遭到了逮捕、流放等迫害。工人拼命工作却不能养家糊口,农民承受着各种苛捐杂税,警察和官吏肆意鱼肉百姓,人民没有言论和新闻出版自由,在学校里,任何自由思想的表达都不行。中学的正统教育和环境,不可能促进列宁进步社会理想的形成,而是从反面激发了他革命情绪的萌动。列宁的父亲虽然不是革命者,但他献身平民教育、同情劳动人民疾苦的精神有利于列宁形成革命思想。从父亲那里,列宁知道了农村的愚昧无知、专制政府的黑暗和腐败和农民的疾苦。这使中学时期的列宁怀有相当强烈的革命情绪。那个时期他很想把那些激动不安的思想与人交谈一下。有一次,列宁发现一个同班同学好像有革命情绪,于是便决定和他谈谈,并且约好了到斯维亚加河边去。但是结果没有谈成,因为这个同学大谈特谈应当如何选择能过上舒服生活和可以升官发财的职业。列宁很不满意,认为"一个想升官发财的人,绝不会是一个革命者"。[①] 还有一次,列宁写了一篇名为《人民生活富裕的原因》的作文,引起了一向夸奖他的克伦斯基校长的不满。原来列宁在文中写到了国家的君主专制和劳动人民群众受压迫的

列宁在古典中学学习时获得的奖章

---

① 克鲁普斯卡娅:《论列宁》,人民出版社1960年版,第28页。

问题，表达了一些进步的观点。克伦斯基生气地对列宁说："你在这里写什么被压迫阶级，这和你有什么相干！"

当然，这时的列宁对社会不平还没有多少切身感受，因为他毕竟是获得了贵族称号的、受人尊敬的省国民教育总监的儿子，家庭生活是比较优裕的。但从1886年即列宁16岁起，列宁的思想认识发生了重大变化，一个重要原因就是家中的变故：父亲早逝，哥哥遇难。

心灵的震撼

岁月如流水，列宁和兄弟姐妹们在一天天长大，哥哥萨沙已上彼得堡大学，姐姐安娜上女子高等学院，列宁和妹妹、弟弟学习都很出色，走进大学校门只是时间问题。父母虽然很忙碌、辛劳，却也觉得日子很幸福和充实。但天有不测风云。1886年1月24日，不幸突然降临在列宁家中。这天父亲和助手一起写工作报告，一直忙到下午2点钟，他感到十分困乏，饭也没吃，就在工作间的沙发上休息。母亲饭后去看他时，发现他的一只手从沙发上垂了下来，微微颤抖了一下，停下来，一动也不动了。父亲突发脑溢血，死时年仅55岁。

父亲的猝然去世，使全家倍感痛苦和哀伤，同时也使家庭的社会地位一落千丈，而且断绝了唯一的生活费用来源。母亲四处奔走，谋求抚恤金，但直到几个月后方得到批准。

处理完父亲的丧事后，列宁一家决定把4间大房子租给别人，以补贴家用。几天后房客们庆祝乔迁之喜，阵阵的欢笑声更加引起了列宁对父亲的怀念。内心的痛苦驱使他走在街上，久久地徘徊和思考，他认识到：自己今后应和哥哥挑起家庭的重担。

在痛苦的日子中，列宁没有一味沉湎于哀伤之中，除学好功课外，他无偿辅

列宁传

导教师奥霍特尼科夫（楚瓦什族人）学习俄语，还帮姐姐安娜补习拉丁文。在辅导过程中，列宁十分注意方式方法，很有耐心，提醒他们注意总结规律和方法，把学习变为一件乐事。为激励他们的学习兴趣，有一名言常挂在列宁的嘴边："滴水穿石，不在于强力，而在于功；人之博学，不在于强力，而在于勤学。"

正当全家还没有从悲痛中解脱出来时，又一个灾难降临在列宁家中。1887年3月，列宁的哥哥亚历山大·伊里奇·乌里扬诺夫因参加谋刺沙皇亚历山大三世被捕。正在念大学的姐姐安娜因与事件有牵连也同时被捕。

列宁的哥哥亚历山大·伊里奇·乌里扬诺夫（1866—1887）

原来，列宁的哥哥和姐姐在大学里秘密参加了反对沙皇专制统治的革命组织民意党。19世纪60—70年代，在俄国出现了反对沙皇专制制度的小资产阶级派别民粹派，这个派别反对沙皇专制制度，但否认工人阶级是革命的领导阶级，认为知识分子领导的农民才是革命的主力军，农村村社是俄国跳过资本主义的基础，宣扬英雄人物是历史的创造者，而群众是"群氓"。1879年民粹派发起的发动农民反抗沙皇专制制度的"到民间去"运动失败，作为民粹派组织的"土地和自由社"分裂为民意党和土地平分社。民意党是小资产阶级知识分子组成的秘密恐怖团体，由于民粹派分子在农村的活动失败，他们对农民失去了信心，幻想通过密谋组织暗杀沙皇，达到推翻沙皇制度的目的，把土地交给农民，把工厂交给工人，公民享有普选权，实行言论、出版、集会等自由。在8次刺杀沙皇亚历山大二世失败后，1881年3月，民意党人终于刺杀了沙皇亚历山大二世。在1885年至1886年期间，列宁的哥哥亚历山大·伊里奇·乌里扬诺夫阅读了许多革命书籍，其中包括马克思的《资本论》、恩格斯的《政治经济学批判大纲》等。受到了革命思想的影响和熏陶，他对沙皇专制制度无比痛恨，因此很快便成为民意党中的活跃分子。1886年11月29日，亚·伊·乌里扬诺夫组织并参加了

第一章 伏尔加河畔

大学生在沃尔科夫墓地前纪念杜勃罗留波夫去世25周年的集会和游行，受到警察的野蛮镇压。列宁的姐姐安娜也参加了这次游行。事后，民意党人决定刺杀沙皇亚历山大三世。1887年1月，亚·伊·乌里扬诺夫参加了由10个大学生组成的民意党人小组，制造了炸弹，但不幸事情泄露被捕。为了掩护战友，亚·伊·乌里扬诺夫在审讯中未向当局提供证词，把许多事都揽到了自己头上。

消息是乌里扬诺夫家的一个亲戚首先写信告知列宁父亲乌里扬诺夫的一位密友、女教师弗·费·卡什卡达莫娃的，因为她担心列宁的母亲承受不了突如其来的打击。卡什卡达莫娃把列宁从学校中叫了出来，把信交给了列宁。当时，列宁紧皱眉头，沉默了好久才说："事件相当严重，对萨沙来说，结局可能很坏。"

17岁的列宁

17岁的列宁在经过反复考虑后不得不把这个可怕的消息告诉了母亲，当时母亲的脸色立刻变了。母亲在把家中的事交代给列宁后，立即前往彼得堡。当时辛比尔斯克没有火车，去彼得堡要先坐马车，而且通常都要有人同行。列宁到处为母亲寻找同伴，但哥哥萨沙被捕的消息已传遍了全城，像避"瘟神"一样，谁也不愿意和他母亲同行，过去的朋友和熟人立即与乌里扬诺夫家疏远了。

世态的炎凉，母亲的悲伤，深深刺痛了列宁的心。列宁奔入陡峭山坡上一个空荡荡的小亭子，双臂支撑在栅栏上，两眼注视着汹涌澎湃的伏尔加河，脑子里一个劲地思索着：哥哥为什么不好好完成大学学业，当大学教授，而去刺杀沙皇？靠少数勇敢无畏的英雄就能达到目的吗？自己将来怎么办？……

母亲到达彼得堡后，焦急地奔波于监狱、警察局、宪兵机关之间。审判前，她递上了几份她认为十分重要的呈文，希望并要求赦免萨沙和安娜。经过沙皇批准，4月11日，母亲来到什利谢尔堡要塞同儿子见了面。有人告诉母亲，若萨沙表示悔过，坦白交代，并请求沙皇赦免的话，可以免去一死。母亲把这些话转告了儿子萨沙。但萨沙拒绝了母亲的要求，请求母亲宽恕，因为悔过就要供出密谋的底细，更多的战友将会受到处罚。母亲见儿子态度坚决，没有勉强。

4月27日，法庭对15名被告作出宣判，包括列宁的哥哥萨沙在内的5人被判死刑。列宁的姐姐安娜被判处流放到西伯利亚5年（后来，列宁的母亲费了很多周折，才把她从羁押房救出来，由流放西伯利亚改为流放到母亲的娘家——喀山省的科库什基诺村，受警察的公开监视）。

法庭判决后，母亲承受不了这一沉重打击，重病在床，再次劝说儿子写一份悔过书，请求沙皇免予死刑。萨沙婉言谢绝了母亲的要求，表示愿为正义事业而捐躯。5月20日清晨，萨沙神态自若、正义凛然地走上绞刑台，死时年仅21岁。在彼得堡大学学习期间，因才华横溢和成绩优秀，萨沙深受当时一些知名学者的赏识，并断言萨沙将来一定成为俄国的大科学家。一个卓越的人才过早地陨落了，许多正直善良的人为之扼腕叹息。名扬世界的化学家德·伊·门捷列夫沉痛地宣称，俄国失去了一位杰出的科学人才。

在母亲外出的日子中，列宁承担起照顾弟弟、妹妹的工作，自己努力克服悲痛，继续坚持学习。不过，列宁比以前沉默、严肃多了，只是在弟弟、妹妹面前才显得开朗一些。在整理哥哥的书和笔记本时，列宁发现了哥哥在笔记本上写的一段话："我总是用这样的尺度来衡量一个人：他是否牢固地树立了某种关于新的、更好的制度的社会理想，他的信念有多少根据和进步意义，他对实现这个信念做出了多大努力和自我牺牲。"看了这段话，列宁觉得哥哥萨沙是一位革命者，也对他的选择表示了理解。

在不安和焦急的煎熬、等待中，列宁每天都翻阅报纸，希望得到关于哥哥和姐姐被赦免的消息。5月21日早晨，列宁从信箱中取出一份辛比尔斯克出版的号外报纸，看到了哥哥萨沙被处死刑的消息。噩耗传来，全家人沉浸在一片悲痛之中，妹妹玛丽亚大叫一声昏倒在地，半天才苏醒过来。

哥哥萨沙之死使列宁的心灵受到巨大的震撼。哥哥长他4岁，性格稳重，办事认真，勤于思考，在他身上处处可见到父亲的影子。在少年列宁的心目中，哥哥具有很大的吸引力，"像萨沙一样"成为列宁少时的口头禅。中学毕业时，萨沙因成绩优异而获得金质奖章。上彼得堡大学后，萨沙对列宁十分关心和爱护，经常来信，介绍一些书籍和送一些书籍给列宁。后来列宁曾多次提起，哥哥送给自己的《数学上的诡辩》一书曾给自己留下了深刻的印象。哥哥的英雄壮举促使列宁重新思考一系列问题。车尔尼雪夫斯基的《怎么办？》等著作对他有了新的意义，列宁对沙皇专制的本质、人民群众贫穷落后的根源、社会的发展与进步等都有了新的认识。同时，他开始认真阅读哥哥留下的一本马克思的书——《资本论》。通过思考，列宁认为，哥哥萨沙的行为虽然英勇可敬，但只要专制制度存在，即使炸死了沙皇亚历山大三世，也会冒出一个个新的沙皇。必须靠人民群众，从根本上推翻旧制度，建立一个没有压迫、仇恨和谎言的新社会。所以，他坚定地断言："我们不走这条路，应当走的不是这条路。"[①] 后来列宁的夫人娜·康·克鲁普斯卡娅回忆说："毫无疑问，哥哥的遭遇对弗拉基米尔·伊里奇有深刻的影响……伊里奇当时已经在独立思考许多事情，已经给自己解决了必须进行革命斗争的问题……哥哥的遭遇只是使他的思想工作更加紧张，把他锻炼得非常冷静，善于正视真理，一分钟也不为漂亮的词句和空想所迷惑，对待一切问题都极其认真。"[②] 的确是这样，列宁之后既没有在悲痛中不能自拔，也没有走上单纯复仇的道路，而是走上了一条以马克思主义为指导的革命的道路。

在全家陷入悲痛和无奈的时候，列宁以顽强的毅力出色地通过了中学毕业考试。除逻辑学外，神学、数学、物理、文学、拉丁文、法文、德文、历史、地理、希腊文等都得了最高的五分，而且逻辑学本来也可以得五分的，但由于校长兼逻辑学教师克伦斯基曾经同意授予已成为"国事犯"的萨沙以金质奖章，而受到了警告，上面警告他要慎重行事。在压力下，克伦斯基给列宁的逻辑学打了四分，他作了这样一个自我解释："逻辑学我谁也不给打五分，能得五分的只有我。"

在列宁的毕业文凭发放问题上，校方又遇到了伤脑筋的事：一方面，列宁的哥哥萨沙因刺杀沙皇而成为"国事犯"，据此，有人提出不能授予列宁金质奖章，并取消列宁上大学的资格；另一方面，列宁有着过人的天资和超群的学习成

---

① 〔苏〕彼·尼·波斯别洛夫主编：《列宁传》上册，三联书店1960年版，第21页。
② 《回忆列宁》第1卷，人民出版社1982年版，第258页。

绩，授予他金质奖章是没有疑问的。校方形成了两种相反的意见，曾经受过警告的克伦斯基校长聪明地把难题交给了教务会议。经过激烈讨论，最后选定列宁为班上唯一的金质奖章获得者。克伦斯基在授予列宁金质奖章后，在列宁的鉴定书写上了"非常有天赋，一贯勤奋，品格端正""在各年级都是出类拔萃的学生，作为在学习成绩、发展水平和操行方面最合格的学生"等最高评语，同时又有意识地强调了列宁"过于孤僻""不爱交际""言行从未引起非议""不论在校内，还是在校外，都未发现他有过对学校领导和老师以不佳评价的言行"等。

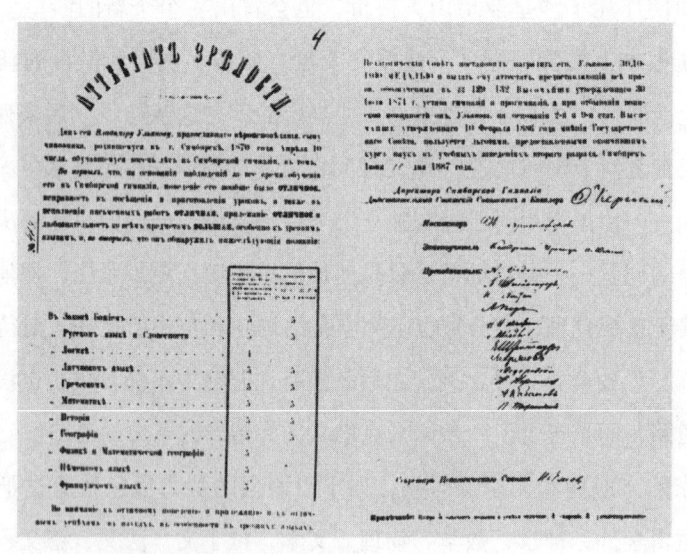

列宁在古典中学的毕业证

最后，鉴定书由校务委员会成员签名后，由校长克伦斯基亲自送往喀山大学。不久，列宁得到了喀山大学的录取通知书。

母亲不放心列宁单独一人去喀山读大学，决定卖掉房产和家具，全家一同迁往喀山。1887年6月底，列宁在向父亲的坟墓告别之后，便和家人离开了辛比尔斯克，去开始新的求学生涯。

一个"不安分"的大学生

1887年8月底，列宁一家经当局批准，迁居喀山第一山街24号罗斯托娃家中的房子里，不久又迁居新委员部街索洛维约娃家的房子。

开学后，列宁按照喀山大学规定交清了学费，领取了入校通行证和学生证，同时在校方专用公文纸上签字保证："不加入诸如同乡会这一类的社会团体，不参加其活动；同时，在任何情况下，未经直接上司许可，也不加入法律所允许的各社会团体。"经过一番考虑，列宁决定进入法律系就读，这种选择令老师和同学很是惊讶和失望。因为按照当时社会上流行的看法，法律学比自然科学要"低一档次"，只有对什么科学也不爱好的人才学法律，而列宁天资超群，自然该选择最好的专业。喀山大学一位数学讲师认定列宁有数学头脑，应该进数学系。母校中学校长克伦斯基深知列宁拉丁文和俄文成绩尤为突出，希望他进语言学院或历史语文系。然而，列宁却认为，法律系是当时喀山大学开设的研究社会经济问题唯一的一个系，而且将来从事律师或其他相关活动都有助于自己事业的发展，因此"现在这样的时代必须研究法学和政治经济学"[①]。列宁选择攻读的课目有：俄国法学理论、罗马法学史、神学、法学通论和英语等。

"从辛比尔斯克来的一个新生是不久前被绞死的亚历山大·乌里扬诺夫的亲弟弟"，这一消息像长了翅膀一样很快传遍了学校。很快，列宁成为校园中众人瞩目的学生，许多同学都特意跑来见识见识这位新生。

当时的俄国，民意党被镇压后，其他革命政党尚未产生，沙皇专制的暴虐笼罩着全国。在艰难沉寂的政治岁月中，唯独大学生这个阶层没有像其他社会阶

---

① 〔苏〕埃·马通妮娜：《列宁家的大学生》，群众出版社1990年版，第89页。

列宁传

喀山大学

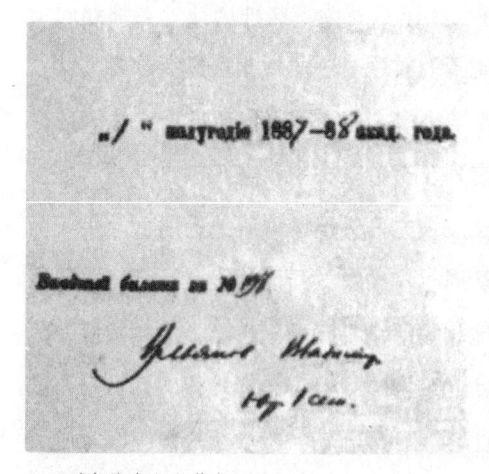

列宁的喀山大学出入证

层一样,让自己的愤懑情绪消沉下去而"一心只读圣贤书",而是组织了若干活动组织,并采取一些公开或地下的活动方式。这样,大学就成为"造反的策源地"。为防止大学生们进行革命活动,政府采取了一系列严厉措施,规定大学生要穿制服,并在大学里设立学监,进行严密的监视和特务活动,解聘自由思想比较强烈的教授和校长,禁止成立包括同乡会在内的学生组织。同时政府还提高了大学学费,限制穷人子弟上学,对入学新生和毕业生的"思想政治状况"进行鉴定和审查。政府的高压政策并没有吓倒充满正义感且感情炽热的莘莘学子,他们不断进行各种形式的斗争。彼得堡大学同乡联合会印发了传单,通过邮局寄发到全国各个大中城市。传单上写道:大学的名誉被破坏了……它跟着校长对专制制度俯首帖耳,放弃了自己神圣的旗帜。它使自己引以为骄傲和力量的优秀传统沾染了洗刷不掉的泥浆……大学生们应该积极行动起来，忠于自己最纯洁的信仰，不怕肝脑涂地。

血气方刚的列宁看到传单后，义愤填膺，很快就把他在校方所要求的"不参加任何社会团体和活动"的保证书上签字一事抛在一边，成为萨马拉—辛比尔斯克同乡会的成员，而且还被这个同乡会推举为出席喀山地区各同乡会代表大会的代表。同乡会的会员们认为，列宁是"刺杀沙皇的英雄"萨沙的弟弟，一定很出色，一定会比别人更加仇恨俄国现存的制度。

1887年12月初，莫斯科发生大规模学潮，要求取消反动的大学章程、允许建立各种学术团体、召回被开除的学生、改善生活条件等。学潮迅速波及全国。12月12日至13日，列宁作为萨马拉—辛比尔斯克同乡会代表出席了喀山大学代表和兽医学院代表的秘密会议。会议听取了莫斯科学生代表关于月初莫斯科学潮的报告。会上列宁做了发言：新的大学章程是个沉重的包袱，它把有思想的知识青年交给了进行密探活动的学监部来控制，它把教授缩贬成了教官；它规定增加学费，提出了过分苛刻的领取助学金的条件，使贫家子弟上大学的路变得艰难；同时，宪兵的马鞭子在大学生的头上嗖嗖呼啸着，这是对俄国所有知识青年的侮辱，难道我们就不能起来捍卫我们的权利吗？难道我们就不能向飞扬跋扈的反动分子提出抗议吗？我们相信喀山的同学们，我们呼吁他们起来，在校内进行公开的斗争。

列宁的发言博得了大家的赞同。会议通过决议，委托列宁在他的发言稿的基础上写出《告喀山全体大学生书》，在大学中散发，同时起草请愿书，交给喀山大学校长，并指定12月16日为"学生行动日"。很快，列宁的演说词被制成传单，散发到大学生手中。

12月16日，学生们在喀山大学的礼堂举行集会，发表演说，要求废除反动的学校章程，允许组织学生团体，恢复早先被开除的学生的学籍，处分开除学生的祸首。列宁是参加集会最积极的一个，他站在一把椅子上，挥动着举过头顶的手，十分激昂地鼓动大家：同学们！我们聚集在这里开会，为的是公开提出我们的要求。对理性和人格的侮辱，我们不能容忍。而我们这被侮辱的大学生活，是整个俄国制度的一个缩影……

列宁传

　　随着会场气氛渐趋热烈，学生们的情绪也随之高涨，学生们喊着"打倒视察员"的口号向校长办公室涌去。列宁走在队伍的前面，一边走，一边有力地挥动着拳头，并喊着口号。

　　学监闻讯后迎面走来，想把学生们阻住。

　　"学监先生，我们不想与你谈话，我们要向校长提出我们的要求。最好劳驾你把他请来。"列宁首先发话。

　　"学生没有提出任何要求的权利。你太放肆了，乌里扬诺夫！"学监威胁说。

　　学生们没有被吓倒，他们坚决要求校长到现场来，否则就不走。

　　经过长时间的僵持，校长才勉强来到现场。但学生们的要求不仅未得到满足，而且还受到了警告："如果不解散，就要将你们全部交付警察或军队处置。"

　　对此，学生们感到很失望，纷纷把学生证拿出来退给校长。校长拒绝接受学生证。于是列宁和同学们把学生证扔在讲台前的课桌上，扬长而去。

　　学生们的集会行动震动了喀山地方当局，一个营的宪兵在紧靠着学校大楼的院子里严阵以待。喀山大学学监当天就呈交了参加集会的153名学生的名单，并且要求将包括列宁在内的几十名骨干分子开除。在关于列宁的鉴定书中，有这样一段话："列宁是第一批进入礼堂的人中间的一个"，是"参加集会最积极的一个""站在最前列，几乎是紧握双拳""鉴于乌里扬诺夫的家庭所处的特殊状况，他在集会中所持的这种态度，使学监部有理由认为他完全有可能进行各种非法的、甚至犯罪的示威活动"。[1]

　　当天深夜，列宁在喀山的第二住所拟定了一份给校长的"申请书"："本人认为，在目前这种大学生活条件下，我无法在本校学习，恳请阁下发布相应命令将本人从喀山帝国大学除名。"[2] 不久，警察破门而入，逮捕了列宁。

　　在马拉雪橇上，警察分局局长看着还是个毛孩子的"罪犯"列宁，百思不得其解，他想问个究竟：

　　"我不明白你为什么要起来造反？小伙子，要知道你的面前是一堵墙，你不

---

[1] 《列宁传》上册，三联书店1960年版，第22页。
[2] 《列宁文稿》第1卷，人民出版社1977年版，第13页。

是在用脑袋往墙上撞吗？"

"是一堵墙，不过是一堵朽墙，只要一推就倒了，我们可以从上面跨越过去。"列宁很干脆地回答道。

局长对列宁的"糊涂"和"顽固不化"感到惊讶，十分不解地摇着头。

在监狱中，被捕的学生彼此交换了意见，并谈到了今后的打算。当同学们问列宁出狱后想干什么时，他回答道："我的哥哥已经为我开辟了一条路，就是进行革命斗争。"[①]

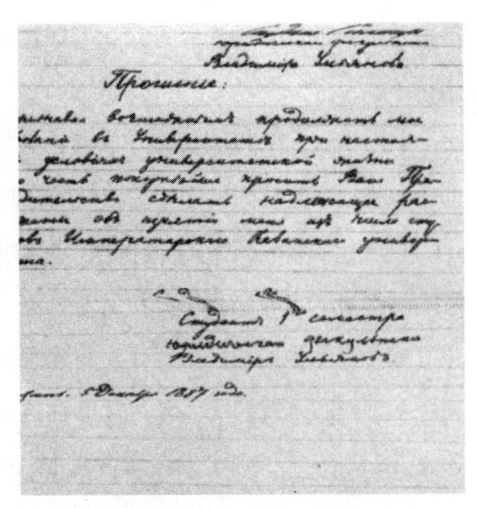

列宁写给喀山大学校长的退学申请

放逐乡下

列宁被捕入狱后，妹妹奥丽加立即赶回科库什基诺村，把消息告诉了母亲。

列宁的母亲马上以四等文官乌里扬诺夫遗孀的身份请求省长接见。省长也想看一看这位生了两位"可怕"的儿子的母亲到底长什么样子，于是就接见了她。列宁的母亲向省长表示：她担心列宁会因为他的哥哥萨沙的株连而受到特别严厉的对待。省长告诉她，由于他们家庭环境特殊，学监部有权认为，她的儿子完全有可能搞各种违法的甚至是犯罪活动，她的任何请求都不能减轻对列宁的处罚，列宁不仅会被开除出喀山大学，而且将被驱逐出喀山，流放到外地。于是玛丽亚提出，不要把她的儿子驱逐到举目无亲的辛比尔斯克去，准许他在科库什基诺村

[①] В.沃林：《大学生弗拉基米尔·乌里扬诺夫》，莫斯科出版社1958年俄文版。

度过他的流放期。她作为母亲，可以在那里经常对儿子加以监督。省长同意了这个请求。

1887年12月17日，列宁被喀山大学开除学籍。同时喀山省警察局局长接到命令：把列宁流放到科库什基诺村后，要对他实行严格的秘密监视。

科库什基诺村离喀山40俄里①。村里有一个田庄，坐落在人烟稀少的乌申河陡峭的岸边。它原属列宁外祖父亚·德·勃兰克的私产，由一幢古老的大房子和带有凉台和阁楼的厢房所组成。与建筑物毗连的是一个很大的花园，园内有白桦树、菩提树和丁香树丛。外祖父曾在这里开办医疗诊所，他去世后，庄园就归他的女儿们所有了，列宁的母亲占有1/5的份额。在列宁到来之前，他的姐姐安娜

1887年关押过列宁的喀山羁押监狱

列宁最初被放逐的地方——喀山省莱舍夫县科库什基诺村

① 40俄里约42.67公里。1俄里≈1.0668公里。

已经由西伯利亚流放地改迁到这里，过着受5年公开监视的生活，并已度过了一个多雪的严冬。过了不久，母亲带着其他家人也来了。

流放地的生活孤寂清苦，这里没有什么朋友和邻居，只有列宁的表兄偶尔来探望，再就是当地警察前来察看，看看列宁是否跑掉，有没有干违法活动。到了冬季，朔风呼啸，白雪皑皑，道路阻塞，除时常听到野狼嗥叫声外，往往是让人难耐的寂静。

在极其艰苦的环境中，列宁没有消沉和虚度时光，更没有动摇自己的理想和信念，而是夜以继日地刻苦攻读、勤奋思考，不断用新知识和新思想武装自己的头脑，以图未来大展宏图。

列宁的住室中有一个大书柜，里面放有大量珍贵的藏书和旧报刊合订本。这是列宁已故的姨父留下的。姨父是一位学识渊博的知识分子，曾任政府的书刊检查官，因此收藏了不少好书刊。这些书刊令列宁如获至宝，他如饥似渴地翻阅着。同时，他还不断向喀山图书馆借书，并订了好几份报刊。关于这段流放时期的读书生活，列宁后来自己曾作了回忆：

> 我觉得，在我后来的生活中，甚至在彼得堡监狱和西伯利亚监狱里，都没有像从喀山流放到科库什基诺村这一年当中读了那么多东西。我发狠地读书，从清早一直读到夜晚。我读完了大学课程，盘算着能很快允许我回大学。我还读了各种文艺小说，特别酷爱涅克拉索夫的诗歌，我还和姐姐比赛，看谁读得快，背得多。但是，我读得最多的还是当时刊登在《现代人》《祖国纪事》《欧洲通报》等杂志上的文章。那是一些大家最关心的、最好的文章，论述近十年内社会政治问题的文章。我最喜爱的作者是车尔尼雪夫斯基。《现代人》杂志上刊载的全部文章我都从头读到尾，当然不是一次读完。由于读了车尔尼雪夫斯基的文章，我开始接触哲学上的唯物主义问题。正是他最先向我指出了黑格尔在哲学思想发展中的作用，辩证方法的概念就发端于黑格尔。了解了黑格尔的辩证方法，再去掌握马克思的辩证法就容易得多了。我从头到尾读了车尔尼雪夫斯基关于美学、文学和艺术的精辟论

述，别林斯基作为革命者的形象在我眼前变得清晰起来。我还读了车尔尼雪夫斯基所有论述农民问题的文章和他对穆勒政治经济学译本所做的注释，车尔尼雪夫斯基对资产阶级经济学所进行的抨击对我后来学习马克思的著作是一个很好的准备。我还带着一种特殊的兴趣和目的读了车尔尼雪夫斯基写的颇有思想深度的关于外国生活的精彩评述。我在读车尔尼雪夫斯基著作时，手中总是握着铅笔，从读过的东西中作了大量摘录和提要。所有练习本都记得满满的，一直把它们保存了很久。车尔尼雪夫斯基知识的渊博，革命观点的鲜明，以及无情的论战才能——使我敬佩之至。后来我知道了他的住址，还给他写过一封信，但很可惜，没有得到回复。①

在广泛涉猎各种知识的同时，列宁没有放弃自己在大学里选择的专业——法律。他按照大学法律系的教学大纲顽强地自修大学法律系一年级和二年级的全部课程。

读书之余，列宁还辅导弟弟做功课。冬天，他会偶尔出去打一下猎，或者滑雪。1888年夏季，他则喜欢挟着书本去乌申河畔，在那里，他常常坐在绿荫下与贫苦农民聊天，了解农民的喜怒哀乐。

由于地处偏僻，加之受到监视，列宁与同学失去了联系。有一天晚上，他兴致勃勃地给哈尔科夫大学一位中学时代的校友写了一封信。在信中，他向那位校友详细介绍了喀山12月的学潮，并询问对方那儿的情况。姐姐安娜得知情况后十分不安地告诉列宁："这样十分危险，因为警察会拆信检查，一旦查出，他们还会让你再在这儿待上好几年，或者把你流放到别的什么地方去。"

"有胆进森林，不怕豺狼咬。"列宁情绪激动地在房间里来回踱步，并得意地讲述了他在信中"赏"给学监和当权者的精彩描述。

"不，你没有权利让同学遭受危险。很可能，他会因为你的这封信而吃大亏。"姐姐明确地指出列宁这种做法的后果。

---

① 《文学问题》1957年第8期，第133页。

这下似乎提醒了列宁，他咬紧了嘴唇，沉思一会儿后，迅速把将要发走的信毁掉了。

渴望自由使列宁希望早日结束流放生活。全家都为列宁重新进入高等学府而进行着不懈的努力。母亲和列宁分别向警察司长和教育大臣提交了入学申请书，但均遭到拒绝。喀山学区督学应国民教育司的要求，在给列宁作出的新鉴定的结尾处写道："尽管他有杰出的才能和丰富的知识，但无论从道德方面或是从政治方面，暂时都不能认为他是一个可靠的人。"[①] 更有甚者，皇室部办公厅决定将列宁列入因各种过失被开除而禁止担任国家职务的人员的黑名单。

接着，列宁以"为求生计与赡养家庭，本人亟须受完高等教育"为由，又向内务大臣提出，允许他出国进一所国外大学就读，因为在国内他已被拒绝进入大学学习，但是，这一申请也被驳回。

1888年10月，姐姐安娜的朋友告知列宁，凡是以前参加过闹学潮的人，如果城里有亲戚的话，可以获准住入有大学的城市。几天后，列宁和母亲、弟弟、妹妹一起回到了阔别已久的喀山。不久，姐姐安娜也获准迁往喀山。为期一年的流放生活结束了。

[①]《列宁传》上册，三联书店1960年版，第24页。

第二章

从律师到革命家

特殊的律师

列宁一家到达喀山后,获准住在喀山第一山街奥尔洛夫的住宅中一幢独立的房子里。为便于读书,列宁选用了一间闲置的厨房作为书房。每天,列宁的大部分时间都是埋头读书。

经人介绍,1888年秋,列宁参加了尼·叶·费多谢也夫组织的马克思主义小组。费多谢也夫也是一位被学校开除的学生,曾组织过几个秘密革命小组,是俄国最早宣布自己忠于马克思主义的革命者之一,对马克思、恩格斯的著作十分精通。

在马克思主义小组中,列宁和其他成员对马克思主义文献进行了严肃认真、深入细致的研究。因对马克思主义书籍的需要非常迫切,而小组中人多书少,所以仅《资本论》第一卷就有好几种手抄本。

为了读书方便,列宁设法把自己感兴趣的书籍带回家。他把读书和研究革命书籍看作自己的首要任务。

在喀山的日子里,列宁把《资本论》反复读了好几遍。在研究马克思、恩格斯的著作时,列宁作了不少笔记,同时还把这些德文版著作译成俄文,抄写在单独的本子上。另外,英国著名生物学家查尔斯·罗伯特·达尔文、英国著名历史学家亨利·托马斯·布克尔、英国杰出的经济学家大卫·李嘉图等人的著作,也是列宁床头上的必读书。这使列宁的眼界和心胸变得更加深远和开阔,他经常滔滔不绝地给别人讲解"马克思学说的基本原理和这一学说开拓的新天地。"① 很快，在列宁周围聚集了一批信仰马克思主义并具有革命觉悟的年轻人，他们组成了秘密活动小组。

考虑到列宁一家仍旧受着警察当局的监视，秘密小组的成员尽量不到他家去，通常由列宁到小组约定的地方或到大学生同乡会秘密聚会，就各种社会问题进行讨论。1889年春，列宁晚上经常外出，在秘密小组上作专题报告。小组活动的地点经常变动，列宁对警察的跟踪和监视也是倍加小心，以免再惹上麻烦。

由于经常外出活动，列宁受到别人的影响，也学会了抽烟。母亲是医生的女儿，深知吸烟的害处，极力劝说列宁戒烟。母亲先是列举了吸烟有害健康的种种表现，但没有多大效果。接着，母亲又劝告列宁：在自己没有挣钱之前，不必要的支出，即使几个戈比的支出，也是不应该的，况且全家仅靠父亲的抚恤金生活，吸烟于己于家人都不好。列宁听从了母亲的忠告，从此他和抽烟这一不良嗜好永远地绝缘了。

为了调节生活，列宁时常下象棋。通过姐姐安娜的未婚夫马·季·叶利扎罗夫的介绍，列宁认识了当时俄国著名的棋手、律师哈尔金。列宁尝试了一种别有趣味的下棋法——通信下棋，他们互相通信说明走法。

警察对列宁的秘密活动一直进行监视，并逐渐嗅到了蛛丝马迹。喀山省宪兵司令在给警察总署的一份关于秘密监视的情况的材料中，特别提到了列宁"同可疑分子有来往"。1889年春，警察局截获了一位流放学生给费多谢也夫未婚妻的一封信，费多谢也夫的马克思主义秘密小组暴露了。警察在搜查小组一成员的家时，发现其笔记本上写着："到图书馆找乌里扬诺夫。"据此，警察局认为，列宁同喀山的秘密革命小组的成员有联系。

警察开始了大搜捕，一些人陆续被抓。母亲在长子被害之后所遭受到的创伤还没有痊愈，现在又要惊恐地看到列宁所面临的危险。于是她决定全家人赶快离开喀山。

1889年5月，列宁家移居到萨马拉以东50俄里的阿拉卡也夫卡村附近的田

---

① 《回忆列宁》第1卷，第19页。

乌里扬诺夫一家在萨马拉郊区阿拉卡也夫卡村附近购置的田庄

庄，这是列宁的母亲用出售辛比尔斯克房屋的款项，从一位金矿经营者西比里亚科夫那里购置的。

5月16日，列宁一家迁移到萨马拉郊区阿拉卡也夫卡村的庄园。为减轻家中经济压力，列宁接连10次在《萨马拉报》登载授课求职广告，但一直未能如愿。

求职失败，又不能在国内或到国外上大学，列宁试图以校外生的资格得到参加大学考试的许可。列宁曾向国民教育大臣提交申请书，请求以校外生的资格在任何一所高等学校参加法学毕业考试。申请书写道：中学毕业两年以来，我完全有理由深信，一个没有受过专门教育的人要找到职业，即使不是不可能，也是非常难。我家中有老母和幼弟幼妹。由于我急需有一职业才能用自己的劳动供养家庭，恳请阁下允许我在某一大学以校外生资格参加法学硕士的考试。11月底，列宁的申请被驳回，理由是"乌里扬诺夫在喀山居住期间与政治上不可靠分子来往，其中有些现已因国事犯罪名受审"。

1890年5月，列宁的母亲亲自去彼得堡，给教育大臣递交了一份十分感人的申请书：看到我儿子受大学教育的最好年岁白白度过，我十分痛心。由于无法忍受这种精神痛苦，我只得劳烦阁下，请您允许我儿子进入一个俄国大学，或至少允许他参加大学法律系的毕业考试，也就是考取法学硕士学位。同时我也更坚决地恳请阁下取消对他如此长期的处罚，这种处罚使他这个完全靠脑力劳动的人甚至连私人的职业也找不到,也就是说,使他的力量无处使用这种没有目的、无事可做的生活,不能不对这个青年人产生致命的精神影响——几乎必然促使他甚至产生自杀的念头。这封信产生了出人意料的结果,国民教育司立刻给予了答复,允许列宁以校外生资格参加大学毕业考试。

美丽安静的庄园不仅有利于列宁的身体健康,也有利于列宁集中精力复习迎考。为了和以前在喀山大学的同班同学同时毕业,列宁需要在一年半的时间内自学完大学四年的全部课程,时间紧,任务重。为此列宁进行了周密的时间安排,制订了一个学习计划,开始认真攻读各门考试课程。

夏天,在一条长着茂密椴树的林荫小径旁,列宁给自己布置了一个幽静而又简陋的"书房"——在草坪上安置了一条长凳子和一张桌子。每天吃过早饭后,他便抱着一大堆书准时赶到那里埋头攻读,直到吃午饭。午饭后继续学习。除学习大学课程外,列宁还阅读了马克思的《哲学的贫困》(德文版)、恩格斯的《英国工人阶级状况》(德文版)等大量书籍。当遇到疑难问题时,列宁来回徘徊,边走边思索,时间一长竟踏出了一条小道。为了劳逸结合,列宁自己制作了一副单杠架在小树林里,以锻炼身体。吃晚饭前,列宁往往散一散步,洗个澡(列宁的游泳技术不错,他双手抱住头,平躺在水面上,可以一动不动)。晚饭后,为了不让蚊子和飞虫飞进房子中,母亲把灯挪到走廊上,让大家都聚到灯下看书。列宁的姐姐安娜曾写了一首诗对当时的情况作了描述:

夜色已浓,万籁无声,
四周一片寂静。
黑夜笼罩着大地,
乡村睡得正沉。
月亮在乌云背后藏身,
天上看不见繁星。
只有一颗孤独的星儿,
不时眨着眼睛。

列宁传

只有在田庄的门廊里，
依然灯火通明。
团坐在灯光周围的，
是一伙用功的青年人。
大家都默不作声，
专心攻读书本。
玛尼亚莎那双小眼睛，
早已瞌睡得很。
那些飞蛾和甲虫，
却愉快地转个不停。
这不知疲倦的一群，
围绕着灯光曼舞，
它们是多么渴望啊，
从黑暗飞向光明。
灯火把虫儿烘暖，
它们揣度着夏又到来，
暖和的季节正在来临。
……[1]

在列宁复习和准备考试的过程中，妹妹奥丽加的去世对他打击很大。1891年4月，在彼得堡高等女子学校读书的奥丽加突患伤寒，于5月20日去世。在兄弟姐妹中，要数妹妹奥丽加和列宁的关系最好，两人从小就一起玩耍，脾气性格和谐相投，平时互相帮助。对于天资聪慧的妹妹的过早去世，列宁倍感痛心和惋惜。妹妹去世后，痛苦中的列宁以加倍的精力投入到了学习和理论研究之中。

春华秋实，冬去春来，1891年春季和秋季，列宁在彼得堡以第一名的成绩顺

---

[1]《回忆列宁》第1卷，第174页。

第二章　从律师到革命家

利地通过了大学毕业考试，各科成绩均获得了优秀。11月15日，彼得堡大学法律系授予列宁甲等毕业证书。毕业证书上这样写着：所交论文及笔试和口试成绩令人非常满意。

1892年1月16日，安·尼·哈尔金律师向萨马拉地区法院提交报告，请求批准列宁注册为他的助理。2月11日，报告被批准。

1892年2月中旬，列宁在萨马拉地区法院注册为哈尔金律师助理，领取了律师执照，取得了承办诉讼案的资格。3月，列宁正式办案。仅1892—1893年，列宁就出庭为人辩护15次。所辩护的被告主要是穷苦的农民和手工业者，他们大多为生活所迫，有的偷了地主的粮食和衣服，有的发牢骚辱骂沙皇，有的属工作过失。列宁竭力为他们辩护，敢于伸张正义，因而在当地群众中获得了较好的口碑。

最有趣的是列宁和富商阿烈菲也夫打的一场官司。1892年夏天，列宁和姐夫叶利扎罗夫一起到了塞兹兰。他们打算从那里到别斯图热夫卡村去住几天，因为叶利扎罗夫的哥哥在那里务农。他们必须到伏尔加河东岸去。

当时塞兹兰的富商阿烈菲也夫买通了官府，包租了伏尔加河的渡口，肆意抬高过河费。他用一艘小轮船拖着驳船运渡乘客、马匹和车辆。阿烈菲也夫竭力保护他的垄断权，禁止其他船夫们摆渡，每当有船夫用自己的小船摆渡乘客，他必定命令小轮船追上小船，把乘客都拖回来，甚至殴打船夫和乘客，导致小船夫们都不敢用船载送乘客。

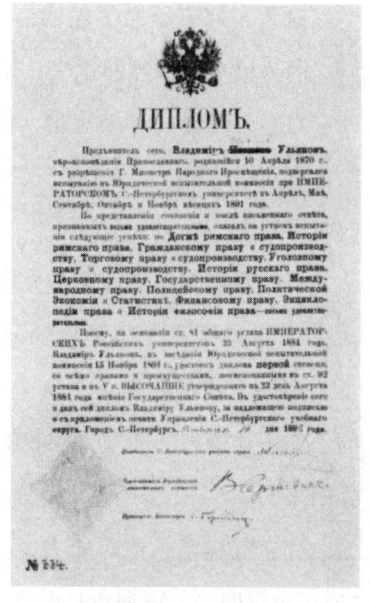

列宁的彼得堡大学法律系毕业证书

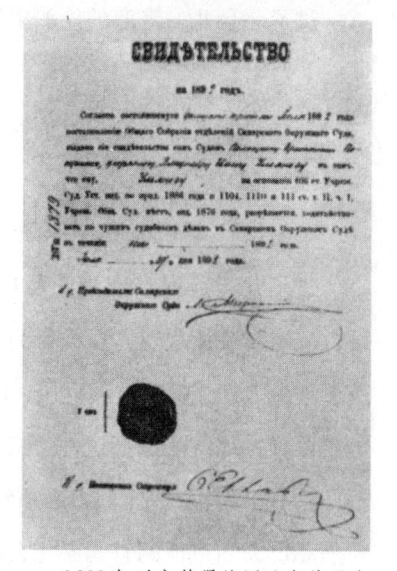

1892年列宁获得的诉讼案件承办证书

列宁传

这天，列宁不愿等轮船，劝叶利扎罗夫乘小船过河。船夫们都不敢运送他们，因为怕富商阿烈菲也夫，说即使列宁他们上了小船，他也要把他们拖回来。列宁对船夫们说："不要害怕，他这样做是犯法的，如果他把我们拖回来，我们也给他点厉害瞧瞧。"一个船夫终于被列宁说动了，同意送他们过河。他们上了船向对岸划去。

当时富商阿烈菲也夫正大模大样地坐在码头上喝茶，看见有人用小船摆渡，乘客中叶利扎罗夫还是他的同乡，于是喊道："喂，叶利扎罗夫，别这么胡闹了。您知道我花钱租下了这个渡口呀，我是不允许其他船夫把渡客摆到对岸去的。您不如带您的朋友来跟我喝杯茶，反正你们还得乘坐轮船，我会叫人把你们弄回来的。"

列宁气极了，他对船夫说："往前划，别理这家伙。"可船夫垂头丧气地说："反正也得回去，再划也是白费劲。这家伙坏透了，他一定会派轮船追上来的。"

过了一会儿，富商的轮船果然赶来了。几个船员熟练地用钩杆钩住船帮，要他们上轮船。

列宁向船员们解释说他们没有权利这样做，法院会判他们横行霸道罪，他们会坐牢的。

可船长坚持让他们换乘轮船。列宁上轮船后，把所有船员的姓名都记下了。

过了几天，列宁回到萨马拉，就去控告了阿烈菲也夫的横行霸道。案情明显，按当时法律规定，蛮横行为是要判刑的，并且不能用罚款代替。然而列宁却费了不少力气才打赢这场官司，因为富商勾结官府，他们相互包庇。

萨马拉地方法院把这件事交给伏尔加河下游塞兹兰的一处地方当局处理，距萨马拉100俄里。列宁每次必须到如此远的地方当局与被告对质。案情非常明显，阿烈菲也夫知道他的官司必定会输，准会受到惩罚，所以他就利用一切关系尽量拖延案子。他和地方法官勾结在一起。地方法官故意刁难列宁，狡猾地拖延诉讼。他们希望列宁最终会放弃这场官司。因为在他们看来，一次又一次地跑100俄里来打一件对自己毫无益处的官司是不值得的。这期间母亲也曾劝过列宁撤诉，一则时间和精力耗不起，二则还会得罪一些人，他们会报复。但列宁决心已定，他

列宁曾出庭为农民辩护的萨马拉地方法院

仍然坚持自己的控诉。直到1892年冬天,列宁第三次来到法院。地方法官无法再拖延了。出庭那天,列宁做了充分的准备,把富商的辩护人驳得哑口无言。地方当局不能再包庇了,只得按法律判富商一个月徒刑。正义终于战胜了邪恶,富商终于丢了脸,全城人都知道了这件事,大家奔走相告,说列宁是一位敢于为民说话、主持公道的好律师,最高兴的还是码头上的船夫们,因为列宁为他们出了口恶气,从此富商再也不敢仗势欺人了。

作为律师,列宁本着公正、平等、合理的精神,尽可能为劳动者辩护,捍卫他们的权利和利益。但无论在理论上还是在当时残酷而复杂的实际生活中,都让列宁认识到,法律是为统治阶级服务的,要改变整个黑暗社会的不公正,单靠自己的力量根本不够,必须参加政治活动。因此,列宁把主要精力和时间投入到了革命活动和理论研究上。

萨马拉当时住着不少19世纪70年代革命民粹派的代表人物,有的是上了年纪的从西伯利亚回来的流放者,有的是受监视的人。如杰出的作家、政治家和革命民主主义者格·伊万诺维奇,他从70年代末起就在萨马拉进行革命活动,写了著名的小说《三个乡村》,虽然有民粹主义观点,但对俄国的农村社会进行了深刻的剖析,揭露了农民受压迫和剥削的悲惨境遇,描写了资本主义经济在农村的发展和农村村社的瓦解状况。民粹主义者阿·安·普列奥布拉任斯基在萨马拉建立了移民试验区。经济学家和自由主义民粹政治家瓦·瓦·沃多佐夫也住在萨马拉，著有《欧洲人民的生活》一书。另外，萨马拉还存在着几个保持民粹派倾向的革命小组。因此，民粹派在萨马拉有很大的市场。列宁虽然不赞成他们的世界观和斗争策略，但也乐于和他们接触，甚至进行长谈，列宁很敬佩他们勇敢而富于牺牲的精神，批判地吸取过去革命运动的经验，注意倾听并记取关于革命斗争的方法、秘密活动的方法、狱中斗争、狱中与外界联系等情况的讲述，学到了不少书本上学不到的东西。后来列宁能十分巧妙地欺骗密探，或许就得益于此。在一段时期，列宁经常同普列奥布拉任斯基会面，交谈移民区的情况，讨论资本主义制度下的农民状况。他们的交流和争论十分热烈和深入，往往谈到深夜才话别。在列宁的引导下，普列奥布拉任斯基后来成为了一位马克思主义者。

通过姐夫叶利扎罗夫，1889年9月，列宁和在萨马拉城最活跃的带有民粹派倾向的革命小组——斯克利亚连柯小组建立了联系，列宁在小组中讲解马克思主义理论，批判民粹主义理论，调查和了解俄国农村公社和资本主义的发展实际，凭着过人的才华，列宁在小组中很快成为中心人物。后来成为革命家的伊·克·拉拉扬茨等人回忆说："在同弗拉基米尔·伊里奇进行讨论的过程中，我们弄清了资产阶级和无产阶级这些概念，弄清了这两个社会范畴在资本主义制度发展中的作用以及资本主义发展的方向。弗拉基米尔·伊里奇证明，工人阶级必须组织起来进行自觉的阶级斗争，斗争的目的不仅是为了改善条件，而且是使无产阶级获得政权。""在这个29岁的人身上，纯朴、敏感、乐观和热情同踏实、渊博的知识、严密的逻辑、清晰而准确的判断惊人地结合在一起。"在列宁的影响下，包括斯克利亚连柯本人在内的小组成员，抛弃了民粹主义理论，逐渐转向马克思主义，斯克利亚连柯本人后来成为了一位真正的布尔什维克。

列宁在和民粹派分子密切接触的同时，对民粹派的思想进行了系统的研究和批判。1889年9月，他研读了沃龙佐夫的《俄国资本主义的命运》一书，在书上画出了重点，写了许多批语；1890年夏，他读了尼·弗·丹尼尔逊的《俄国的经济发展》一书，并作了摘录；1893年春季，他读了丹尼尔逊的《我国改革后的社会经济概况》一书，并在给朋友的信中对书中的一些错误观点进行了批判；同时他还研究了赞同自由主义民粹派的观点的经济学家和统计学家尼·亚·卡雷舍夫写的论文《农民非份地的租佃》，作了批注。后来列宁在《俄国资本主义的发展》一文中对这些书的错误观点进行了系统的清理和批判。同时，列宁在研究民粹派分子和其他革命家的著作和资料的基础上，写了许多专题报告，有的报告还在革命小组会上进行了宣读。这些专题报告共写满了三个笔记本，后来成为《什么是人民之友以及他们如何攻击社会民主主义者》一文的主要内容。

在批判民粹主义的同时，列宁在萨马拉继续系统地研究马克思主义。1889年末和1890年，列宁进一步深入研究了马克思和恩格斯的一系列著作，对《资本论》德文版重新进行研读，并对俄文版做了校订，写下了大量的读书笔记。在这一时期列宁还把《共产党宣言》译成了俄文，译稿曾在萨马拉和塞兹兰等地的革命组织中广泛流传，为马克思主义在俄国的传播起到了很大作用。后来这部手稿传到了塞兹兰一位教师手中，这位教师的母亲胆小怕事，就把手稿烧掉了。1892年9月后，列宁阅读了俄国最早的马克思主义者之一的尼·叶·费多谢也夫的《关于1861年前收买的农民土地》《文学作品中农奴制改革后的生活》《论农奴制崩溃的经济原因》等著作，并作了批注。此后两个人建立了通信联系，对马克思主义的世界观等问题进行探讨。费多谢也夫的思想对列宁启发很大。1889年末至1893年9月，列宁还认真研究了《哲学的贫困》《反杜林论》《德意志意识形态》《英国工人阶级状况》《家庭、私有制和国家的起源》《论住宅问题》《神圣家族》等马克思、恩格斯的经典著作。

1892年，列宁组织了萨马拉第一个马克思主义小组。小组成员有阿·巴·斯克利亚连柯、马·伊·谢苗诺夫、玛·伊·列别捷娃、伊·亚·库兹涅夫、阿·阿·别利亚科夫等人。小组积极宣传马克思主义，当时凡是能找到的马克思主义的著作，小组都进行了研究和宣传，对伏尔加河流域的进步青年产生了很大的影响，许多青年特意从萨拉托夫、喀山及其他城市赶来学习新的革命理论——马克思主义。

每年的5月，是伏尔加河及其支流的涨水季节。坐船沿伏尔加河顺流而下，到萨马拉河湾的末端，向北渡过注入伏尔加河的乌萨河，将船划入伏尔加河，再顺着伏尔加河划到萨马拉河湾，从东面回来，进行所谓的"环球旅行"，列宁和小组成员们通过这种活动方式进行深入的学术讨论和理论研究。这种活动方式可以摆脱警察的监视，在轻松自由的环境下，大家无拘无束地畅谈各自的人生理想和远大抱负，深入讨论各种社会问题和理论问题，有时还有人做一些专题报告。"环球旅行"一次一般需要三四天的时间。

萨马拉省是一个典型的农业省，农民分化、农村村社及农村资本主义因素的萌发引起了列宁的关注和冷静思考。民粹派否认资本主义在俄国的发展，认为农村村社未被资本主义触动，村社可以作为社会主义的基础，俄国能够走独特的发展道路。为了驳斥民粹派的这些谬论，列宁运用马克思主义的理论和方法，在定居萨马拉四年多的时间中，全面系统地研究了俄国的农村和农民问题，不仅和那些深谙农民实际情况的人交谈，也倾听贫困农民的呼声。他也和那些想拼命积攒财富的富农交谈，以便了解农村中经济上层分子的观点和所作所为。1892年夏，列宁在调查访问大量农民的基础上，和普列奥布拉任斯基一起编制了萨马拉县几个乡的农户调查表，共印制了200多份散发。1893年8月，列宁帮助有关人员整理和利用关于地方自治权的统计资料，从中总结出了一套怎样在成堆数字中选取主要与次要、一般与个别东西的方法。这样，列宁通过各种途径搜集并分析了有关农村经济的大量材料，为自己客观、准确、全面地进行农村问题研究提供了可靠的保证。

1893年3月之后，列宁研究了民粹派分子弗·叶·波斯特尼柯夫的《南俄农民经济》一书，并在书上作了批注、统计，画出了重点，吸纳了其中的合理思想和一些材料，批判了其中的不足和错误。1893年春天，列宁在萨马拉马克思主义小组作了《农民生活中新的经济变动——评弗·叶·波斯特尼柯夫〈南俄农民经济〉一书》的报告，后来写成论文寄到一家自由主义民粹派的杂志，但未被采用，在档案室一放就是30年，直到1923年才被找到并发表出来。这是保存下来的列宁的第一篇著作。在这篇文章中，列宁把马克思主义与俄国社会实际相结合，论述了俄国村社农民在经济上两极分化的原因和程度，驳斥了民粹派关于俄国不可能发展资本主义大农业的观点，为随后列宁的《俄国资本主义发展》等一系列著作提供了思想和材料基础。列宁指出，波斯特尼柯夫看到了农民经济状况的多样性，但注意到的只是量的差别，而不是质的不同，没有按经营性质来划分农户类别，忽视了农民经济的一切变动都是在资本主义商品经济的总背景下发生的事实。在俄国，商品经济已占统治地位，村社农民已分化为农村资产阶级和无产阶级，中农则是经济上不稳固的阶层，再把村社作为社会主义的基础已成为空想。《农民生活中新的经济变动》一文表明，从1893年春开始，23岁的列宁已形成了马克思主义世界观。这篇文章虽然没有涉及马克思主义哲学世界观的具体问题，但它从分析俄国农民生活中新的经济变动来驳斥民粹派的观点，也就是从经济事实来说明俄国社会现实，阐明俄国革命的道路。这种方法，是马克思主义中的唯物主义方法。文章着重指明商品经济在俄国农民经济变动中的意义，表明列宁已深刻理解了建立在唯物史观基础上的马克思的经济理论。

萨马拉的生活虽然艰苦，但列宁和家人却过得十分充实和快乐。列宁不仅善于工作、学习勤奋，而且善于休息。除了下棋、做体操、散步外，列宁还喜欢在妹妹的钢琴伴奏下唱歌。兄妹俩喜欢唱《我们的海洋空荡荡》《婚礼歌》《国际歌》《奇妙的眼睛》等歌曲。有一次，列宁跟别人学会了一首歌曲，歌词大意是：心儿急着跳出年轻的胸膛，对自由和另一种生活，它无限向往。当他明白"自由和另一种生活"是同心爱的人相会时，忍不住笑了起来："喔，原来心儿跳到那儿去了。"

列宁不仅喜欢唱歌，而且还喜欢给歌曲填写新词，以表达自己的思想感情。他给《哥白尼》这首歌曲就曾填过一段新词："修道士去敲天堂的门，圣徒彼得来答应：该死的混蛋快滚开，这里没有你的份。"

列宁还向弟弟学唱过一些歌曲，如

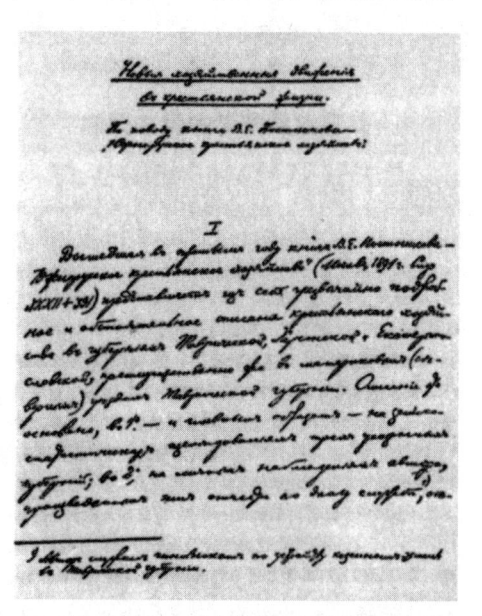

列宁《农民生活中新的经济变动》手稿第一页

列宁传

一首关于铁匠的歌曲：

> 一个年轻的铁匠，
> 在作坊里来回徜徉。
> 他抄起一把铁锤，
> 招呼伙伴们帮忙。
> 叮当！叮当！叮当！
> 叮当！叮当！
> 同心协力，协力同心！
> 弟兄们，让我们大干一场！

还有一首新歌控诉了地主对农民的剥削，歌曲的旋律轻快而豪迈，列宁很喜欢唱，有时还用口哨吹，歌词是：

> 财主自夸有黄金，对穷人刻薄又凶狠；
> 穷人从早干到晚，一天吃不上三顿饭。

下象棋是列宁从小养成的最大爱好。在萨马拉，下象棋自然是列宁业余生活的重要内容。哈尔金律师，不仅是萨马拉有名的律师，也是国内有名的象棋高手，下象棋是他的最大嗜好。作为列宁的同事、密友，哈尔金不仅在生活、职业、专业等方面给列宁以很大帮助，在棋理上也给了列宁有力的指导。在萨马拉，列宁经常向哈尔金讨教象棋技法。最初哈尔金可以让列宁一个马，后来只能让一个卒或先手。1889年冬，萨马拉曾举办一场象棋比赛，列宁获得了优胜奖，被定为二级棋手。人生如棋局局新，在和哈尔金下棋的过程中，列宁不仅悟出了不少绝招妙手，而且也悟出了不少对人生、社会、理论研究的哲理，这对他后来从事理论研究和革命工作也大有帮助。列宁虽然爱好下棋，而且凭他的过人天赋、不懈的钻研精神一定会成为一流的棋手，但他始终把象棋当作一种娱乐和游戏的方式，用来调剂生活。有一次弟弟德米特里向列宁诉苦说："中学里开设僵死的拉丁语和希腊语，使人窒息得透不过气来，还不如用象棋代替这些老古董，既可以训练和发展思维能力，又可以娱乐身心。"列宁笑着回答说："这样一个代替，只会越弄越糟！不要忘记，象棋毕竟是娱乐游戏，而不是正业。"列宁十分赞同对象棋的评价：作为一种游戏太严肃，作为一件严肃的事游戏味太浓。由于工作繁忙，从1893年起，列宁下象棋的时间越来越少了。

到彼得堡去

1893年夏，列宁感到，地处偏僻、没有大学、工业很少、无产阶级不集中的萨马拉不是自己的久留之地，他需要更广阔的活动天地和更多的精神食粮，渴望到政治更活跃的中心城市去。这时，恰巧因弟弟德米特里考入莫斯科大学，列宁一家准备迁往莫斯科。经过考虑，列宁决定不去莫斯科，而到思想和革命中心——彼得堡，一则他担心因自己的政治活动牵连家人，再让母亲担惊受怕，二则莫斯科被彼得堡人称为"大乡村"。

在去彼得堡途中，列宁在下诺夫哥罗德逗留并结识了当地的马克思主义者巴·尼·斯克沃尔佐夫、米·格·格里哥里也夫、谢·伊·米茨凯维奇等人，从他们那里得知去彼得堡的秘密接头地点，同他们商定了以后与下诺夫哥罗德革命者秘密联系的办法。他们让列宁捎一封给在彼

23岁时的列宁

得堡大学学习的同乡米·亚·西尔文的信。

1893年9月,列宁来到了彼得堡,沙皇保安局立即把列宁的行踪告知了警察局。列宁先住在谢尔吉也夫斯卡亚街58号20室,后来又迁到驿站街4号11室。9月15日,列宁注册为穆·弗·沃尔肯什坦律师的助理,在那里进行法律咨询,会商和处理案件。

在西尔文的帮助下,列宁很快和彼得堡的马克思主义者建立了联系,不久加入了彼得堡工学院马克思主义小组,认识了列·波·克拉辛、斯·伊·拉德琴柯、亚·列·马尔琴科、格·马·克尔日札诺夫斯基、安·亚·瓦涅也夫、彼·库·查波罗热茨等人。时年已23岁的列宁,身材消瘦,一副黑黑的面孔,前额长得宽大凸出,犹如苏格拉底的头型,由于过度用脑而使头发过早地脱落了,一双聪敏的深褐色眼睛透出智慧之光。这个形象给大家留下了深刻的印象,博得了大家的好感,很快一个"老头"外号便在小组中流传开来。

市场问题是当时小组最感兴趣的问题之一。克拉辛是小组中大家公认的负责人,他提议举行一次"关于市场问题"的报告会,由他本人作专题报告。他先用四开的本子折成两半,在半页上写上自己报告的正文,另一半留给大家传阅报告时写上自己的看法。列宁看后在空白处认真地写上了自己的许多反对意见。克拉辛忽视了技术的因素,认为在社会总资本再生产过程中第一部类的积累不依赖于消费品生产,否定了"在资本主义社会中,生产资料的生产比消费资料的生产增长得快"的正确结论,强调资本主义生产方式占领全国各个经济领域后,资本主义的发展完全依赖于国内市场。克拉辛口才较差,照本宣科地把自己的报告读了一遍。会上列宁作了发言,委婉地指出了克拉辛的理论错误,提出小组的每个成员应当做一个现实主义者,一切从实际出发,而不是从机械的公式和本本出发。他用流畅的线条描绘了随着商品经济排挤自然经济,农民破产、发生分化,资本主义生产关系孕育和生成的过程。列宁指出,"市场不过是商品经济中社会分工的表现,因而它和社会分工一样能够无止境地发展"[①],人民大众的贫穷并不构成

---

① 《列宁全集》中文第2版第1卷,第81页。

资本主义发展的障碍，反而是资本主义发展的表现和条件。大家听了列宁的发言后，都觉得耳目一新，认为列宁在整个问题的看法上都令人感到这是活的马克思主义，是从具体环境和发展中考察现象的。这样列宁一下子成为小组中大家瞩目的人物，从此小组经常以列宁所作主题报告为中心内容组织小组讨论。

1893年秋，列宁把他在会上作的关于市场问题的报告加以修改和补充，写成了《论所谓市场问题》一文。

在彼得堡，列宁无论是出行还是交友，都十分慎重。因为他深知自己是被警察不断监视的"危险"人物。他既反对那种不管实际空谈乱叫的知识分子，也不把革命的希望寄托于那些具有村社传统的农民身上，又不指望那些盲目牺牲生命、单枪匹马干革命的民意党人能完成革命任务。列宁认为，俄国革命的未来在于正在不断成长的工人阶级，应当团结那些和自己志同道合的社会民主主义者，把马克思主义和社会主义思想灌输到工人群众中去。当时沙皇政府和警察机关把民意党人作为主要危险，而把社会民主主义进行和平宣传的"危险"看得小得多。警察局长兹沃梁斯基说过："这一小批人，要说什么时候能起作用的话，那得50年以后。"所以列宁利用大好时机，积极地投入到了把马克思主义和工人运动相结合的运动中。

从1893年秋天开始，列宁先后与普梯洛夫工厂、谢勉尼柯夫工厂、奥布霍夫工厂、托伦顿纺织厂、拉菲尔烟草厂等厂的先进工人和政治小组建立了联系，并亲自领导了涅瓦关卡、彼得堡和维堡区以及瓦西里耶夫岛的工人小组，通过出席他们的会议和交往座谈，准确地把握了工人的痛苦、欢乐、需求，以及对工厂制度、现政府、社会主义的态度。

给工人小组上课是列宁联系工人群众的重要形式之一。在上课中，列宁常常向工人们提出各种问题，如：你们是干什么的？在哪里工作？厂里工人的政治态度如何？他们能不能接受社会主义思想？工人们最关心的是什么？你们在读些什么书？等等。这样列宁在了解这些情况后，讲课就有了针对性。在讲课过程中，他力求把马克思主义理论同本国尤其是工人的实际结合起来，用身边和生活中的例子来讲解，显得通俗易懂、深入浅出，因而深得工人们的欢迎和喜爱。尽

列宁传

管被繁重的工厂劳动累得精疲力竭，但工人们总是挤出休息和睡眠的时间来参加学习。后来有不少工人成为坚强的革命家和政治家，如瓦·安·舍尔古诺夫后来成为"工人阶级解放斗争协会"的组织者和活动家之一，巴布什金成为列宁的学生和亲密助手。工人巴布什金在回忆当时列宁讲述马克思主义理论课程的情形时说："讲稿人不用任何讲稿给我们口述这门课程，他常常设法引起我们的反驳，或是使我们展开争论……这样，我们的课程就十分活跃、有趣，使我们听了都想成为一个演说家；这种讲授法是使听课者理解问题的最好方式。我们大家对这些都很满意，经常叹服我们讲师的智慧。"①

随着政治鼓动工作的深入，群众性的工人罢工运动广泛开展起来。1895年11月，托伦顿工厂的工人为抗议厂方的压迫和要求改善生活待遇而举行了罢工，列宁起草了"告托伦顿工厂男女工人"的传单，传单上列举了由列宁精心收集的有关托伦顿工厂工人劳动繁重、工资微薄、饥寒交迫的困境，号召工人们团结起来，齐心协力捍卫自己的共同利益。传单在工人中反响很大。

罚款问题是当时所有工人都关心的焦点问题之一。1886年当局颁布了新罚款法，对厂主对工人随意罚款、高额罚款进行限制和明确规定，对工人作出了很多有利的让步。很多工人认为应该感谢政府，感谢当局的仁政，对此感到很满足。对此，列宁及时写了秘密小册子《对工厂工人罚款法的解释》，指出工人应该感谢的不是当局，而是同工厂主进行坚决斗争的自己的同伴，只有当工人发动大规模罢工和斗争，如暴动、捣毁工厂和机器、焚烧货物和原料、痛打厂主时，政府感到了害怕，才作了让步，这种自发经济斗争取得的胜利说明，工人们团结一致才有力量。同时列宁还强调，仅仅把仇恨和愤怒发泄到某家工厂或个别雇主身上是不行的，而要去"反对全体厂主，去反对整个厂主阶级"，这样才能获得最大的自由，因为政府制定法律就是便于厂主处罚工人，维持工人对厂主的依赖关系。另外，列宁还运用丰富的法律知识，告诉工人如何自觉地对付每一次罚款，如何选择方式去抗争。

---

① 《回忆列宁》第1卷，1956年俄文版，第113—114页。

在把马克思主义和俄国工人运动相结合的同时，列宁感到民粹主义在俄国仍有很大市场，它是马克思在俄国深入传播的一大障碍，因为民粹派对马克思主义持否定态度，看不到俄国社会的需要和工人的斗争需求。1894年1月，列宁利用探亲之便专程去了下诺夫哥罗德和莫斯科。在莫斯科马克思主义小组的秘密会议上，列宁作了评论瓦·巴·沃龙佐夫《俄国资本主义》一书的讲演。沃龙佐夫是当时著名的自由民族主义作家，在知识分子中享有很高的声望，年轻人对他很尊敬，他也应邀参加了会议，坐在"贵宾席"上，摆出一副漫不经心的样子。列宁到会场后，先站在通向另一个房间的房门口，首先和一群年轻人说了几句令人捧腹的笑话，大家的目光一下子集中过来，会场中的气氛顿时活跃起来。

会议开始后，沃龙佐夫首先发言。他认为，俄国有自己独特的历史、文化和生活方式，所走的道路与西方国家完全不同，所以马克思主义在俄国行不通。如果把"过时的理论"——马克思主义搬到俄国，则是幼稚无知的表现。听了沃龙佐夫发言后，几个拥护马克思主义的年轻人上台驳斥沃龙佐夫的错误观点，虽然他们慷慨陈词，充满激情，但缺乏逻辑力量，论证显得苍白无力，引来了台下阵阵议论和摇头叹息声。沃龙佐夫甚是高兴，用一些揶揄的话奚落了几位青年，让他们趁年轻多学点常识和知识，几位青年面红耳赤。列宁坐不住了，他站起来用准确生动的语言，滔滔不绝地反驳了沃龙佐夫和民粹派的一系列错误观点。列宁指出，我们这一代人确实什么都应该了解认识，其中也包括真正过时的、贫乏的、常常是荒谬的民粹主义理论，尤其那陈腐的经济理论！为了今后少出谬误，我奉劝报告人及诸位，还是坐下来认真深入地研究包括《资本论》在内的所有马克思主义的书籍，用马克思的经济理论和辩证法来充实自己的头脑。

列宁的发言顿时使会场热闹起来，有人打听发言人叫什么名字，有人大声叫好，有人斥责列宁口出狂言。对年轻后生的"无理"宏论，举止庄重的沃龙佐夫坐不住了，由原来的倨傲敌视态度变为不得不把列宁作为一个对手认真对待。为论证自己观点的正确性，沃龙佐夫又提出了一大堆"科学根据"。于是双方唇枪舌剑，列宁用更加尖锐的词句和一些准确的统计数字进行有理有据的反驳，慢慢地，对方的声调开始降了下来，话也说得有气无力，最后竟慌乱起来，终于败下阵来。最后，沃龙佐夫显得"大度"地说，他不计较列宁对他的抨击，同时承认对列宁热情自信，有渊博的知识、惊人的记忆力和概括力，感到"很激动和佩服"，相信"在俄国的马克思主义者中间冉冉升起了一颗新星"。

会后，各个青年小组热烈地议论这次辩论，"神秘的彼得堡人"舌战民粹派理论大师的新闻在莫斯科知识界不胫而走。许多人抛弃了民粹主义的幻想，接受了马克思主义，列宁也因此成为包括反对派在内注目的明星。

从1893年年底开始，自由民粹派思想家尼·康·米海洛夫斯基、谢·尼·尤沙柯夫、谢·尼·克里文柯等人在《俄国财富》等杂志上发表文章，不仅依然固执于错误的理论，而且对马克思主义提出了"系统"的责难，尤以所谓民粹派"思想大王"米海洛夫斯基为甚。他们宣扬，是否合乎人性应作为判断社会现象的标准，"杰出人物"可以按"自由意志"改变历史发展的方向，而马克思并没有创立新的历史观，马克思的《资本论》仅仅是给人们提供了一个把逻辑力量与渊博知识、与对全部经济学文献和有关事实的精细研究结合起来的范例；马克思的辩证法也不过是黑格尔三段式的重复，而马克思的学说之所以传播很快，并不是因为它的科学性，而是它给人们描绘了一个远景；马克思在创立自己的学说时并未重新审查一切关于历史过程的著名理论，而俄国的马克思主义者面对这样一种理论竟迷信透顶。他们还极力美化自己的一些理论，硬说马克思主义想把"每个农民都拿到工厂锅炉里去煎煮"，手工业是"人民生产""人民制度"，而资本主义工业是人为的，不是从简单协作和工场手工业发展而来的。因此他们自诩为"人民之友""人民的思想家"。

列宁看后十分气愤，在小组其他人的一致要求下，花了几个月的时间，他写出了《什么是"人民之友"以及他们如何攻击社会民主党人》一书。1894年春该书出版时，列宁讲明该书的写作目的是：第一，向尽可能多的读者解释清楚，什么是马克思主义；第二，揭露民粹主义的资产阶级性质是小市民思想。小册子共分三编：第一编批判以米海洛夫斯基为代表的自由主义民粹派的唯心史观和社会学中的主观方法，深刻地阐述了历史唯物主义和唯物辩证法的基本原理，阐明了构成社会经济形态的生产方式是社会基础的原理，论证了人民是历史的创造者，阶级斗争是社会发展的动力。列宁指出，历史唯物主义确认人的行为的必然性，摒弃所谓意志自由的荒唐神话，但丝毫不取消人的理性、人的良心以及对人的行动的评价；历史必然性的思想也丝毫不否定个人在历史上的作用，但是个人的活动只有符合历史规律而且汇合到人民群众的斗争中去，才能取得重大成果；俄国社会经济制度既然是资产阶级的制度，那么，"要摆脱这个社会只能有一条从资产阶级制度本质中必然产生的出路，这就是无产阶级反对资产阶级的斗争"[①]。第二编批判了民粹派经济学家尤沙柯夫的经济理论，这一编后来遗失，至今没有找到。第三编考察了自由主义民粹派的经济纲领和政治纲领，论证了社会民主党人的基本纲领和策略，阐明了工人阶级的历史使命，提出了工农联盟和民主革命转变为社会主义革命的思想。列宁指出：自由主义民粹派纲领的反动实质在于它抹杀农村中的阶级对抗，呼吁政府采取自由派的温和的治标办法，使半农奴制永恒化，说明19世纪90年代的民粹主义已堕落成为小市民机会主义；工人阶级是全体被剥削劳动群众唯一的和天然的代表，是推翻沙皇专制制度和资本统治的领导力量；社会民主党的任务就是用科学的理论把工人武装起来，把自为的经济斗争变为自觉的阶级斗争。书中列宁十分中肯地告诫俄国的先进知识分子要研究俄国的经济现状，"在现实的而不是可能的社会经济关系中去寻找支撑点，才能指望自己的工作获得成就"[②]。总之，《什么是"人民之友"以及他们如何攻击社会民主党人》一书不仅促

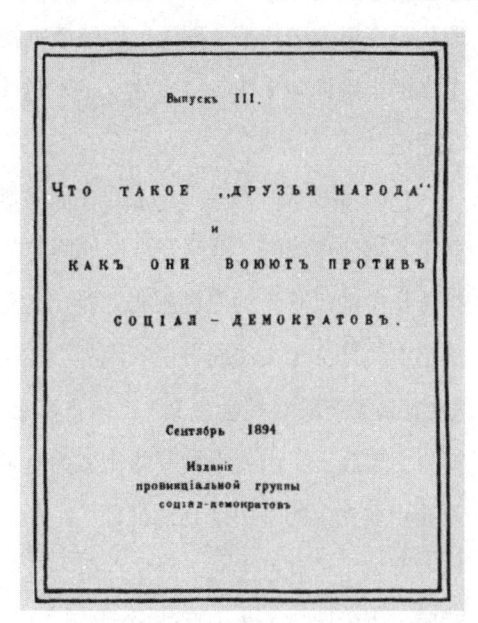

1894年出版的列宁批判民粹主义的著作《什么是"人民之友"以及他们如何攻击社会民主党人》（胶印版）封面

---

① 《列宁全集》中文第2版第1卷，第129页。
② 《列宁选集》中文第3版第1卷，第77页。

进了马克思主义与俄国工人运动的结合，而且实际上是俄国马克思主义者的第一篇宣言。

在批判民粹主义的同时，列宁还同所谓"合法马克思主义"进行了斗争。

"合法马克思主义"是19世纪90年代在俄国部分进步资产阶级知识分子中产生的思想政治流派，因在合法报刊上发表宣传马克思观点的文章而得名。其代表人物主要有彼·伯·司徒卢威、谢·尼·布尔加柯夫、米·伊·杜岗巴拉诺夫斯基、尼·亚·别尔嘉也夫等，出版《新言论》杂志、《开端报》和《生活》杂志，早期代表作是1894年司徒卢威写的《俄国经济发展问题的评述》。"合法马克思主义"虽然赞赏马克思主义关于资本主义比封建主义进步、资本主义必然取代封建主义的论断，并据以批判民粹主义，甚至一度成为社会民主主义者的"同路人"，但是，它声称不受马克思主义的"约束"，用改良资产阶级社会的理论取代马克思主义的革命理论，用经济唯物主义代替历史唯物主义，片面用马克思主义的个别词句来赞扬资本主义的"进步性"，反对无产阶级革命和无产阶级专政理论。

1894年秋天，在革命马克思主义者和"合法马克思主义者"的一次讨论上，列宁就司徒卢威的《俄国经济发展问题的论述》一书作了《马克思主义在资产阶级著作中的反映》的专题报告，指出他们虽然"同民粹派决裂"，但仅"意味着从小市民社会主义（或者说农民社会主义）过渡到资产阶级自由主义"，而不是"过渡到无产阶级社会主义"。1895年春天出版的《说明我国经济发展状况的资料》文集收入了由列宁撰写的化名为克·土林的文章《民粹主义的经济内容及其司徒卢威先生的书中受到的批评》。为了揭露司徒卢威对民粹主义的批评在哪些地方背离了马克思主义，列宁在第一章中把马克思主义观点和民粹主义观点作了对照，逐段评述了集中反映19世纪70年代民粹派观点的《人民园地上的新苗》一文。在前几章中，列宁用马克思主义观点分析批判了民粹主义的社会学观点、经济观点和政治纲领，认为民粹主义是从小生产者的立场来反对农奴制度和资本主义制度的，它的纲领中带有许多空想、反动的成分，但反对中世纪制度的条文应肯定，不能全盘否定。列宁指出，司徒卢威对民粹主义的批判是从客观主义的立场出发的，而不是从马克思主义的唯物主义出发。客观主义只说明社会经济发展的必然性，对资本主义作抽象的超阶级的解释，过分标榜客观性，在证明资本主义一系列事实的必然性时，把资产阶级的阶级利益宣扬为合乎理性的全人类利益，把资本主义的进步冒充为普遍的永恒的进步。针对"合法马克思主义"对马克思主义的党性原则的攻击，列宁系统论述了无产阶级的党性与科学性一致的原理，指出"唯物主义本身包含有所谓党性，要求在对事变作任何评价时都必须直率而公开地站到一定社会集团立场上"[①]。

当局检查机关在审查《说明我国经济发展状况的资料》文集后认定，这本文集有"动摇现存社会制度的有害倾向"，尤其克·伊林的文章是"马克思主义者的最坦率、最完整的纲领"，因此把这本文集列为禁书，予以没收销毁，最后这本文集保存下来的仅仅有一小部分。1907年底，列宁把这篇文章编入《十二年来文集》，加了副标题"马克思主义在资产阶级著作中的反映"，后来这篇文章在很多方面成为许多经济学著作尤其是《俄国资本主义的发展》一书的纲要。

《民粹主义的经济内容及其在司徒卢威先生的书中受到的批评》和前面所述的《什么是"人民之友"以及他们如何攻击社会民主党人》《论所谓市场问题》《农民生活中新的经济变动》是列宁早期的四篇著作，纵观其内容可以看出，年轻的列宁对马克思主义不但有深刻的研究，而且善于把马克思主义的普遍原理创造性地运用于俄国的具体实际，为俄国社会民主党人指明了奋斗目标和历史任务。

为了密切与在国外的马克思主义组织的联系，了解西欧工人运动的情况，1895年2月中旬，彼得堡、莫斯科、基辅、维尔诺社会民主主义小组成员共同参加了彼得堡会议，列宁也出席了这次会议。会上决定派遣一名代表出国。由于人选问题存在分歧，决定由彼得堡和莫斯科各派一名代表出国。列宁作为彼得堡的社会民主主义者代表被派遣出国。

当时列宁正患肺炎，4月底，他以病后疗养为名申请出国被批准。当局立即

[①]《列宁选集》中文第3版第1卷，第363页。

就列宁出国一事通令边境线各卡注意，国外的俄国间谍机关也奉命对列宁的活动和国外关系进行严格监视。

5月，列宁取道奥地利，直奔瑞士的日内瓦，目的是会晤"劳动解放社"的领导人格·瓦·普列汉诺夫等人。劳动解放社是俄国第一个马克思主义团体，成立于1893年9月，它翻译并介绍马克思、恩格斯的一些重要著作，出版各种宣传马克思主义的杂志和文集，还专门为工人出版通俗小册子，特别是出版了普列汉诺夫撰写的《社会主义和政治斗争》《我们的意见分歧》《论一元论历史观之发展》等著作，论述了马克思主义的基本原理，批判民粹派的错误理论。另外，还拟定了建立俄国社会民主党的两个纲领草案，在理论上为社会民主主义奠定基础，向工人运动迈出了第一步。因此，普列汉诺夫和"劳动解放社"在俄国革命者当中享有崇高的威望。

在日内瓦，列宁设法找到了在萨马拉时熟识的好朋友阿·亚·舒赫特一家。舒赫特不主张到普列汉诺夫家去，因为后者的住宅已经受到俄国密探的严密监视，不少俄国来访者回国后就遭到了政府的逮捕。当普列汉诺夫听到从俄国来了一位被沙皇处死的亚历山大·乌里扬诺夫的亲弟弟时，十分高兴。

会晤按事先的商定在兰多尔特咖啡馆举行。列宁在一张圆餐桌旁会见了这位比他大14岁，在他心目中一直享有崇高威望的革命家。列宁向他介绍了喀山和彼得堡社会民主主义小组的情况，普列汉诺夫也应列宁的要求讲述了70年代民粹派宣传活动的情况。会谈中列宁拿出两本从彼得堡带来的书交给他，一本是胶印版的小册子《什么是"人民之友"以及他们如何攻击社会民主党人》，一本是文集《说明我国经济发展状况的资料》。他们的交谈引起了一个"顾客"的注意。事不宜迟，普列汉诺夫建议列宁到密探较少的苏黎世去，与在那里的一个劳动解放社成员阿克雪里罗得碰头。

列宁很快来到了苏黎世。在阿克雪里罗得的提议下，他们去距离苏黎世不远的阿福尔特恩乡间度过了一个星期。列宁以他那异常的博学和充沛的精力给劳动解放社的领导人留下了深刻的印象，普列汉诺夫在给妻子的信中讲，列宁"很聪明、很有教养、很有口才。在我们革命运动中有这样的年轻人，真是万

普列汉诺夫　　　　　　阿克雪里罗得

幸"①。会谈的结果，双方对重大的革命理论和战略问题取得了一致的看法，劳动解放社也采纳了列宁的建议，将在瑞士为俄国革命者定期出版《工作者》丛刊。通过这次会面，列宁更加坚定了筹建俄国社会民主党的决心。

为更多地了解当地工人运动的现状，6月，列宁去了巴黎。在那里，列宁会见了马克思的女婿、法国著名的社会主义活动家拉法格。他从拉法格那里了解到恩格斯病得很重，经不起打扰，因此取消了去伦敦拜谒这位科学社会主义巨匠的计划。另外，列宁在巴黎阅读了格·列弗兰斯的《1871年巴黎公社运动纪要》一书，并作了摘要。

最后列宁去了柏林，投宿在斯普累河附近的摩押俾特区福伦斯堡街12号。这里虽属城郊，但动物园和火车站都在周围，有贯穿全城的铁路，火车每隔5分钟启动一列，进城非常方便。这样，列宁就经常去戏剧院广场（今为倍倍尔广场）的皇家图书馆看书，在那里研究国内得不到的马克思和恩格斯的著作。因为买书太多，他不得不写信向母亲请求经济上的援助。同时，他在柏林期间还重点研究了西欧工

马克思的女婿拉法格

---

① 徐觉哉，孙常敏：《列宁的足迹》，上海人民出版社1984年版，第36页。

人运动，并参加那里的工人集会。晚间，他通常到各处走走，考察柏林的社会风尚和市民生活习惯，并借机学习德语。他觉得到各种民间的娱乐场所游访，要比到博物馆、剧院和商场等地方去更有意思，更能了解到市民社会的真实情况。

四个半月的出国旅行结束了。列宁感到满意的是，他不仅完成了任务，扩大了视野，而且从国外带来了一只带夹层的箱子，在夹层中间装满了秘密书刊。

在通过海关时，警察发现了列宁的箱子有夹层，但警察局企图以箱子为线索，采取"放长线，钓大鱼"的手段，监视大批领取和散发秘密书刊的人，争取一网打尽。之后，警察加强了对列宁的监视。

1894年秋天后，工人运动活跃起来，对此，列宁提出了进行鼓动的倡议，推动小组成员过渡到同工人群众建立更广泛的联系，把经济鼓动和政治鼓动结合起来。彼得堡的警察面对范围日益扩大的秘密传单感到十分头痛，采取了更加严密的监视措施。为了避免更大的危险，列宁要求大家在私人交往中避免犯知识分子自由散漫的毛病，没有真正的事要办，不要你来我往"开怀畅谈"一番。为了谨慎起见，小组成员都起了外号，列宁叫"尼古拉·彼得罗维奇"，瓦·瓦·斯塔尔科夫叫"捷姆利亚尼卡"（维维），古楚尔人扎波罗热茨叫"古楚尔"，格·马·克尔日札诺夫斯基叫"苏斯利克"（黄鼠），瓦涅也夫叫"米宁"（地雷），米·亚·西尔文叫"波扎尔斯基"（烈火），等等。

随着"鼓动"工作的深入，组织扩大了，除了中心组之外，还发展了庞大的外围组织，即由宣传员、技术员、秘密书刊的保管员和传递员、联络员组成的若干个附属小组。列宁要求各小组做到以下几点：第一，将组织成员按区分组；第二，严格划分每个成员的职责和在党内应尽的义务；第三，停止一切不必要的相互往来；第四，任何私人通信都减少到最低限度。这样就尽量避免或主动或被动、或明或暗、或有意或无意地泄露机密，发生意外。大家认为，列宁是整个小组中最通晓秘密工作的人：他熟悉有过道的院子，善于巧妙地愚弄暗探，教大家怎样用化学药水在书上写字，怎样做暗号，还想出了许多绰号。有一次，列宁被一个密探死死盯住了，费了好大劲也未甩掉。在绕弯子、兜圈子的过程中，列宁仔细观察这个"尾巴"盯梢的"规律"。当他发现密探躲在一幢房子深深的门洞里时，就迅速地绕过大门，跑进了这幢房子的入口处，坐在看门人的圈椅里。在那里别人看不见他，而他透过玻璃窗却什么都看得清。他从那里看到，"尾巴"发现列宁一下子不见了，赶快从躲着的地方跳出来，东瞧瞧，西望望，急得东奔西窜，一副猴急相，而列宁坐在圈椅里忍不住乐起来。

1895年秋天，列宁回国，他向国内沿途各地的社会民主主义者小组成员介绍了西欧工人运动和劳动群众社的情况，从国外带回的大批书籍也在彼得堡和其他城市的社会民主主义者中间广泛流传着。

列宁在彼得堡工人阶级解放斗争协会领导成员中（从左至右，坐者是：瓦·瓦·斯塔尔科夫、格·马·克尔日札诺夫斯基、列宁、尤·奥·马尔托夫；立者是：亚·列·马尔琴科、彼·库·扎波罗热茨、阿·亚·瓦涅也夫）（1897年2月）

回国后，列宁已感到当时各马克思主义小组的分散状态和手工业活动方式已不能适应俄国工人阶级的迫切历史任务。他写道："在这样一个历史关头，在可以把一句名言改动一下，说'给我们一个革命家组织，我们就能把俄国翻转过来！'的时候，我们却表现出是一些手工业者。"他积极地着手巩固和扩大社会民主主义组织的工作，几乎每天都到工人区去，召开各种会议，在各革命小组中间"穿针引线"。不久，在列宁的领导下，彼得堡的20多个马克思主义小组联合成立了一个统一的政治组织，12月，这个组织命名为"工人阶级解放斗争协会"。协会实行集中制、严格的组织纪律和密切联系群众的原则。协会的宗旨是：把工人为改善劳动条件、缩短工作日和增加工资等而开展的经济斗争同反对沙皇制度的政治斗争联系起来。因此协会是马克思主义与俄国工人运动相结合的产物，是俄国无产阶级革命政党的雏形。协会由列宁、格·马·克尔日扎诺夫斯基、瓦·瓦·斯塔尔科夫、阿·亚·瓦涅也夫、尤·马尔托夫组成领导中心，分设三个区小组，通过有先进觉悟的工人和若干工厂挂上钩，工厂设有收集情况和散发刊物的组织人员，在一些大企业中还建立了工人小组。

"斗争协会"成立后，具体地参与并领导了工人的罢工斗争，印发了一些反映工人生活中的迫切问题和提高他们革命意识的传单。

1895年11月初，在"斗争协会"的领导下，托伦顿工厂有500名纺织工人举行了罢工，协会印发了《纺织工人要求什么》的传单。不久列宁写了第二张传单《告托伦顿工厂男女工人》。为写这张传单，列宁费了很大心血。列宁让人找来一位工厂的产品验收员，从他那里收集了不少宝贵的材料，接着又派了两个同志扮成女工深入工厂，掌握了有关工人生活、罚款和工资额等第一手材料，甚至连"商品名目"这样的"小事情"也注意到了。传单列举了列宁细心收集的有关工人困苦生活的事实，号召全体男女工人支持罢工，指出只有团结一致才能改善自己的生活状况。传单在工人中产生了强烈反应，罢工取得了胜利。

在"斗争协会"政治鼓动过程中，列宁的秘密小册子《对工厂工人罚款法的解释》起了很大作用。在小册子中他通俗地为工人讲解了工人都十分关心的罚款问题，深入浅出地讲述了厂主怎样剥削工人、无产者应该用什么方法斗争。列宁指出：农奴给地主干活，受地主惩罚。工人替资本家做工，受资本家惩罚。所有的差别只在于，不自由的人从前是挨棍子打，而现在是受卢布鞭笞，要改变这种状况，工人只有一种自卫方法，那就是联合起来，同资本家和法律所规定的不合理制度做斗争。

1895年8月5日，世界无产阶级革命导师恩格斯去世。列宁惊悉后，怀着十分悲痛而崇敬的心情，为"劳动解放社"不定期文集《工作者》写了一篇题为

《弗里德里希·恩格斯》的悼念文章。标题下列宁引用了诗人涅克拉索夫的一句诗作为引子："一盏多么明亮的智慧之灯熄灭了，一颗多么伟大的心停止跳动了！"在文中，列宁扼要叙述了恩格斯的生平及其对科学共产主义和国际共产主义运动所建立的伟大功勋，对恩格斯的历史地位作了全面科学的评价，认为恩格斯是继马克思之后整个文明世界中最卓越的学者和现代无产阶级的导师。

随着"斗争协会"作用的增大，莫斯科、基辅、土拉等地也纷纷建立了类似的团体和组织。为加强各地马克思主义组织的协作和联系，列宁决定秘密出版《工人事业报》，作为协会刊物。

《工作者》文集刊登列宁的《弗里德里希·恩格斯》一文

列宁为《工人事业报》创刊号写了几篇文章：《告俄国工人》（社论）、《我们的大臣们在想些什么？》《1895年雅罗斯拉夫里的罢工》等。列宁在《我们的大臣们在想些什么？》中写道：大臣们把工人看成火药，把知识和教育看成火星；大臣们确信，火星一旦落到火药上，首先被炸的是政府；没有知识，工人就无法自卫，有了知识，工人们才有力量。

身陷囹圄

1895年12月8日深夜，正当《工人事业报》创刊号付印的时候，当局侦察到了列宁等人的行踪,迅速出动,以列宁为首的"斗争协会"领导成员被捕,报纸原稿未来得及出版就被搜走了。

列宁被捕后,彼得堡律师界十分同情他,由律师会议主席威·奥·柳斯提赫提出,经彼得堡律师姆·弗·沃尔肯什坦附议的保释申请书送交警察司,母亲玛丽亚也写了保释的申请书,但均遭警察司的拒绝。

列宁被囚禁在彼得堡什帕列尔街监狱第193号——"未决犯拘留所"的一个单身牢房里。第一次审讯时,警察提到了那只从国外带来的箱子,列宁搪塞说在莫斯科家里(警察当局在彼得堡未搜到那只箱子)。事后,列宁用密码信赶紧通知前来探望的克鲁普斯卡娅。

姐姐安娜得到消息后,百般小心地照箱子原样重新做了一个。当局由于没有找到与"箱子"有关的线索,这一"罪状"就在其他"罪状"中隐没了。但其他"罪状"有确凿的证据,警察从瓦涅也夫那里抄走了尚未付印的《工人事业报》第一号,证实了列宁和同时被捕的许多人有联系,并给工人上过课等。

虽然身陷囹圄,但是列宁没有消沉,时刻也没有忘记革命工作,做好了长期

狱中的列宁(被捕后由沙皇当局保安处拍摄)

坐牢的思想准备，他把自己的牢房变成了狱中斗争的指挥所和同狱外联系的中心。

列宁从1895年12月8日被捕到1897年2月被判放逐西伯利亚东部，在彼得堡监狱里度过了14个月。铁窗限制了他的人身自由，但并不能使他停止革命活动。他想了许多办法同狱外保持联系，在狱中领导着"彼得堡工人阶级解放斗争协会"。

在被捕20多天后，即1896年1月2日，列宁就从拘留所里寄出了第一封信。这封信是寄给列宁一家的知交亚·基·切博塔辽娃的。其实，这封信是寄给狱外的"斗争协会"的同志们的，其中也包括克鲁普斯卡娅。列宁写这封信的目的之一是要打听一下和他同时被捕的还有哪些人。为了避免提到姓名，列宁运用了暗号，他把同志们的绰号同他要求送来的那些科学书籍的内容联在一起。这封信里附有一大张关于科学著作和统计汇编的书单。列宁巧妙地在其中穿插一些书名，在书名旁边打上问号，好像是在表示他凭记忆所列的书名是否正确，而实际上却是告诉同志们在这种情况下他不是要书，而是要打听情况。由于一些同志的化名同列宁所列的书名的文字相近，这样就不会引起拘留所检查人员的注意。比如，他打听斯塔尔科夫的情况，打有问号的书名是"维·维：《俄国资本主义的命运》"，因为斯塔尔科夫叫"维维"。他打听克鲁普斯卡娅，写的是一个英文书名即"麦因·李德：《鳗鱼》"，因为克鲁普斯卡娅的绰号叫"鱼"或"鳗鱼"。这样的书名纳入所需的科学书籍目录可能引起检查人员的注意，因此他又在第二张纸上加了一句话："多种体裁的书可以用来调剂单调的环境。"这就麻痹了检查人员。列宁这种提问的方法虽然事先没有经过商量，但同志们都能理解，并且立即回答了他。比如，他问下诺夫哥

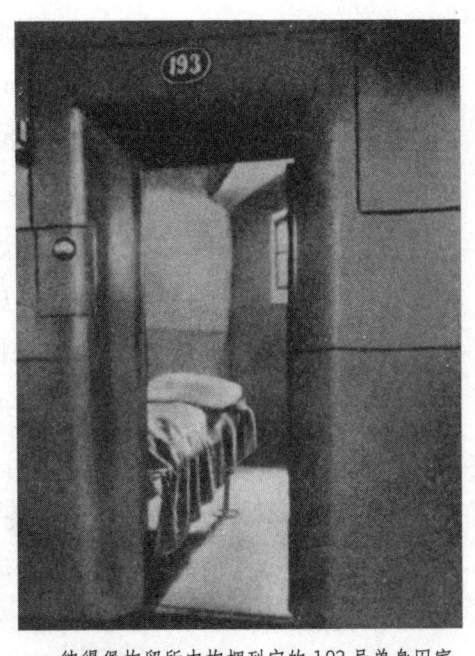

彼得堡拘留所内拘押列宁的193号单身囚室

罗德的两个人瓦涅也夫和西尔文时，打问号的书名是柯斯托马罗夫的《混乱时期的英雄传》，因为这两个人的化名前者叫"地雷"，后者叫"烈火"。同志们给他的答复是，《混乱时期的英雄传》图书馆只有第一卷，就是说，被捕的只有瓦涅也夫，没有西尔文。

列宁被捕一个月后，他的母亲、姐姐、妹妹一起到彼得堡近郊安顿下来，以便探望和照顾他。他们获准每周探监会见他两次，时间是星期一和星期四。一次是单独会见，一次是一般探监（隔着栅栏）。前者在看守人的监视之下延续半小时，后者则为一个小时，有两个看守在来回走动，一个在拦住犯人的铁栏的笼子后面，另一个在探监人的后面。由于探监时的喧哗嘈杂声，看守人都普遍感到腻烦，加上他们愚蠢无能，所以只要略施巧计，在探监时几乎可以无话不谈。每周可以送饭三次，送书两次，而且书籍不是由宪兵而是由拘留所附近的法院检查官检查。在送进去的书很多时，这种检查多半不过徒具形式而已。准许送进去的书相当广泛，连月刊甚至周刊都可以送。这样单独监禁下最大的苦恼之一——与外界隔绝的问题就不存在了。"拘留所"图书馆的藏书也相当丰富，它是由各方面的捐赠集成的。

母亲、姐姐和妹妹对探监分了工，母亲和妹妹星期一当天探监，姐姐周四隔栏探监。弟弟德·伊·乌里扬诺夫有时也到狱中探望。列宁和姐姐要谈的话很多，因而探监的时间比较长。他和姐姐常使用外语字眼，如碰到"罢工"这类不便明说的词语，就用英文或法文等代替。姐姐总是动脑筋把自己所收集到的见闻转达给列宁，列宁也想方设法谈自己的事和打听消息。当他们听懂彼此所谈的内容时，两人便乐得大笑起来。有一次，两人交谈中用外语太多了，看守厉声说道："不许用外语讲话，只许用俄语。"列宁回头看了看守一眼，说道："好吧，就说俄语。"他接着用俄语对姐姐说："你对这位金人说……"这里的"金人"是指戈尔得曼。列宁把这个德语的词译成俄语，看守也就不知道"金人"指的是谁了。

姐姐每周给他送两次书，时间是星期三和星期六，在每包书里，都有一封用铅笔在字母上加点或画线的密码信。早在入狱前，列宁就教过姐姐密码通信的基本知识，他们在字母中间打上不大看得出来的黑点或画上短线，并用约定的记号标记出有密码信的书和页数。用这种方法交流情况非常迅速及时，星期三的密码信，可以在星期四探监时说明，这样可以把狱外的事件一项不漏地告诉他。姐姐除了在狱外同"斗争协会"的成员保持密切的联系外，还广泛地同其他人交谈、打听各路消息，在探监前把有关工作和罢工进展的第一手资料了解清楚。姐姐除了把外面的情况告诉他，还把跟他一起坐牢的同志的情况告诉他，往返传递他们之间的消息。列宁很关心狱中的同志，只要听到谁急躁不安，就利用监狱中的图书与谁进行通信，写信去鼓励。

列宁同狱外的"斗争协会"会员建立了联系，他坚持要"斗争协会"尽快筹备召开党的第一次代表大会。

1896年夏天，彼得堡爆发了纺织工人大罢工，罢工很快波及莫斯科，吓得在外地巡视工作的沙皇不敢从南方回到彼得堡。这次罢工使人们情绪高昂、精神振奋。列宁创立的"工人阶级解放斗争协会"愈来愈受工人欢迎。许多工人群众要求他们印发传单。列宁为起草传单，拟订了写几个小册子的题目。

在狱中公开用密码写传单和文件是不可能的，需要采用一种不易察觉的、到狱外又能显影的办法。小时候母亲曾教列宁玩过一种儿童游戏，即用牛奶写字，然后在灯或蜡烛上加热，写的东西就显影出来了。列宁在狱中每天都能得到牛奶，于是他便用面包瓤做成一些小瓶，在里面倒进几滴牛奶，蘸着牛奶在一本本准备毁掉的书的字里行间写秘密文件。列宁用黑面包做墨水瓶，以便听到响声或发觉有人在监视孔里窥探时，可以把它吞下肚去。一天，警察窥探到列宁正在写什么东西，便立即把门打开闯了进来，奸笑着说："哈哈，到底让我看到了，你在写什么？"列宁很镇定，用眼睛看了一下警察，装作没事似的把面包往嘴里送。"你怎么吃墨水瓶？"警察惊讶地叫道。"您大概看花眼了吧，这是面包！"列宁不慌不忙地说。警察走近一看："嗨，还真是面包！"他一边揉着眼睛，一边嘀咕着，"真是怪事，墨水瓶怎么能吃呢？大概看花眼了！"警察走后，列宁用面包重新做了墨水瓶，倒上牛奶，继续工作。这一天列宁在信的空白处写道：今天真不走运，一连吃了六个墨水瓶。

列宁在狱中用牛奶把传单和秘密文件抄写好后，便把草稿小心地毁掉。有些

列宁传

材料，如党纲的详细说明，一天之内抄不完，而且写完之后，还要一边思索，一边不断地修改和补充，所以不能马上把草稿销毁掉。后来，列宁以从事科学研究为名，把草稿夹在他用工整字体写满统计数字和其他摘录的纸张堆里保存起来。他这样做居然瞒过了检查官兵的眼睛。有一次，一个宪兵军官到他的牢房里做例行检查时，在堆在屋角里的一大堆书籍、表格和摘录中翻了一会，开了句玩笑："今天太热，不宜研究统计数字。"敷衍一下便走了。母亲和姐姐十分担心列宁所处的危险环境，列宁却不以为然，他曾开玩笑地对姐姐说："我的处境比俄罗斯帝国的其他公民都好，因为已经不能再逮捕我了。"[①]

娜·康·克鲁普斯卡娅（19世纪90年代）

列宁在狱中起草的秘密文件有《论罢工》、党纲及详细的党纲说明。《论罢工》这本小册子由其未婚妻克鲁普斯卡娅显影抄写，交拉赫塔印刷所，印刷所被查封时抄本被搜走。在克鲁普斯卡娅被捕后，党纲的详细说明由姐姐安娜抄写。

克鲁普斯卡娅与姐姐安娜保存秘密文件的用具是一张小圆桌。这是一张看似普通但设计巧妙的圆桌，它是根据列宁的意图设计的。桌子很粗的独腿有个特制的底盘，比普通的稍大一些，可以旋开，中间挖空了的地方能放许多纸卷。小圆桌起初由列宁使用，后来交给克鲁普斯卡娅，他们被捕后，转给安娜。一到深夜，安娜就把抄好的文件藏到里面去，把灯上烤过的那几页原稿小心地毁掉。这张小圆桌起了不小的作用，警察在搜查他们的住处时，都没有识破这个秘密，列宁起草的党纲才得以幸免于难。后来，因为底盘常常旋开，螺丝纹磨光了，才不再使用。

列宁在狱中严格地按自己的作息计划生活。他善于安排自己的生活，把日程

[①]《回忆列宁》第1卷，第52页。

安排得满满的。他的著作《俄国资本主义的发展》一书需要用的大量材料就是在狱中收集的。另外他还写了《论资本家的利润和工人的工资，论8小时工作日》（传单）、《五·一》（传单）、《告沙皇政府》（传单）、《"老年"会员给彼得堡"工人阶级解放斗争协会"会员通知书》（告诫狱外同志警惕奸细尼·米哈伊洛夫），等等。

在狱中，列宁利用能"安静"写作的条件，认真研究了俄国资本主义的发展，并开始动手写《俄国资本主义的发展》的初稿。1897年初，列宁在得知他将被流放西伯利亚时，有点"惋惜"地说："还早呢，我还没有来得及把必要的材料收集齐全呢！"①

在西伯利亚流放地

1897年2月10日，列宁被判流放西伯利亚三年，受警察的公开监视。经过母亲的努力，列宁获准不经押解而自费前往，并且争取到自己想去的米努辛斯克专区舒申斯克村。一则这儿比其他地区的环境好一些，二则流放到这个地区的还有列宁的战友格·马·克尔日扎诺夫斯基和瓦·瓦·斯塔尔科夫等人。否则，沿途辗转跋涉，会严重损耗体力和精力。在列宁获释的那天，彼得堡"解放斗争协会"会员们欢欣鼓舞。

列宁（1897年）

---

① 《回忆列宁》第1卷，第102页。

列宁传

临出发前，因母亲有病，列宁在莫斯科停留了一周。利用这些时间，列宁连续两个晚上出席了"斗争协会"的会议，批评了"青年派"的"经济主义"倾向，和"斗争协会"部分成员马尔托夫、克尔日札诺夫斯基、瓦涅也夫、马尔琴科、扎波罗热茨等人留影纪念，同时还抽空到鲁勉采夫图书馆去学习，收集了一些关于俄国资本主义发展的材料。

1897年2月17日，母亲、妹妹、姐姐和姐夫四人伴随列宁从莫斯科动身，到达图拉车站后，列宁和家人依依惜别。之后他要一个人前往流放地。3月16日途经克拉斯诺亚尔斯克。因叶尼塞斯克省公署未收到警察司关于列宁流放的任何指令，列宁在克拉斯诺亚尔斯克暂住了近两个月。在这儿，列宁结识或遇到了不少社会民主主义者或政治流放者，彼此进行了交流。另外，列宁顺便到当地商人、藏书家格·瓦·尤金私人图书馆进行了研究和查阅资料的工作。

列宁的姐姐安娜　　　　列宁的姐夫马·季·叶利扎罗夫

5月12日，列宁乘船经过六七天的行程，到达流放地点舒申斯克村，被安置在农民孜里亚诺夫的小屋里。舒申斯克村离铁路线600俄里，地处偏远，交通不便，是个不毛之地。19世纪30—50年代，十二月党人曾被流放在这里。从俄国中部来的邮件到达这里最少得半个月，全村没有人订报纸。列宁曾在家书中描述过这个村的荒凉情况。

尽管条件很艰苦，但是列宁并没有灰心气馁和悲观失望。一到流放地，列宁

第二章 从律师到革命家

便紧张地工作起来。

　　首先，列宁和当地农民交了朋友：建立了密切的关系。在当地农民中，列宁有两个最要好的朋友：一个是茹拉夫廖夫，他有些文化，敢于仗义执言，反对富豪和不公平现象。另一个是索斯巴迪奇，经常和列宁一块打猎，列宁给他讲一些革命道理，而他则送列宁一些山货。列宁当过律师，法律是他的专长，因此他经常为当地农民提供法律咨询，出谋划策，不仅帮助农民打赢了不少官司，也为他们提供了

流放地舒申斯克村

列宁在舒申斯克村住过的农民孜里亚诺夫的房子

一些对付当局和地主富豪的办法。例如列宁曾帮助一名被金矿开除的工人打赢了官司，矿主被迫如数发了矿工被扣的工资。消息传出后，当地农民对列宁更加敬重，都愿意把心中的委屈和一些消息告诉列宁。1922年3月27日，列宁在俄共（布）"十一大"上曾回忆起他在西伯利亚当律师的事情："那时我是个黑律师，因为我是个被放逐的国事犯，不准当律师，可是没有别的人，大家只好到我这里来

陈诉某些事情。"通过与当地农民的交往，列宁了解到了西伯利亚农村的生活经济状况、风俗习惯和阶级关系，为他后来研究土地问题提供了很好的素材。

在西伯利亚，列宁和散处在北方和西伯利亚各个角落的被流放的革命者建立了广泛的联系。列宁先后和维尔霍斯连克的尼·叶·费多谢也夫、土鲁汉斯克的尤·奥·马尔托夫、维亚得卡省的亚·尼·波特列索夫、阿尔汉格尔斯克省的亚·列·马尔琴科和米·格·格里格也夫以及弗·维·林格尼克等人通过信。根据列宁的倡议，在流放者中间组织了图书交流。另外，列宁还与俄国工人运动的中心彼得堡和莫斯科、下诺夫哥罗德和沃龙涅什的同志建立了联系，并通过安·伊·叶利扎罗娃与"劳动解放社"取得了联系。这些信件是列宁最重要的消息来源，是联系和领导俄国社会民主主义组织的手段。列宁在信中阐述马克思主义的理论问题和政策问题，拟订了未来的革命工作计划。

同志间难得的来往和交流是令列宁十分高兴的事。受命监察列宁的是当地一个富裕农民，他开了一个肉铺，每天最关心的是把牛肉卖给流放者，而很少用心监视流放者们的行踪。这样，有时列宁和"政治流亡犯"们可以找一些借口，如庆新年、婚礼、生日等，进行会面或举行会议。例如，1897年9月，列宁曾经到米努辛斯克去了两天，结识了住在当地的流放者费·雅·柯恩、阿·弗·梯尔柯夫等人。归来时列宁顺路到捷辛斯克会见了格·马·克尔日札诺夫斯基和瓦·瓦·斯塔尔柯夫，并逗留了5天。甚至有一次他还到了克拉斯诺亚尔斯克参加了当地政治流放者举行的会议。有时，克尔日札诺夫斯基、斯塔尔柯夫、西尔文、瓦涅也夫等人也赶来看望列宁，相互进行勉励和交流情况。有一次列宁想到捷辛斯克去，就是听了克尔日札诺夫斯基的主意，说捷辛斯克有一座在地质方面很有价值的山，从而他想去研究这座山。列宁半开玩笑地给县警察局长递交了一份申请，没想到县警察局长不仅派专差送来许可证，而且还批准了列宁希望克鲁普斯卡娅一同前往帮忙工作的要求，令列宁感到惊喜。

在舒申斯克村被流放的有两个工人，一个是波兰的社会民主党人、制帽工人伊·卢·普卢敏斯基，另一个是普梯洛夫工厂的芬兰籍工人奥·亚·恩格贝尔格。列宁同他们处得很好，还同恩格贝尔格一起把德文版《共产党宣言》译成俄文，共同读《资本论》。列宁给家中写信，请他们把所有的带插图的儿童读物寄来，送给普卢敏斯基的孩子。列宁在流放期满后，曾分别送给他们一张有自己签名的照片。

1899年，为悼念好友费多谢也夫，列宁和一些流放者决定为费多谢也夫募款建一座纪念碑。5月，警察截获了流放者利亚霍夫斯基给列宁的一封信的回信，信中谈的是为纪念碑募集经费的问题。警察以此为借口突然到列宁家中进行搜查。按照工作习惯，列宁一般把重要文件和书信放在书柜的最下边。警察搜查书柜时，列宁很机警地递给他一把椅子，警察开始从柜子上面的几格搜起来。由于上面摆的都是一些他们不感兴趣的统计资料汇编，他们翻着翻着就失去了耐心。克鲁普斯卡娅乘机告诉他们，下面都是一些教育书籍，警察正好懒得看，就轻信地扫兴走了，一场虚惊过去了。

在流放地，列宁同母亲、姐姐、弟弟等亲人的通信很频繁。对于母亲对自己从事革命事业的理解和支持，列宁深表敬意，同时也因自己而使母亲受到牵累而不安。他十分挂念母亲的生活和健康，每次通信总是竭力安慰母亲，请求母亲不要为他担心，并向母亲叙述自己的生活、自己的想法和工作计划。母亲和姐姐也给了列宁很大帮助，如帮助列宁联络同志、查寻和收集资料、邮寄书刊等。列宁和家人虽然天各一方，但亲情没有割断。

读书和研究是列宁流放生活的重要内容。在流放地，列宁研读了法文版《哲学的贫困》《〈黑格尔法哲学批判〉导言》等马克思、恩格斯的著作和几十本关于哲学、政治经济学等方面的书，其中有黑格尔、康德的哲学著作。在闲暇和困倦时，他还喜欢读普希金、莱蒙托夫、涅克拉索夫、托尔斯泰等作家的优秀作品，对车尔尼雪夫斯基的长篇小说《怎么办？》更是爱不释手，反复阅读。另外，列宁还订阅了许多杂志和报纸，如俄文的《俄国财富》《财政通报》《新语》《科学评论》《田地》，外文的《社会立法和统计文库》《社会实践》《新时代》《法兰克福报》等。这样，列宁了解到了若干时事内容以及俄国和西欧的工人运动、经济发展等方面的内容。

列宁不仅研阅了大量书籍，而且克服了种种困难，以饱满热情进行了巨大的

列宁传

理论创作活动。

夜深人静时正是列宁工作的大好时机，有时候他的窗户彻夜透着灯光，在沉入梦乡的村庄的一片黑暗中特别引人注目。俄国诗人斯·施·帕切夫的长诗《舒申斯克的小屋》曾经这样写道：

>烛火燃烧，暗影轻轻颤动，
>齐窗的狂风大雪掩没了村庄，
>但地球正绕着舒申斯克旋转，
>因为这是列宁工作着的地方。
>夜深人静，白雪满窗，
>他还在埋头写着，一行又一行。
>透过十九世纪的狂风大雪，
>他清楚地看见了二十世纪的曙光。
>他深知俄罗斯力量的源泉。
>他看见照亮未来的光芒。
>纸上的墨迹还未干透——
>写下的话已注定永垂不朽……[①]

在三年的流放生活中，列宁除发表了100多万字的几十篇著作外，还为俄国社会民主工党写了大量的秘密文件、传单，翻译了韦伯夫妇的《英国工联主义的理论与实践》、卡尔·考茨基的《伯恩施坦与社会民主党的纲领》等书。

流放期间列宁的理论活动主要有以下几个方面：(1) 创作小册子《俄国社会民主党人的任务》，初步论述了俄国社会民主党人的政治纲领和策略；(2) 出版学术性专著《评经济浪漫主义》《1894—1895年度彼尔姆省手工业调查以及"手工"工业中的一般问题》《我们拒绝什么遗产》，从各个方面深入地清算了民粹派

[①] 彼·尼·波斯别洛夫主编：《列宁传》上册，第77页。

理论;(3)撰写《俄国资本主义的发展》,驳斥了民粹派关于国内市场问题的主要论点,创立了俄国资本主义发展的理论体系;(4)撰写《俄国社会民主党中的倒退倾向》《农业中的资本主义》《俄国社会民主党人抗议书》等文章,批判伯恩施坦修正主义和经济派及"合法马克思主义";(5)致力于学习和研究哲学,坚持、发展和捍卫了马克思主义哲学理论;(6)发表《我们的纲领》等论文,详细制订了在俄国建立马克思主义政党的计划。

《俄国社会民主党人的任务》于1897年底完成,该文总结了"彼得堡工人阶级解放斗争协会"活动的经验,论证了俄国革命的社会民主派的政治纲领和策略,阐明了工人阶级在资产阶级民主革命中应该如何科学地对待其他阶级,强调革命运动必须以马克思主义作为指南。列宁指出,为实现极其宏伟的目标,每一个革命者都要研究各种秘密工作的细节,有极大的耐心和自我牺牲精神,"全部生活服从于枯燥和严格的规定";把自己的活动和工人的实际日常生活问题结合起来,把原则的坚定性和策略的灵活性结合起来,把民主主义的任务和社会主义的任务结合起来;小资产阶级具有两面性,有时会"折服于专制制度的种种试探和诱惑手段","有教养的人"的态度也不彻底,"为求得官家俸禄,或为分得利润或股息而实行妥协",往往拘泥于狭小书房中。书中明确提出了"没有革命的理论,就没有革命的行动"的著名论断。

《经济评论集》是列宁的第一本论文集,也是一本系统地深入批判民粹主义的文集,收录了列宁写的《评经济浪漫主义》《1894—1895年度彼尔姆省手工业调查以及"手工"工业中的一般问题》《民粹主义空想计划的典型

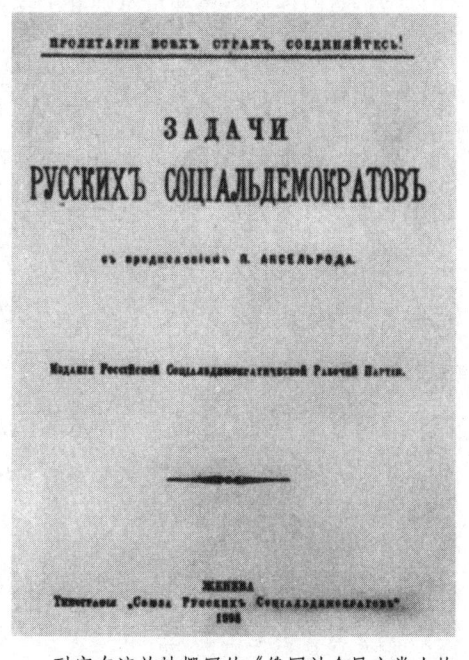

列宁在流放地撰写的《俄国社会民主党人的任务》一书(1898年日内瓦出版)

列宁传

《我们拒绝什么遗产》《论我国工厂统计问题》等五篇论文。通过姐姐安娜的帮助，论文集于1898年10月在彼得堡出版，作者署名为弗拉基米尔·伊林，印数2000册。由于书报检查机关对书籍审查十分苛刻，所以列宁在写作时行文十分巧妙和含蓄，以免惹麻烦，例如把"马克思主义理论"改写成"最新理论"、"马克思"写成"著名的德国经济学家"、"马克思主义者"写成"现实主义者"、《资本论》写成"一篇论文"，等等。后来再版时，列宁才重新改了过来。

《俄国资本主义的发展》是列宁写的一部重要巨著。原书名为《大工业国内市场形成的过程》，1899年3月由姐姐安娜、姐夫马·季·叶利扎罗夫联系出版，署名弗拉基米尔·伊林，共计40万字。列宁之所以写这本书，主要目的就是为了适应当时革命的需要。19世纪80年代到90年代，自由主义民粹派成了在俄国传播马克思主义和建立马克思主义政党的主要障碍。当时，马克思主义者和自由主义民粹派争论的中心问题是俄国资本主义的命运问题。这个问题同俄国革命的前途问题和领导权问题有着密切的联系。以瓦·巴·沃龙佐夫、尼·弗·丹尼尔逊为代表的民粹派认为：俄国并不存在资本主义发展的根基，可以避开资本主义，通过自己独特的道路走向社会主义；俄国的资本主义发展是偶然现象，是人为措施的结果；村社是俄国社会主义的基础，村社农民是社会进步的主要力量。列宁认为，要批判民粹派的观点，只分析它们的错误和举出国内市场形成和发展的事实是不够的，必须考察俄国资本主义的全部发展过程，分析俄国的经济和社会阶级结构。《俄国资本主义的发展》就是为了完成这个困难的任务而撰写的一部巨著。为完成这本巨著，列宁前后共花了三年的时间，参考了大量的俄文和外文书籍、统计资料、评论和文章，其中参阅的书有583本，摘录了几十万字的资料，有部分章节列宁还请不少流放者阅读，请他们提出意见和看法。克鲁普斯卡娅在给别人的信中曾提到了这本书的一些写作过程：

> 有一段时间列宁把全部精力放在他的市场一书上，从早写到晚。我把草稿誊写在小笔记本上，在读全部手稿的过程中，我装成一个"修养不高的读者"，要来判断"市场"的论述是否明确，我尽可能装得"修养差些"，想

特别吹毛求疵一下，但挑不出什么毛病来。

该书出版后，受到读者和社会民主主义者的关注和好评，很快销售一空。《开端》杂志1899年第3期摘发了部分章节，《格鲁吉亚报》等报刊发表了一些书评。

全书共8章。第一章是全书的引言，批判了自由主义民粹派的理论错误，集中叙述了有关资本主义国内市场问题的几个基本理论原理。列宁依据马克思的经济学说，首先说明社会分工是商品经济和资本主义全部发展过程的基础，日益发展的社会分工是资本主义国内市场建立过程的关键。生产劳动的分工使它们各自的产品互相变成商品，使它们互相成为市场。随着社会分工的日益发展，这些商品的市场也日益扩大。

第二章论述俄国农民的分化。在这一章中，列宁利用俄国19世纪80年代到90年代有关土地、牲畜、农具、雇佣劳动、农民生产水平和生活情况的大量资料，全面地说明了改革后俄国农村资本主义的发展。通过对统计资料的分析，列宁得出结论说，现代俄国农民所处的社会经济环境是商品经济。农民中的社会经济关系结构表明，这里存在着任何资本主义所固有的一切矛盾，如：竞争，抢租和抢购土地，生产资料集中在少数人手中，大多数人落入无产阶级队伍，等等。这说明村社中的经济关系结构不是特殊的结构，而是普通的小资产阶级结构。俄国村社农民不是资本主义的对抗者，而是资本主义最深厚、最牢固的基地。旧的农民不仅在分化，而且在彻底瓦解和消亡，被完全新型的农村居民所代替，这就是农村资产阶级和农村无产阶级。介于上述两种新型农民之间的是中等农民。他们处于很不稳固的地位，能爬到上等户的为数极少；资本主义发展的整个过程使他们沦为下等户。农民分化的原因是私有制下商品生产的矛盾和商品生产者之间的竞争。农民的分化建立了资本主义的国内市场。列宁还指出，俄国农村中的商业资本和高利贷资本，特别是农奴制的残余——工役制，阻碍了农村资本主义的发展。

第三章论述俄国改革后的地主经济逐步向资本主义农业经济转变的过程，说明俄国农业资本主义的发展特点是存在大量的农奴制残余。俄国的地主经济在改革前是徭役制度，在改革后是工役制度和资本主义制度的奇妙结合。

第四章论述俄国农业资本主义的发展。列宁指出，改革后俄国农业发展的基本特点是农业愈来愈带有商业性质。商业性农业的发展必然导致农业生产方面的一系列变化，表现为农产品生产量增加和农业劳动生产率的提高、农业的专业化、各种不同农业地区的形成、技术性农业生产和市郊经济的发展，等等。商业性农业的增长建立了资本主义国内市场。对于改革后俄国农业资本主义演进的特点，列宁总结说，俄国的农业资本主义，就历史意义而言，是一个巨大的进步。第一，农业资本主义把务农者变成了从事工业者。第二，推动了农业技术的改造和社会劳动生产力的发展。第三，第一次在俄国建立了以机器的使用和工人的广泛协作为基础的大规模农业生产。第四，第一次连根摧毁了工役制和农民的人身依附关系。

在第五章、第六章、第七章中，列宁阐述了俄国工业中资本主义发展的三个主要阶段，即小商品生产、资本主义工场手工业和大机器工业。这三种工业形式有着最直接、最密切的联系和继承性。

在第八章中，列宁根据俄国的统计资料，从商品流通、工商业人口、雇佣劳动的使用和劳动力国内市场的形成等方面，说明了俄国当时国内市场的实际形成过程，指出了民粹派的错误。

列宁在《俄国资本主义的发展》一书中，根据种种统计资料，对俄国社会经济制度和阶级结构进行了全面的研究和分析。他无可辩驳地证明，资本主义无论在城市或乡村都已成了占统治地位的生产方式。俄国已经是一个资本主义国家，但是它与西欧资本主义国家相比，经济上还很落后，资本主义发展的速度也很缓慢。原因是俄国还存在很多农奴制的直接残余，这阻碍了资本主义的发展，并使生产者的生存情况恶化。生产者不仅苦于资本主义，而且苦于资本主义的不够发达。列宁指出，俄国资本主义既具有历史进步作用，也具有历史暂时性，它为社会主义革命创造了物质前提。

《俄国资本主义的发展》从经济上论证了工人阶级作为社会的政治领导力量的作用和农民作为无产阶级同盟军的作用。列宁在本书1907年的第二版序言中指出，在这种经济基础上的俄国革命必然是资产阶级革命，但不能由此得出结论说，资产阶级必须在这个革命中起领导作用。列宁还阐述了农民的两重性：一方面，农民身受资本主义和农奴制残余的双重压迫，具有很深的革命性；另一方面，他们又存在业主倾向。因此，他们必然摇摆于反革命的资产阶级和革命的无产阶级之间。他们在革命中不能起领导作用，但他们是无产阶级最可靠的同盟军。

《俄国资本主义的发展》是在《资本论》第三卷问世五年之后出版的。恩格斯在《资本论》第三卷序言中说：

列宁《俄国资本主义的发展》一书1899年第一版的封面

> 马克思生前曾通过他的俄国朋友搜集了大量的俄文资料，对俄国1861年"改革"以后关于土地所有权的统计资料进行了多年研究；由于俄国的土地所有制和对农业生产者的剥削具有多种多样的形式，因此在《资本论》第三卷《地租》这一篇里，俄国应该起在第一卷研究工业雇佣劳动时英国所起的那种作用。但马克思没有能够实现这个计划。①

这个计划由列宁在《俄国资本主义的发展》中实现了。从这个意义上说，《俄国资本主义的发展》是《资本论》的延续，实现了马克思的遗愿。

《俄国资本主义的发展》是创造性地运用马克思的经济学说研究和解决俄国

---

① 《马克思恩格斯全集》第25卷，第11页。

社会和经济问题的光辉典范，是列宁在 19 世纪 90 年代最主要的代表作。这部著作捍卫并发展了马克思主义政治经济学。书中对俄国经济发展和各阶级相互关系的分析，后来成了布尔什维克党制定纲领和策略的根据，对俄国革命实践具有伟大的指导意义。

《俄国资本主义的发展》出版后，遭到了"合法马克思主义者"斯克沃尔佐夫的攻击，列宁立即写了《非批判的批判》一文，批判了"合法马克思主义者"和集结在伯恩施坦周围的那些修正主义者的错误。列宁说，革命马克思主义者同修正主义者的差别在于：前者始终想做彻底的马克思主义者，根据改变了的条件和各国的特点发展马克思主义的基本原理，进一步研究马克思的辩证唯物主义和政治经济学理论；后者想抛弃马克思学说中的若干重要方面。

1895 年恩格斯去世以后，第二国际内部出现了一股以德国社会民主党领导人爱德华·伯恩施坦为代表的修正主义逆流，逐渐成为国际工人运动的主要危险。1896 年至 1898 年，伯恩施坦打着修正马克思主义的旗号，著文立说，企图用改良主义和机会主义来歪曲马克思主义，叫嚣马克思主义原理已"过时"，需要系统地"修正"，鼓吹放弃政治斗争和无产阶级专政，贬低革命理论的指导作用，并提出了一个臭名昭著的口号："最终目的是微不足道的，运动就是一切。"否认资本主义必然灭亡、社会主义必然胜利的客观历史规律。伯恩施坦修正主义出笼后，博得了资产阶级和改良主义者的喝彩和青睐，泛滥成一种"时髦"理论。对于修正主义的危害性，欧洲一些国家的无产阶级政党领导人和革命家开始没有深刻的认识，认为伯恩施坦修正主义是"儿童的愚蠢""无害的学说""理智和过度疲劳"，既没有必要花时间去批判它，也不必担心它对工人运动的影响。当时作为《新时代》杂志主编的卡尔·考茨基也一度只允许该杂志刊登关于赞同和宣扬伯恩施坦修正主义的文章，而不允许发表持批判态度的文章。俄国马克思主义理论家、"劳动解放社"的领导人普列汉诺夫也持犹豫不决的态度。

与伯恩施坦修正主义相呼应，在俄国国内也出现了修正主义在俄国的变种——经济派。1899 年经济派代表人物谢·尼·普罗柯波维奇、叶·德·库斯柯娃等人发表了由库斯柯娃起草的纲领——《信条》。经济派打着反对"思想解放""教条主义"和主张"批判自由"的旗号,公开支持伯恩施坦的修正主义。他们把马克思主义理论歪曲成为仅仅主张进行政治斗争的理论,从而断定马克思主义不适用于俄国的特殊国情;歪曲西欧工人运动的历史,声称"在研究工人运动时所得出的基本规律就是阻力最小的路线",俄国工人不同于西欧工人,应该满足于分散状态,迷恋工人运动的自发性和经济斗争,没必要进行无产阶级革命和建立无产阶级政党。

列宁虽然地处偏远的西伯利亚,远离工人运动的中心,但心系革命运动,始终密切关注着国内工人运动的发展。修正主义出现后,马上引起了列宁的关注,列宁认为它的危害极大,若不加以批判,必将会成为一种国际现象,泛滥成灾。他搜集了有关书刊和资料,加以研读。

事实证明了列宁的预见性。普列汉诺夫在看清了伯恩施坦修正主义的巨大危害后,于1898年春末夏初先后在日内瓦和罗马作了《论所谓马克思主义危机》的讲演,之后又在《新时代》杂志上接连发表了《伯恩施坦与唯物主义》《康拉德·施米特反对卡尔·马克思和费里德里希·恩格斯》《唯物主义还是康德主义》等文章。国际工运活动家李卜克内西、卢森堡、倍倍尔、蔡特金等人也纷纷批判伯恩施坦修正主义的错误。

普列汉诺夫的文章发表后,列宁通过亲友得到了《新时代》杂志和《唯物主义论丛》一书,同时阅读了《法兰克福报》对伯恩施坦修正主义的评论。列宁阅读了普列汉诺夫的文章后,感到十分满意,坚决支持普列汉诺夫对伯恩施坦的批判。他在给朋友亚·尼·波特列索夫等人的信中表示:"我非常满意地一再阅读了《唯物主义论丛》",其观点"完全正确"。

1898年3月至8月,列宁把英国工联主义者、"费边主义"的代表人物韦伯夫妇的《英国工联主义的理论和实践》一书的第一卷译成俄文,并在译稿中加了一些脚注。

1899年7月,在收到姐姐从彼得堡寄来的经济派的纲领《信条》之后,列宁立即进行了反复阅读和研究,并草拟了批判文件。1899年9月1日至3日,列宁在叶尔马科夫斯克村以庆祝朋友女儿生日为名,两次召集和组织了被流放的17

名社会民主党人举行会议，大家热烈讨论了《信条》，一致支持列宁起草的《俄国社会民主党人抗议书》，并签了名。会议决定把《抗议书》发往到各地，以争取更多的签名，并寄给国外的普列汉诺夫，让他予以发表。不久，《抗议书》刊登在普列汉诺夫的反"经济主义"的文集《为工人事业编辑部所写的指南》中，其他地区的流放者也支持和同意《抗议书》。列宁在《抗议书》中指出，当无产阶级没有政治自由或者政治权利受到限制的时候，始终必须把政治斗争提到首位。经济派把工人阶级的经济斗争同政治斗争割裂开来，企图使俄国工人阶级局限于经济斗争，而让自由主义反对派去进行政治斗争，这是背弃马克思主义的。俄国社会民主党推行这样的纲领就等于政治上的自杀。列宁阐释了《俄国社会民主工党宣言》中的基本原则，强调指出只有马克思主义理论才能成为工人运动的旗帜，只有独立的工人政党才能成为反对专制制度斗争的坚固堡垒，俄国工人阶级最主要的任务是争取政治自由，推翻专制制度。

《抗议书》在俄国国内和国外的社会民主党人中广为流传，得到各地真正革命者的热烈拥护和支持。它不仅打击了俄国的经济派，为争取俄国社会民主党人在马克思主义原则下团结起来同经济派进行有组织的斗争奠定了基础，也捍卫了

《俄国社会民主党人抗议书》（左图）以及刊载该文的《〈工人事业〉编辑部指南》文集封面

马克思主义的纯洁性。

1899年夏季，列宁重新阅读了普列汉诺夫的哲学著作，目的在于进一步弄清新康德主义的实质，进而批判伯恩施坦修正主义。9月，列宁先后收到了姐姐寄来的伯恩施坦的《社会主义的前提和社会民主党的任务》、弗·梅林的《德国社会民主党史》第一、二卷。11月下半月至12月初，列宁和克鲁普斯卡娅利用两周的时间，翻译了考茨基的著作《伯恩施坦与社会民主党的纲领。反批评》，并写了书评。在书评中列宁肯定了考茨基对伯恩施坦修正主义的批判，批驳了伯恩施坦对马克思主义唯物史观、辩证法和《资本论》的攻击和歪曲。书评和译稿被各地的流放者争相传阅，稿子在寄往莫斯科时，因为被搞得破烂不堪，无法邮寄。

在读完家人给自己寄的伯恩施坦的一系列"代表作"后，1899年，列宁在给母亲的信中表示："书的内容越使我们吃惊。理论性太差了；而且是重复别人的话。光说批评，实际上连认真地进行独立批评的尝试都没有。实践上是机会主义……是登峰造极的机会主义和可能主义，而且是胆小的机会主义，因为伯恩施坦对纲领简直连碰也不愿碰一下。他的惨败大概是用不着怀疑的。伯恩施坦指出许多俄国人都支持他……这使我非常气愤。"1899年，列宁在为《工人报》撰写的《俄国社会民主党中的倒退倾向》一文中，系统批评了《工人思想报》编辑部社论的经济主义的错误，指出他们对工人运动的理解是伯恩施坦主义的翻版。针对修正主义者攻击马克思主义是"教条主义者""正统派"，马克思主义是"旧思潮"，马克思主义者要把社会民主党变成一个"正统教徒"会，迫害那些背弃"教条"、具有独立见解的"异端分子"等错误观点，列宁一针见血地指出，那些纠集在伯恩施坦周围的修正主义者在这一时期大喊大叫要"革新"马克思主义理论，他们对这个理论究竟有什么新的贡献呢？什么也没有，他们并没有把马克思和恩格斯嘱咐我们加以发展的科学推进一步；他们并没有教给无产阶级任何新的斗争方法；他们只是向后退，借用一些落后理论的片言只语，不是向无产阶级宣传斗争的理论，而是宣传让步的理论，宣传对无产阶级的死敌实行让步的理论。列宁还进一步指出，我们捍卫马克思主义理论，反对毫无根据地攻击它，反对败坏这个理论的企图，但"这绝不等于敌视任何批评。我们决不把马克思的理论看作某种一成不变的和神圣不可侵犯的东西；恰恰相反，我们深信：它只是给一种科学奠定了基础，社会党人如果不愿落后于实际生活，就应当在各方面把这门科学推向前进。我们认为，对于俄国社会党人来说，尤其需要独立地探讨马克思的理论，因为它所提供的只是总的指导原理，而这些原理的应用具体地说，在英国不同于法国，在法国不同于德国，在德国又不同于俄国。"我们相信：马克思主义决不容许把任何东西奉为神圣的信仰，而排斥批判的改造和进一步的发展，决不容许用抽象的公式掩盖历史问题。如果有马克思的学生确实犯了这种严重的错误，那么责任完全是在这些学生身上，而绝对不能归罪于性质正好相反的马克思主义。

针对"合法马克思主义者"布尔加柯夫和杜冈－巴拉诺夫斯基等人对马克思主义经济理论的"批评"和对伯恩施坦"巨大贡献"的赞美，列宁分别在《科学评论》和《生活》杂志上发表了《市场理论问题述评》《再论实现论问题》和《答普·涅日丹诺夫先生》《农业中的资本主义》等文章，对"合法马克思主义"进行了批判。列宁指出，"合法马克思主义"是一种资产阶级的思想体系，是马克思主义在资产阶级著作中的反映，它在"客观主义"掩盖下，抽象地谈论资本主义的进步性和历史必然性，抹杀了资本主义制度的内在矛盾。

流放期间，列宁曾把一部分精力用来学习和研究哲学。因为伯恩施坦修正主义为了制造其"修正"马克思主义的哲学基础，企图用新康德主义代替马克思的辩证唯物主义和历史唯物主义，用庸俗的"进化论"和折中主义代替革命的辩证法。列宁集中研究了18世纪的法国唯物主义和19世纪的德国古典哲学，研读了黑格尔、康德、费尔巴哈、爱尔维修等人的著作。在1898—1899年间，列宁听说住在离舒申斯克村70俄里的捷斯村的弗·威·林克尼克对休谟和康德哲学有兴趣，就和他在通信中讨论康德哲学问题。在列宁的批评帮助下，林克尼克抛弃了休谟和叔本华的极端怀疑主义。哲学研究促进了列宁其他领域的研究，通过分析这一时期列宁的每一篇作品可以看出，其著作中洋溢着革命的辩证法和深刻的思辨精神。同时这一时期的研究也为以后列宁撰写哲学著作和《哲学笔记》奠定了基础。

流放生活十分清苦,加上当局的刁难和迫害,使许多流放者难以忍受,心理失衡,流放者之间不断发生一些无谓的纠纷,很多人的身体一步步垮下来,甚至客死异乡。如喀山的第一批马克思主义小组的组织者费多谢也夫、玛·格·霍普芬豪斯自杀,"斗争协会"会员彼·库·扎波罗热茨和阿·亚·瓦涅也夫因病而死。亲密战友的不幸去世,不仅使列宁感到十分痛心和悲伤,也促使他经常运动,锻炼身体,保持精力充沛,从而以强健之体魄、乐观豁达之心情去应对艰苦的条件和繁重的理论研究、宣传工作。工作之余,列宁经常散步、滑冰、下棋、打猎、唱歌,以调节生活,放松神经,做到劳逸结合。

　　在流放地,列宁学会了许多歌曲,如波兰革命歌曲《红旗歌》《华沙革命歌》,以及《土鲁汉斯克歌曲》《千年的基础》,同时也经常哼唱以前父母和战友们教的歌曲,如《我们的海洋空荡荡》《婚礼歌》等。

　　《千年的基础》是列宁最喜爱的一支歌:

　　　　千年的基础在动摇,
　　　　古老的制度要垮掉,
　　　　我们觉醒在今朝,
　　　　把旧世界的锁链全甩掉。

　　副歌:

　　　　起来吧起来,工人兄弟们!
　　　　起来与敌人斗争,饥饿的人群。
　　　　怒吼吧怒吼,复仇的呼声!
　　　　前进,前进,愤怒的人们!
　　　　资本家称王称霸,
　　　　在祖国横行不法,
　　　　贵族同工厂主勾搭,

列宁传

　　沙皇亲自为他们当家。

副歌：

　　受资本家欺凌的人们，
　　却变得日益聪明；
　　那帮坏蛋胆战心惊，
　　他们的末日即将来临！

副歌：

　　不再哭泣，不再诅咒，
　　妻子和儿女敌忾同仇；
　　为了自己祖国的自由，
　　工人兄弟们将奋起战斗！

副歌：

　　火红的战旗高高飘扬，
　　监狱和刺刀休想阻挡；
　　造反的烈火熊熊燃烧，
　　敌人的团队纷纷溃逃。

《土鲁汉斯克歌曲》是由流放在土鲁汉斯克的列宁的战友马尔托夫填词的一首乌克兰歌曲，曲调宽广雄厚。列宁时常唱起它：

　　那不是饥饿的野兽在咆哮，

而是暴风雪在怒号。

在狂风呼啸中传来的,

是敌人得意的狂笑。

勇敢些,弟兄们,勇敢些,

让我们唱一支快活的歌谣,

把那厄运嘲笑。

在俄罗斯,人们奔放热情,

英雄的服饰对他们十分相称。

但那长年累月的远方流刑,

很快使他们蒙上了灰尘。

劣等烟草加上酒精,

把那满腔的豪情,

全都消磨干净。

瞧,英勇的壮士,

精神不振,

像斗败的公鸡,

回转家门。

苦难的岁月使我们心力交瘁,

又何必长命百岁;

只要让勇敢的年轻一代,

放射出奇迹般的光辉。

我们耗尽精力,

白白地吃苦受累;

这西伯利亚,

终究要埋葬我辈。

朋友们,我们要满怀胜利的信心,

走完这艰辛的历程;

>   那时候我们将多多感谢,
>   制造这一切苦难的人。
>   在欢庆胜利的日子里,
>   我们再来补情:
>   造一个出色的断头台,
>   向他们致敬……

1899年五一节到来时,列宁、克鲁普斯卡娅同流放的工人奥·亚·恩格别尔格、伊·卢·普罗敏斯基在一起,愉快地欢度节日。在恩格别尔格家中,大家一起用俄语和波兰语唱起了欢乐的革命歌曲:

>   五月那欢乐的一天来到了,
>   忧愁的影子躲开道!
>   高声唱起快活的歌儿,
>   我们罢工在今朝!
>   警察在卖力地奔跑,
>   干的坏事真不少;
>   他们要抓住我们,
>   把我们投入监牢。
>   我们不理那一套,
>   勇敢地庆祝五一来到,
>   嗨唷——嗨唷——嗨唷,
>   大家齐心协力干得好!

唱完歌后,大家到野外郊游。晚上大家又聚在列宁家中跳舞唱歌。由于兴奋过度,列宁久久不能入睡,渴望有一天能够参加工人阶级政权组织庆祝的"五一"劳动节示威游行。

革命伴侣

1898年5月，列宁流放期满一年之后，女友娜捷施达·康斯坦丁诺夫娜·克鲁普斯卡娅来到舒申斯克村。7月22日，两人正式结婚，成为革命伴侣。实际上，两个人经历了一个相识到相知相爱的过程。

克鲁普斯卡娅于1869年2月26日生于彼得堡的一个贵族世家。1881年至1886年在中学学习，毕业时获金质奖章。中学毕业后曾入师范班学习，获得家庭教师资格证书，1889年9月进入彼得堡高等女子专修班学习，由于她不满意该校枯燥的、脱离实际生活的纯理论性课程，很快离开了这个学校。同年秋天，克鲁普斯卡娅同米·伊·勃鲁斯涅夫的社会主义小组建立了联系。1890年，她先加入社会民主主义小组，秋天转到勃鲁斯涅夫小组成员罗·爱·克拉辛领导的马克思主义小组。她精心学习马克思著作，成为马克思主义学说的坚定拥护者。

1891年8月29日，克鲁普斯卡娅开始在斯摩棱斯克星期日男子夜校工作。她是这里的第一位马克思主义教师。在学校工作中，她不仅教给学生们文化和知识，更主要是使学生们理解马克思主义的思想。到夜校一年左右，她把3个和自己志同道合的女朋友介绍来当教师。在她的影响下，几位持民意党人观点的教师也转到马克思主义立场上来。由于马克思主义者教师做了大量忘

克鲁普斯卡娅（右）和母亲伊·瓦西里耶夫娜

列宁婚后的住所

我的工作,这所夜校实际成了向工人进行政治教育的中心。工人们由衷地尊敬和感谢克鲁普斯卡娅,纺织工人拉谢夫学会写字时,曾工工整整地给克鲁普斯卡娅写了这样一句话:你教我学会识字,我送给你一件女式无袖衬衣,并且祝愿你找到一个好丈夫。有些在这所夜校学习过的先进工人后来成了著名的无产阶级革命家和布尔什维克。克鲁普斯卡娅的许多学生,如巴布什金、博罗夫科夫、格里巴金、博德罗夫兄弟、茹柯夫等人,都是1894—1895年间由列宁领导的小组的成员。克鲁普斯卡娅在这所夜校当了五年教师,虽然没有要任何报酬,但她的教学工作让她进一步了解了工人群众的生活和思想,并同工人阶级建立了牢固的联系。

在1893年秋,克鲁普斯卡娅就从同志们那里得知,有一位很有学问的马克思主义者乌里扬诺夫从伏尔加河流域来到了彼得堡。不久,她阅读了列宁就格·波·克拉辛所写的《市场问题》的学术报告所提出的批评意见。列宁对自由主义民粹派和"合法马克思主义者"所作的批判,引起了她极大的兴趣,为列宁严密的逻辑性、充分的论证和精彩的文字所折服,她很想亲自见到列宁,以便更好地了解列宁的观点。

1894年2月底,在一次彼得堡马克思主义者会议上,他们终于见面了。身材修长、皮肤白皙、穿着素雅、喜欢把头发盘在脑后的克鲁普斯卡娅终于见到了仰慕已久的列宁。两人一见面，便开始热烈地长谈起来。克鲁普斯卡娅对列宁谈学校、谈学生、谈工厂。列宁对工人生活状况表现出极大的关心，他力求根据个别细小特征来了解工人的全部生活，力求找到可以用来更好地向工人进行革命宣传的事实。列宁也向克鲁普斯卡娅讲述了哥哥亚历山大的革命活动和遭遇，谈了自己家庭和母亲的情况。

通过交谈，列宁觉得虽然克鲁普斯卡娅不是那种艳丽妩媚的女子，但却有一种优雅贤淑、清纯可爱的高贵气质，并为这种气质所吸引。同时，列宁那极富魅力的音容笑貌和誓为人类幸福而奋斗终生的革命精神也给克鲁普斯卡娅留下了美好的印象。共同的事业使列宁和克鲁普斯卡娅很快接近起来。每逢周日，列宁从工人小组上课回来时，经常到克鲁普斯卡娅的住宅去看她。由于他们对生活目的和意义的看法完全一致，他们之间建立了完全信任的关系。克鲁普斯卡娅成了列宁从事革命活动的好帮手，也是列宁思想的坚决拥护者。

1895年，列宁动身去国外前夕，他主张由一个未受政府监视的人接替自己在国内的工作，克鲁普斯卡娅担此重任。这时，克鲁普斯卡娅在官方铁路局会计处当缮写员，她可以利用工作之便同战友们秘密会见，实际上她那里便成了秘密接头的地点。列宁不在国内期间，克鲁普斯卡娅出色地完成了"继承者"的任务。

列宁从国外回到彼得堡时，随身携带一只装有秘密书刊的箱子，警察局并没有马上逮捕列宁，而是对他实行严密监视。列宁回来两天后，警察局住址询问处来了一个暗探，他翻阅着住址卡，并夸口说他们已侦察到列宁的踪迹，现在他再也逃不脱他们的手心了。恰好那天值夜班的人是克鲁普斯卡娅的堂妹。堂妹把这消息告诉克鲁普斯卡娅后，她马上告诉列宁，使他逃脱险境。

在"工人阶级解放斗争协会"领导托伦顿工厂罢工时，列宁写了著名的《告托伦顿男女工人》传单。为了收集第一手材料，克鲁普斯卡娅就同阿·亚·雅库波娃一起，系起头巾，打扮成女工模样，亲自到托伦顿工厂的宿舍去，拜访工人，为列宁写作收集大量反映工人困苦生活的事实。结果《告托伦顿男女工人》传单影响巨大，广大男女工人支持罢工的纺织工人。

列宁传

"斗争协会"在创办秘密报纸《工人事业》报时,列宁是编辑,克鲁普斯卡娅是通讯员,而实际上是编辑部的秘书。讨论出版创刊号的会议就是在她的寓所召开的。会后第二天清早,克鲁普斯卡娅到瓦涅也夫那儿去取校对好的那一份报纸手稿,发现他不在。克鲁普斯卡娅又去打听列宁的消息,直到傍晚才知道他们被捕了。于是她决定《工人事业》报暂不出版。

列宁研究过民意党人的秘密工作方法,他通晓秘密工作方法。他曾教会了克鲁普斯卡娅怎样写密码,怎样用化学方法在书上写字,怎样在书上加点,怎样作暗号等。列宁被捕之后,他同"斗争协会"的联系,是通过克鲁普斯卡娅及其亲属保持的,其中最重要的方法就是用加注密码的书或密码信进行的。在列宁第一次被审讯后,列宁立即在一封密码信中要克鲁普斯卡娅通知莫斯科家里,并要家里尽快买好一只与从国外带回来一模一样的箱子。克鲁普斯卡娅立即前往莫斯科,使列宁家做好准备。列宁在狱中仍然在写秘密文件和传单,他把这些著作一一转交给克鲁普斯卡娅带出来,再让她显影并抄写清楚。后来克鲁普斯卡娅被捕入狱,显影抄写工作则由列宁姐姐安娜接替。

列宁等被捕后,是"斗争协会"开展工作的困难时刻。克鲁普斯卡娅仍然继续关心工人小组的扩大问题,不断从工人中吸收新的力量来进一步开展这些小组的活动。她是核心组成员,大家公认的"斗争协会"的活动家。当彼得堡爆发3万工人持续半个多月的大罢工时,克鲁普斯卡娅积极参加了罢工的领导工作。她使"斗争协会"同彼得堡工厂中的罢工组织者保持着经常的联系,把自己从罢工者及其他可靠方面获得的有关罢工进行情况不断地告诉列宁。

克鲁普斯卡娅在彼得堡社会民主主义者中影响力和威望与日俱增,这也逐渐引起警察当局的注意。1896年8月12日,宪兵搜查了她的住宅。"斗争协会"的文件和列宁用暗语写的手稿藏在一个圆桌的空心单腿里,宪兵没看出破绽。尽管他们没找到任何证据,但仍然逮捕了她。在审讯中,克鲁普斯卡娅拒绝承认自己有罪。检察员手里没有物证,不得不于9月10日释放她,但开始对她实行特殊监视。获释后,她又着手恢复"斗争协会"被破坏了的关系。然而由于她的一切活动处于被监视之中,她于1896年10月28日再次被捕。这次她和列宁关在同一

第二章　从律师到革命家

个拘留所。他们通过前来探望的亲属继续进行在监外已经开始的秘密通信，并同未逮捕的同志们联系。

1897年2月，列宁被宣布流放，克鲁普斯卡娅仍在监禁之中，他们未能见面。在动身前往西伯利亚之前，列宁用"化学药水"给克鲁普斯卡娅写了一封信，向她表白自己的爱情。后来，他又从舒申斯克村写信给她，请求她到他那儿做他的妻子。克鲁普斯卡娅也深深地爱着列宁，在表示同意时，她用了一句简短而又带点幽默的话："那好吧，做妻子就做妻子吧！"

列宁和克鲁普斯卡娅之间的爱情，对他的亲属来说，早已不是什么秘密。姐姐安娜和克鲁普斯卡娅关系很好，列宁母亲也认识克鲁普斯卡娅，同她多次见过面。母亲对儿子选择的对象非常喜欢，而且很信任。当列宁母亲得知儿子将被流放西伯利亚3年时，很担心儿子的生活，姐姐安娜安慰母亲，并满有把握地说，等克鲁普斯卡娅在案子了结后，想必会到他那儿去的，他就不会是一个人了。

1897年3月，发生了一件改变克鲁普斯卡娅命运的事，被关押在彼得保罗要塞特鲁茨监狱的年轻女学生韦特罗娃，因不堪宪兵侮辱而自焚。这件事震动了社会各界。政府当局不得不从轻发落了包括克鲁普斯卡娅在内的9名女政治犯。克鲁普斯卡娅因"斗争协会"案被判流放3年。她被指定流放到乌法省去，但她申请把她也流放到舒申斯克村去，因为她是列宁的未婚妻。列宁也请求警察局长准许他的未婚妻迁到舒申斯克村来。他们的请求得到了许可。列宁急切地等待着克鲁普斯卡娅的到来。

1898年5月初的一天，克鲁普斯卡娅同母亲伊丽莎白·瓦西里耶夫娜一起来到舒申斯克村。当时已是黄昏，列宁打猎未归，房东孜里亚诺夫把她们领到列宁住的卧室。邻居们闻讯后纷纷赶来看从大城市来的人，他们对克鲁普斯卡娅修长匀称的身材和蓬松秀美的大辫子赞不绝口，还亲切地询问了许多有趣的问题。不久列宁打猎归来，看到克鲁普斯卡娅和她母亲后，既兴奋又激动，一时竟不知说什么好。克鲁普斯卡娅紧紧抓住列宁的手，眼里噙满了泪水。

虽然路途遥远，辗转于各地，但克鲁普斯卡娅克服了一路风尘和辛苦，给列宁带来了一大堆书籍。为便于列宁夜间写作，克鲁普斯卡娅还特意带来一盏漂亮的台灯。同时，她们还给列宁带来了许多新消息。这一夜，他们谈了很久。克鲁普斯卡娅向列宁谈了她和母亲路过莫斯科去看望列宁的母亲、姐姐、妹妹的情况，详细介绍了彼得堡和全国各地革命组织开展活动的情况以及1898年3月俄国社会民主工党第一次代表大会召开的喜讯，列宁被缺席选为党报编辑，并被委托起草党纲。

克鲁普斯卡娅到达舒申斯克村不久，地方当局就向她提出了一个令人啼笑皆非的要求：立即和列宁结婚，否则就要把她送到乌法省去。可是当局因为一时找不到列宁的个人档案，又不允许他们马上结婚。直到7月22日，列宁和克鲁普斯卡娅终于在教堂举行了结婚仪式（当时的风俗是，只有履行宗教程序的婚姻，才是合理合法的，所以应在教堂举行婚礼，尽管列宁和克鲁普斯卡娅不信教），村民斯·阿·叶尔莫拉也夫、斯·恩·茹拉夫廖夫等作为证婚人。就这样，列宁和克鲁普斯卡娅在患难之中结为革命的终身伴侣。从此，列宁的生活翻开了新的一页，从此列宁不仅有了一位能干、贤惠、善良的妻子，而且身边多了一位与之风雨同舟、患难与共的助手、战友。

婚后不久，全家从孜里亚诺夫家搬到农妇彼得罗娃家中半幢带花园的房子，月租为4卢布，外加一个菜园。为增进夫妻感情，列宁和克鲁普斯卡娅订立了一个"互信条约"：互相信任，互不盘问。后来又进行了补充：如果有了意见，绝不隐瞒。

夫妇俩在菜园里种上花、蛇麻草，以及黄瓜、胡萝卜、甜菜、南瓜等蔬菜，克鲁普斯卡娅的母亲负责家务。不久，还雇了一位13岁的女孩帕莎帮助料理家务。帕莎长得瘦，但干活干净麻利，克鲁普斯卡娅有时教她识字和写日记。

婚后生活幸福、浪漫而又甜蜜。列宁喜欢打猎，他常常和妻子一起牵着自己饲养的那条叫"茌卡"的狗，到大自然中度过闲暇时光，春天打野鸭，秋天捕野兔。特别是在深秋，宽阔的叶尼塞河开始漂着小块浮冰时，野兔在岛上无处躲藏，常常绕着圈子跑，每次狩猎都是满载而归，最多时竟装满一船运回家来。另外，克鲁普斯卡娅还常陪列宁到清新寒冷的空气中疾走、滑冰、下棋、游泳等。几十年后，克鲁普斯卡娅曾动情地回忆了这段难忘时光：

那原始般的纯真而欢乐的时光仍然如在眼前。一切都有点原始的味道：大自然、酸模、蘑菇、打猎、溜冰、一群亲密无间的同志——大家一起到……米努辛斯去过节，这群亲密的同志兼朋友，一块儿散步、唱歌，一块儿天真地娱乐，家里有妈妈，原始的、半自然的家庭经济，我们的生活——一块儿工作，同样的感受和反应……[①]

对于列宁和克鲁普斯卡娅的幸福结合，著名的国际共运活动家克·蔡特金曾写道：

对生活的目标和意义的最真挚的共同一致的看法，使他们结合起来。克鲁普斯卡娅是列宁的得力助手，是列宁首要的也是最好的秘书，是列宁在思想上最可靠的同志。时代风浪和火热的革命斗争证明了这一点。在以后长达26年的夫妻生活中，两人珠联璧合，伉俪情深，同甘共苦，在共同的理想和追求下，为全世界劳动人民的解放事业贡献了他们毕业的精力，成为后人学习的楷模。

---

① 波·尼·波斯别洛夫主编：《列宁传》上册，第73页。

第三章

建党的历程

"星火"行动

俄国社会民主工党"一大"会址

1898年3月，俄国社会民主工党"一大"在明斯克召开，但不久中央委员会就因警察破获遭到残酷镇压而名存实亡，而且大会没有制定出明确的纲领和章程。大会实际上没有完成建党的任务，各地的党组织仍处于思想混乱、组织涣散的状态。经济派随即在各地工人组织中大肆活动，宣扬把追求改善工人劳动条件和生活条件的经济斗争当作俄国社会民主党的主要任务。由自由资产阶级知识分子组成的"合法马克思主义者"也十分活跃，妄图把俄国工人运动纳入沙皇政府所允许的"合法"的轨道。这些错误理论严重危害着俄国工人运动的发展和新型无产阶级政党的建立和发展。建立新型无产阶级政党成为当时革命运动的当务之急。俄国社会民主工党以什么作为自己的主要任务和奋斗目标？应该把它建成一个什么样的政党？虽然在彼得堡的监狱和流放地的前半期，列宁也曾思考过这些问题，但一直未能系统地进行研究。1899年是列宁流放生活的最后一年，随着流放期满的临近，他愈来愈专注于未来工作计划，常常夜不能寐，思考如何使俄国社会民主工党健康发展和不断壮大。克鲁普斯卡娅在其后来的回忆录中曾这样写道："列夫·托尔斯泰曾在什么地方写过：走前半段路程的人，通常想的是他所留下的东西；而走后半段路程的人，想的则是在前面等着他的东西。在流放中也是这样。最初的时期多半是总结以前的工作。在流放的后半期多半是考虑未来的事情。弗拉基米尔·伊里奇愈来愈专注地考虑着需要做什么，才能把党从现在的处境中拯救出来，才能使工作走上正轨，才能保证社会民主党对工作有正确的领导。从何处着手呢？在流放的最后一年里，弗拉基米尔·伊里奇就有了一个组织计划；后来他在《火星报》上，在《怎么办？》里，在《给一个同志的信》里发展了这一计划。应当从组织全俄性的报纸着手，要在国外出版这份报纸，使它尽可能地同俄国的工作密切联系起来，同俄国的组织密切地联系起来，尽可能地搞好输送工作。弗拉基米尔·伊里奇这时已夜不成寐，异常消瘦。他在失眠的夜里，周详地考虑着自己的计划，同克尔日札诺夫斯基和我讨论，同马尔托夫和波特列索夫通信商量，并同他们商谈出国的问题。愈往下去，弗拉基米尔·伊里奇愈加急不可待，愈加渴望工作。"[①]

1899年，列宁受托为《工人报》撰写了《我们的纲领》《我们的当前任务》《迫切的问题》等论文。1899年底又撰写了《我们党的纲领草案》，这是在彼得堡监狱中写的《社会民主党纲领草案及其说明》的续篇。《我们的纲领》论述了俄国马克思主义者对当时面临的主要问题的基本观点，如无产阶级政党的理论基础是马克思主义，必须创造性地对待马克思主义。列宁强调指出，我们必须以马克思主义作为依据，没有革命的理论，就不会有坚强的社会党。"我们决不把马克思的理论看作某种一成不变的和神圣不可侵犯的东西；恰恰相反，我们深信：它只是给一种科学奠定了基础，社会党人如果不愿落后于实际生活，就应当在各方

[①] 波·尼·波斯别洛夫主编：《列宁传》上册，第94页。

面把这门科学推向前进。我们认为,对于俄国社会党人来说,尤其需要独立地探讨马克思的理论,因为它所提供的只是总的指导原理,而这些原理的应用具体地说,在英国不同于法国,在法国不同于德国,在德国又不同于俄国。"①

《我们的当前任务》和《迫切的问题》提出和论证了把党建成集中统一的组织的任务和计划。列宁指出,当时俄国社会民主运动的主要缺陷就是地方工作的狭隘性和"手工业"性,必须建立一个既能充分发挥地方活动的自由又能实行集中领导的政党,只有这样的政党才能把工人组织起来,变工人的自发斗争为阶级斗争,最终实现社会主义理想的任务。《我们的纲领草案》在充分肯定和吸收"劳动解放社"的党纲草案的基础上,进行了局部的校正、修改和补充。列宁制定的纲领草案包括三个主要部分:第一部分阐述了党的基本理论,指出了工人阶级在现代社会中的地位以及同资本家进行斗争的意义;第二部分阐述了党的任务,包括改革的要求、工人阶级的要求、农民的要求。列宁认为,为了建立一个新型的无产阶级政党,必须创办一个能正常出版而且与各地方小组有密切联系的党的机关报,通过办报,可以让党的理论工作者和活动家发表意见,指导政治斗争,教育党员遵守纪律。

1900年2月,列宁的流放期限已满。按当局的通知规定,列宁的流放期限没有延长,但禁止他在彼得堡和莫斯科等有大学的城市以及大的工业中心居住。经过考虑,列宁选择了与彼得堡联系最方便的地方——普斯科夫。

2月11日,列宁一家准备离开难忘的舒申斯克村。一大早,房东和邻居们就赶来送行。保姆帕莎眼睛哭得红红的,不愿意离开列宁一家。工人恩格贝尔格自制了胸饰,样子像本书,上边写着"卡尔·马克思",作为礼物送给了克鲁普斯卡娅,以纪念她给他讲解过《资本论》。小狗"茌卡"似乎也看出了什么,对它一向爱吃的夹肉面包不理不睬,紧紧盯着列宁家的一举一动。东西收拾完毕后,列宁一家恋恋不舍地告别了乡亲们和朋友,启程了。晚上列宁到达米努辛斯克,和斯塔尔科夫、西尔文汇合,并住了一宿。第二天,大家穿上毡靴和毛皮大衣,

---

① 《列宁选集》中文第3版第1卷,第274—275页。

乘马拉雪橇沿着叶尼塞河日夜兼程350俄里,到达乌法,因为克鲁普斯卡娅还必须在乌法省流放一年。列宁在帮助妻子及岳母安顿下来后,会见了当地的社会民主党人克罗赫、马尔和老民意党人切特维尔哥娃等人,向他们详细介绍了拟在国外出版全俄秘密党报的计划,希望他们支持该报,并且商定了彼此加强

克鲁普斯卡娅在乌法流放地的住所

联系的密码和通信地址,同时请求他们关照一下自己的妻子和岳母的生活。

同妻子、岳母告别后,列宁不顾当局的禁令,决定秘密去一趟莫斯科。途中经过彼多尔斯克,同被流放在这里的弟弟德·伊·乌里扬诺夫汇合,然后两个人改乘火车一同前往莫斯科,去看望他们思念已久的老母亲。

列宁的亲属(左起:姐夫、母亲、弟弟、妹妹)

几天后,列宁兄弟俩来到了莫斯科巴赫美齐也大街25号母亲的寓所,全家人高兴得抱作一团。母亲看到列宁干瘦的样子,伤心地流下了热泪:"你怎么总是写信来说长胖了?瞧你有多瘦啊!"列宁安慰母亲说:"我真的长胖了,只是最近在动身之前才瘦的。"

列宁传

在莫斯科，列宁秘密会见了当地同他政治观点一致的人。列宁在萨马拉认识的老朋友伊·克·拉拉扬茨，他是俄国社会民主工党中央委员会委员、《南方工人报》主编，列宁同他就《火星报》出版计划等重要问题进行了谈话。不久，列宁秘密去了一趟彼得堡，会见了从国外回来的女革命家维·伊·查苏利奇，同她就"劳动解放社"参加在国外出版全俄马克思主义报纸和科学政治杂志的工作进行商谈。

直到3月10日，列宁才到达普斯科夫，住在阿坎杰斯街3号一位名叫罗利的药剂师家中。为了以合法的形式掩护自己的革命活动，列宁以市统计局统计员的身份活跃于整个普斯科夫。为筹备俄国社会民主工党"二大"的召开，列宁组织了社会民主党人会议。会议讨论了列宁所写的《火星报》和《曙光》杂志声明草案，提出把这两个杂志作为社会民主工党的机关刊物。

列宁在普斯科夫的住所

会后不久，当局发动了遍及俄国南方的大逮捕，大批社会党人被捕，拉拉扬茨也在被捕之列，筹备党的代表大会工作遭到严重失败。事件使列宁认识到，在专制的俄国召开代表大会是一种奢望，必须用其他方式来统一党。他确信："在国外出版的全俄报纸可能就是这样一种方式；像搭在新造建筑物四周的脚手架一样，党将以这个报纸为脚手架建立起来。"①

为了在全国各地建立一个发行《火星报》的严密的组织网，需要物色一批代办员和通讯员，筹集办报的资金，规定通信的密码等。列宁先后秘密奔波于里加、波多里斯克、斯莫伦斯、尼什诺夫哥罗得、乌法、喀山以及萨马拉等地，会见那里的社会民主党人，同他们恢复了联系，并一起研究有关未来报纸的各种问题。

为把《〈火星报〉和〈曙光〉杂志编辑部声明草案》带给在国外的"劳动解放社"，并争取普列汉诺夫等人的支持，5月5日，列宁办好了去德国的护照，准备出国。5月中旬，列宁又一次秘密去莫斯科，想把有关书刊分送到母亲和朋友家中。为防警察跟踪，列宁和马尔托夫中途换乘另一条线路的火车，但没有想到这条线路要经过沙皇住的皇村，警察对这条线路的一草一木都进行严密监视，暗探对他们的行踪悄悄监视，不"打草惊蛇"，企图"放长线，钓大鱼"。第二天早上，列宁和马尔托夫刚一出门，便被几个暗探抓住了，以误入首都之名被分别押上两辆马车送往监狱。在马车上，列宁的两只胳膊还被紧紧拧住不放，以防他们把藏在身上的东西扔掉。在拘留所，列宁被搜身。令列宁最担心的是，身上有一封用化学墨水写给普列汉诺夫的信，它是写在记着几笔账目的一张信笺上的，信中谈到了出版全俄报纸的计划。若时间一长，信的内容就会自动显影出来，从而泄露秘密。结果，虚惊一场，警察没有太注意这张记账的信笺，原封未动地退还了。最后列宁平安无事回到家中，令母亲悬着的心终于平静下来。

5月3日，列宁给警察局长写了一封信，说要到乌法去看望生病的妻子。妻子要到1901年3月才流放期满。起初，当局予以拒绝，后经母亲奔走，列宁终于和母亲、姐姐获准一同前往乌法。

6月中旬，列宁和母亲、姐姐先乘火车到波多尔斯克、下诺夫哥罗得，再换乘轮船，途经萨马拉、塞兹兰，28日到达乌法。时届夏季，河水充盈，轮船沿伏尔加河、卡马河、白河航行畅通顺利，令人心旷神怡，列宁的心情显得十分欢

---

① 《回忆列宁》第1卷，第66页。

列宁传

列宁（1900年）

愉，他舒畅地呼吸着沿岸森林中散发的清新空气。晚上，他还和姐姐在空荡荡的轮船甲板上久久地谈话，一直到深夜，谈到筹备党的"二大"、创办全国性党报、伯恩施坦修正主义的危害以及到国外的打算，等等。列宁在乌法住了两个星期。在往返的路上，列宁在沿途一些城市会见了一些社会党人，寻求他们对创办全俄党报的支持。

7月上旬，列宁自波多尔斯克启程出国。8月初，列宁来到瑞士的苏黎世，利用两天时间，会见了"劳动解放社"成员巴·波·阿克雪里罗得，同他讨论了《〈火星报〉和〈曙光〉杂志编辑部声明草案》以及与办报有关的问题。随后，列宁在日内瓦近郊的科尔斯耶和维津，分别同劳动解放社的领导人普列汉诺夫等商谈《火星报》的组织和纲领问题。但事情进行得十分艰难，在如何对待经济派、崩得派（犹太工人总同盟）、合法马克思主义以及是否写文章批判考茨基对伯恩施坦修正主义的暧昧态度等问题上，常常出现几乎要破裂的局面。列宁在专为克鲁普斯卡娅所写的题为《"火星"怎么会差一点熄灭了》的札记中，记叙了他和普列汉诺夫关于出版《火星报》一事的戏剧性冲突。列宁十分敬重普列汉诺夫，后者知识渊博，智慧过人，善于辞令，在传播马克思主义和指导俄国工人运动等方面做出了很大贡献，在俄国革命者当中享有很高威望。但是普列汉诺夫久居国外，长期隔离于俄国工人运动的实际，不十分了解俄国革命斗争的复杂性，加之他多疑、高傲、专横的性格，使许多见过他的大学生、工人和革命者觉得他可敬不可亲。例如，在交谈中，如果人们不同意他的意见，他的脸上就会露出不屑一顾的神色，甚至发怒："你的爸爸和妈妈还在桌子底下爬的时候，我就是……"这就使他越来越脱离工人群众和实际生活。在对待经济派、合法马克思主义者、崩得派、考茨基等问题上，普列汉诺夫出于历史积怨或者认识上的偏差，一味强调斗争的坚决性和彻底性，缺乏斗争策略的灵活性，甚至提出了自己在编辑部拥有一人可投两票的特权。而列宁则从大局和未来考虑，主张在不放弃原则的坚定性的同时，应该具体地分析问题，用灵活的工作方法，求得各个工人派别对《火星报》的支持，从而团结一切力量反对沙皇专制制度。否则的话，报纸将会变成一个抽象的、枯燥的不能充分反映和指导俄国实际斗争的出版物。

经过几番周折，终于达成了出版《火星报》和《曙光》杂志的协议，决定《火星报》和《曙光》杂志在德国出版，由列宁、普列汉诺夫、阿克雪里罗得、查苏利奇、马尔托夫、波特列索夫六个人组成编辑部。列宁认为，编辑部不设在普列汉诺夫和"劳动解放社"所在地日内瓦，有利于摆脱迂腐空洞的议论，充满战斗气息，并和国内的工人运动保持密切的联系。

位于德国莱比锡俄国街48号的《火星报》(创刊号)印刷所

1900年10月，"劳动解放社"发表了列宁所写的《〈火星报〉编辑部声明》，明确提出了该报的任务、方针和指导思想。《声明》指出，俄国社会民主党人应该团结起来，全力以赴地建立一个巩固的党，这个党要在革命的社会民主主义统一旗帜下进行斗争。当然，这种统一不是下一道命令就可以形成的，不是只根据

列宁传

某一次代表会议的决定就可以实现的,必须经过一番努力。首先,必须用党纲巩固思想统一,不许有意见分歧和思想混乱;其次,必须建立一个组织,专门负责各个运动中心的联络工作,充分而及时地传递有关运动的消息,正常地向俄国各地供应定期报刊。关于办报的方针,不能把形形色色的观点简单堆砌在一块,而要科学地发展马克思主义,坚决反对伯恩施坦的修正主义。

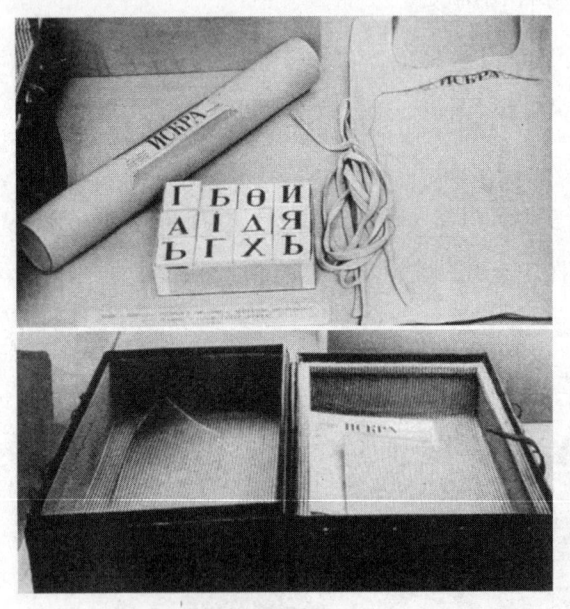

用来秘密运送《火星报》的一些物品

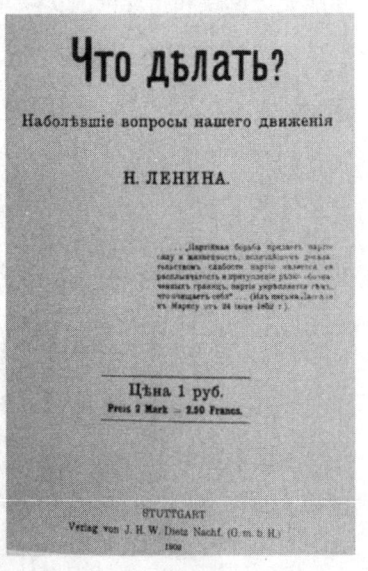

《怎么办?》一书(1902年斯图加特版)的封面

编辑部成员各具特色。查苏利奇是位女革命家,孤身一人,一心扑在革命工作上,列宁称之为"一个水晶般纯洁的人"。她过着随随便便的生活,穿衣无拘无束,烟瘾大得惊人,懒于收拾房间,东西放得乱七八糟。写东西时,她就把自己关到房间中,只喝浓烈的黑咖啡。她吃东西也奇特:喜欢在炉子上给自己烤肉,一边烤,一边用剪子一块块地剪下来吃。一次,有人问她煎肉大概要多长时间,她回答说:"那要看情形,如果想吃的话,十分钟就好,如果不想吃的话,就煎三个小时。"由于别人都已成家,养女出身的查苏利奇不止一次地谈到她的孤单:"我一个亲人也没有。"接着就立刻用笑话来遮掩自己的痛苦,"没有关系,你们爱我,我知道,我死的时候,你们一定会少喝一杯茶的。"

阿克雪里罗得是个出色的组织家,善于接见众多来访者,并仔细地打听一切情况。但他身体不好,有严重的失眠症,写字时手抖得厉害,往往几个月写不完一篇文章。

马尔托夫是编辑部较活跃的人,像是个新闻记者,在编辑部会上不停地讲着,并且常常从一个题目扯到另一个题目。但他很敏感,对待一切都很轻浮,这成为他的一个致命弱点。他有时跑到列宁那里,一连五六个小时和列宁谈话,往往使列宁感到十分疲倦。

查苏利奇

1900年12月,《火星报》第一号在莱比锡出版。随后几期迁至慕尼黑,1902年4月迁往伦敦,1903年春天迁至日内瓦。第一年大体上每月出版一号,第二年起刊期逐渐缩短,到1903年11月列宁退出编辑部,三年时间里出版至51号。《火星报》主编的马克思主义政治科学杂志《曙光》第1期于1901年3月在斯图加特由德国社会民主党人出版家约·狄茨出版,先后共出版四期。

《火星报》是第一张全俄马克思主义秘密报纸。刊头旁印有"行看星星之火,燃成熊熊烈焰"的名言,这是十二月党人赋诗致亚·谢·普希金的诗句。同时,还印有"全世界无产者,联合起来!"的著名口号。列宁为创刊号写了社论《我们运动的迫切任务》,指出必须巩固社会主义与工人运动的结合,社会民主党要代表整个工人运动的利益,保持政治上、思想上的独立性,使工人运动摆脱各种错误倾向的影响,沿着健康的轨道成长,并明告世人,虽然"在我们面前矗立着一座强有力的敌人堡垒",但"等到千百万工人群众举起筋肉条条的拳头,士兵刺刀保卫着的专制枷锁就会被粉碎!"。[①] 创刊号上还发表了列宁写的《对华战争》,谴责八国联军和沙俄军队屠杀手无寸铁的中国人,驳斥了"黄种人敌视白种人"的谬论。

---

① 《列宁选集》中文第3版第1卷,第287页。

列宁传

作为《火星报》的组织者和思想上的直接领导者，列宁全身心地扑在工作上。他不仅为报纸亲自撰写文章，而且凡是有关报纸内容和出版的一切问题，都要亲自处理：拟订每号报纸的计划、编定文章、物色作者、与通讯员通信、把报纸秘密运回国内、筹集经费等。同时列宁还争取尽量处理好他同普列汉诺夫的关系，虽然二人分歧难免，但前期合作得十分成功。

列宁力求《火星报》视野开阔，主题广泛，摆脱狭小圈子。从《火星报》前51号看，所载文章涉及社论、专论、新闻、通讯、述评、历史和经济论文、小品文、传单、文件、报告、来信和信箱等栏目。在改工人巴布什金等人写的稿件时，列宁尽量保持其"工人"风格，不使其"知识分子化"。为提高报刊质量，列宁十分重视请一些著名的革命家和理论家撰稿，1901年5月和7月，列宁先后会见了罗莎·卢森堡、卡尔·考茨基等人，向他们了解情况并约稿。

1901年2月13日，列宁在给普列汉诺夫写信时突然用"尼·列宁"这个笔名，在此之前他一般用"彼得罗夫"。从1901年12月起，他开始使用这个笔名在《曙光》杂志上发表文章，从此"列宁"这个名字就成为他作为一个伟大人物的代名词。

1901年4月，夫人克鲁普斯卡娅流放期满，从乌法辗转来到慕尼黑，这使列宁重新有了家庭的温暖和舒适。因人手有限，加上克鲁普斯卡娅从事过秘密工作的经历，她被任命为编辑部的秘书，这样列宁身边又多了一位得力能干的好助手。

为了使报纸安全、顺利地传递到俄国国内各个地方，列宁亲自检查运输路线。1901年初，在列宁的倡议和领导下，俄国各地成立了支持《火星报》的小组和报纸代办员，他们为报纸提供通讯稿件，还筹集材料、资金等，并设法在本国秘密设立印刷所，翻印《火星报》上的文章。《火星报》通过不同路线运往国内，如经过伦敦、斯德哥尔摩、日内瓦、埃及等路线，通过海船上的船员、同路人甚至走私者寄送报纸。报纸有的夹在夹皮底箱里，有的放在书籍的书皮里。报纸一般用薄而结实的纸张印制。1902年，马·李维诺夫主持苏黎世的《火星报》发行工作。运输报纸时，一般由各种各样的人带到约定的地点接头，再分发和分印。例如通过外国水手，把报纸用油布卷起来，在约定的地点投入海中，再由别的人把它们打捞上来。这样，在《火星报》周围逐渐造就和形成了一大批党的坚强的骨干，革命力量开始在俄国逐步积聚起来，教育和培养了一代革命者。

列宁通过通信，具体领导国内各地方的社会民主党组织。他在信中给予指示，提出建议，帮助他们改正工作中的错误和缺点。1902年9月，列宁给彼得堡的革命组织寄去了《给一个同志的信——谈谈我们的组织任务》。这封信很长，后来被印成了单行本。信中谈到了建立各种各样小组的必要性、建立秘密组织的艺术、如何善于发掘具有各种才能的人等问题。

列宁是《火星报》的主要撰稿人，在前51期上共发表文章57篇。另外他还在《曙光》杂志上发表文章5篇。

在创办《火星报》的过程中，列宁写的最重要的著作就是《怎么办？（我们运动中的迫切问题）》一书。该书写于1901年秋至1902年2月，是一本关于建立新型无产阶级政党的思想和计划以及批判俄国经济派的著作，1902年3月用俄文在斯图加特出版。在第一章，列宁阐明了马克思主义革命理论的重要意义，揭露了机会主义者所谓"批评自由"的口号的实质和危害性。列宁指出，机会主义者在"批评自由"的时髦口号下修正了马克思主义的一切基本原理，与创造性地发展马克思主义毫无共同之处，俄国经济主义是国际机会主义的变种，其产生的根源是崇拜工人运动的自发性。列宁希望工人领袖们永远记住："社会主义自从成为科学以来，就要求人们把它当作科学看待，就是说，要求人们去研究它。""没有革命的理论，就不会有革命的运动"。在第二章，列宁分析了工人运动中的自发性和自觉性的相互关系。列宁指出，社会主义学说不是自发地产生的，而是由学识丰富的知识分子创造的哲学、历史和经济的理论中产生出来的，工人阶级单靠自己的力量只能产生工联主义意识，工人的社会主义意识必须从外面灌输进去，工人运动在没有同社会主义意识结合之前无力抵抗资产阶级思想的进攻。在第三章，列宁阐述了无产阶级斗争的经济形式和政治形式的相互关系问题。列宁指出，社会民主党人要使争取改良的局部斗争服从于争取自由和争取社会主义的整个革命斗争，无产阶级的基本经济利益只能通过无产阶级专政的政治革命来满足。在第四章和第五章，列宁进一步阐述了他的建党计划。列宁批判了经济主义迷恋组织工作中的手工业方式，反对建立革命家组织的机会主义观点。按照列宁的计划，党应当是由少数领导人（主要是职业革命家）和广泛的地方组织网组成的。党的核心应当由有修养、有才干、有经验和经过考验的职业革命家组成。列宁宣告："给我们一个革命家组织，我们就能把俄国翻转过来！"在全书的结尾部分，列宁指出，结束思想上的分歧和组织上的混乱，建立一个坚强而团结的马克思主义的工人阶级政党，这就是对俄国社会民主党人面临的"怎么办"问题的回答。《怎么办？》一书从思想上彻底粉碎了经济主义，为建立新型无产阶级政党奠定了思想基础。1902—1903年，《怎么办？》一书在俄国各地广泛传播，许多人成为《火星报》的拥护者，该书的主要观点后来被俄国社会民主工党"二大"所采纳。

《怎么办？》一书的出版者德国社会民主党人约·狄茨

沙皇警察关于《怎么办？》一书的案卷

随着列宁的思想的深入传播，沙皇政府愈加关注列宁的踪迹。宪兵上校祖巴托夫在给上级的一封秘密信中特别指出："现在在革命中没有比乌里扬诺夫更重要的人了。"他建议立即设法杀害列宁。为保密和安全起见，在慕尼黑除秘密会见过德国女革命家罗莎·卢森堡等少数人外，列宁夫妇几乎不与陌生人打交道。但德国和沙皇的暗探还是很快就发现了《火星报》的踪迹，印刷所老板也不敢继续承担印刷《火星报》的风险了。

为使报纸免于中途夭折,必须重新选择一个理想之地。1902年春天,在列宁的提议和努力下,编辑部决定迁至英国伦敦,因为英国社会民主联盟周刊《正义报》愿意承担《火星报》的印刷任务。

1902年4月12日,列宁夫妇来到位于泰晤士河畔的雾都伦敦,它是资本主义的繁华城市之一。在这儿,列宁夫妇俩租了两间不带家具的房子,然后买了一套简单的家具——两张床,几张桌子,几把椅子和几个书架。由于房子里摆设简陋,没有挂窗帘,加上克鲁普斯卡娅没有戴订婚戒指,一度引起女房东的怀疑,觉得这两个人很不体面,经过解释,女房东才不再疑神疑鬼了。夫妇俩的生活比较单一和有规律性。每天早晨起床后,列宁就到大英博物馆去看书,午饭后就和查苏利奇、马尔托夫、克鲁普斯卡娅一起讨论工作,晚上又埋头工作。

为过英语口语关,列宁在报上登了一则启事:"一位俄国法学博士和他的妻子愿意以教授俄语的方式来交换学习英语。"事后,竟然有三个人应聘,列宁夫妇向他们学习习惯用语、地方谚语及纯正的伦敦口音。有时候,俩人还利用参加集会的机会抓紧学习语言,锻炼口语和听力。没多久,俩人的英语就运用自如了。

列宁把伦敦当作了解资本主义社会的一个窗口,十分愿意了解伦敦社会各阶层的生活。因此在办好报纸之余,列宁走遍了伦敦的每个角落,关注和考察当地的风俗人情和社会发展。伦敦动物园的小生灵令列宁兴趣盎然;大英博物馆的丰富藏书使列宁流连忘返;可以鸟瞰整个被烟雾笼罩的全城风貌的樱草丘,则使列宁觉得别有一番风味;在绿树成荫的海格特公园,矗立着马克思的墓碑,在拜谒的人群中也常常发现有他的身影。

海德公园是伦敦最大的公园,经常聚集着各种人士:宗教狂热者、无神论宣传家、禁酒运动的积极分子、土地国有化的拥护者,等等,他们常在这里露天集会。列宁不时光顾这儿,在人群中观察听众对演讲者五花八门见解的即席反响,倾听听众表达意愿的各种喊声、插话和建议。有一次,列宁听了一场辩论,回家后高兴地对克鲁普斯卡娅介绍说:"报告人胡说了一通,而工人一发言,就击中了要害,把资本主义的本质揭露出来了。社会主义思想在他们中间萌芽了!"空闲时候，列宁干脆长时间地坐在公共汽车上，悠然自得地饱览市容。

在伦敦有一个俄国侨民工人小组，列宁曾多次应邀为他们讲解《火星报》编辑部制定的俄国社会民主工党的党纲，并一一回答他们提出的问题。许多工人后来回国后都成为俄国社会民主工党的骨干。

1902年秋，列宁夫妇热情接待了从国内来的革命家列·达·托洛茨基。他们进行了亲切的交谈。事后，列宁在给阿克雪里罗得的信中称托洛茨基是"一个年轻的、很有干劲和能力的同志"。后来托洛茨基也参加了《火星报》的编辑工作。

1903年2月，专门为侨居国外的俄国大学生开办的巴黎俄国社会科学高等学校决定请一名人士讲授土地问题课程。学校的负责人虽然对马克思主义理论持反对态度，但不知道《俄国资本主义的发展》的作者弗·伊林就是列宁本人，只知道伊林是一个著名的理论家和土地问题专家，于是决定请伊林来校作讲演。当学校负责人发现问题时，已经晚了。迫于教师和学生们的强大压力，加上会场上学生们对列宁的精彩讲演不时报以热烈的掌声，学校的负责人只好将错就错，让列宁先后作了四次报告。

1903年5月，列宁夫妇随《火星报》编辑部迁往日内瓦，住在郊外的工人村。在这里，因制定党纲等问题，列宁和普列汉诺夫出现了较大的分歧。

在日内瓦，列宁的住地成为革命者聚集的中心，从流放和监狱中逃亡到国外的革命战友经常来拜访他，他也十分热情地为他们安排衣、食、住、行，了解俄国革命的发展形势，鼓励他们为革命事业奋斗终生。

由于旅居他乡，远离祖国，列宁时常怀念祖国和亲人。在给母亲的信中他常常回忆起俄罗斯的冬日、伏尔加河的畅游、充满乡村气息的原野、西伯利亚寒冷而清新的空气、契诃夫的戏剧、柴可夫斯基的交响乐，等等。

一分耕耘，一分收获。通过几年的艰辛努力，事实证明了列宁的判断，《火星报》的创办对于无产阶级政党的建立起了巨大的作用。通过《火星报》和《曙光》，马克思主义和列宁的思想在俄国得到了广泛的传播，有力地批判了各种错误思潮，使俄国社会民主工党建立了坚实的思想基础。通过《火星报》，先进的有觉悟的俄国工人和革命社会民主党人得到了他们所关切的问题的清楚回答，得

日内瓦的"兰多尔特"咖啡馆,列宁1903—1904年常在这里会见俄国社会民主党人

到了做什么和如何做的明确指导。《火星报》成了团结党的力量、聚集和培养党的干部的中心。在俄国许多城市成立了俄国社会民主工党列宁火星派的小组和委员会。1902年在萨马拉举行了火星派代表大会,建立了俄国《火星报》组织常设局。《火星报》通过遍布国内外的通讯员和代办员,加强了同广大工人群众的联系,促进了俄国社会民主工党各地组织之间的联系,使俄国社会民主工党逐步摆脱了组织涣散、纪律松弛的手工业方式的状态。《火星报》正如其名字一样,点燃了工农群众心中的希望和热情,有力地推动了俄国工人运动的发展。一位纺织工人在给《火星报》编辑的信中写道:"我把这份'火星报'拿给许多同志看过,结果把报纸都弄破了,但它是珍贵的。这里谈的都是我们的事情,是关于全俄国的事情,这种事情不能用戈比来估价,也不能用小时来计算。当你读到报纸时,就会明白为什么宪兵和警察害怕我们工人和领导我们的那些知识分子。的确,这些人对沙皇、对老板、对一切来说都是可怕的,而不仅仅对老板的钱袋才是如此。当然,我是一个普通工人,我的觉悟也并不高,但我深刻感觉到真理在哪儿,知道工人需要什么。现在工人很容易燃烧起来,下面已经冒烟了,只要有一

点火星就燃成大火。呵,星星之火可以燃成熊熊之焰,这话说得多么正确!……从前每次罢工都算是件大事,而现在任何人都知道,仅仅罢工已算不了什么,现在需要争取自由,要用胸膛去夺取自由。现在所有的人,不论老的和小的,都想读些什么,但是没有书——这就是我们的不幸。上星期日我召集了11人,并给他们读了'从何着手',就这样我们到深夜还没有散。一切都说得多么正确,多么透彻。"

历史性多数

1901年之后,俄国革命运动开始高涨起来,工人罢工持续不断,农民暴动接二连三。鉴于这种形势,俄国社会民主党人于1902年3月在别洛斯托克举行了代表会议,成立了第二次党代表大会的组织委员会。但参加这次会议的大多数代表不久就被捕了。列宁得知这个消息后,立即写信给萨马拉的格·马·克尔日札诺夫斯基,指示他今后的任务是为第二次代表大会做好准备,主要任务是争取各地方委员会,特别是俄国中部地区、伊万诺沃、乌拉尔和南部地区的委员会站到《火星报》这边来。1902年6月中旬,列宁写信给彼得堡的伊·伊·拉德琴柯,委托他和国内的《火星报》组织一起重建俄国社会民主工党第二次代表大会的组织委员会,要求他担任这个委员会的书记职务,使火星派完全领导组织委员会。

1902年8月15日,在列宁的建议下,《火星报》编辑部同俄国社会民主工党彼得堡委员会、《火星报》俄国组织和"俄国社会民主工党北方协会"的代表在伦敦举行了会议。列宁主持了会议,在会上成立了俄国社会民主工党第二次代表大会的组织委员会的火星派核心。同年11月14日至15日,俄国的火星派组织遵照列宁的指示,在普斯科夫召开了俄国社会民主工党彼得堡委员会、俄国《火星报》组织和"南方工人社"代表会议,会上正式成立了召开党的第二次代表大会的组织委员会，其中火星派分子占绝大多数。列宁对委员会的成立很满意。

组织委员会在准备大会方面负责国内的联络工作，列宁代表《火星报》编辑部指导组织委员会的活动。尽管当时工作条件极其艰苦，还受到警察监视，但组织委员会的任务就是要使已经形成的和将要形成的团体在组织上和思想上联系起来。不久，列宁收到了叶列马从彼得堡寄来的一封信，信中提出了应当怎样组织地方工作的意见。列宁考虑着如何回这封信，后来他把这封回信写成了一本小册子，名叫《给一个同志的信，谈谈我们的组织任务》。这本小册子在组织党的事业中起了巨大作用，指导党迅速地做好了第二次代表大会的准备工作。

1902年12月上旬，《火星报》编辑部召开会议，讨论"二大"的议事日程问题，并拟定了大会议事日程草案。列宁在会上坚持自己提出的关于党的机关报问题应放在大会各问题之前讨论。他还提出了两个中央机关互不隶属的原则，即中央机关报是思想领导，设在国外；中央委员会是运动中直接的实际领导，设在国内。两个中央机关之间定期的和日常的接触，它们的成员可以互相参加对方的会议，有时可以补选为对方的成员。

编辑部会议后，列宁立即把拟定的"二大"十项议事日程草案通知组织委员会。草案的前五项顺序是编委会共同讨论的，后五项的顺序是列宁自己排列的。列宁要求组织委员会一定要设法让每一个委员会作出正式或书面的回答，说明是否承认组织委员会。列宁还指示组织委员会立即任命主要中心（彼得堡、莫斯科、基辅）的组织委员会委员，要求把所有接头地点报给他，以便使所有到俄国去的党的工作人员都能服从组织委员会的指挥。

1903年5月起，为筹备"二大"，《火星报》编辑部的成员首先来到日内瓦，接着代表们也陆续到达日内瓦。日内瓦郊外列宁住的那座小房子里，挤满了来自俄国的客人。1903年5月至7月，是列宁工作最繁忙的时期。他一方面要接待前来出席"二大"的代表，同他们就代表大会议程、党纲起草、崩得派的立场及其他问题展开讨论，听取他们的意见，另一方面，他还要负责起草大会文件。这期间他起草了党章草案《俄国社会民主工党第二次定期代表大会纲领》，制定了代表大会的议事日程，还为代表大会起草了下列决议草案：《关于崩得在党内地位的决议草案》《关于经济斗争的决议草案》《关于5月1日的决议草案》《关于国际代表大会的决议草案》《关于游行示威的决议草案》《关于恐怖手段的决议草案》《关于宣传工作的决议草案》《关于对待青年学生的态度的决议草案》《关于力量的分配的决议草案》《关于党的书刊工作的决议草案》。他还写了《我们纲领中的民族问题》。在《俄国社会民主工党第二次定期代表大会纲领》中第一次提出了党的领导核心的组织原则,即选出两个三人小组:三人进入中央机关报,三人进入中央委员会。

经过艰苦不懈的努力,召开党的"二大"的时机和条件终于成熟了。

1903年7月30日,代表大会在比利时的布鲁塞尔召开。出于保密考虑,会议在一个大面粉仓库中进行,里面临时搭了一个讲坛,透光的窗户用布遮住,共有26个社会民主工党组织的43名代表出席了会议。普列汉诺夫致开幕词,他在开幕词中说:"20年前我们还什么也不是,而现在我们已经成为一支强大的社会力量……我们应该让这种自发的力量在我们的纲领、我们的策略、我们的组织中得到自觉的体现。这就是我们代表大会的任务。"

列宁坐在讲坛的一边,显得很激动,一只胳膊肘支撑在桌子上,手掌捂着额角,另一只手捏着一支铅笔,低着头在琢磨发言提纲,有时又兴奋得坐不住,转

1903年的布鲁塞尔

第三章 建党的历程

过身去与个别同志点头示意。会议根据列宁的提议，选举普列汉诺夫、列宁、马尔托夫三人组成常务委员会，否决了马尔托夫提出的由九人组成常委会的建议。列宁任资格审查委员会委员。会议的主要议程是关于崩得[①]在党内地位的问题，并要讨论和通过党的纲领、党的章程和选举党的领导机构，以及党中央机关报问题，同时听取各地方委员会的报告等。

代表大会的召开不仅惊动了仓库中的老鼠，也惊动了警察，因为他们听见城里人都在谈论俄国革命家在召开什么秘密会议。8月5日，由于受到比利时警察的追查和干预，代表大会必须中途转移。8月11日，代表大会在伦敦继续召开。

1903年的伦敦

大会在讨论"崩得在俄国社会民主工党中的地位"时，出现了激烈的争论。《火星报》派坚决主张把俄国境内各民族的先进工人都团结在一个统一的集中的党内。而崩得则要求按联邦制原则建党，即要求把党建成一个按民族来团结工人

[①] 崩得即希伯来语"联盟"的音译，全名为"立陶宛、波兰和俄罗斯犹太工人总联盟"。1897年在维尔诺成立，参加者为俄国西部各省的犹太手工业者。机关报为《工人呼声报》和《犹太工人》，崩得作为自治组织参加过"一大"，在涉及犹太无产阶级的问题上保持独立，是一个小资产阶级民族主义组织。

的各民族组成的联盟。也就是说，用分散的民族党来替代无产阶级集中的政党。崩得分子要求，不管什么地方的犹太工人都要通过他们自己特殊的民族团体来加入党。代表大会否决了崩得提出的在建设党的问题上的民族主义原则，大会所通过的《关于崩得在党内的地位》的决议中指出："俄国社会民主工党第二次代表大会深信：根据联邦制原则改建犹太无产阶级和俄国无产阶级之间的组织关系，将严重地妨碍各不同种族的觉悟和俄国无产阶级之间的组织关系，将严重地妨碍各不同种族的觉悟无产者更充分地在组织上接近起来，并不可避免地会使俄国的整个无产阶级特别是犹太无产阶级的利益受到重大损失，因此，代表大会坚决摒弃在俄国社会民主工党和党的一个组成部分即崩得之间有任何联邦制关系的可能，认为这是原则上不能容许的。"

大会讨论的党纲草案是由《火星报》编辑部和《曙光》杂志编辑部提出的。它明确规定，社会主义革命的"必要条件是无产阶级专政"，并确定了党在工人运动中的领导作用。但是，它遭到出席大会的经济派分子马尔丁诺夫、阿基莫夫和崩得分子的反对。他们借口西欧各国社会民主党的纲领都没有无产阶级专政的内容，因而反对在纲领中写上无产阶级专政。马尔丁诺夫还否认党在无产阶级解放运动中的先锋领导作用，否认无产阶级贫困化的原理。列宁称他们的观点为机会主义，指出："他们发表了已经被称为（应当称为）机会主义的见解。他们已经达到了'推翻'贫困化理论，否认无产阶级专政……的地步。"在讨论列宁起草的纲领的土地问题部分时也发生了争论。土地问题条文的实质是要使农民作为一个阶级起来反对农奴制残余，建立并巩固工人阶级和农民的联盟。在这种条件下，无产阶级政党应该支持并促使农民为摆脱地主的专制压迫而斗争。崩得分子和经济派分子李伯尔、马尔丁诺夫极力反对纲领草案关于土地问题的条文，反对把土地问题列入纲领。经过激烈的斗争，大会终于通过了《火星报》编辑部提出的党纲草案。

俄国社会民主工党的纲领，是无产阶级斗争的光辉文献，它简练而深刻地论述了资本主义的基本矛盾，指出了无产阶级破坏旧制度、创造新世界的社会历史使命；它宣布党的最低纲领是推翻沙皇专制制度并代之以民主共和国，最高纲领

第三章　建党的历程

是进行无产阶级革命，建立无产阶级专政和对社会进行社会主义改造。这是当时第二国际各国党中唯一写上无产阶级专政要求的纲领，它是新型无产阶级政党的一个重要标志。党纲的制定，确立了党在俄国革命中的马克思主义的政治路线，为俄国社会民主工党的思想统一奠定了基础。普列汉诺夫在对纲领的讨论进行总结时说："我们可以带着理所当然的自豪心情说，我们通过的纲领为我们无产阶级提供了一个同敌人进行斗争的牢固而可靠的武器。"①

大会在讨论第四项议程，即关于"党的中央机关报"问题时，除了"工人事业派"分子反对外，大家一致承认《火星报》是中央机关报，并肯定了《火星报》在反对机会主义、维护和发展马克思主义理论及在建党方面所起的重大作用和卓越的贡献。

大会在讨论第六项议程即"党的组织"议程中，讨论了列宁起草的党的章程草案。列宁向大会提出的党章草案，规定了接纳党员的手续以及组织原则。条文规定，根据代表选举制的原则召开代表大会，实行集体领导，讨论和通过决议要

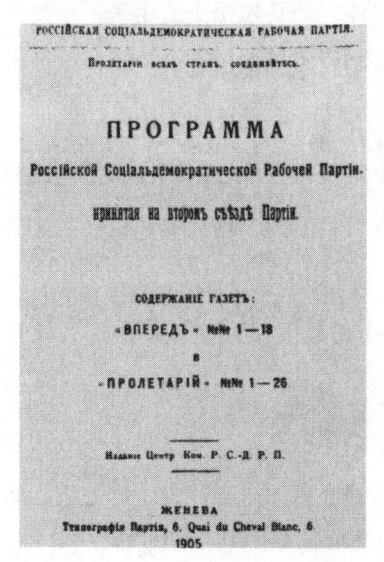

俄国社会民主工党第二次代表大会通过的党纲（1905年日内瓦版）

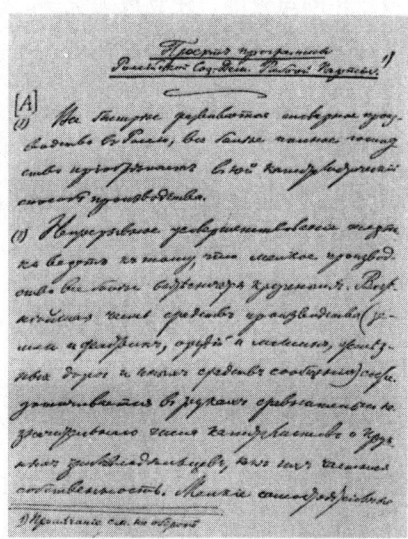

1902年列宁《俄国社会民主工党纲领草案》手稿

---

① 《俄国社会民主工党第二次代表大会记录》，第258页。

经过多数同意,实行地方组织在地方事务上的自治。党章草案的基础是集中制思想,它从原则上确定了解决一切组织问题的方法。除此以外,党章草案根据俄国社会民主主义运动处于秘密状态的特殊条件,提出了建立中央机关报和中央委员会两个领导机关。讨论党章的第一条文(即党员资格)时,出现了两种截然对立的看法。列宁提交代表大会的党组织章程草案的第一条文是:"凡是承认党纲、在物质上帮助党并亲自参加党的一个组织的人,都可以作为党员。"马尔托夫反对列宁提出的这个条文。他一方面认为承认党纲和在物质上帮助党是党所必需的,但又认为不应把参加党的一个组织作为党员的必要条件。他所提出的条文是:"凡是承认党纲、并且在党的机关监督和领导下为实现党的任务而积极工作的,都可以成为俄国社会民主工党党员。"虽然这两个条文在字面上的差别只是参加与不参加组织,但这里却包含着原则分歧。列宁把党看作一个有组织的整体。每个党员必须参加党的一个组织,这样既能保证全体党员都能受到党的教育和养成高度的纪律性,又能保证党对每个党员的活动进行切实的领导,使党成为无产阶级战斗的司令部,使党成为统一的整体。而马尔托夫的主张,是把一切愿意加入党的人都接受入党,不要他们参加党的组织,不用党的纪律约束他们。如列宁所说的,是要"把各色各样的人都变成党员。"按照马尔托夫的意见,实际上是把无产阶级政党变成一个成分复杂、不定型的、缺乏组织性和纪律性的社会团体。列宁指出,马尔托夫的条文是"为一切涣散的、动摇的和机会主义的分子敞开大门"。

围绕党章第一条内容所进行的斗争,实质是关系到建立一个什么样党的问题。列宁主张建立一个集中统一、有坚强战斗力的、组织纪律严密的、革命的无产阶级政党。而马尔托夫主张的是建立一个组织涣散、成分复杂、没有定型的、小资产阶级的机会主义政党。列宁的条文得到坚定的火星派分子的拥护,而马尔托夫的条文得到崩得、"经济派"及"温和的"火星派分子的拥护,在这个问题上马尔托夫的主张占了优势。代表大会以 28 票对 22 票(1 票弃权)通过了马尔托夫的条文。应该说,这是这次代表大会的一个重大缺陷。

在讨论党的组织章程时,还涉及俄国社会民主党在国外的组织问题。鉴于当时在国外存在着两个组织，即以"经济派"为主的"俄国社会民主党人国外联合会"和火星派的"俄国革命社会民主党国外同盟"，代表大会认为这种现象很不正常，因此在党组织章程中规定："俄国革命社会民主党国外同盟是俄国社会民主工党唯一的国外组织。"与此同时，还通过了关于解散"俄国社会民主党人国外联合会"的决议。对此，两个"经济派"分子，也是"俄国社会民主党人国外联合会"的代表马尔丁诺夫和阿基莫夫，为了表示抗议而退出了会场。

另外，崩得分子在代表大会上要求承认崩得是犹太无产阶级的唯一代表。代表大会否决了这个要求，于是五名崩得分子声明退出俄国社会民主工党，并离开了会场。

由于两名"经济派"分子和五名崩得分子退出会场，使大会发生了有利于坚定火星派的变化。大会在选举两个中央机关时（第18项议程），即选举中央委员会和中央机关报——《火星报》编辑部的人选问题上，列宁派获得了多数票，马尔托夫派得的是少数票。大会选举列宁、普列汉诺夫和马尔托夫组成《火星报》编辑部，克尔日扎诺夫斯基、林格尼克、诺斯科夫被选入中央委员会。马尔托夫坚持以前《火星报》所有的老编辑——波特列索夫、查苏利奇、阿克雪里罗得都参加编辑部。大会否决了这个提案，于是马尔托夫拒绝担任编辑工作。

代表大会对中央机关的选举结果，使列宁的革命原则在党内得到多数的拥护。从这时起，因为拥护列宁的人在选举中央机关时获得多数，开始被称为布尔什维克（"多数派"的意思）；而反对列宁的则被称为孟什维克（"少数派"的意思）。这说明，在这次大会上，革命者多数派战胜了机会主义者的少数派。从此，俄国社会民主工党内形成了布尔什维克派和孟什维克派。

对于党的"二大"上出现的严重分歧、激烈辩论，一些代表向列宁诉苦说，会议气氛太沉重，斗争很残酷，互相反对是非同志态度，等等，列宁作了肯定的回答："我们的代表大会太好了！公开地、自由地斗争。各种意见都得到了发表。各种色彩都暴露出来。各种集团都显现出来。手举过了，决议通过了。一个阶段渡过了。前进吧！——这一切太好了。这才是生活。这并不是知识分子那种无休无止的讨厌的无谓口角，他们停止这种无谓口角，并不是因为他们已经解决了问

· 121 ·

题，而只是因为他们说得疲倦了……"①

总之，俄国社会民主工党"二大"在俄共历史上具有深远意义，它解决了第一次代表大会所未能解决的问题。第一次代表大会宣告了党的成立，也提出了党的任务。但第一次代表大会没有制定出正式的纲领和章程，在第一次代表大会之后出现的是一个涣散、分裂和动摇的时期，作为一个统一组织的党实际上并不存在。第二次代表大会为党制定了纲领和组织章程，通过了一系列关于策略的决议，确立了由经过斗争锻炼的职业革命家所组成的党的领导核心。代表大会通过的党纲明确规定了无产阶级政党的斗争任务和目的，关于工人阶级在当前资产阶级民主革命中的领导作用和关于无产阶级专政等重要论点，就其意义来说都远远超出了俄国的范围。在当时的工人政党中，无论哪一个政党都没有像俄国社会民主工党那样有明确的马克思主义纲领。在代表大会的各项决议中，明确地体现了新型无产阶级政党的原则。俄国社会民主工党内布尔什维克派的出现，标志着布尔什维主义即列宁主义②的诞生。正如列宁所说：布尔什维主义作为一种政治思潮，作为一个政党而存在，是从1903年开始的。列宁是布尔什维克派的首领。列宁从19世纪末参加工人运动以来就努力把马克思主义理论同俄国的革命实际相结合，进而把马克思主义同帝国主义时代的国际工人运动相结合。他在同沙皇专制制度、帝国主义、资产阶级和机会主义的斗争中，不仅恢复了被第二国际修正主义所阉割了的马克思主义的革命内容，而且创造性地运用马克思主义，科学地解决了帝国主义时代无产阶级革命的一系列问题，制定了帝国主义时代无产阶级革命的理论和策略，创造性地解决了俄国革命中的动力问题、无产阶级政党的组织问题，把无产阶级民主革命中的领导权问题同社会主义革命和建立无产阶级专政联系起来，从而把马克思主义推进到列宁主义阶段。列宁主义从孕育到诞生、成长和成熟有一个过程。列宁主义的形成在国际共产主义运动史上具有划时代的意义。

---

① 《列宁全集》中文第2版第7卷，第345页。

② 列宁主义是列宁理论观点的科学体系，是列宁在资本主义发展到帝国主义时期对马克思主义创造性的运用和发展。"列宁主义"一词最早由孟什维克在20世纪初在贬义上提出，1923年前在俄共党内很少使用，通常使用"布尔什维主义"一词。1923年在列宁病重期间，加米涅夫在3月24日发表的一篇文章中公开使用后广泛传播，逐渐代替"布尔什维主义"。

第三章 建党的历程

党的"二大"以后，以马尔托夫、阿克雪里罗得为首的孟什维克不甘心在"二大"上所遭到的失败，不顾列宁和普列汉诺夫的劝告，拒绝以任何方式参加《火星报》的工作，他们为改变党的最高机构的人选制订斗争计划，出版和散发一些秘密刊物，并到各地方委员会游说，讲他们之所以牢骚满腹的原因是列宁等人"欺侮了他们"，攻击少数服从多数的原则是"机械的镇压"党员意志，党员必须遵守党纪党规是在党内建立"农奴制"，等等。但中央委员会的多数人是赞成代表大会的决议的，是支持列宁的。

为保持俄国社会民主工党的团结，列宁准备在不违背原则的基础上，对马尔托夫等人做些让步。中央委员诺斯科夫向列宁和普列汉诺夫提出，在保证《火星报》编委有两人参加党总委员会、其中一人属于布尔什维克的条件下，主张补选上原《火星报》的四名编委。列宁和普列汉诺夫没有反对，他们认为照老样子总比分裂好。但这方案一提出，就被马尔托夫等人拒绝了。

列宁试图跟马尔托夫取得一致的意见，他给波特列索夫写了一封信，使他相信没有必要分裂。10月4日，列宁、普列汉诺夫和林格尼克一起再次同马尔托夫等四位老编委就共同在中央机关报工作的条件举行谈判，但毫无结果。列宁和普列汉诺夫代表《火星报》编辑部邀请这四名老编委撰稿，又遭拒绝。6日，列宁又以中央机关报编辑部的名义写信给马尔托夫等四人和托洛茨基，建议他们参加《火星报》和《曙光》杂志的工作。他写道："敬爱的同志们：中央机关报编辑部不得不对你们拒绝参加《火星报》和《曙光》杂志的工作一事正式表示惋惜。虽然我们在党的第二次代表大会刚一闭幕立刻就邀请你们，之后又多次邀请你们参加工作，可是我们始终没有从你们那里收到任何一篇作品。中央机关报编辑部声明，它认为你们拒绝参加工作丝毫不是编辑部方面引起的。任何一种个人意气，当然都不应该成为你们参加党中央机关报工作的障碍。如果你们拒绝参加工作是由于你们和我们之间有某种意见分歧，那我们认为详细说明这种意见分歧对于党是非常有好处的。不但如此，我们认为最好是尽快地在我们编辑的刊物上向全党讲清楚这些意见分歧的性质和深度。"

列宁得到不足三行字的回信，信中声明自《火星报》转入新编辑部手中之时，他们便不再参加该报的任何工作。马尔托夫还单独给《火星报》编辑部复了一封长信，信中他特别声明，他认为用不着再和他们协商在一个机关报共同工作的问题了。在这种情况下，列宁写了中央委员会和中央机关报编辑部致孟什维克反对派领袖书的草稿，号召他们履行党员义务，并停止对中央机关报的抵制，建议向全体党员说明原则上的分歧。

列宁想尽一切办法避免分裂，他开始不相信会没有办法。他认为，撕毁代表大会决议，拿着党的工作冒险，拿着刚刚建成的党的战斗力冒险，纯粹是一种愚蠢的行为，简直令人难以置信。但是后来他清楚地看到分裂是不可避免的了。

孟什维克根本没有和好的愿望，他们激烈地攻击代表大会所批准的中央机关的成员，要求调换中央机关的成员，他们不但想把《火星报》的编辑大权拿到自己手里，还想控制党中央委员会。他们用"集团"的名义同中央委员林格尼克谈话，使代表大会所通过的关于委托中央委员会分配党的人力和经费的决议化为乌有。

参加"二大"的布尔什维克代表先后回俄国了，而孟什维克的代表留在国外的较多。每一个来到国外的人都成了孟什维克"纠缠"和"引诱"的对象。唐恩和马尔托夫下最大的功夫使人们相信，党面临分裂危险的不幸事件是列宁引起的。而列宁对这些从国内来的同志说，要他们自己去弄清分歧的实质。在国外，孟什维克的拥护者增多了，它的影响也扩大了。他们决定召开"俄国革命社会民主党人国外同盟"的代表大会，听取"同盟"出席"二大"上代表列宁的报告，以便打击布尔什维克。俄国革命社会民主党人国外同盟是列宁在 1901 年 10 月为反对经济派而发起成立的，它包括《火星报》《曙光》杂志组织的国外部分，以及"劳动解放社"在内的社会民主党人组织。当时同盟理事会在日内瓦的理事有捷依奇、李维诺夫、克鲁普斯卡娅。孟什维克分子捷依奇竭力主张召开同盟代表大会，而李维诺夫和克鲁普斯卡娅反对召开。捷依奇想起了理事会的理事还有住在柏朗的韦切斯洛夫和住在巴黎的列切曾，他们虽已不直接参加同盟理事的工作了，但还未正式宣布退出理事会。捷依奇把他们邀请来进行表决，他们赞成召开代表大会。

1903 年 10 月 26 日至 30 日，俄国革命社会民主党人国外同盟代表大会在日内瓦召开了。列宁骑自行车去参加代表大会的途中，由于路上思考问题，撞到了电车上，眼眶被撞伤，还碰坏了手和腰。他勉强到医生那里治疗包扎了一下，当他赶到会场时，已经迟到了。会议开得十分激烈。列宁作了很长的论据充分的报告，当他总结第二次代表大会出现的一切意见分歧的时候，会议达到了高潮。列宁的演说越深刻，越有说服力，孟什维克就越狂怒。马尔托夫暴跳如雷，他用力喊叫："撒谎！"并用拳头击打桌子。孟什维克的其他人也附和着。终于，马尔托夫喊得声嘶力竭，瘫倒在座椅上时，普列汉诺夫清楚地高声说道："马尔托夫，你发脾气，就是你不对！"马尔托夫气坏了，他马上跳起来，攻击普列汉诺夫。这时有人要求休会。在吵闹的时候，列宁泰然站着，理着缚在眼睛上的绷带。会场肃静之后，列宁说，不能把喊叫和谩骂当作意见和证据。他建议将全部问题都讨论一下，权衡一下。

由于代表中孟什维克占绝对优势，所以大会在孟什维克操纵下，很容易地通过了有利于孟什维克的同盟章程。这个章程把同盟变成了孟什维克的堡垒。章程规定同盟有自己的出版社，使得同盟能脱离党中央的领导而独立存在。列宁三次发言反对同盟的章程，他强调，同盟章程未经中央委员会批准不能生效。列宁代表布尔什维克对孟什维克这一粗暴而又违反党章的行为提出抗议。林格尼克也以中央委员会的名义要求改变章程，但同盟不服这个要求。于是林格尼克宣布了中央的决定：国外同盟应该解散，这是孟什维克分子没有料到的。所有的孟什维克分子都从座位上跳起来，跺着脚，敲着桌子，做手势，发狂地跑到布尔什维克面前，用拳头威胁人。列宁心平气和地对布尔什维克说，这太妙了，现在全党很快就知道，谁破坏中央的工作，谁破坏党的纪律和谁搞垮党。布尔什维克代表于10月30日，也就是同盟代表大会闭幕的那天，退出了大会。

大会闭幕后的两个晚上，列宁等11位布尔什维克同盟成员在一家咖啡馆开会，商讨下一步对付孟什维克破坏党的团结的行动。这时，普列汉诺夫的态度发生了变化，他说神经经不起孟什维克的吵闹，应当让步。他改变了原先补选两名孟什维克进《火星报》编辑部的主意，退回到无条件地补选四名孟什维克进《火星报》编辑部的方案。他提出，如果不把《火星报》四名旧编委补选上，党就会分裂为两半。他一再声明，宁肯自杀，也不愿意分裂。列宁和其他布尔什维克不同意普列汉诺夫的意见。11月1日清早，列宁在林格尼克、加尔佩林的陪同下，再次同普列汉诺夫谈话，劝他不要向马尔托夫分子让步。但普列汉诺夫不听，仍决定向马尔托夫为首的孟什维克做最大限度的让步。他还向列宁声明，如果不按他的意见办，他就准备辞职，退出《火星报》编辑部和党总委员会。列宁对普列汉诺夫这种以向机会主义者妥协让步来求得党的团结与统一的做法，既惋惜又气愤，心情十分沉痛。他给普列汉诺夫写了一封信，他写道："我非常非常了解您要向马尔托夫派让步的动机和想法。但是我深信，在目前让步是最下策，它的后果很可能是引起风波和吵闹，而不是和马尔托夫派斗争。这不是奇谈怪论。"他恳求普列汉诺夫，"为了统一，为了巩固，请您不要承担这一责任，不要离开，不要把一切交给马尔托夫派。"

列宁清醒地看到，普列汉诺夫不会放弃他的立场。于是列宁做好了和他决裂的准备。列宁写了《关于辞去党总委员会委员和中央机关报编辑部委员的职务的声明》，并把它交给了普列汉诺夫。列宁在声明的附言中指出，他在任何情况下，都不拒绝用自己的工作给新的党中央机关以力所能及的支持。为了留有余地，列宁要求普列汉诺夫不要立即在党报上公布自己的辞职声明。

普列汉诺夫准备和孟什维克谈判，接受孟什维克派提出的讲和条件。列宁看到普列汉诺夫对孟什维克做出原则性让步，将会给党造成严重后果。他立即给在国内基辅的党中央委员克尔日扎诺夫斯基写信，说明普列汉诺夫已转到孟什维克一边。他写道："我恳求你无论如何要想尽一切办法和波利斯（弗·亚·诺斯科夫）一块来，并事先征得其他人的同意。你知道，我在党内事务上阅历较多，因而我可以肯定地说，任何拖延，稍微的迟缓和动摇，都有使党毁灭的危险。详细情况大概会有人告诉你。问题的中心是，在同盟代表大会上争吵之后，普列汉诺夫突然转变了，这样就使我、库尔茨（林格尼克）和我们大家万分尴尬。现在他（没有我们参加）去和马尔托夫分子讲价钱了。马尔托夫分子看到他害怕分裂，就加一倍甚至加三倍地提出要求，不仅要求六个人，而且要求接受他们的人到中央委员会（还没有说出人数和人名），接受他们的两个人到总委员会，还要求否认中央委员会在同盟中的行动（这些行动都是完全得到普列汉诺夫的同意的）。

普列汉诺夫太害怕分裂和斗争了！情况坏透了，敌人欢天喜地、蛮横无理，我们的人全都大为愤怒。普列汉诺夫威胁要马上抛掉一切，而且他能够做到这一点。我们再说一遍，无论如何你必须来一趟。"

克尔日札诺夫斯基和诺斯科夫接到列宁的信，很快来到日内瓦。普列汉诺夫为了给马尔托夫分子补选进党的总委员会创造条件，建议列宁劝告加尔佩林退出党总委员会，并声称，否则他——普列汉诺夫将保留"完全的行动自由"。列宁于11月6日给普列汉诺夫写信说，他无论如何也不会同意这一点。普列汉诺夫所谓的完全的行动自由，那就不排除他把编辑部交给马尔托夫派，因此列宁决定把中央机关报编辑部的一切正式关系和全部材料交给普列汉诺夫。但是，列宁为了党内和平所作的这些让步，却没换得任何和平。普列汉诺夫和马尔托夫派更加嚣张了。普列汉诺夫更加坚持让加尔佩林退出党总委员会，以便给孟什维克腾出位置。列宁起初坚决反对，但加尔佩林自己劝列宁同意他辞职，列宁对这个新让步犹豫了很久。那天晚上，他和加尔佩林、克鲁普斯卡娅在汹涌的日内瓦湖岸边散步，最后，列宁决定同意加尔佩林退出党总委员会。

由于普列汉诺夫背叛了布尔什维克，列宁于11月1日宣布退出《火星报》编辑部，并在《火星报》上发表了自己的声明。11月29日，列宁根据中央委员会的推荐，代表中央委员会参加党总委员会。

11月20日，普列汉诺夫在《火星报》52号上发表了机会主义著作《不该这么办？》，它的基本思想是，认为在政策方面不应当采取太激烈不让步的莽撞的态度；认为有时为了避免分裂，对修正主义者以及对无政府主义者实行让步，是必要的。

列宁认为，普列汉诺夫在这个时期发表的这篇文章，过去是，而且现在仍然是马尔托夫分子钻进编辑部的唯一的入场券，有两个口号——修正主义和无政府主义特别鲜明地印在这个入场券上。他形象地讽刺说，普列汉诺夫在这篇文章里对自己的编辑部新同事发出请帖——先生们，请进来吧，我们会用温和的手段杀死你们的。列宁称普列汉诺夫的《不该这么办？》为划时代文章，是一块界碑，它标志着普列汉诺夫一生政治活动历程由此开始堕落到机会主义阵营中去了。

为了回答普列汉诺夫《不该这么办？》一文，列宁给《火星报》编辑部写了信，全文刊登在《火星报》12月8日的第53号上。他在信中指出，全党必须有系统地、循序渐进地和坚定不移地培养称职的中央机关干部，对每个准备担任高级职位的候选人的全部活动了如指掌，甚至熟悉他们的个人特点，他们的优缺点，他们的成功和"失败"。对于党的政治活动家的活动应该拿出来让大家评论评论，必须克服认为这是一种"侮辱"的不妥当的错觉。只有这样，才能使全体党的工作人员有机会了解自己的领袖，并且把每一个领袖放在适当的位置上。党的领导干部要光明磊落，不仅不该向党隐瞒，而且不要向群众隐瞒党内产生和发展的分裂，不隐瞒造成分裂的原因的任何情况和事件。要在党的机关报上辟出一定的篇幅，让大家交换意见。要光明正大，要让党知道一切，要让它得到全部的、真正全部的材料来估量所有一切分歧，要更加相信党的全体工作人员的独立判断能力。党的领导要和平待人，善于让步。把一群患有毛病的社会民主党人骂得一钱不值或者开除出党，是愚蠢的。列宁强调指出，开诚布公是避免可能避免的分裂和把已经不可避免的分裂带来的危害减少到最小程度的最妥善和唯一可靠的方法。

从1900年底至1903年9月，除领导和编辑《火星报》和《曙光》杂志外，列宁还写了近百篇文章。其中有的发表在《火星报》和《曙光》杂志上，有的是《火星报》编辑部以专刊、小册子形式出版的，有的是"俄国社会民主工党国外同盟"以小册子形式出版的，有的发表在《大学生报》上。另外，还有大量的书信和少数未发表的文章也成为珍贵的文献资料。

医治党内危机

列宁退出《火星报》后，孟什维克完全占据了《火星报》编辑部。从52号起，因为《火星报》成为孟什维克进行派别活动和反对布尔什维克的工具，从此人们称它为新《火星报》，以此区别于列宁所领导的旧《火星报》。对于新旧《火星报》的区别，列宁作了这样的评论：旧《火星报》曾教人领会革命斗争的真理，新《火星报》却教人领会"处世妙诀"；旧《火星报》是战斗的正统派的机关报，新《火星报》使机会主义在组织上死灰复燃；旧《火星报》为机会主义者所憎恨，但这是光荣的事情，新《火星报》变得"聪明"了，以机会主义赞扬为荣；旧《火星报》言行一致，勇往直前，新《火星报》站在虚伪立场上，把《火星报》弄得面目全非。孟什维克不仅大肆宣扬错误的思想路线，而且加紧了夺取中央委员会领导权的活动。1904年夏，孟什维克又夺取了中央委员会，并在党总委员会中占居多数地位。他们四处蛊惑宣传，诽谤、中伤列宁和布尔什维克，试图在国内地方党组织中扩展和巩固自己的阵地。在这种情况下，列宁认为，本来，"二大"的召开，摧毁了经济主义，使党在克服小组习气、建设新型无产阶级政党方面前进了一步，但是孟什维克的分裂活动又使党陷于危机中，使党倒退了两步。为揭露和批判孟什维克的错误，全面阐明无产阶级政党的组织原则，本着公开性原则，1904年2月至5月间，列宁写了《进一步，退两步（我们党内的危机）》一书。在《进一步，退两步》一书中，列宁详细分析了俄国社会民主工党"二大"前后党内斗争的全部过程，论述了布尔什维克和孟什维克政治分野的意义，阐述了布尔什维克政党的组织原则，发展了马克思主义关于无产阶级政党的学说。

首先，列宁批判了孟什维克关于在组织问题上的机会主义观点。

孟什维克力图歪曲和掩盖他们和布尔什维克在组织问题上的原则分歧，把

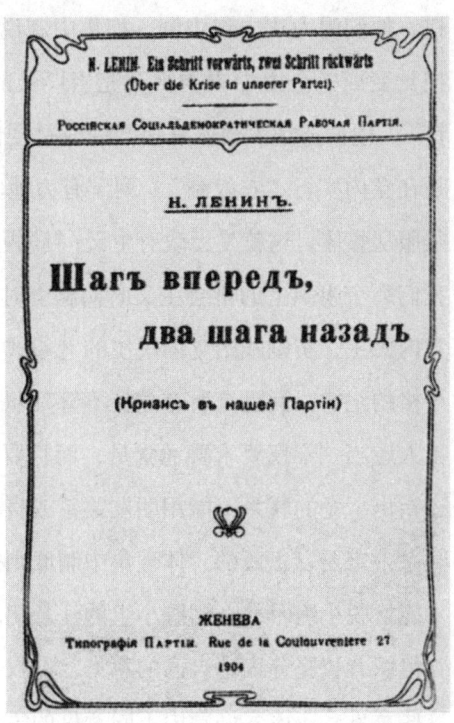

《进一步，退两步》一书封面（1904年日内瓦版）

列宁的火星报多数派在代表大会上的胜利说成是偶然的。为了让广大党员群众了解分歧的真实情况，认清斗争的意义，对党内斗争作出独立的判断，列宁在《进一步，退两步》中以俄国社会民主工党第二次代表大会的记录和党的其他文件为根据，用大量的事实说明代表大会上各派是怎样形成和演变的，令人信服地证明：多数派和少数派的划分是社会民主党划分为革命派和机会主义派的直接的必然的继续，少数派是由党内最带机会主义性质、在理论上最不坚定和在原则上最不彻底的分子组成的，两派的意见分歧主要表现在组织问题上。列宁指出，他的主张是建立一个集中的、组织严密的、纪律严格的无产阶级政党，马尔托夫要建立的则是组织涣散、没有定形、成分复杂的政党。党章第一条的争论的实质是维护与反对无产阶级组织性和纪律性的斗争。

代表大会后，孟什维克提出自治制来对抗列宁的集中制原则，宣称党是各个自治委员会的总和，党的各个部分不应该服从整体，部分对于整体应该有自治权。他们竭力攻击集中制，把集中制说成是"官僚主义"和"形式主义"，说它把党变成一个由中央委员会充当厂长的大工厂，把党员变成"小轮子和小螺丝钉"。他们还把少数服从多数说成是硬性压制党员的意志，把维护党的纪律说成是在党内实行"农奴制"。列宁有力地驳斥了这些谬论。列宁指出，否认局部必须服从整体，这就是无政府主义；"藐视纪律——自治制——无政府主义，这就是我们那个组织上的机会主义时而爬上时而爬下的梯子"。列宁谴责孟什维克侈谈党内民主、实则践踏党内民主的老爷式无政府主义行为。他指出，集中制不仅是严格的纪律，而且是所有党员不管其职位高低都必须遵守的统一的纪律，觉悟的工人应当"不仅要求普通党员，而且要求'上层人物'履行党员的义务"。列宁还指出，党的联系不能用朋友关系或盲目的、没有根据的"信任"来维持，党的联系一定要以正式的、体现集中制原则的党章为基础，只有严格遵守这个章程，才能摆脱小组习气，摆脱小组的任意胡闹和无谓争吵。列宁主张任何一个党员或党组织有权充分表达自己的意见，有权批评中央的错误，中央机关应该认真研究这些意见，应该容许党内不同意见的争论，容许一定范围内的思想斗争，但决不容许用违反党性的斗争手段来破坏党的利益。列宁要求把争论的情况完全公开，主张不要隐瞒党的缺点和毛病，而要勇敢地开展自我批评并无情地揭露自己的缺点。列宁的这些论述为党提出了极其重要的党内生活准则。

其次，列宁阐明并发展了马克思主义的建党学说，提出了建立马克思主义政党必须遵守的基本原则：党是无产阶级的先进部队，它是由工人阶级中最优秀、最忠于革命事业的有觉悟的先进分子所组成的；党是无产阶级的有组织的部队，它要求每一个入党者一定要严格履行入党的组织手续，并且参加党的一个组织，服从党组织的决议，遵守党的纪律；党是无产阶级的最高形式，它与工人阶级的其他各种组织，如工会、合作社等有着严格的区别，党能够领导无产阶级的其他一切组织，并通过这些组织，去团结和组织千百万无产阶级群众；党必须按集中制原则组织起来，就是要有统一的章程、统一的领导机关，党内少数服从多数，下级组织服从上级组织，全体党员必须遵守统一的纪律；党必须遵守共同的党内生活准则，要勇于开展自我批评，揭露自己的缺点，任何一个党员或党的组织有权充分表达自己的意见，有权批评中央的错误，中央机关应该认真研究这些意见，应该容许党内不同意见的争论，容许一定范围的思想斗争，但决不容许用违反党性的斗争手段来破坏党的巩固和统一。列宁着重指出："无产阶级在夺取政权的斗争中，除了组织，没有别的武器。"无产阶级政党只有当它用组织上的物质统一来巩固马克思主义的思想上的统一时，才能成为不可战胜的力量。列宁批判和揭露了孟什维克及第二国际在组织问题上的错误言行。

孟什维克在组织问题上的机会主义不是一种偶然现象。列宁把它作为国际机会主义的变种来考察。他指出，这种机会主义在其他各国社会民主党内都可以见到，西欧的机会主义者也是维护自治制，力图削弱党的纪律，把民主主义歪曲为无政府主义。

列宁写作《进一步，退两步》一文正是孟什维克夺取了中央机关、党内危机最严重的时候，列宁对于战胜孟什维克机会主义、克服党内危机始终充满信心。他认为，旧的顽固的小组习气压倒了还很年轻的党性，机会主义派对革命派占了优势，这只是暂时的现象，"革命的社会民主党的原则，无产阶级的组织和党的纪律，必定获得完全的胜利"。

党内激烈的斗争和撰写《进一步,退两步》所带来的劳累,使列宁的神经极度紧张,他倍感疲劳,焦躁不安,常常彻夜不眠,这迫使他不得不暂时放弃一切工作,转而去休养调适。

写完《进一步,退两步》后,列宁和夫人克鲁普斯卡娅便徒步离开了日内瓦,去瑞士山中作短期旅行和静养。一路上他们总是拣最荒凉的小道走,钻到最偏僻的地方去,饱览大自然所赐予的一切。常年积雪的大山,蓝色的湖泊,奇异的瀑布,使人心旷神怡。最后,他们来到布雷河畔的一个偏僻小村子,在那里同波格丹诺夫一起商定了出版布尔什维克《前进》机关报的计划,以便为党的"三大"的召开进行新的鼓动。

山地休息回来,列宁感到犹如用清泉冲洗掉了身上的尘垢那样,刷净了心中的烦恼。他又恢复了精力、朝气和愉快的心情。他们从日内瓦的市郊搬到了离市中心较近的道维特街3号一套简朴的住宅。列宁帮房主——一位瑞士农民种菜,露天的体力劳动是列宁一种很好的休息。那儿附近有一个专供教授使用的巨大图书馆,可以看到大量的法文、德文、英文报纸和杂志,而且很少有人来干扰,工作条件十分舒适。于是,列宁登记加入了这里的读者协会,占用了整个一间房子来从事阅读和写作。他不时把双手插在背心的口袋里,在房里踱来踱去,思考着党内外的斗争,展望着即将来临的俄国革命。

"二大"后,党在危机中艰难曲折地发展着。为医治党内危机,列宁除撰写《进一步,退两步》外,还积极寻找谋求党内和平、使党健康发展的道路。

1903年11月,列宁在向中央委员会递交的一份声明中讲:他和中央委员会的大多数同志不能容忍普列汉诺夫和马尔托夫等人公然违背党代表大会意志的行为,不能容忍有人出于自己的目的而公然不讲信用,他的辞职是有条件的,是为了谋求党内真正的和平。之后,列宁曾提出了同孟什维克讲和的两个方案,但均未成功。

1904年1月底,列宁参加了党总委员会议。会上,列宁就恢复党内和平和召开党的三大问题进行了多次发言,要求党把党内斗争可以容许的方式和不能容许的方式区别开来。他认为只要双方在这方面能够取得协议,就足以在把彼此隔开的墙上打开缺口,从而使党内生活不正常的现象得以逐渐消除。既然党中央发生分裂,就应该召开党的"三大",选举新的中央委员会。由于包括普列汉诺夫在内的孟什维克缺乏解决党内纠纷的诚意,列宁的努力没有取得成功。

为改变自己在党内的不利地位,列宁认为取得孟什维克在总委员会上发言的书面材料,从而有针对性地进行批驳,是动员党内舆论、争取"三大"召开的重要条件。为此,党总委员的书记员一职由谁承担就显得十分重要了。列宁把会议纪要看成是向全党说明真理的文件。因此列宁和林格尼克坚决反对由勃鲁缅费尔德当书记员,理由是他保密观念弱,又往往不能控制感情。列宁提出挑选书记员的原则是:让一位从未参加过争执也不为另一方反对的人来当书记员。经过争论,勒柏辛斯基成为布尔什维克方面的书记员。

列宁出于和马尔托夫等人多年打交道的经验和教训,提醒勒柏辛斯基同这些人打交道时要格外当心,以免陷于他们的圈套。有一次,勒柏辛斯基把会议记录整理好后,同孟什维克方面的书记员统一过意见之后,就把厚厚的一本记录簿交给了有关人员过目、修改和补充,然后签字。当轮到马尔托夫时,马尔托夫提出把记录簿带回家去,第二天再还给勒柏辛斯基。虽然勒柏辛斯基再三要求马尔托夫当场过目和签字,但最后还是经不起马尔托夫的"信誓旦旦"而轻信了。最后马尔托夫没有把记录簿还回来,勒柏辛斯基是哑巴吃黄连,还挨了列宁一通严厉的批评。吃一堑,长一智,从此以后,勒柏辛斯基办事成熟了。

列宁多次写信给国内的中央委员会,通报总委员会会议的结果,批评个别中央委员对待孟什维克分裂行为的调和主义立场,就召开"三大"问题提出指导性意见。

1904年5月,列宁总结了斗争经验,声明自己回到党总委员会工作。他认为自己退出《火星报》编辑部本来是想做些让步,集中力量巩固中央委员会这个阵地,但事与愿违,孟什维克"得陇望蜀",在普列汉诺夫一味迁就下,孟什维克不但控制了党的机关报《火星报》,而且还控制了总委员会,进而把持了中央委员会。1904年5月26日,列宁起草了《三个中央委员的声明》,声明规定,只有在意见一致、共同署名的情况下,才能以中央委员会的名义进行活动,从而对中央委员会摆脱调和主义有一定的促进作用。

1904年5月,列宁的《进一步,退两步》出版后,遭到了孟什维克和普列汉诺夫的强烈攻击。普列汉诺夫在《火星报》著文指出,列宁出版了一本在党内的内部纠纷上会火上浇油的小册子。7月,普列汉诺夫和孟什维克操纵中央委员会,通过决议,把一些布尔什维克开除出中央,扩大孟什维克的人数,把为召开"三大"进行鼓动工作的中央南方局解散,非法地撤销了列宁的中央委员会驻国外代表的权力,而仅仅让列宁承担满足中央委员会出版需要的职务,并规定不经过"批准",列宁无权刊印任何东西,布尔什维克的刊物不准运回俄国。

同俄国党的孟什维克相呼应,第二国际上的修正主义者和"中派"人士也急忙出来为孟什维克撑腰,反对列宁和布尔什维克。1904年5月,考茨基公开著文,支持孟什维克。一些报刊也歪曲地报道了俄国党内的斗争,号召跟走"集中制的极端"的列宁作斗争。第二国际执行局专门成立了一个仲裁委员会,想"调停"布尔什维克和孟什维克的斗争。列宁认为,接受这种"仲裁"就等于承认了第二国际尤其是德国社会民主党有权干涉俄国党的内部事务,因此坚决予以拒绝。普列汉诺夫还通过一些第三者"友好地"建议列宁"到美洲去躲避羞辱"。形势对于列宁更加不利。对此,列宁认为,党内发生危机从一定意义上讲也是好事,因为任何一次危机都会使一部分意志薄弱、目光短浅的人垮下去,也会使一部分真正革命的人受到锻炼、考验,并成熟起来。

1904年8月,列宁在日内瓦近郊的一幢楼里组织了22个布尔什维克小组会议。会议讨论了党的危机和摆脱危机的道路问题。会议通过了列宁起草的《告全党书》。《告全党书》指出:党的统一受到严重破坏,党内斗争已经超出党性范围;组织纪律已被摧毁,严密统一的行动已成为幻想;孟什维克把党的机关报变成分裂党的阵地,企图恢复已被党否定的过时理论,使党的思想生活回到那个原则不明确、思想上动摇不定的时期;布尔什维克想尽一切办法来维护党的统一和组织联系,为了求得和平,曾不止一次地让步,而孟什维克则坚持无政府倾向,根本不考虑党内的和平和统一。最后,《告全党书》提出,结束党内危机的根本出路就是立即召开党的"三大",号召党的各个组织为"三大"的召开而斗争,相信党无论如何会走上正确的道路。

8月之后，列宁多次召开22个布尔什维克小组会议，研究医治党内危机的具体办法。11月至12月间，在俄国南方区、高加索区、北方区等布尔什维克委员会的赞同下，成立了由列宁领导的布尔什维克中央委员会的多数派委员会常务局，开展党的"三大"的实际筹备工作。列宁曾写了《关于成立多数派委员会常务局的通知》。

1904年8月，列宁写信给支持他的党中央发行处主任弗·德·邦契-布鲁也维奇，提议建立布鲁也维奇和列宁出版社。出版社成立后很快出版了一批布尔什维克同志写的小册子，寄往俄国。

据办旧《火星报》的经验，列宁愈来愈感到创办布尔什维克机关报的重要性和迫切性。他对党内的情况概括为"没有机关报的党，没有党的机关报！"。前者指以列宁为首的布尔什维克，后者指"新火星派"。为此他对于会写文章的"笔杆子"逐个衡量和考察，然后约见合适人选，商洽具体办报的细节。11月29日，列宁在日内瓦主持布尔什维克会议，会上决定出版布尔什维克报《前进报》，列宁逐一介绍了出席会议的几位编辑，然后宣读了报纸创刊号上要登的全部文章。会议最后确定了该报编委，他们是列宁、沃罗夫斯基、奥里明斯基和卢那察尔斯基。并批准了出版《前进报》的通告。会后，大家情绪高昂，普遍有一种如释重负的感觉，因为困境终于被打破了。12月24日，列宁在给朋友的一封信中讲：现在我们情绪高涨，大家都拼命干……所有的多数派都空前地欢欣鼓舞。令人厌恶的无谓争吵终于被打断了，我们开始同那些愿意干事而不想胡闹的人齐心协力地工作。著作家集团的人选很强，是一些新生力量。

1905年1月4日，《前进报》创刊号在日内瓦出版，报上刊登了列宁写的《专制制度和无产阶级》（社论）、《无产者的漂亮示威和某些知识分子的蹩脚言论》等文章。

报纸具体的编辑和组织工作由米·斯·奥里明斯基承担。列宁也做了大量的工作，尤其是在办报方针和风格方面。首先，作为机关报，《前进报》应该和党紧密相连，成为党的喉舌，成为前进道路上的一盏明灯。第二，作者要用马克

思主义的立场、观点、方法阐述问题，不要自高自大和自以为是；同时还要善于用自己的话来表达思想。在编稿过程中，列宁力求文章的思想清新且充满生气，语言生动、明快，叙述简洁、确切，标题醒目、恰当，甚至连选择字体、字号，修改校样，设计版式等细节和"小事"也不放过。他精心修改过的文章，笔迹清晰，删改符号工整，他反对那种随便"勾来改去"、潦草涂抹的行为，认为那是不尊重别人的劳动。

随着工作的顺利开展和深入进行，俄国社会民主工党大多数地方委员会开始支持列宁关于召开党的"三大"的主张。1904年9月，国内的20个地方委员会中就有13个赞成。召开"三大"的条件逐步成熟了。

1904年12月，列宁起草了《关于成立组织委员会和召开俄国社会民主工党第三次定期代

《前进报》的征订广告

表大会的通知》，并分寄给多数派委员会常务局委员，后来发表在1905年3月13日的《前进报》第8号上，作为召开党的"三大"的预告。

革命的预演

1905年1月16日，彼得堡普梯洛夫工厂爆发了10万工人大罢工，反对政府随意解雇工人。1月20日，在布尔什维克的领导下，工人罢工扩展为全城总

罢工。为镇压全城工人的罢工运动，政府精心策划了以血腥屠杀工人来镇压工人运动的计划，企图达到杀一儆百的效果。警察局的暗探加邦牧师组织了伪工人组织，即拥有9000人的"圣彼得堡俄国工厂工人大会"。他到处散布谎言，煽风点火，诱骗工人前往冬宫向沙皇和平请愿，说沙皇一定会出来"接见"群众，"倾听"和"满足"群众的要求，许多人信以为真。

1905年1月9日，彼得堡普梯洛夫工厂门前的罢工群众

布尔什维克彼得堡委员会很快获悉了政府当局的企图，立即做群众的思想工作，他们用传单等方式，告诉工人，用请愿"这样一个轻微的代价决不能换得自由，自由是要用鲜血去获取，自由是要用手执武器，在残酷的战斗中去赢得"。希望工人群众不要上当受骗，遭受屠杀。但是，有很大一部分工人对"慈父沙皇"抱有幻想，认为沙皇会替他们着想，予以恩赐。在劝说无效的情况下，布尔什维克只好决定陪伴请愿队伍，让事实来说话。

1月22日（俄历1月9日），彼得堡的14万工人带着他们的妻儿老小，排成纵队，手举旗幡、圣像和沙皇像，唱着祷告歌，拿着陈述本身疾苦并要求沙皇赐予"恩惠"的请愿书，来到冬宫和平请愿。途中遭到了预先埋伏好的3万士兵和1万警察的阻击。下午2点，当游行队伍到达冬宫广场周围时，沙皇政府按照事先计划，下令埋伏好的荷枪实弹的8万军队和1万名警察向请愿群众开枪射击，接着出动骑兵冲击，用马刀砍杀。街道和广场上顿时血流成河，有1000多人被打死，伤者甚众。俄历1月9日是星期日，因而史称"流血星期日"。原来

列宁传

暂时不觉悟的工人终于从"流血星期日"中醒悟过来，他们和先进的工人一起，抛弃了原来的幻想，积极行动起来，夺取武器，占据军火库，建造街垒，工人运动的浪潮迅速波及全国。仅1905年1月就有44万工人参加罢工，比过去10年的罢工总人数还多。俄国正处于革命的前夜，新的形势要求布尔什维克制定和实施正确的方针、政策和策略。

1月23日，列宁夫妇在去图书馆的路上遇到要去找他们的卢那察尔斯基夫妇，得知了俄国国内发生的事变。于是，他们立即去勒柏辛斯基夫妇办的侨民食堂，这是日内瓦布尔什维克的集会地点，凡是得知彼得堡事件的布尔什维克都聚到这里，交换各自不同来路的关于俄国革命的消息。

1905年1月22日彼得堡冬宫前军队对和平请愿工人群众的屠杀

和大家交流过看法后，列宁以敏锐的眼光、深刻的洞察力，立即在《前进报》上出版评述"流血星期日"的专刊。在《俄国革命》《俄国革命的开始》《革命的日子》等文章中，列宁指出，革命是成功的暴动，而暴动是没有成功的革命。流血星期日事件证明，无产阶级在一天中所受到的革命教育，是他们在浑浑噩噩的、平常的、受压制的生活中几月几年都受不到的。经过几十年和几个世纪的酝酿而成熟起来的矛盾，使生活变得丰富起来，一向不露头面因而常常被肤浅的观察家所忽视甚至蔑视的群众，已登上了政治大舞台，在专制制度和人民之间是谈不上和平的。被沙皇军队屠杀的成千上万的无产者是起义者而不是暴徒。列宁还十分正确地预示，俄国工人阶级站起来开始推翻俄国沙皇制度的事业，将是世界各国历史上的一个转折点，它将促进一切民族、一切国家、地球上各个角落的全体工人的事业。另外，列宁反复阅读和研究了马克思、恩格斯关于巴黎公社革命、起义、军事等方面的著作，全面地考虑了武装起义的技术问题、组织问题，并写下了《关于公社的演讲提纲》《论巷战》等著作。

面对不断高涨的革命浪潮，需要俄国社会民主工党立即制定出正确的策

列宁《俄国革命的开始》一文在《前进报》上发表

略。为此，列宁认为，必须召开党的"三大"。1905年2月11日，列宁写信给彼得堡的布尔什维克常务局委员会波格丹诺夫和古谢夫，要求加快"三大"筹备的进程，排除一切干扰和障碍，避免拖拉作风。要求为立即同孟什维克断绝一切关系而进行公开和坚决的斗争。列宁指出，现在是战斗时期，要充满朝气地、生龙活虎地、坚决果断地从事社会民主主义革命工作，因此必须广泛大胆地把青年组织起来，不要对青年存有戒心。应到青年中去建立更多的《前进报》派小组，并鼓励他们全力工作。列宁认为，整个斗争的结局都将取决于青年，取决于青年大学生以及青年工人。因此应迅速地把一切具有革命主动性和首创精神的人团结起来、动员起来，不要怕他们没有经验和缺乏锻炼。

1905年2月25日，列宁从利亚多夫自俄国寄来的信中得悉中央委员会同意召开第三次代表大会的消息，他立即写信给常务局委员古谢夫，要求常务局不要对中央委员会作丝毫的让步，在召开代表大会问题上要保持自己完全的独立性。3月10日，列宁把多数派常务局关于召开第三次代表大会的号召书，冠以《关于

列宁传

召开第三次代表大会的通告》的标题，刊登在《前进报》上。同时，列宁还给俄国国内各组织写了一封公开信，指出代表大会要讨论的重要问题是：组织、同基层组织的关系、起义、武装工人、为起义同社会革命党人达成协议、支援革命的农民运动以及许多其他问题，其中军队工作、农民工作尤为重要。

根据俄国社会民主工党第二次代表大会通过的党章规定，党的代表大会应由党总委员会召开，但以普列汉诺夫为主席、孟什维克占多数的党总委员会屡次拒绝以列宁为首的布尔什维克关于召开第三次代表大会的合理建议。在布尔什维克发出"关于召开党的第三次代表大会的通知"后，普列汉诺夫于1905年3月21日主持召开了党总委员会会议，通过了由普列汉诺夫起草的决议，决议认为即将召开的党的第三次代表大会是非法的，命令俄国社会民主工党的各个组织要拒绝参加这个代表大会，并宣布：参加者，将被开除党籍。

1905年4月25日，列宁以俄国社会民主工党中央委员会的名义写了《给俄国社会民主工党总委员会主席普列汉诺夫同志的公开信》，信中指出，截至4月17日，赞成召开党的第三次代表大会的有21个委员会。表示赞成召开代表大会的票数已远远超过了党章所规定的票数（75票中的52票），总委员会应当立刻无条件地宣布召开代表大会，而不应当提出党章上没有规定的任何先决条件或要求。在说明尽快召开第三次代表大会的原因之后，列宁还指出，由于党总委员会主席拒绝召开总委员会会议，中央委员会声明，总委员会主席普列汉诺夫同志这种严重违反党章的行为本身，就使党总委员会丧失了履行职责的可能性，从而也就是在实际上擅自取消了党总委员会。中央委员会把它对党的忠诚置于对总委员会的普列汉诺夫、马尔托夫和阿克雪里罗得三个国外的委员的忠诚之上，它将把这次冲突交给党来裁判。

孟什维克看到已无法阻挡布尔什维克召开第三次代表大会，但又不愿意和布尔什维克一起参加代表大会，因为担心其在代表大会上人数少，于是就决定在日内瓦召开自己的代表大会。由于参加他们代表大会的代表寥寥无几，只有9个委员会的代表出席，因而不得不改名为第一次全俄党的工作者代表会议。这次会议依照机会主义精神审查了党的第二次代表大会的决议，通过了孟什维克在资产阶级民主革命中的策略路线：俄国资产阶级革命应由资产阶级领导，无产阶级不应与农民接近，而应该追随资产阶级；不应举行武装起义，而应通过国家杜马，或召开立宪会议，用和平方式改良沙皇制度；资产阶级民主革命胜利后，应让革命停顿下来，让资本主义充分发展，等待无产阶级占人口多数时再进行社会主义革命。显然这条路线是第二国际修正主义在俄国的翻版。

俄国社会民主工党布尔什维克代表大会于1905年4月25日至5月10日在伦敦举行。负责筹备工作的委员们于4月18日前从国内来到日内瓦。列宁在4月19日至24日主持召开了组织委员会会议，讨论了代表大会的工作。

4月25日，列宁持库尔斯克和敖德萨委员会有表决权的委托书，克鲁普斯卡娅作为有发言权的代表，他们和其他同志一起从日内瓦启程前往伦敦，出席党的代表大会。

列宁出席俄国社会民主工党"三大"的代表证

出席代表大会的有31个委员会的代表，有20个布尔什维克委员会的38名代表参加。它实际上是布尔什维克的第一次代表大会。中央委员会派克拉辛和柳比莫夫出席。列宁提议，由年纪最大的代表米·格·茨哈卡雅宣布大会开幕。列宁为茨哈卡雅起草了代表大会开幕词。在开幕式上，列宁被选为代表大会主席团主席，李维诺夫和波格丹诺夫被选为代表大会主席团副主席。列宁作为代表大会主席领导并主持了第三次代表大会，他在代表大会上发言近140次，参加了决议草案的起草委员会，起草代表大会讨论的几个基本问题的决议草案。

列宁在代表大会上就武装起义问题、社会民主工党参加临时革命政府问题、对农民运动的态度问题、工人和知识分子的关系问题、党章及其他一系列问题发表了演说。

代表大会批准了列宁提出的党章第一条条文，选出了以列宁为首的中央委员会，它替代了原来的3个党中央机关：中央委员会、中央机关报编辑部和党总委员会。在中央委员会第一次全会上，列宁被任命为代替《火星报》的党中央机关报《无产者报》主编和中央驻国外代表。

《俄国社会民主工党"三大"会议记录》封面

4月27日，党的第三次代表大会闭幕。会后，列宁和代表们一起到伦敦海格特公墓拜谒了马克思墓。在从伦敦返回日内瓦时，途经巴黎，列宁和部分代表一起参谒巴黎公社战士被枪杀的地方——贝尔－拉雪兹公墓"公社战士墙"。

在列宁主持下，第三次代表大会的重要文件译成德文和法文出版，以便于西欧先进工人及时正确地了解布尔什维克党的策略，同时也有力地驳斥西欧机会主义，有力驳斥了对布尔什维克怀有偏见并加以攻击的领导者。

俄国大多数党组织接受了第三次代表大会的决议，把它当作争取民主革命胜利的战斗纲领，这些决议成为党的全部实践活动的基础。

代表大会之后，列宁代表中央委员会给社会党国际执行局书记卡·胡斯曼写信，通知他，根据第三次代表大会的决定，《火星报》不再是党中央的机关报，而是在日内瓦发行的周报《无产者报》，普列汉诺夫不再是俄国党驻社会党国际执行局的代表,当中央委员会未派去专门代表期间,一切问题应向中央委员会代表联系。普列汉诺夫得知后,暴跳如雷,宣称"三大"的召开是"擅自行动",要求执行局干预俄国党内部事务。执行局听信普列汉诺夫的话,打着"调停"的旗号,组成仲裁"法院",要求布尔什维克同孟什维克"停止争论",支持孟什维克的策略。考茨基公开著文《俄国社会民主工党的分裂》,把"三大"说成是"列宁和他的朋友对普列汉诺夫和他的朋友的攻击"。列宁看后十分生气,他给《莱比锡人民报》编辑部写了一封公开的抗议信,他写道:"假如你们真正认为俄国社会民主工党是兄弟党,那就不要相信所谓的不偏不倚的德国人向你们叙述的关于我们党的分裂的任何一句话。你们唯一需要的是文件,真正的文件。同时,请不要忘记:偏见比无知离真理更远。"同时,列宁还多次写信给胡斯曼,揭露孟什维克的分裂活动,驳斥普列汉诺夫的错误言行,不同意执行局干预俄国党内的事务,拒绝了有关人士出面"调停"的行为。1905年9月之后,中央委员会决定任命列宁为俄国社会民主工党驻社会党国际执行局代表。

鉴于俄国国内革命运动的高涨和深入,越来越迫切地需要列宁的理论和思想来指导。1905年7月,中央委员会决定成立出版事务委员会,并请列宁不要把自己著作的版权卖给其他人,不要把全权交给他人,他的著作将通过出版事务委员会出版。1905年9月,中央委员会又任命列宁担任彼得堡知识出版社编委,不久又受命监管在日内瓦成立的平民出版社。

"三大"后,在俄国社会民主工党内部实际上形成了两条根本对立的策略路线,表明了布尔什维克同孟什维克对待1905年革命的截然不同的态度。为了全面地阐明布尔什维克的策略路线,彻底揭露和批判孟什维克、第二国际修正主义的策略路线,把俄国革命引向胜利,列宁撰写了著名的《社会民主党在民主革命中的两种策略》一书。在这本书中,列宁用新的革命理论丰富了马克思主义,完整地提出了一系列重大理论和策略问题,为布尔什维克党奠定了策略基础。

首先,无产阶级在民主革命中必须坚持领导权。孟什维克认为俄国革命既然是资产阶级性质的革命,那么就只能产生有利于资产阶级的结果,只有资产阶级才能充当革命的领导者,而无产阶级只能做助手,不应该也不能领导这次革命。

列宁指出，俄国革命是资产阶级性质的革命，但这次革命与西欧过去的资产阶级革命不同。它发生在帝国主义时代；这个革命不是上层的革命，而是全体工人阶级和全体农民参加的人民革命；处在军事封建帝国主义国家的资产阶级，由于它的阶级地位，必然使它在民主革命中表现不彻底。俄国资产阶级的不彻底性和反动性，决定了它不能成为民主革命的领导者。反之，深受沙皇专制统治和资产阶级剥削双重压迫的无产阶级，却力求使民主革命进行彻底。无产阶级完全能成为民主革命的领导者。因为无产阶级按其地位来说是最先进的和唯一彻底革命的阶级，它有一个阶级性十分严格的独立政党。革命的结局将取决于工人阶级是成为政治上软弱的资产阶级的助手，还是成为人民革命的领导者。可见，无产阶级在民主革命中的领导权问题，是革命成败的关键。

其次，无产阶级在民主革命中必须有巩固的工农联盟。为了把无产阶级掌握革命领导权的可能变成现实，在俄国的具体历史条件下，必须具备两个基本条件：孤立自由资产阶级，同农民结成巩固的联盟。无产阶级如果不把资产阶级击败，不揭露它对农民的欺骗，就无法把农民从它的影响下解放出来。无产阶级若不能把农民争取到自己方面来，也就不能孤立资产阶级，实现自己的领导权。因此，无产阶级领导权的中心问题，是工农联盟问题。无产阶级不仅必须领导农民，而且也完全能够领导农民。

第三，人民武装起义是争取民主革命胜利的最重要手段。列宁认为，"各国人民生活中的大问题，只有用强力才能解决。一切反动阶级通常都是自己首先使用暴力，发动内战，'把刺刀提到议事日程上来'"，既然如此，无产阶级就应当"把实行武装起义建立革命军队和革命政府的任务提到第一位，这是保证人民对沙皇制度取得完全胜利、保证争得民主共和制和真正政治自由的唯一道路"。

第四，民主革命胜利后，必须建立工农革命民主专政。革命对沙皇制度的彻底胜利，就是实现无产阶级和农民的革命民主专政。这只能是专政，因为实现无产阶级和农民所迫切需要而且绝对需要的改革，一定会引起地主、大资产者和沙皇制度方面的拼命反抗。没有专政，就不可能摧毁这种反抗，就不可能破灭他们的反革命企图。但是，这当然不是社会主义的专政，而是民主主义的专政。工农民主专政的任务是把资产阶级民主革命进行到底，为争取社会主义斗争铺平道路。所以，它是一种过渡性的政权，它依靠人民武装力量建立和巩固起来。如果没有这样坚强果敢的人民专政，无产阶级就不可能完成从资产阶级民主革命转变到社会主义革命的历史任务。

第五，民主革命必须而又可能转变为社会主义革命。孟什维克认为，资产阶级革命胜利以后，农民因获得土地而会变为资产阶级的支柱，离开革命，这样无产阶级进行社会主义革命就缺乏同盟者。只有生产力高度发展，无产阶级的人数占优势，才能进行社会主义革命。因此，在民主革命与社会主义革命之间，将要横着一个漫长的资产阶级专政时期，隔着一道"万里长城"。列宁把资产阶级民主革命和社会主义革命看成是一个链条的两个环节，是俄国革命发展的完整过程，两者之间既有区别，又有联系。区别在于：二者是相对独立的革命阶段，它们的任务、性质和动力有所不同。联系在于：二者都是无产阶级领导的革命的统一发展过程，它们不仅是互相交错的，而且又是互相促进的。资产阶级虽然没有超出资本主义经济制度范围，但是，要对整个民主革命刻上无产阶级和农民的标记。民主革命是第一步，社会主义革命是第二步。必须尽快地走过第一步，争得共和制，无情地击溃反革命，打下走第二步的基础。等待主客观条件具备之后，将立即由民主革命转变为社会主义革命。

《两种策略》一书，于1905年7月底由俄国社会民主工党中央委员会在日内瓦出版，秘密传布全俄各地。同年12月，彼得堡高等法院决定将此书销毁。但是这部名著所阐明的革命真理及其影响是销毁不了、封锁不住的。这部著作具有深远影响，它粉碎了孟什维克的小资产阶级策略方针，鼓舞了俄国工人阶级开展资产阶级民主革命的热情，指出了资产阶级民主革命必然转变为社会主义革命的光辉前景。

除撰写了《社会民主党在民主革命中的两种策略》一书外，列宁还投入了相当大的精力，主编布尔什维克中央机关报《无产者报》，修改来自国内的全部稿件，审定和编辑每一期上所刊载的文章。

在注意国外的宣传工作的同时，列宁与国内的中央委员会保持着密切联系，

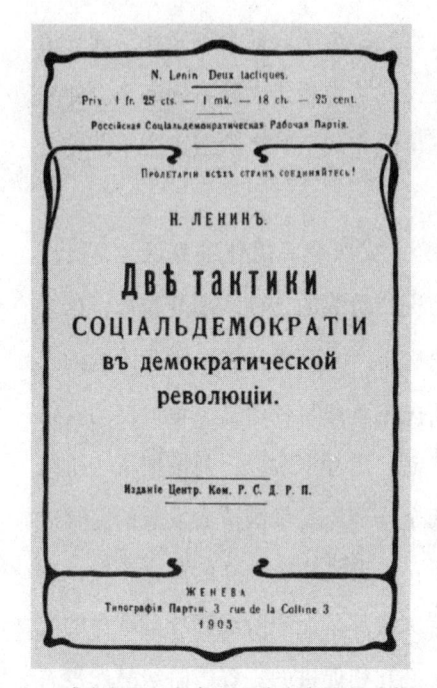

《社会民主党在民主革命中的两种策略》一书封面（1905年日内瓦版）

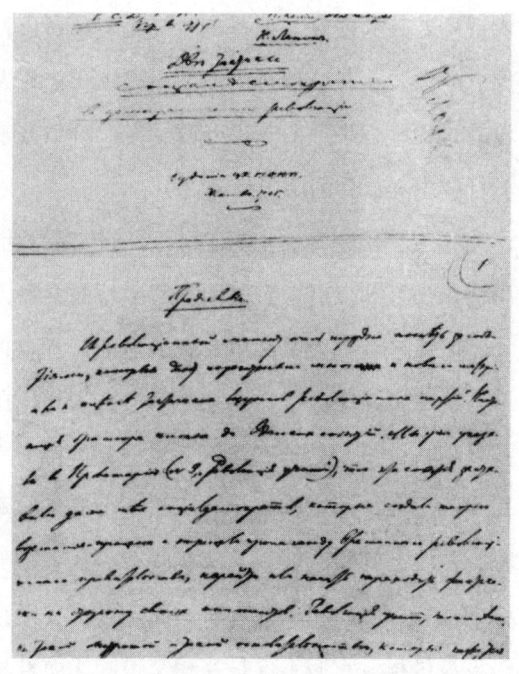

《社会民主党在民主革命中的两种策略》手稿第一页

他经常接见从俄国来的同志，了解俄国的情况，对国内的工作予以指导。他的住所成为国内同志和各地委员会求教问题、汇报工作、征询意见、解决矛盾、克服困难、商讨问题的中心。彼得堡、基辅、高加索、敖德萨等地的委员会先后通过各种方式和列宁取得了联系。

对于中央委员们以及各地布尔什维克领导人的来信，列宁都及时地给予答复。1905年6月，列宁给中央委员会写信，对中央委员会的工作组织得不好提出批评，建议加强思想领导，补充中央委员会的机构，增加中央委员会的代办员，并对有关人选提出了意见。中央委员会接到信后，逐一照办。

列宁十分关心国内的武装暴动问题。1905年6月15日，列宁得知敖德萨黑海舰队"波将金"号铁甲舰的水兵因不堪忍受压迫和虐待而杀死军官宣布起义后，立即派中央委员会代表尤任前往指导。临行前，列宁亲自交代，要争取农民的积极支持，行动要坚决、勇敢和迅速，要武装工人，夺取城市。遗憾的是，尤任到敖德萨时为时已晚。起义失败后，列宁接见了起义的主要负责人，听取了起义过程的来龙去脉,并以中央委员会的名义派他们回国,到党的地方委员会去工作。1905年8月,沙俄军队在日俄战争中失败,更加激起了全国人民的斗争积极性。10月,俄国革命发展成全俄政治总罢工,罢工从莫斯科、彼得堡开始扩展到全国所有的工业中心和城市,甚至蔓延到各边疆少数民族地区,使全国社会生活陷于瘫痪状态。在罢工中,全国普遍建立了工人代表苏维埃,有的地方还建立了士兵代表苏维埃和工农代表苏维埃。苏维埃这一群众性政治组织,成了领导罢工、准备起义的革命机关。此时列宁虽然身居国外,但他始终与国内保持密切的联系,随时向国内的党组织发出指示。10月16日,列宁写信给彼得堡委员会,批评他们行动迟缓、纸上谈兵,要求工作人员要研究军事,集中精力组织若干个战斗队,广泛地吸收青年参加战斗队。列宁亲自拟订了组织起义、建立战斗队的具体行动计划,并采取了有效办法购买各式武器,运送回国。

1905年6月14日(俄历)开抵黑海岸边敖德萨的起义装甲舰"波将金"号

列宁传

慑于国内不断加深的政治危机和此起彼伏的革命运动，10月30日，沙皇尼古拉二世颁布了诏书，允诺实行"公民自由"和成立"有立法权"的议会——杜马。孟什维克、地主、资产阶级兴高采烈，高呼"革命已经完成""民主立宪制"即将开创出"新秩序"。列宁清醒地看到了沙皇以退为进的策略。11月1日，他在《革命的第一个胜利》一文中指出：沙皇的让步确实是极其伟大的胜利，但远远不能决定整个自由事业的命运。沙皇还远远没有投降，也没有被击溃，他还在集结自己的力量，诏书只是一纸空文，是骗人的和动听的谎言。当监狱中还关满了所谓政治犯时，当反动的书报检查制度仍旧维持时，谁还只是一味相信"诺言"呢？

列宁号召建立工人民兵，利用新争得的阵地，继续猛攻，把革命扩展到农村，坚持不懈继续完成战斗任务，从而彻底地把暴君沙皇铲除，取得真正完全的胜利。不久，列宁又在《总解决的关头快到了》一文中指出，沙皇的新诏书只是表明了政府选择了新的自己认为更加合适的战斗阵地罢了，当沙皇政权还没有被摧毁时，它的一切让步都只是一种泡影、障眼法罢了。

事件的发展不出列宁所料。在新诏书颁布不久，沙皇政府就出动了大批军警并利用"俄罗斯人民同盟"等反动组织，在全国大肆逮捕和屠杀革命者，民主立宪的骗局不攻自破。在血腥镇压面前，工农群众在布尔什维克的领导下，更加坚决地走上了武装斗争、推翻沙皇专制的道路。

随着国内革命运动的深入，列宁回国的愿望和心情越来越迫切。早在1905年春天，他热望尽快有一天能够"不是从该死的日内瓦远方，而是在莫斯科和彼得堡街头数以千计的工人大会上，在俄国'农夫'的自由集会上来谈革命问题"。1905年10月26日，正值国内政治总罢工如火如荼的时候，他又在给社会民主党彼得堡地方委员会的信中表示他要回国去。他认为，"在革命运动像现在一日千里异常迅速发展的情况下，国外的宣传性书刊已经不得不局部地收摊，很快就会全部收摊，到彼得堡去开市"。他在信中写道："俄国的革命真是好极了！我们希望赶快回去，看情况很快就可以如愿以偿。"

临行前，列宁给普列汉诺夫去了一封信，希望两个人会晤一下，一道回国去办《新生活报》，因为"革命本身以惊人的速度扫除我们在策略上的意见分歧……这一切将造成一个新的基础，在这个基础上最容易忘掉旧事，并在生气勃勃的工作中协调起来"。在《新生活报》工作中，将"不计较过去的细枝末节，只是坚毅地领导目前战场上的工人阶级"。但普列汉诺夫没有回心转意，他明显地怀有敌意和念念不忘旧怨，甚至在《社会民主党人日记》第二期中，"像一个马车夫那样骂街"。

11月中旬，列宁自日内瓦起程，途经斯德哥尔摩，11月21日回到彼得堡。

从国外回国后的当天，列宁在姐姐弗·叶·伊万诺娃家停留了几小时，会见了中央委员克拉辛等人。当天，列宁来到"流血星期日"殉难者墓地，悼念在同沙皇斗争中牺牲的工人和群众。另外，他还到布尔什维克中央委员会的秘密接头地点——牙科医生尤·伊·拉甫连齐的家中，会见了安·瓦·舍尔古诺夫和利亚多夫，并邀请他们出席《新生活报》编辑部扩大会议。列宁出席了彼得堡委员会的会议，就党对工人代表苏维埃的态度提出了一些指导性意见，指出党应该领导苏维埃，但不能代替苏维埃，在苏维埃中党要保持自己的独立性，希望广大干部党员把工作真正组织起来，克服经验上的不足，避免在会议堆中乱忙一气。另外，列宁还不厌其烦地特别询问了彼得堡地方委员会的工作、工人们的要求、孟什维克和社会革命党人的活动状况、工人武装及训练战斗队的进展，等等，尤其对武装起义的组织工作，连一些细节也不放过，如党的彼得堡委员会的成员会不会用枪、有过训练没有，以及武装的配备、炸弹如何制造、军火库的位置等。他一边问，一边作出指示。会后，列宁住在中央委员、作家鲁勉采夫的家中。他在这儿住了两个星期。

办报是列宁的拿手好戏。回国的第二天，即11月22日，列宁主持《新生活报》编辑部布尔什维克编辑人员和党的积极分子会议，会上确定了编辑部的成员，明确了办报纸的宗旨和要求。在编辑部，列宁会见了作家高尔基。高尔基曾积极地参加报纸工作，并给予报纸很大的物质支持。

列宁实际上是《新生活报》的主编，从长篇理论文章到短评，列宁都要过目。每号报纸上所要载的文章都要拿到编辑部会议上念一遍，由大家集体决定。

列宁传

《新生活报》创刊号

列宁的文章也不例外。一些社论和评论，经常是以一篇为基础，列宁和大家集思广益、集体修改定稿的。像旧《火星报》《前进报》《无产者报》一样，《新生活报》在列宁的领导下，对布尔什维克、对党、对革命的指导产生了巨大的作用，每期的发行量达到8万份。

列宁在《新生活报》发表文章14篇。在这些文章中，列宁提出了若干重要思想。在《党的组织和党的出版物》（1905年11月26日）一文中，列宁指出，在"这个该诅咒的时代"，就会出现"伊索式的笔调，写作上的屈从，

列宁　玛·费·安德列耶娃　瓦·瓦·沃罗夫斯基　阿·马·高尔基
阿·瓦·卢那察尔斯基　米·斯·奥里明斯基　伊·伊·斯克沃尔佐夫-斯捷潘诺夫

《新生活报》的出版者和主要撰稿人

奴隶的语言，思想上的农奴制"，以及"思想畏缩""出于无奈而吞吞吐吐"的状况。随着"沙皇制度已经没有力量战胜革命"，应该明确党的出版物的原则，对于社会主义无产阶级来讲，"写作事业不能是个人或集团的赚钱工具，而且根本

不能是与无产阶级总的事业无关的个人事业","无可争论,写作事业最不能机械划一,强求一律,少数服从多数。无可争论,在这个事业中,绝对必须保证有个人创造性和个人爱好的广阔天地,有思想和幻想、形式和内容的广阔天地",但是绝对的自由是没有的,"党的出版物和它应受党的监督",不应该"随心所欲地叫喊、扯谎和写作",党"也有自由赶走利用党的招牌来鼓吹反党观点的人"。[①]

《军队和革命》一文提出了全民武装的思想。针对有人散布"非党性"保持政治上中立的观点,列宁在《社会主义政党和非党的革命性》一文中指出,在以阶级划分为基础的社会中,敌对阶级之间的斗争在一定的发展阶段上势必变成政治斗争。各阶级政治斗争的最完整、最完全和最明显的表现就是各政党的斗争。非党性就是对各政党漠不关心。但是这种漠不关心并不等于保持中立,也不等于拒绝斗争,因为在阶级斗争中不可能有中立者,在资本主义社会中不可能"拒绝"参加产品或劳动力交换。而交换必然产生经济斗争,随之而来的就是政治斗争。因此,对斗争漠不关心,实际上不是回避斗争、拒绝斗争或者保持政治中立,漠不关心是默默地支持统治者。"饱食者对一小块面包是'冷淡'和'漠不关心'的,饥饿者在一小块面包问题上永远是'有党性的',对一小块面包'冷漠和漠不关心',并不是说这个人不需要面包,而是说这个人从不愁面包,从未缺少面包,是说他牢牢地依附于饱食者的'政党'。在资产阶级社会中,非党性无非是对饱食者政党、统治者政党、剥削者政党采取的态度的一种虚伪、隐蔽和消极的表现。"[②]

在《社会主义和宗教》一文中,列宁指出了宗教产生的根源、实质及危害,提出了对待宗教的科学态度。他认为,在资本占统治地位的情况下,任何自由都不会使工人真正摆脱贫困、失业和压迫。宗教是一生为他人干活而又深受穷困和孤独之苦的人民群众所普遍遭受的种种精神压迫之一。正如野蛮人没有力量同大自然搏斗而产生对上帝、魔鬼、奇迹等的信仰一样,必然会产生对死后的幸福生活的憧憬。"对于辛劳一生贫困一生的人,宗教教导他们在人间要顺从和忍耐,劝他们把希望寄托在天国的恩赐上。对于依靠他人劳动而过活的人,宗教教导他

---

① 《列宁全集》中文第2版第12卷,第92—95页。

② 同上,第127—128页。

们要在人间行善,廉价地为他们的整个剥削生活辩护,向他们廉价出售进入天国享福的门票。宗教是人民的鸦片。宗教是一种精神上的劣质酒,资本的奴隶饮了这种酒就毁坏了自己做人的形象,不再要求多少过一点人样的生活。""就国家而言,我们要求宗教是私人的事情,但是,就我们自己的党而言,我们无论如何也不能认为宗教是私人的事情。"教会应与国家分离,俄国党建立在科学的而且是唯物主义的世界观之上,应当用科学"来驱散宗教的迷雾,把工人团结起来为美好的人间生活作真正的斗争,从而使他们摆脱对死后生活的迷信"[①]。

《新生活报》编辑部位于涅瓦大街上,这里不仅是编辑部的办公地点,也是党的秘密接头、开会和会面的地点。在这里,列宁经常会见来访的同志和战友。11月中旬,列宁会见了党的莫斯科委员会书记兼中央委员会常驻莫斯科组织代表维·列·尚采尔(马拉特)和莫斯科苏维埃委员利亚多夫。结合自己写的文章《无产阶级和农民》,列宁谈了党的土地纲领问题,并详细询问了莫斯科党组织的情况。

11月26日,列宁参加了彼得堡工人代表苏维埃执行委员会召开的会议,主要讨论了如何同资本家同盟歇业作斗争的问题。列宁在发言中揭露了沙皇政府用同盟歇业的办法对付革命的阴谋,他们想压迫工人屈服,或者挑起公开冲突,以武力镇压工人。列宁提醒工人们,既不要怕威胁,也不要在不利条件下仓促应战。应该提出开工的条件,如果遭到拒绝,就应团结一致,把各个地区工人、农民、士兵发动起来,举行总罢工,等到时机成熟时举行武装起义。会议一致通过了列宁起草的关于同盟歇业问题的决议案。

11月27日,列宁主持中央委员会会议,讨论了武装起义的有关问题。11月29日,列宁在彼得堡党的工作者会议上作了题为"批判社会革命党土地纲领"的报告。这是列宁第一次公开为俄国国内听众作报告。列宁的讲话不时为雷鸣般的掌声打断。警察闻讯后立即干预,报告被迫中断。在群众的掩护下,列宁安全离开会场。

[①]《列宁全集》中文第2版第12卷,第131—133页。

12月1日，克鲁普斯卡娅来到彼得堡后，想和列宁住在希腊大街一个熟人那里。因为克鲁普斯卡娅的护照有点小问题，引起了警察的怀疑。刚刚登记完毕，就有一群暗探闻风而至，对房子进行暗中监视。主人十分害怕，担心列宁被捕，整夜没有睡觉，口袋里插着手枪走来走去，以防不测。

为保密和安全起见，列宁和克鲁普斯卡娅分开居住。尽管列宁随时注意更换身份证和住所，但仍避免不了暗探的盯梢和监视，险情不断。在回到彼得堡不到一个月的时间内，列宁先后变换了8次住址。

12月16日，《新生活报》被沙皇政府查封。就在查封该报时，克鲁普斯卡娅正好来到编辑部门口，一位"卖报人"立即通知她"正在搜查编辑部"，克鲁普斯卡娅迅速离开了现场。同日，以托洛茨基为主席的彼得堡苏维埃执行委员会正在开会时，会议厅的所有通道都被警察封锁了，与会代表被捕。晚上听到这些消息后，列宁十分震惊，感到忧心忡忡，立即参加了俄国社会民主工党中央委员会、党的彼得堡委员会和彼得堡工人代表苏维埃执行委员会召开的联席会议，讨论了《新生活报》被查封后的对策问题。

《新生活报》从11月9日创刊到12月16日被查封，只存在了一个多月，12月16日"非法"地出版了一号。之后，列宁又主持创办了《浪潮报》（1906年5月9日—6月6日）、《前进报》（1906年6月8—27日）、《回声报》（1906年7月5—20日）。列宁在这几份报纸上大约发表了60篇文章，及时而正确地指导了革命运动。

12月19日晚，莫斯科工人代表苏维埃根据莫斯科布尔什维克委员的建议，发出了举行总罢工并转变为武装起义的号召。20日中午，莫斯科所有的工厂都发出了罢工的汽笛声，全部工人停止了工作。21日，18万工人在莫斯科的街道和广场上举行集会，并和军警发生了冲突，有的工人开始武装起来，并建立了战斗队。22日，武装起义正式开始，近8000名武装工人同数倍于自己的军队展开了巷战和游击战。同日，列宁主持中央委员会、工人战斗队领导人和统一军事组织领导人联席会议，讨论支援莫斯科起义的具体行动。会议决定，要采取一切措施，包括破坏道路、阻止军用列车、夺取军火库、武装工人等，阻止政府从彼得堡调军队到莫斯科去。

按照党章规定，代表大会应该每隔一年召开一次，即在1906年5月召开"四大"，由于爆发了武装起义，据列宁提议，俄国社会民主工党（布尔什维克）第一次代表会议在芬兰的塔墨尔福斯召开。1905年12月12日至17日，26个布尔什维克组织的代表参加了会议。列宁当选为会议主席，领导会议工作。会议最初由各地方组织作报告。列宁作了目前形势和土地问题的报告。会议通过了列宁提出的关于土地问题、关于党的改组问题的决议。列宁和鲁勉采夫提出关于尽快召开统一的代表大会的决议草案，主张恢复党的统一。会议还讨论了国家杜马的问题。在这次会上，列宁会见了高加索代表约·维·斯大林。

由于莫斯科和其他城市的武装起义进入了最紧张的时刻，列宁提议会议马上闭会，代表们在学习了射击后，分赴各地亲自参加战斗。12月30日，列宁返回彼得堡，指导莫斯科的武装起义。

在莫斯科起义最为紧张的时刻，即12月24日，沙皇颁布召开第一届国家杜马的命令，强调这是"立法"的杜马，以区别于以前的"咨议性"杜马。命令规定选民按财产和阶级划分为地主、资产阶级、农民和工人四个选举团，地主在2000个选民中可以产生1个候选人，而工人则是9万个选民中选1个候选人。这样就有包括妇女和200万工人在内的半数以上居民被剥夺了选举权，实际上保证了地主、资产阶级在杜马中占优势地位。同时还规定，沙皇有权修改宪法，有权不经过杜马颁布重要法令，杜马通过的法令经过沙皇的批准方才生效。列宁及时指出成立杜马的实质，指出新一届杜马不过是一个摆设和专制制度的遮羞布，目的在于搞民主骗局和欺骗群众，因此坚决主张抵制杜马。布尔什维克响应列宁的号召，宣布不参加杜马选举。与布尔什维克相反，孟什维克、社会革命党人、立宪民主党人却对新一届杜马法令持欢迎态度，并在群众中进行欺骗性宣传。

在起义的关键时刻，布尔什维克莫斯科委员会遭到破坏，起义的组织者和领导人被逮捕，使起义失去领导核心，整个莫斯科起义变成各区单独的起义；同时由于彼得堡苏维埃被孟什维克所把持，他们抵制武装起义，使莫斯科起义处于孤立无援的地位；加上彼得堡到莫斯科的铁路仍控制在沙皇政府手中，使沙皇政府能够从彼得堡调来大批军队镇压莫斯科的起义。由于以上这些，导致了起义的失败。为了保存革命力量，布尔什维克莫斯科委员会和莫斯科苏维埃决定从12月19日起停止武装斗争，起义的大部分战斗队员安全地撤离了莫斯科。与此同时，在其他地区所爆发的武装起义，都先后被沙皇军队镇压下去。经过9天的英勇斗争后，莫斯科武装起义终于失败了。

莫斯科的十二月武装起义是俄国1905年革命高潮的顶点。起义失败后，革命转入低潮。1905年革命虽然失败了，但它沉重地打击了沙皇专制制度，锻炼和教育了俄国的劳动人民，使布尔什维克在斗争中取得了丰富经验，这就为取得十月社会主义革命胜利创造了必要的条件。如列宁所说："没有1905年的'总演习'，就不可能有1917年十月革命的胜利……沙皇君主制度已经被打开了一个缺口，这个缺口慢慢地但是不断地扩大，削弱了中世纪的旧制度"。

1905年十二月武装起义失败后，普列汉诺夫在《社会民主党人的同志》第4号上发表《再论我们的处境》一文，认为起义失败是在意料之中，工人本来就用不着拿起武器，进而否定1905年革命。对此，列宁在《莫斯科起义的教训》（1906年9月）、《游击战争》（1906年10月）等文章和报告中作了反驳，系统地总结了1905年革命失败的教训。主要教训是：领导走在运动的后面，实践走在理论的前面；勇敢的进攻未能与军队的合作结合起来；不善于运用新战术；力量分散，未能发动起人民武装斗争。

列宁撰写的《莫斯科起义的教训》

莫斯科十二月起义的经验教训是用极大的牺牲代价换来的，列宁对它进行了全面的总结，使其成为指导今后的革命武装斗争的珍贵经验。

在白色恐怖中

十二月武装起义失败后,1905年革命逐渐陷入低潮,沙皇政府立即"秋后算账",大肆镇压革命者。他们派遣"讨伐军"到全国各地,建立了战地军事法庭。仅在战地军事法庭成立的一个月内,就有390人被处以死刑。在1906年下半年之内,未经任何审讯而受到逮捕、流放或监禁的达7万多人。列宁自然成为沙皇政府缉拿的头号"罪犯"。

1906年1月18日,沙皇政府总理谢·尤·维特授意警察机关逮捕列宁,彼得堡警备处开始侦察列宁的住址。20日,警察司向彼得堡法院检察长发送建议逮捕并监禁列宁的公函。

在这种形势下,列宁秘密地从彼得堡去了莫斯科。他在莫斯科了解十二月武装起义后的形势,参观考察了进行街垒战的地方,会见参加武装斗争的莫斯科工人,向他们详细地了解起义斗争的具体情况。列宁还参加了党的莫斯科委员会著作家讲演人小组会议,对莫斯科十二月起义作了总结。

2月初,列宁由莫斯科返回彼得堡。途中,列宁戴着一副眼镜,扮成阔佬,在一列特快列车启动前一分钟才甩掉"尾巴"。一下火车,他就发现自己的住所又处在警察和暗探的监视之下,必须赶快离开。列宁将计就计,和克鲁普斯卡娅若无其事地手挽手,大摇大摆地走到街上,朝目的地相反的方向走去,然后换乘了三辆马车,穿过了几座可以通行的大院落,方才摆脱了危险。暗探们失去目标后,又回到了列宁原来的住所,企图"守株待兔",但列宁一直未回去。过了两个星期,列宁派人把房子里的东西取了回来。

2月末的一天,列宁在大莫斯科街6号律师助理切凯鲁尔-库什的寓所召开的党的工作者会议上作关于农村工作的报告,会后,列宁发现暗探在严密地监视他，而且盯得很紧，他决定不回家去，在同志们的帮助下，他去了芬兰的库奥卡拉。当晚，克鲁普斯卡娅靠窗坐等到天明，也未见到列宁回来，以为列宁被捕了，闹了一场虚惊。在那里，列宁一直住到4月初。

从1905年革命失败的惨痛教训中，广大工人群众认识到了俄国社会民主工党一党两派、互相争吵所造成的严重后果，对孟什维克的机会主义策略深为不满，他们强烈要求把党的力量统一起来，共同反对沙皇专制制度。在工人群众的强大压力下，孟什维克不得不同意布尔什维克早在1905年12月提出的召开党的统一代表大会的要求。但双方对合并统一的看法相距甚远。

经过努力，1906年4月23日至5月8日，俄国社会民主工党第四次（统一）代表大会于瑞典的斯德哥尔摩召开。出席这次大会的有112名具有表决权的代表，代表着57个地方党组织。另有22名只有发言权的代表。各民族的社会民主党的代表也出席了会议。

俄国社会民主工党第四次（统一）代表大会会址的会议大厅

大会讨论的问题主要有两项：一是如何统一党的组织，二是在当前的革命形势下，无产阶级政党应坚持什么样的革命策略。围绕这两个问题，布尔什维克同孟什维克展开了激烈的斗争，由于布尔什维克组织在十二月武装起义时和失败后遭到破坏，孟什维克在1905年把大量的小资产阶级知识分子拉入党内，所以在这次大会的代表中，孟什维克有62名，布尔什维克只有46名，孟什维克在人数上占据了多数，还有一部分代表态度暧昧。因此，大会在许多重要问题上通过的决议带有明显的不彻底性。

列宁作为彼得堡党组织的代表出席了大会，并被选入大会主席团，他多次主持了会议，参加了大会主席团的各次会议。列宁先后作了关于土地问题、关于目前形势和无产阶级的任务问题、关于对待国家杜马的态度问题的报告，对武装起义和其他问题作了发言。代表大会通过了新党章——《组织章程》，党章采纳了列宁提出的关于入党条件的一条条文，并写明："党的一切组织是按民主集中制原则建立起来的。"

在选举党的中央机关前夕，列宁和所有出席会议的布尔什维克都十分关注选举结果。当时，列宁与会议代表卢那察尔斯基谈论了中央机关的选举结果问题。列宁微笑着对卢那察尔斯基说："如果我们在中央或中央机关报拥有多数的话，我们将要求有最牢固的纪律。我们将坚决要求孟什维克一切服从党的统一。如果他们的小资产阶级本质使他们不能跟我们一起前进，那就更糟了。党的统一是付出了高昂的代价才取得的，让他们去承担破坏这个统一的罪名吧。当然，在这种情况下他们从这个'统一的'党里所能带去的工人要比他们带到这个党里来的工人少得多。"卢那察尔斯基问列宁："如果我们最后还是处于少数，那该怎么办呢？我们是否准备统一呢？"面对这个非常严峻的问题，列宁没有丝毫的慌乱，他的脸上略带着几分神秘的微笑，说："这要看情况再定。但无论如何我们是不会为了统一而让人束缚我们的手脚，也绝对不会让孟什维克用锁链牵着我们走的。"果然不出人们所料，代表大会通过了孟什维克提出的由党代表大会分别选举产生党中央委员会和中央机关报编辑部的建议。结果被选入中央委员会的有7名孟什维克和3名布尔什维克，被选入党中央机关报《社会民主党人报》任编委的则全是孟什维克分子。

"四大"闭幕之后，列宁于5月8—9日撰写了《前"布尔什维克"派出席统一代表大会的代表告全党书》，26个党组织的布尔什维克代表在告全党书上签了字。此文件表达了布尔什维克对党的"四大"的态度。《告全党书》指出："我们认为代表大会的这些决议是错误的，我们应当而且一定要在思想上同这些决议作斗争。同时，我们向全党声明：我们反对任何分裂行为。我们主张服从代表大会的决议。"

斯德哥尔摩代表大会之后，列宁和克鲁普斯卡娅秘密地回到彼得堡居住，在这儿一直住到8月底。为避免沙皇保安机关的追踪，列宁经常更换住所。

为平息人民的革命情绪，维护自己的统治地位，在俄国社会民主工党"四大"闭幕不久，沙皇政府就于1906年5月10日召开了第一届国家杜马。列宁认为，在革命走向低潮时，布尔什维克应当利用国家杜马讲坛揭露沙皇专制制度，团结和教育人民群众。

5月22日，在帕宁娜民众文化馆召开了讨论第一届国家杜马活动的3000余人参加的群众大会，参加者大多数是彼得堡工人群众。大会受到了警方的秘密监视。立宪民主党人沃多沃佐夫和奥戈罗德尼科夫先发言，为他们背着人民同沙皇政府暗中勾结的行为辩解。接下来会议主席请化名为卡尔波夫的列宁发言。刚刚走上讲台，许多人就认出了列宁，大家情绪一下子高涨起来，暴风雨般的掌声缓和了会场的紧张气氛。针对奥戈罗德尼科夫只承认立宪民主党人同沙皇谈判而不承认同沙皇勾结的说法，列宁直截了当地反问道："按照奥戈罗德尼科夫的说法，没有什么勾结，只是谈判。但什么是谈判呢？谈判就是勾结的准备。而什么是勾结呢？勾结则是谈判的实际结果。"列宁用有力的手势和犀利无比的语言揭露了立宪民主党同沙皇专制制度幕后进行谈判的政策，斥责了沙皇政府血腥镇压革命者的罪行，号召工人坚持斗争，取得最后胜利。最后，大会通过了列宁提出的决议。

散会时，工人们把身上的红色衬衣扯下，制成一面面鲜艳的红旗，高唱着革命歌曲走上了街头。克鲁普斯卡娅也参加了这次会议，她也为列宁精彩的演说所折服，感到无比兴奋激动。但散会后，她极力劝阻列宁不要再在公开场合发表演说，列宁回答说，这正是需要向广大群众宣传马克思主义理论和布尔什维主义的时候，就是冒一点风险也是值得的。

5月至7月，列宁分别向莫斯科区、圣加利分区、纳尔瓦区、圣哈耳斯克分区的社会民主党组织和工人，波罗的海造船厂和机械厂的社会民主党组织，全俄

列宁传

国民教师大会，俄国社会民主工党彼得堡组织的工作人员，作了报告，报告的内容是关于党的"四大"、第一届国家杜马和土地问题的。7月初，列宁在彼得堡帕沙尔卷烟厂女工集会上发表演说，支持工人的倡议，发动罢工，抗议厂方拒绝满足她们的经济要求。

1906年7月22日，沙皇政府在看到受布尔什维克影响的劳动派提出制定没收地主土地和一切土地国有化的法令并导致农民运动迅猛发展后，便下令解散了第一届国家杜马。7月23日早晨，列宁在彼得堡郊区姐姐家中得到消息后，立即离开萨布林诺，和同志们讨论新形势，制定布尔什维克的新杜马策略。

7月23日，列宁来到芬兰的库奥卡拉，在彼得堡党的工作者会议上，发表了第一届国家杜马解散后党的任务问题的演说。他批判了孟什维克中央委员会制订的号召进行总罢工及反对解散杜马的计划，指出应当利用解散杜马作为导火线，进行集中宣传，号召全民同时起义。同一天，他在教育博物馆召开的彼得堡布尔什维克组织积极分子大会上作关于当前局势的报告。7月29日，列宁得知斯维亚堡士兵和水兵可能立即发动自发革命的消息后，起草决议草案，提交党的彼得堡委员会执行委员会通过，执行委员会在当天就通过了这个决议，并派代表团到斯维亚堡了解情况并推迟发动起义的日期，责成代表团在不可能制止发起行动的情况下，参加起义的领导工作。列宁要求彼得堡各区党组织必须在秘密处所不间断指派值班人员，以便听到彼得堡委员会的号召后，动员工人在任何指定的时间掀起罢工。8月2日，彼得堡委员会根据列宁的提议作出决定，举行政治总罢工，支援斯维亚堡和喀琅施塔得的起义。他还在彼得堡帕沙尔卷烟厂女工大会上发表演说，支持工人发动罢工，以抗议厂方拒绝满足她们的经济要求。8月2日至10日，列宁参加彼得堡党的布尔什维克领导者会议，会上讨论了党的策略问题。他还在7月间写了《杜马的解散和无产阶级的任务》，这本小册子由"新波涛"出版社出版，在莫斯科发行。波兰和立陶宛社会民主党驻俄国社会民主工党中央委员会代表费·埃·捷尔任斯基将列宁的300本《杜马的解散和无产阶级的任务》运往波兰散发。

9月2日，彼得堡的形势吃紧，列宁不得不移居到离彼得堡一小时路程的芬兰的库奥卡拉，住在距库奥卡拉车站不远的布尔什维克加·达·莱特伊仁的住宅

"瓦萨"别墅里。"瓦萨"别墅宽敞而不舒适,它起初是社会革命党人制造炸弹的地方,后来加·达·莱特伊仁带着家眷住进来。莱特伊仁在别墅边上给列宁腾出一间房子。不久,克鲁普斯卡娅从俄国来到这里,莱特伊仁就从别墅里搬走了,列宁夫妇占用了别墅楼下的全部房间。接着克鲁普斯卡娅的母亲也来了,列宁的妹妹玛丽亚·伊里尼奇娜也在那里住了一些日子。别墅的楼上住着波格丹诺夫夫妇。

列宁1906年夏至1907年冬先后住过的库奥卡拉的"瓦萨"别墅

列宁1907年11月在赫尔辛福斯附近奥格里比雅住过的地方

当时，俄国警察不能越过边境到芬兰去，因此，列宁住在"瓦萨"别墅十分自由和安全。列宁在这里住了一年多，直到1907年12月30日去了斯德哥尔摩。在这段时间，列宁也十分忙碌，以各种直接或间接的方式领导了布尔什维克和俄国国内的革命运动。概括地讲，主要有以下活动：

一是经常会见中央委员会、彼得堡委员会和地方组织的同志，同他们讨论党的工作，并作出指示。许多党内的负责同志和一些工作人员都十分熟悉列宁的住所，他们来到库奥卡拉，无论是白天还是黑夜，不用问路，就能顺利地来到列宁的住处。夜里主人在饭厅里摆上一壶牛奶和一些面包，在沙发上铺上被褥，以便有人坐夜车来了，谁也不用惊动，吃点东西就可以躺下睡觉。早晨，列宁常常在饭厅里接待夜里来的同志。列宁在那里领导着布尔什维克的工作。1906年9月2日，列宁在库奥卡拉"瓦萨"别墅同莫斯科委员会派来的代表玛·莫·埃森谈话，就党的策略问题作出了指示。9月上旬，列宁会见了罗萨·卢森堡，同她讨论俄国和国际工人运动的前途问题。夏天，列宁会见了费·埃·捷尔任斯基、弗·德·邦契－布鲁也维奇等人，同邦契－布鲁也维奇讨论了是否可以出版《列宁选集》的建议，以及关于彼得堡工艺学院学生被捕的问题。11月下旬，列宁会见了叶·米·雅罗斯拉夫斯基和伊·克·拉拉扬茨，他们参加了将在塔墨尔福斯召开的俄国社会民主工党布尔什维克军事和战斗组织第一次代表会议的筹备工作，列宁指示他们：在采取任何比较重大的措施时都必须让布尔什维克中央知道。

二是领导布尔什维克的杜马党团和俄国工人运动的工作。1906年夏天，列宁委托布尔什维克费·安·谢尔盖耶夫前往乌拉尔，向乌拉尔各党组织介绍在第二届国家杜马选举中布尔什维克的策略。10月13日，阅读劳动派成员向国家杜马提出的土地改革法案。1906年9月至1907年3月14日，列宁阅读了尼·安·鲍罗廷的小册子《从数字看国家杜马》，并在《立宪民主党和劳动派》一文中引用了这本小册子中的材料。1906年11月23日，列宁读马尔托夫的《关于准备选举运动问题》一信，并作批注，在《〈社会民主党和选举运动〉一文附言》中引用了马尔托夫的信。1906年11月28日至1907年1月28日之间，列宁以《在西方和我国的选举协议》为题，向彼得堡涅瓦区谢米扬尼科夫分区的工人作演讲。

1906年12月5日，列宁委派马·尼·利亚多夫去乌拉尔，领导布尔什维克参加第二届国家杜马选举运动的工作。1907年1月31日，列宁写《彼得堡社会民主党的选举运动》一文。2月22日，列宁写《彼得堡选举的总结》一文。3月2日，同法国《人道报》的阿韦纳尔谈话，阐述俄国社会民主工党在选举运动时期的策略。3月5日，列宁写《第二届国家杜马的开幕》一文，发表在《新光线报》第1号上。3月12日，列宁写《杜马即将解散和策略问题》。3月17日，列宁在彼得堡组织代表会议上作关于杜马运动和杜马策略的报告。5月30日，列宁修改布尔什维克关于国家杜马的决议草案初稿，并参加国家杜马问题决议起草委员会的工作。

三是参加和主持党的一系列会议，筹备并领导了党的"五大"工作。1906年9月9日，在列宁主持下，俄国社会民主工党彼得堡委员会召开党的会议，尖锐批判了孟什维克"工人代表大会"的口号，主张召开党的"五大"。11月16日至20日，列宁主持了在塔墨尔福斯举行的俄国社会民主工党第二次代表会议（第一次全国代表会议），就国家杜马、地方党组织建设等问题发言。12月5日，列宁委派马·尼·利亚多夫组织党的"五大"代表的选举工作。1907年1月至2月，列宁同绍罗夫就筹备即将召开的"五大"问题和武装起义问题交谈。2月28日至3月3日，列宁拟订《提交俄国社会民主工党第五次代表大会的决议草案》。2月至3月，列宁出席彼得堡委员会召集的布尔什维克宣传员会议，并听取他们的工作汇报。4月7日，列宁主持俄国社会民主工党彼得堡代表会议，就彼得堡委员会的改组和组织问题发言。3月，列宁在布尔什维克关于"五大"选举问题会议上作报告。4月底，列宁为出席俄国社会民主工党第五次代表大会启程前往哥本哈根，在这里，他召集了出席代表大会中的布尔什维克代表开会，并在会上就战斗队问题发表了讲话。会议进行期间，丹麦警察突然要求代表们在12小时之内离境。于是，党的"五大"被迫改到伦敦召开。在伦敦，列宁再次见到了高尔基，两个老朋友紧紧地拥抱握手。列宁亲切地看着高尔基，诙谐地说："您来了，真是太好啦！您不是喜欢打架吗？我们在这里将要大干一场。"代表们住的旅馆的房间既简陋又潮湿。列宁知道高尔基正患肺病，为高尔基的房间不够干燥而深感不安。列宁在高尔基房间里一会儿摸摸被褥，一会儿看看壁炉，忙活了半天方才离开。会议间隙，列宁和高尔基做了一次深谈，认为高尔基的小说《母亲》对革命青年和工人"是一本非常及时的书"，同时也坦率地指出了小说的不足。对此，高尔基深表赞同和感谢。1907年5月13日至6月1日，俄国社会民主工党第五次代表大会在英国伦敦召开。共有336名有表决权和发言权的代表出席了会议，代表着全国的15万党员。布尔什维克在大会上占据了稳定的多数，布尔什维克同孟什维克就一些主要问题展开了激烈的斗争，并取得了重大的胜利。在几个最重要的原则性问题上，如关于对资产阶级政党的态度问题和工会问题、关于所谓"工人代表会"问题等，都通过了布尔什维克提出的决议议案。最后，代表大会选举产生了中央委员会。代表大会结束后，布尔什维克代表又召开了会议，选举产生了以列宁为首的布尔什维克中央委员会，布尔什维克取得了重大的胜利，列宁在党内的威信也空前地提高了。

俄国社会民主工党第五次代表大会的会址：伦敦兄弟会教堂

四是在党的"法庭"上取得胜利。1907年1月19日，根据列宁的建议，党的彼得堡组织召开了代表会议，目的是解决关于杜马运动的策略问题。共有70名代表出席了会议，其中布尔什维克39人，孟什维克31人。列宁被选入主席团。孟什维克在确认会议一定会否定同立宪民主党建立联盟的策略后，便退出了

伦敦的英国博物馆阅览大厅，俄国社会民主工党第五次代表大会后列宁曾在此校订自己在代表大会上的发言速记稿

代表会议。孟什维克代表退出代表会议后，单独召开了会议，选举了自己的执行机关，在孟什维克中央委员会参加下散发了传单——《为什么我们要退出代表会议（出席代表会议的31个代表致中央委员会的声明）》。他们进行了单独的杜马运动，同民粹派政党成立协议，同立宪民主党谈判以便订立协议。列宁针对这件事写了《31个孟什维克的抗议》《彼得堡的选举和31个孟什维克的伪善行为》，批判了31个孟什维克歪曲事实、编造退出代表会议的"理由"以便欺骗读者的行为，揭露这些人退出代表会议之后参加小资产阶级联盟并且同立宪民主党人做买卖的勾当。1月下旬，孟什维克占多数的中央委员会设立了一个党的法庭，策划对列宁进行审查。孟什维克中央委员会向列宁提出控诉，力图破坏布尔什维克的威信，把列宁开除出党。对于孟什维克这种"欲加之罪，何患无辞"的行为，彼得堡党组织于2月下半月召开了由234名布尔什维克参加的会议，一致支持列宁，并认为彼得堡组织出现的分裂应归咎于孟什维克，要求彼得堡党代表会议对孟什维克中央委员唐恩和31个孟什维克提出反控诉。接着，彼得堡党组织举行了第三次代表会议，批准234名布尔什维克的提议，并且通过决议，从根本上支

持列宁在小册子《彼得堡的选举和31个孟什维克的伪善行为》中提出的对唐恩和31个孟什维克的指责。代表会议委派审判员担任代表出席法庭。彼得堡市许多布尔什维克分区会议和工厂会议都发表声明，支持列宁。31个孟什维克向彼得堡委员会发出声明，说他们在对列宁同志进行审查之前，不能参加彼得堡委员会的会议，因为彼得堡委员会宣布拥护列宁。作为对声明的回答，彼得堡委员会通过决议，提请中央委员会注意孟什维克所进行的破坏活动，中央委员会必须阻止这种破坏活动。如果中央委员会不采取措施，这将意味着它准许分裂。4月10日左右，列宁在党的法庭上宣读辩护词，揭露孟什维克的分裂活动，并对唐恩和31个孟什维克提出反控诉。由于法庭是孟什维克中央委员会设立的机构，它认为自己无权对唐恩和31个孟什维克起诉，因此要中央委员会规定它在反控诉问题上的职权范围。为此，中央委员会专门召开了一次会议，并确定这个法庭是专为审理列宁的案件而设立的，至于是否再把他人提交法庭，这完全要由中央委员会决定。这样一来，孟什维克中央委员会既是一个控诉机关，又是一个决定法庭成员和法庭职权的机关。这种做法显然是不合理的，也不利于树立党的威信。法庭一共开庭两次，没有什么结果。后因5月份党的第五次代表大会的召开而暂停开庭，于是列宁向党的第五次代表大会提出请求：直接由代表大会授予法庭以全部审判权，使法庭不受与案件有直接关系的中央委员的任何约束，使法庭有权不受任何限制地全面审理案件，可以审判一切党员和党的一切机关，包括中央委员会孟什维克委员在内。列宁向党的第五次代表大会提交了《彼得堡的分裂以及因此设立党的法庭问题向俄国社会民主工党第五次代表大会的报告》，并附上自己在法庭上的辩护词（对中央委员会孟什维克委员的起诉词）。列宁在辩护词中说明了中央委员会对他提出的控告是完全不正确的，也是不老实的（中央委员会的控诉书认为，列宁在报刊上指责31个孟什维克，必然造成无产阶级队伍的混乱，使党员政治上的忠诚受到怀疑，并且会被无产阶级的敌人利用来同社会民主工党做斗争）。列宁认为他的小册子批评唐恩和31个孟什维克的错误是以大量事实为根据的；俄国社会民主工党是个发生了分裂的政党，而且31个孟什维克在彼得堡党组织中重新造成了分裂，中央委员会不但不制止这种分裂，反而加深了这种分裂。根据党章规定，中央委员会应该实现统一，而任何地方发生了分裂，都不应当在分裂的基础上进行斗争，而应当到中央委员会去申诉，或者请求中央委员会协助恢复统一。可事实上，中央委员会在彼得堡却是分裂的主谋和参加者。唐恩和31个孟什维克的分裂活动正好遇上彼得堡的选举活动。如果没有迫不及待的公开的群众性的政治发动，或者党没有从事某种政治行动，在这种情况下发生分裂，有时并不需要马上进行无情的斗争。但是，既然有选举运动，就意味着要无条件地立刻进行歼灭性的斗争。列宁认为，在群众中散布对对方的仇恨、憎恶、蔑视，在统一的党内是不容许的，而在分裂的情况下，是不可避免的和必要的。列宁理直气壮地指出："我是有意识地、有目的地在跟着选举前夜分裂出去的孟什维克走的彼得堡无产阶级队伍中间制造混乱的，而且只要有分裂，我是永远会这样做。"党的第五次代表大会召开后，中央委员进行了换届选举，原来设立的法庭"人去楼空"，"审判"列宁的案件也就不了了之了。

五是阅读了大量书籍，宣传和研究马克思主义，阐述了一系列重要的思想。1906年初，波格丹诺夫在狱中写了《经验一元论》第三卷。夏天，他把这一卷送给列宁看。列宁坐下来仔细阅读，读完之后非常生气，因为他清楚地看出，波格丹诺夫走的是非马克思主义的道路，是极端错误的道路。于是，列宁就给他写了一封关于哲学问题的长达三个笔记本的信。列宁曾把这些笔记本送给一些朋友，包括卢那察尔斯基看过。列宁本想用《一个普通马克思主义者的哲学见解》的书名发表出来的，但当时没能实现。而后来这些笔记本又没能找到，列宁很后悔当初没有立即把它发表。1906年，列宁还进行了以下研读活动：读马克思的小册子《论犹太人问题》，并在关于国家摆脱宗教和关于信仰自由等文字下面画标线；读马克思的小册子《路易·波拿巴的雾月十八日》，重点标出下列各处：关于无产阶级在19世纪革命中的作用、关于无产阶级和农民的联盟、关于资产阶级自由的局限性、关于在社会主义革命中摧毁资产阶级国家机器；读卡·考茨基的小册子《爱国主义、战争和社会民主党》，重点标出下列各处：关于很难确定一个民族是否要进行进攻或防御战的问题、关于个人和民族必须服从无产阶级国际解放斗争的任务、关于只有在国家利益同无产阶级利益相一致的情况下保卫祖国才能成为社会民主党的义务；校阅恩格斯的小册子《行动中的巴枯宁主义者》的俄译本；读恩格斯的《行动中的巴枯宁主义者》等文章，重点标出下列各处：关于对18世纪法国唯物主义文献的高度评价、关于俄国资本主义的发展和俄国村社的意义，等等；读亚·伊·丘普罗夫教授的小册子《论土地改革问题》并作批注；读卡·考茨基的《天主教会和社会民主党》一书并作批注；读罗莎·卢森堡的《总罢工、政党和工会》一书并作批注；校阅卡·考茨基的《俄国革命的动力和前途》小册子的俄译本，并为小册子写序言（小册子的俄译本于1906年12月底在莫斯科出版）。在进行马克思主义研究的基础上，列宁阐述了一系列重要思想。在《提交俄国社会民主工党第五次代表大会的决议草案》（1907年2月28日—3月3日）等文章中，列宁对俄国各政党进行了认真细致的阶级分析。即使在他工作十分繁忙的时候，列宁也没有忘记马克思主义的宣传工作。他认为，在俄国革命年代，必须特别细心地研究马克思论述工人运动和世界政治各种问题的材料。马克思在动荡的19世纪60年代所采取的政策，在很多情况下是俄国社会民主党人在确定革命政策时应该直接效法的榜样。在《卡·马克思致路·库格曼书信集俄译本序言》（1907年2月18日）中，列宁强调必须向马克思这位无产者的理论家和领袖学习对革命的信心，学习号召工人阶级把自己的直接的革命任务坚持到底的本领，学习那种决不因革命暂时失利而灰心丧气的坚韧不拔的精神。他拿马克思对巴黎公社的评价同孟什维克对俄国1905年革命的态度作对照，充分展示了马克思高度重视群众的历史主动性、不因革命一时失利而消沉的崇高品质，把普列汉诺夫等机会主义知识分子软弱无能、惯于忏悔、厌倦革命的表现揭露得淋漓尽致。《〈约·菲·贝克尔、约·狄慈根、弗·恩格斯、卡·马克思等致弗·阿·左尔格等书信集〉俄译本序言》（1907年4月19日）是一篇有重要理论意义的文献。在这篇序言中，列宁要读者特别注意的是如何科学地对待、正确地学习和运用马克思主义的问题。列宁以马克思和恩格斯区别英美工人运动和德国工人运动的不同情况给予分类指导为例，说明两位革命导师精通唯物主义辩证法，善于针对不同的政治经济条件的具体特点突出问题的不同重点和不同方面，不愧为"针对不同国家的民族工人运动所处的不同阶段给战斗的无产阶级确定任务的典范"。《〈十二年来〉文集序言》是列宁为当时准备出版的他的著作——三卷集《〈十二年来〉文集》——所写的。序言结合收入文集的各篇著作,简明地叙述了俄国马克思主义运动和社会民主党内两派在1895年至1907年间围绕理论问题、党的纲领问题、组织问题、策略问题进行的斗争。列宁指出,合法马克思主义、经济主义和孟什维主义是同一历史趋势的不同表现形式,了解小资产阶级机会主义倾向在不同时期的不同表现形式,对于坚持革命的马克思主义、对于无产阶级在斗争中接受锻炼是十分必要的。列宁的这篇序言是指导我们研究这一时期列宁著作的权威性文献。

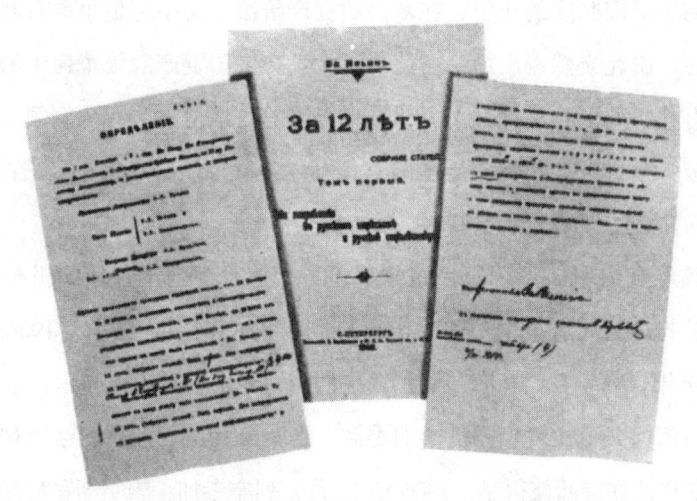

《十二年来》文集的封面(中)及彼得堡高等法院查禁该书的决定

六是对土地问题的研究。在1905年革命失败之后的革命低潮时期,列宁再次对土地问题做了很多研究。他总结了1905—1907年第一次俄国革命时期农民运动的历史经验,分析农民土地斗争的性质和意义,揭露了孟什维克的土地地方公有纲领的本质,全面论证了布尔什维克党的土地国有化纲领。《社会民主党在1905—1907年俄国第一次革命中的土地纲领》一书,是列宁在这个时期研究俄国土地问题、论证党的土地纲领的最重要的著作。这本书是列宁在1907年11月至12月间写成的。它于1908年在彼得堡付印时被沙皇检查机关没收销毁。保存下来的仅有一本,而且还缺最后几页。直到1917年9月,本书才得以出版。列宁补写了所缺几页和"跋"。列宁指出,土地问题是俄国资产阶级革命的根本问题,它决定了这场革命的民族特点。俄国土地变革的实质是消灭农奴制度的经济支柱——地主土地占有制。消灭农奴制度可能有两条道路:一条是农奴主-地主农场缓慢地转变为容克-资产阶级农场的道路;一条是用暴力来摧毁旧的土地占有制的道路。列宁称前一条为普鲁士式的道路,后一条为美国式的道路。在俄国的具体条件下,要建立起真正自由的农场主经济,必须废除包括地主土地和份地在内的全部土地的"地界",扫除一切中世纪的土地关系。这种经济必要性使俄国农民群众成了土地国有化的拥护者。无产阶级为了进行社会主义革命,要最坚决地支持一切反对旧制度的斗争,在新兴的资产阶级社会中尽量争取有利于本阶级的一切条件。由此必然得出结论:社会民主党在俄国资产阶级革命中的纲领只能是土地国有化。列宁着重批判了孟什维克提出的土地地方公有化纲领。列宁在后来写的《跋》中进一步指出,土地国有化不仅是资产阶级革命的"最高成就",而且是走向社会主义的一个步骤。

七是领导和编辑一系列革命报纸。1906年9月,列宁开始编辑布尔什维克的中央机关报《无产者报》,这项工作一直持续到1909年11月。1906年秋天至1907年上半年,列宁在"瓦萨"别墅居住期间,经常会见工人布尔什维克C.B.马尔柯夫。马尔柯夫受彼得堡委员会的委派,把报纸和必要的材料带给列宁,并把列宁的文章和信件带回彼得堡。1906年12月,列宁参加编辑莫斯科枢纽站俄国社会民主工党铁路局机关报《铁路员工报》第1号,该报在芬兰由《无产者报》印刷厂印出。第1号报纸刊登了列宁撰写的《以波兰社会民主党、拉脱维亚边疆区、圣彼得堡、莫斯科、中部工业地区和伏尔加河流域的代表名义向俄国社会民主工党全国代表会议提出的特别意见》。1907年上半年,列宁多次力争出版布尔什维克的合法报纸。2月7日,列宁和其他人一起编辑出版了布尔什维克的公开性周报——《视觉报》,出版的两号报纸都被警察局没收了,法庭还禁止它继续出版。3月5日,列宁和沃罗夫斯基、高尔基等人编辑出版了布尔什维克的公开性政治文艺日报——《新光线报》,共出版了7号,彼得堡市长下令查封了它。4月7日,列宁编辑出版布尔什维克日报——《我们的回声报》,4月23日遭到彼得堡市长

第三章 建党的历程

的查封。该报共出版14号，每一号上都有列宁写的文章。"六三"政变后，由于政府禁止出版俄国社会民主工党的合法报纸，中央委员会决定出版秘密的中央机关报。1907年9月20日，列宁被选入中央机关报《社会民主党人报》编辑委员会和编辑部管理委员会。《社会民主党人报》的出版工作问题迟迟不能解决，创刊号于1908年2月才在俄国出版，以后移到国外，先后在巴黎和日内瓦出版。列宁在报上发表了80多篇文章和短评。

八是参加第二国际斯图加特代表大会。20世纪初，帝国主义各国为争夺世界霸权、原料产地和殖民地，矛盾日益加深，摩擦和纠纷不断。在帝国主义战争危机日益加剧的形势下，第二国际于1907年8月18日至24日在德国斯图加特召开第七次代表大会。参加这次大会的有来自五大洲25个国家的886名代表。这是第二国际规模空前盛大的一次大会，也是列宁首次参加的第二国际的会议。这次大会代表的情况是极其复杂的。各国的左派在会议中占少数，右派和中派占优势。能和各国社会主义运动的代表共商社会主义运动大计，列宁感到十分兴奋。他的到来，引起了一些革命家的注意，善于以艺术家的敏锐眼力抓住人物特征的罗莎·卢森堡

《无产者报》编辑部旧址

载有列宁文章的《无产者报》

列宁传

俄国社会民主工党中央委员会指定列宁为该党在社会党国际局代表的决定

悄悄告诉蔡特金："好好看看这个人，这就是列宁，瞧一瞧他那执拗倔强的头颅……他就是那位正在领导俄国无产阶级推翻沙皇专制政体的英明领袖。"蔡特金对列宁仰慕已久，会后专门请列宁到家中做客。会上，大会执行主席、德国工人运动领袖倍倍尔认为"布尔什维主义是一种幼稚病"，列宁进行了反驳，并指出"应当毫无顾忌地和坦率地批评德国领袖们的错误"。由于当时欧洲两大军事集团——同盟国和协约国已经形成，帝国主义之间斗争尖锐，疯狂扩军备战，使国际形势日益紧张，因此，关于军国主义和国际冲突问题，也就是战争与革命问题，便成为这次代表大会的中心议题。在反对军国主义和对待战争的态度问题上，提交委员会的共有四个决议草案。它们分别是由法国社会党极左翼爱尔威、法国社会党多数派的代表饶勒斯和瓦扬、法国社会党少数派的代表盖得和德国社会民主党代表倍倍尔提出的。反对军国主义问题的专门委员会经过长时间的辩论后，决定成立一个分委员会。这个分委员会的任务，就是起草一个一致同意的决议案，提交大会讨论。经过对已提出的四个决议案进行分析和对比，列宁和卢森堡等认为，倍倍尔提出的决议案中有很多正确的内容，它是代表整个德国社会民主党代表团提出的，而倍倍尔本人又是当时国际共产主义运动中最有威望的领袖人物，以他的决议案为基础进行修改，容易为大多数代表所接受。于是在会上，由卢森堡代表波兰和俄国社会民主党提出了同列宁一起草拟的修正案，对倍倍尔的决议案作了补充，删去了"防御战"和"进攻战"的错误部分，增添了富有革命精神的原则意见，明确地提出无产阶级用社会主义革命来反对帝国主义的策略路线，使倍倍尔的决议草案面貌为之一新，结果被大会顺利通过。这个修正案对以后的哥本哈根和巴塞尔国际社会民主党代表大会产生了重大影响，成为无产阶级反对帝国主义战争的基本行动准则，是马克思主义反对机会主义的一次重大胜利。列宁在评论这次代表大会时

第三章 建党的历程

第二国际第七次代表大会会议大厅

国际工人运动著名活动家倍倍尔、蔡特金、卢森堡

写道:"总的说来,斯图加特代表大会鲜明地对比了国际社会民主党的机会主义派和革命派在一系列最重大问题上的态度,并且本着革命马克思主义的精神解决了这些问题。"

流亡日内瓦

1907年底,沙皇政府竭力想迫害列宁,并向芬兰提出了引渡列宁的要求。11月22日,彼得堡市第27区法院侦稽员向维堡省长发出指令:采取措施,立即在维堡和全省追查列宁。11月28日,彼得堡出版事务委员会查禁了列宁的《十二

列宁传

年来》文集（收入了 1895—1907 年的列宁著作）第 1 卷，并要求彼得堡法院对列宁提出法律追究。列宁为了躲避警察，从库奥卡拉迁到赫尔辛福斯附近的奥格里比雅。12 月初，布尔什维克中央会议决定，将《无产者报》迁往国外出版，并委派列宁等人出国组织出版。

12 月 26 日前，列宁在参加布尔什维克中央会议之后，离开奥格里比雅来到赫尔辛福斯。在这里，他同专门为此而从彼得堡来的布尔什维克举行会议，然后前往亚波（土尔库）。在火车上列宁发现有人跟踪。他在离亚波不到 12 俄里的地方悄悄地下了车。当时天气非常寒冷，列宁手提小皮箱步行到城里。夜里 2 点钟，他按照事先确定的地址来到芬兰社会民主党员瓦·鲍尔格的家里，由他协助乘轮船去斯德哥尔摩。

本来已同一艘轮船的船长谈好，他将在亚波接一位乘客上船。因为列宁没有赶上轮船的开船时间，只好赶到轮船的下一站纳古岛去。为此列宁花费了不少时间和精力。其中有一段路程必须在冰上步行。虽然已是 12 月，但冰冻得并不结实。没有人愿意冒生命危险，向导不好找。后来两个有些醉意的农民斗胆答应下来。夜里在冰上走的时候，脚下的一块冰竟裂开了。海水从底下冒上来，人随着流动的冰块前后左右飘荡着，列宁立刻跳过面前的一道冰缝，机智地闯过了险关。

12 月 27 日，列宁从纳古岛乘轮船到达斯德哥尔摩后，在这里等待逗留在彼得堡处理事务的克鲁普斯卡娅。1908 年 1 月 4 日，列宁和克鲁普斯卡娅自斯德哥尔摩启程前往日内瓦，途经柏林时，他们拜访了罗莎·卢森堡。1908 年 1 月 7 日，列宁和克鲁普斯卡娅到达日内瓦，开始了第二次流亡生活。

从沸腾的俄国来到平静的日内瓦，最初一段时间列宁很不习惯。当天晚上，列宁夫妇俩顶着凛冽寒风，走在空荡的街道上，列宁感慨地说："我感觉到就像进了棺材似的。"在此后的一段日子里，列宁白天泡在图书馆，晚上就不知道上哪儿好了。他们不愿意待在租的冷冰冰的房间里，很想和其他人在一起。于是每天晚上不是去看电影，就是去看戏，但往往看到一半就溜出来到随便什么地方散步。他们常去的地方是湖边。

在重新适应侨居生活的日子里，列宁尽管心情很沉重，但他没有消沉，而是

第三章　建党的历程

踏过薄冰，流亡国外

斯德哥尔摩皇家图书馆的主要阅览室（左上小图为列宁在记者登记簿上的签名：约·弗雷）

积极地投入到工作中去。他很快与有关同志取得联系，会见流亡当地的革命者，在俄国侨民和波兰社会民主党人的集会上发表演说，积极开展革命活动。到达日内瓦的第三天，列宁就在给高尔基的信中表示："我坚信，党现在正需要一个正常出版并能坚持不懈地执行同颓废消沉路线作斗争的政治性机关报——党的机关

· 175 ·

报。许多国内同志不信任国外机关报。这是一种错误。我们编委会决定把《无产者报》迁来这里不是没有原因的。当然，把它安排好并使它活跃起来是困难的。但应当这样做，而且一定会做到。"之后列宁和波格丹诺夫、杜勃洛夫斯基三人组成了编辑部。在流亡条件下出版报纸困难重重，所幸的是，他们找到了保存在卡尔宾斯管理的日内瓦俄国布尔什维克图书馆里的 1905 年的铅字和蜡纸，后又找到曾在日内瓦排印过《前进报》的排字工人弗拉基米洛夫。他们还从一家法国印刷厂租了一架排字机，不久还找到了印刷场所。列宁邀请高尔基、卢那察尔斯基和其他著名政论家为报纸撰稿。为寻找和安排可靠的运输路线，列宁给高尔基的妻子安德列也娃写信，托她去找轮船职工联合会负责人，以便在给予适当报酬的情况下，通过轮船职工每个星期把报纸经由敖德萨运到国内去。这样，列宁来到日内瓦后不到两个月的时间，经过他与其他同志的紧张筹备，秘密的《无产者报》第 21 号就问世了。

列宁同波格丹诺夫（右）在别墅凉台上下棋

在日内瓦，列宁把相当一部分精力投入到反对取消派和召回派的斗争中。1905 年革命失败，特别是 1907 年"六三"政变后，反革命的白色恐怖笼罩着全国，沙皇政府在全国建立了残酷的警察制度，监狱人满为患，工农群众在革命时期所争得的成果被取消。经济上,资产阶级采用同盟歇业、集体解雇、降低工资、增加工时等办法,加强对工人的压迫和剥削。地主阶级也对农民实行反攻倒算,使大批农民流离失所。面对沙皇政府的反动进攻和高压政策,革命中的一些同路人以马尔托夫、唐恩等为代表的孟什维克陷入悲观和动摇,不相信革命运动会重新高涨起来。他们认为"六三"政变后,俄国民主革命已经完成,"政权已成为资产阶级的了",今后的中心任务是参加"即将到来的立宪革新"。因此他们提出了建立"公开的工人党"或"为公开党而斗争的口号",企图取消俄国社会民主工党组织,而代之以一种不定型的团体,并且主张这种团体要在合法范围内活动,甚至不惜以放弃党的纲领、策略和传统为代价,换取合法地位。他们还在合法报刊上、合法的工人组织和群众集会上说中央委员会的存在是有害的,恢复党的秘密组织的努力是"反动的空想",等等。他们这种用取消党、取消革命来换取"立宪革新"的错误理论,被称为"取消派"。与取消派相呼应,在布尔什维克内部也有一部分人,被反革命的疯狂进攻所激怒,否认革命已转入低潮,否认党有必要改变斗争策略,反对利用国家杜马展开合法斗争,坚决要求把社会民主工党党团从第三届国家杜马中召回来。有人提出,先向社会民主工党党团提出最后通牒,如果不被接受,就把社会民主工党代表从杜马中召回。他们以为,只有立即武装起来走向街头的人才是革命者。他们走上了"左"倾盲动主义的道路。这部分人以亚·亚·波格丹诺夫和安·瓦·卢那察尔斯基、巴札罗夫为首。这部分人被称为"召回派"或"最后通牒派"。1908年,召回派和最后通牒派组成了一个单独的集团,从布尔什维克中分裂出去。还有一小部分人以托洛茨基为首打着"反派别主义"的旗号,而实际上支持取消主义立场,他们被称为所谓的"非派别"分子。这些机会主义派别的存在,严重威胁着俄国革命事业的发展和无产阶级政党的巩固。列宁充分估计到这些机会主义对党和革命事业的危害,坚决地和机会主义作斗争。列宁在《走上直路》(1908年4月1日)等一系列文章中,深刻地揭露了取消派的实质和根源。列宁指出,取消主义从思想上否认社会主义,否认无产阶级革命,否认无产阶级在资产阶级民主革命中的领导权;取消主义在组织上就是否认秘密社会民主党的必要性。半农奴制的俄国,资产阶级害怕人民的积极性，极力散布和支持一切要求取消和解散旧的无产阶级政党的思想，幻想通过改良，以取得种种特权。所以取消主义的产生是资产阶级对无产阶级影响的结果。列宁认为，召回派不能根据客观形势的变化，改变自己的策略，总是不合时宜地重复布尔什维克文献中的片断思想，歪曲布尔什维主义。召回派拒绝在工会及其他合法团体中进行工作，就会使党脱离工人阶级，断绝同广大群众的联系，这就必然使秘密组织受到打击，妨害党聚集力量迎接新的革命高潮。

革命的失败不仅带来了政治上的反动、背叛、动摇，也导致了思想上的倒退、混乱。在这一时期，正像列宁所说，"追求哲学唯心主义的倾向加强了；神秘主义成了掩盖反革命情绪的外衣"。形形色色的唯心主义泛滥，对马克思主义的"批评"成为时髦。资产阶级思想家鼓吹"寻神说"，他们把革命的失败归于"上帝的惩罚"，宣称俄国人民"失去了上帝"，现在的任务是要把上帝"找回来"。而俄国社会民主党内以阿·瓦·卢那察尔斯基、弗·亚·巴扎罗夫为代表的一些人宣扬"造神说"，主张创立一种新的"社会主义的宗教"。俄国知识界出现了一批经验批判主义即马赫主义的狂热鼓吹者。经验批判主义是由奥地利的物理学家、哲学家恩·马赫和德国的哲学家理·阿芬那留斯创立的一种主观唯心主义哲学，流行于19世纪末20世纪初的欧洲。这种哲学是实证论的变种，它在批判地研究经验的幌子下阉割经验中包含的不依赖于认识主体的客观内容，标榜自己是"超越"唯物主义和唯心主义之上的"唯一科学的"哲学。俄国的马赫主义者把经验批判主义奉为至宝，利用它向辩证唯物主义展开进攻。

1908年2月24日，在《无产者报》编辑会议上，列宁与波格丹诺夫就哲学问题发生了激烈地争论。会议通过了列宁起草的声明，声明强调指出，哲学争论并不是派别争论，一切想把哲学分歧作为派别分歧的企图都是根本错误的。会议之后，列宁在写给高尔基的信中说："我认为，现在布尔什维克之间在哲学问题上发生某些争吵是完全不可避免的。但因此而闹成分裂，我看是愚蠢。"

1908年初，波格丹诺夫和巴扎罗夫、卢那察尔斯基等人发表了《马克思主义哲学概论》。《概论》企图修正唯物主义世界观，修正马克思主义的人类发展观、阶级斗争观。作者劝读者相信"信仰"外部世界的真实性就是"神秘主义"。他们把唯物主义和康德主义混淆，宣传不可知论的变种经验主义、唯心主义的变种经验一元论，教给工人的是"宗教无神论"和"崇拜"人类最高潜在力；宣传恩格斯的辩证法学说为神秘主义。他们从法国某些主张"符号认识论"的不可知论者或者形而上学者的臭水沟里汲取东西，企图把马克思主义和宗教调和起来，宣传创立一种新的"社会主义的"宗教。列宁看了这本书，气愤地说，他宁愿四马分尸，也不愿加入宣传这类东西的机关报或编委会。这种哲学上的争论，是关系到究竟是唯物主义还是马赫主义的问题。但是列宁认为，这种争论不应妨碍在工人政党内执行革命的社会民主党的策略。进行这种哲学上的争论应该使《无产者报》和布尔什维克党内派别不致受到伤害。这种良好的愿望，并没有使他和波格丹诺夫的关系好转，他们之间的关系越来越恶化了。不久，波格丹诺夫从日内瓦迁往卡普里岛，卢那察尔斯基、巴扎罗夫、高尔基都居住在那里。

1908年4月中旬，高尔基写信邀请列宁到卡普里岛去，以便和在那里的波格丹诺夫、卢那察尔斯基、巴扎罗夫等人在一起谈谈。列宁没有去，因为他预感到谈不拢。他在回信中说，现在去，对他自己是有害无益的。他不想同那些鼓吹把科学社会主义和宗教结合起来的人交谈，他和一切马赫主义者走的不是一条路。不必争吵，因为徒伤脑筋是愚蠢的。4月下旬，列宁因高尔基再三邀请，去了卡普里岛，在那里住了两天。列宁虽然同波格丹诺夫、巴扎罗夫、卢那察尔斯基他们在哲学问题上有分歧，但他建议大家共同写布尔什维克的革命史。但是，波格丹诺夫等人拒绝了这一建议，他们说，他们从事的不是整个布尔什维克的事业，而是宣传他们的特殊的哲学观点。高尔基认为，如果布尔什维克内部在哲学上进行争论，孟什维克就会从中渔利。因此，他竭力劝列宁和波格丹诺夫等人不要在哲学问题上争论。列宁不同意高尔基的看法，他认为，作为一个党员，一旦认识到某种学说是极端错误和有害时，就必须起来反对这种学说，提和解是可笑的，斗争绝对不可避免。党员不应力图掩盖、拖延或回避斗争，而应当力争使党实际上所需要的工作不受损害。

俄国哲学修正主义者在西欧得到支持。考茨基主办的马克思主义刊物《新时代》无条件地刊登了经验批判主义者的文章。哲学唯物主义在西欧处处遭到蔑视。俄国社会民主工党中的孟什维克和布尔什维克两派有一股巨大的写作力量站在马赫主义那边，此外，紧靠在他们旁边的还有社会革命党人。因此，列宁在处境十分困难的情况下，坚决捍卫唯物主义。斗争花费了列宁相当多的时间，他整天阅读马赫主义者波格丹诺夫、巴扎罗夫、卢那察尔斯基等人及唯心主义理论前辈的文章。列宁非常慎重地为这个斗争做着准备。1908年4月，列宁在他写的《马克思主义和修正主义》一文中开始了战斗。他指出，在哲学方面，修正主义者跟在资产阶级教授的"科学"的屁股后面跑。教授们要"回到康德那里去"，重复僧侣们已经说过一千遍的、反对哲学唯物主义的滥调；修正主义者们就跟在新康德主义者后面蹒跚而行，傲慢地微笑着，嘟哝着说唯物主义早已被"驳倒"了。教授们蔑视黑格尔的辩证法，宣扬比黑格尔的唯心主义还要浅薄和庸俗一千倍的唯心主义，修正主义者用"素朴"的"进化论"去代替"狡猾"的辩证法。

列宁为了批判马赫主义，揭露哲学修正主义对马克思主义的歪曲，从哲学上总结和概括19世纪末20世纪初自然科学的新成果，捍卫和发展马克思主义哲学，从1908年2月开始撰写《唯物主义和经验批判主义》一书。由于写作需要的几种材料在日内瓦找不到，而且日内瓦吵吵闹闹的气氛妨碍了他的工作，1908年5月10日，他动身前往伦敦，以便在著名的伦敦博物馆图书馆里利用丰富的藏书完成他的著作。去伦敦的途中，他在巴黎停留了几天，参加了社会民主党巴黎支部委员会召开的会议，作了关于俄国革命的性质及其前景的报告。

列宁在伦敦从事哲学研究和写作的时候，波格丹诺夫在日内瓦举行哲学报告会，列宁得知这个情况后起草了《向报告人提十个问题》，寄给布尔什维克领导核心成员、《无产者报》编辑委员会委员杜勃洛文斯基，委托他在哲学报告会上批驳波格丹诺夫。杜勃洛文斯基对列宁寄来的发言提纲作了一些修改和补充。杜勃洛文斯基的演说很成功，他代表自己和列宁声明，布尔什维克主义和波格丹诺夫的哲学派别没有任何共同之处，他和列宁是辩证唯物主义的拥护者，是赞成普列汉诺夫的哲学观点的。

列宁在伦敦搜集到了所需要的材料，并对这些材料进行了详细的研究。1908年6月中，列宁回到日内瓦继续写作。10月，列宁完成了《唯物主义和经验批判主义》一书的写作工作。他透彻地研究了至少两百种以上的哲学著作。

列宁的这本书在当时的俄国出版遇到了很大困难。一些出版社在1905年革命后被查封了，另一些出版社在反动条件下自行停业。而列宁的名字是书报检查机关所熟悉的，因此，在警察迫害的情况下，要找一个出版者来出版他的哲学著作是困难的。列宁当时急于出版这本书，他说："对我来说，最最重要的就是快些出书。我这样着急出书不仅因为这是一项著书立说的义务，而且还是一项严重的政治义务。"因为1909年6月将要召开《无产者报》编辑部（实际上是布尔什维克中央）的扩大会议，会上列宁要同波格丹诺夫及其拥护者进行决定性的斗争。

几经周折，在列宁的姐姐和其他同志的努力下，《唯物主义和经验批判主义》于1909年5月在莫斯科出版了。私人环节出版社出版者尔·克鲁姆比尤格尔从当时他所知道的列宁的化名中，选用"伊林"作为该书作者署名。1909年5月4日，列宁将该书寄给罗莎·卢森堡，请她在《新时代》杂志上刊登出版消息，该刊于1909年10月8日予以刊登。

《唯物主义和经验批判主义》是列宁哲学思想的代表作之一，确立了辩证唯物主义特别是认识论在马克思主义中的地位，对布尔什维克党的建立和十月革命的胜利起了重要的作用。

首先，列宁在《代绪论》中考察了近代哲学史上唯物主义和唯心主义这两个基本派别的斗争。通过历史考证，揭露了俄国马赫主义者用来攻击唯物主义的论据同贝克莱攻击唯物主义的论据如出一辙；说明了俄国马赫主义的思想渊源是贝克莱的主观唯心主义，马赫主义和辩证唯物主义的对立是哲学史上唯物主义和唯心主义这两条基本哲学路线斗争的继续；证明了俄国哲学修正主义者作为"最新哲学"来标榜的马赫主义，不过是贝克莱主义的翻版。

第二，列宁论述了辩证唯物主义和经验批判主义在认识论上的根本对立，阐明了辩证唯物主义认识论的基本原理，丰富和发展了马克思主义哲学。在第一章中，列宁从恩格斯提出的哲学基本问题的第一个方面，即物质和意识何者是第一性的问题，分析了经验批判主义和辩证唯物主义的认识论基本前提。列宁从两种认识论的基本前提揭示出两条根本对立的哲学路线："从物到感觉和思想呢，还是从思想和感觉到物？恩格斯坚持第一条路线，即唯物主义的路线。马赫主义坚持第二条路线，即唯心主义路线。"这样就从根本上划清了马克思主义哲学和马赫主义的界限。在第二章中，列宁把辩证法运用于认识论，发挥了恩格斯的反映论思想，提出了三个重要的认识论结论：第一，"物是不依赖于我们的意识，不依赖于我们的感觉而在我们之外存在着的"。第二，"在现象和自在之物之间绝没有而且也不可能有任何原则的差别。差别仅仅存在于已经认识的东西和尚未认识的东西之间"。第三，"在认识论上和在科学的其他一切领域中一样，我们应该辩证地思考，也就是说，不要以为我们的认识是一成不变的，而要去分析怎样从不知到知，怎样从不完全的不确切的知到比较完全比较确切的知"。列宁从这些基本原则出发，发展了马克思主义的真理论，论述了真理的客观性，阐明了相对真理和绝对真理的辩证关系。列宁指出，绝对真理是由相对真理构成的，人的认识是从相对真理向绝对真理不断发展的过程；相对真理和绝对真理之间的界限不是绝对的，相对真理中包含着绝对真理的成分。因此，它们之间的"这种区分正是这样'不确定'，以便阻止科学变为恶劣的教条，变为某种僵死的凝固不变的东西；但同时它又是这样的'确定'，以便最坚决果断地同信仰主义和不可知论划清界限。"列宁还着重论述了实践在认识过程中的作用和地位，指出实践是认识的基础，是检验真理的标准。"生活、实践的观点，应该是认识论的首先的和基本的观点"。列宁强调要辩证地看待实践标准，它既是"确定的"又是"不确定的"。实践是检验真理的唯一标准，除了它，没有任何东西能检验认识的真理性，因此它是"确定的"。这样可以同唯心主义和不可知论划清界限。但是实践本身也是不断发展的，每一个具体历史阶段上的实践不可能完全地证实或推翻人的认识，因此它是"不确定的"。这样可以防止人的认识僵化，变成绝对。

第三，列宁揭露和批判了马赫主义否定世界的物质性，否定物质世界内在规律和时间空间的客观性等唯心主义观点，论述了世界的物质统一性、作为物质存在形式的时间空间的客观实在性、物质与运动的不可分割的联系、客观规律与主观能动性的辩证关系等问题。列宁对恩格斯关于自由和必然的思想作了发挥，阐明了客观规律性和主观能动性的辩证关系，指出自由是对必然的认识，人的意志自由必须建立在对客观规律的认识上。人在没有认识自然规律以前,是"盲目的必然性"的奴隶,人认识了自然规律,就成为自然界的主人。必然向自由的转化是在实践基础上实现的。

第四,列宁考察了马赫主义的历史发展,以及马赫主义同康德主义、休谟主义、内在论哲学的联系。通过对比研究,揭露了马赫主义的阶级根源、社会根源和思想根源,确定了它在资产阶级哲学中的地位和作用。

第五,列宁从哲学上概括和总结了19世纪末20世纪初自然科学的新成果,批判了物理学唯心主义认为"物质在消失"的谬论,指出所谓物理学危机,是形而上学唯物主义的危机,是唯心主义利用物理学的新发现,利用形而上学唯物主义的弱点来反对唯物主义。

第六,列宁揭露马赫主义在社会历史领域中的主观唯心主义,批判波格丹诺夫的唯心主义的社会存在和社会意识的"同一论",揭穿马赫主义者想用"社会唯能论"以及生物学的和其他自然科学的规律来代替社会发展规律的反科学企图。列宁在批判马赫主义者的唯心史观过程中论述了历史唯物主义的一些基本原理,论证了哲学的党性原则。指出"最新的哲学像在两千年前一样,也是有党性的。唯物主义和唯心主义按实质来说,是两个斗争着的党派,而这种实质被冒牌学者的新名词或愚蠢的无党性所掩盖着"。

《唯物主义和经验批判主义》这部著作出色地完成了当时历史所赋予的他的任务。它回击了马赫主义对马克思主义的进攻,澄清了俄国社会民主党内部的思想混乱。它在捍卫马克思主义哲学的过程中,在总结当时革命斗争新经验和自然科学新成就的基础上系统地阐述了辩证唯物主义和历史唯物主义的一些基本原理,着重阐发了辩证唯物主义认识论的一些重要原则。这部著作为工人阶级及其政党提供了认识世界和改造世界有力的思想武器。它是马克思主义哲学发展到列宁阶段的代表作之一。

在日内瓦,列宁还写了很多文章,论述土地问题,批判第二国际机会主义者的理论和策略,评述国际国内政治形势的发展。

1908年7月1日,列宁为格拉纳特兄弟出版公司出版的百科词典撰写《19

世纪末俄国的土地问题》一文，通俗而概括地阐述了俄国的土地问题。这一著作是列宁《社会民主党在 1905—1907 年俄国第一次革命中的土地纲领》的姊妹篇，它所使用的统计数字和表格都来自后者及另一著作《俄国资本主义的发展》。另外，列宁还先后写了《沿着老路走去》（1908 年 4 月 19 日）、《编辑部的话》（1907 年 8 月 5 日）等文章。在这些文章中，列宁还论证了俄国当时农村经济的特征，阐述了布尔什维克的土地纲领，评论各党派的土地纲领。《马克思主义和修正主义》（1908 年 4 月 16 日前）是列宁写给为纪念马克思逝世 25 周年而编印的《卡尔·马克思（1818—1883）》文集的。列宁写道："马克思的学说在其生命的途程中每走一步都得经过战斗，它的发展以及在工人阶级中的传播和扎根，必然使资产阶级对马克思主义的攻击更加频繁和激烈。"列宁精辟地概括了伯恩施坦修正主义的特征：临时应付，迁就眼前的事变，迁就微小的政治变动，忘记无产阶级的根本利益。

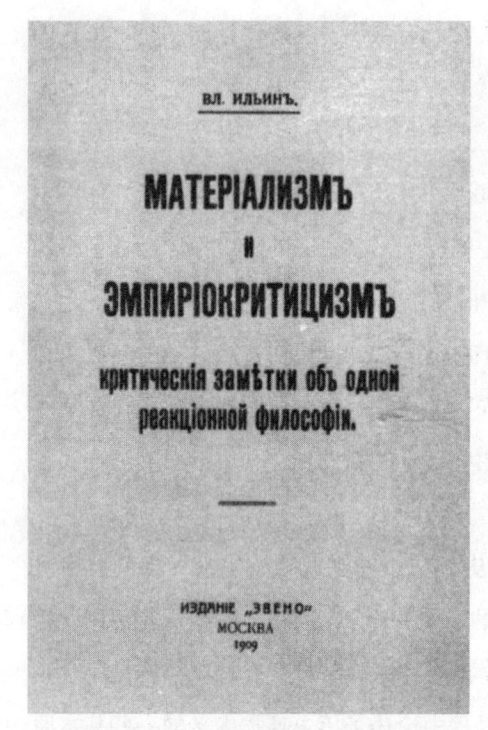

《唯物主义和经验批判主义》一书（1909 年版）的封面

寓居巴黎

1908 年底，瑞士当局开始迫害俄国革命者，房东也不续租给他们房子，加上对日内瓦小市民习气严重的生活环境的厌烦，促使列宁另择他方。1905 年俄国革命失败后，巴黎成了俄国政治侨民的最大集中地之一，从沙皇的劳役场和流放地逃离的革命者大量向那里汇集，而且巴黎的监视和密探比日内瓦少。

1908年12月15日，列宁偕同妻子、岳母一同到达巴黎。经过一番张罗，总算在罗兹大街找到一处比较合适的住所。当时是"侨居生活时期艰苦的年代"，许多人没有固定收入，常常饿肚皮。克鲁普斯卡娅在回忆第二次流亡生活时曾写道："由于沙皇政府的残酷迫害而逃亡到国外的人不断增多，他们在精神上受到迫害和折磨……这一切就使得所进行的斗争具有特别艰苦的性质。纠纷、争吵层出不穷。"① 列宁一家的生活也很节俭，电车费、饭费等各项开支能省则省。尽管生活艰苦，列宁还是尽量帮助有困难的同志，帮他们找工作，把一些演讲费和稿费等收入捐入基金会。像在日内瓦一样，列宁家中客人不断，有寻求帮助的、慕名造访的、商讨问题的，等等。令流落异乡的同志特别歆慕的是列宁一家融洽、诚挚的氛围。列宁虽然工作繁忙，但对夫人克鲁普斯卡娅十分体贴，对年迈的岳母也十分关心和尊重，总是痛快地满足她的要求，完成她委托的一切事务。

列宁是巴黎国立图书馆的常客。由于离图书馆较远，列宁需要骑自行车，每次在街上穿过熙熙攘攘的人群，都很费时间和精力。中午午休时间，图书馆停止开放，若借阅书籍，必须有房东作保，但房东怕惹麻烦不愿作保。有一次，列宁把自行车放在图书馆旁边的台阶上，并付给看门人10个生丁，当出来发现车子不在时，就问看门人，看门人说他不负责看车，只是允许把车子放在那里，使列宁十分不快。还有一次，列宁发现一辆汽车向自己撞来，立即从车上跳下来，躲过了车祸，但自行车被轧坏了。

在巴黎，列宁一边从事理论研究工作，一边从事党的领导工作。这时，巴黎已成为俄国党的国外活动基地。此起彼伏的紧张斗争，孟什维克的诽谤、许

巴黎国立图书馆，列宁曾在此从事写作和研究

---

① 《回忆列宁》第1卷，第397页。

多亲近人的离开、来自俄国的坏消息,使列宁十分焦虑,日渐消瘦。

1908年12月下旬,俄国社会民主工党第五次全国代表会议召开。列宁在会议上就"目前形势和党的任务"作了报告,会议通过了列宁所拟的《关于目前形势和党的任务的决议草案》。会议分析了国内外形势,重申了党早已提出的最近的斗争目标,说明了布尔什维克策略的正确性,弄清了党内危机的根源及消除办法,解决了关于党的秘密工作和合法工作的相互关系,论证了利用杜马讲坛的必要性并给杜马党团的活动作出了正确指示,尖锐批判了取消派和召回派的错误。会后列宁写了《走上大路》(1909年2月10日)对会议进行了总结,指出会议把党引上了大路,它是反革命胜利后俄国工人运动发展中的一个转折点,党已克服了组织上无序、思想上混乱、战斗力涣散的状态。

1909年2月,列宁与波格丹诺夫等召回派分子的关系破裂,这使列宁很难过,因为他们曾在一起携手工作、共同斗争过。克鲁普斯卡娅对此回忆说:"我记得有一次伊里奇同召回派分子谈完话后回家,面色如土,甚至连舌头都有些发黑了。我们决定让他到尼斯去休息一个星期,远远离开纠纷,到那里去晒晒太阳。"[①]2月23日,列宁从尼斯返回巴黎。

1909年春天,召回派在意大利喀普里以创办党校的名义,建立了自己的派别中心。在理论上,他们继续攻击和

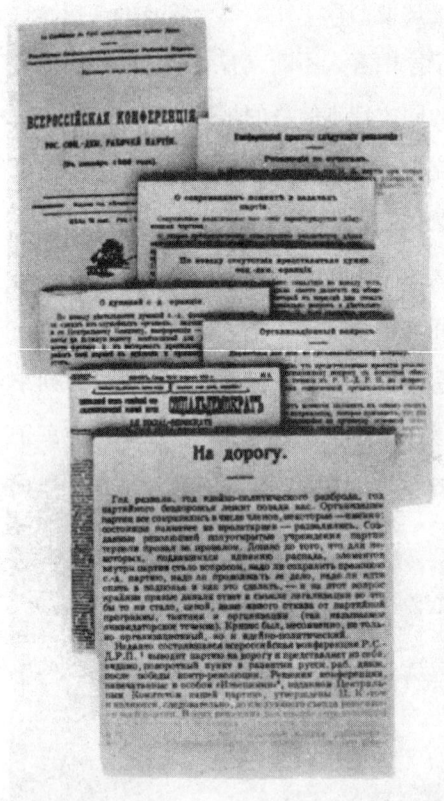

俄国社会民主工党第五次代表会议主要决议以及列宁写的《走上大路》一文

---

① 《回忆列宁》第1卷,第422页。

第三章 建党的历程

俄国社会民主工党第五次代表会议会址

歪曲马克思主义，宣称要把社会主义和宗教结合起来，宣扬"造神说"。作为回应，1909年5月26日和6月17日，列宁分别发表了《论工人政党对宗教的态度》《各阶层和各政党对宗教和教会的态度》，就宗教问题作了科学的阐述，表明了马克思主义对待宗教的态度。

6月21日至30日，列宁主持召开了《无产者报》扩大编辑部会议，这实际上是一次由地方组织代表参加的、布尔什维克中央的全体会议。会议就同召回主义和取消主义的斗争、喀普里党校、对杜马活动的态度、布尔什维克的任务等问题进行了讨论。会议不仅谴责了召回主义、最后通牒主义，而且采取了组织措施，同召回派和最后通牒派划清了界限。会议的这一主要内容体现在列宁为会议所写的公报、他在会议上的多次发言、他为会议草拟的多项决议中。会议最后号召同来自右面的取消主义和来自左面的召回主义进行不调和的斗争，注意秘密斗争和公开斗争的有机结合，宣布对波格丹诺夫和喀普里党校的一切活动及不负任何责任的言行划清界限，并把他们开除出党。会后，列宁为阐述扩大编辑部会议精神而写了《取消取消主义》（1909年7月24日）一文，继续把召回主义和取消主义加以联系起来批判，认为取消主义不仅包括孟什维克公开的取消主义，还包括变相的孟什维主义即召回主义以及最后通牒主义、造神说等。不久，列宁参

· 187 ·

加了俄国党巴黎支部会议,统一大家对处理取消派和召回派问题的认识。某些支部委员认为,列宁这样做未免过于激烈了一点,建议是否可以不那么严厉地去解决这个问题。列宁态度很坚决,他一针见血地指出:"取消派要取消党,我们则要取消取消派。你们是拥护党还是想同取消派站在一起反对党?是拥护斯托雷平制度、拥护专制制度还是反对它们?要么站在党一边,要么站在取消派一边,第三种可能是没有的,搞调和折中是不可能的。不应根据个人好恶,而应按照原则来解决问题。"有些同志不理解列宁为什么要与曾经合作过三年的波格丹诺夫分手。对此,列宁也很惋惜,但他并不遗憾,他向同志们解释道:"事业的利益应当高于一切私人关系或派别关系,不管这些关系在回忆中是多么'美好'。"当有人为列宁对机会主义者采取的那种严厉的不调和的措施感到不安,担心将来没人愿同他们合作时,列宁笑着答道:"我们用不着混乱,就算我们现在人少了,但我们的行动可以一致了,有觉悟的工人会支持我们,因为我们的道路是正确的。"列宁帮助同志们解开了疑团,端正了认识,大家频频点头。

《无产者报》扩大编辑部会议会址

夏天，通过别人介绍，列宁骑车到巴黎郊外的德拉维里，拜访了法国工人运动活动家拉法格和夫人——马克思的二女儿劳拉。拉法格夫妇非常热情地接待了他们。

11月初，喀普里党校的部分学员和党校的组织者之一米哈伊尔因和波格丹诺夫意见不和而被党校开除，来到巴黎列宁处。列宁接待了他们，通过和他们倾心交谈，列宁发现自己对喀普里党校的认识有点片面和绝对，喀普里党校也不是铁板一块。事后，列宁在给高尔基的信中提到："我原来觉得同这些新派别分子友好地交谈是可笑的，但今天完全错了，黑格尔说得对：矛盾推动生活前进，而活的矛盾要比人的理智对它的最初感觉更丰富、更多种多样、更富有内容。"

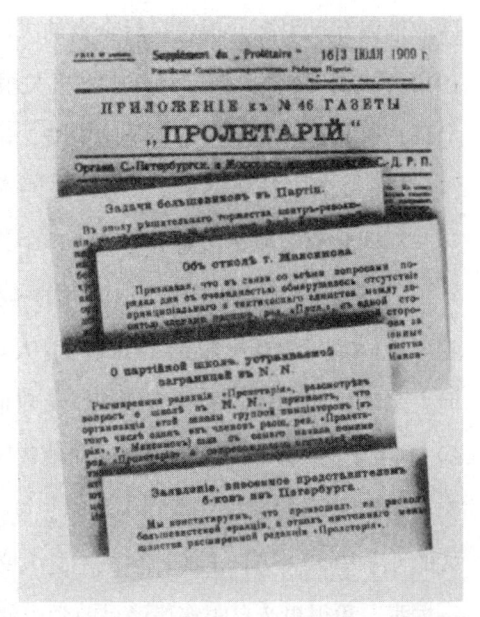

列宁为《无产者报》扩大编辑部会议起草的一些决议

在季诺维也夫、加米涅夫、托洛茨基、李可夫等人的提议下，1910年1月15日至2月5日，俄国社会民主工党全体会议召开。会上以托洛茨基、季诺维也夫、加米涅夫、李可夫等人为首的调和派占了上风，列宁处于少数地位。在列宁的坚持和努力下，全会通过了一个斥责取消派和召回派的决定。但是全会违反列宁的意见，通过了停办布尔什维克机关报《无产者报》和解散布尔什维克中央委员会以及把资产交给俄国社会民主工党中央委员会，把现金交给国际社会民主主义组织的代表的决定。由于列宁据理力争，在全会的决议中加进了一个条件，即在停办《无产者报》和取消布尔什维克中央的同时，也要停办孟什维克机关报《社会民主党人呼声报》和解散取消派、前进派的派别中央。全会通过了拨款帮助托洛茨基派的报纸维也纳《真理报》的决定。会上争论异常激烈，列宁在给高尔基的信中描述道："足足扯了三个星期，把人折磨够了，真是活见鬼！"

尽管列宁对全会的决议很不满意，但还是坚决执行党的一月全会的决议。会后取消派却玩手腕，拒绝执行全会的决议，继续进行分裂活动，散布错误言论。1910年3月24日，列宁召开中央机关报《社会民主党人报》编辑部布尔什维克会议，研究对取消派进行斗争的策略，讨论并通过了列宁写的《反党的取消派的〈呼声报〉（答〈社会民主党人呼声报〉）》一文，呼吁要维护党的统一和团结。

在同取消派和召回派斗争的过程中，列宁关注普列汉诺夫态度的变化。1908年12月，普列汉诺夫退出了取消派的《社会民主党人呼声报》，成立孟什维克护党派，1909年重新出版《社会民主党人日志》。他虽然仍坚持孟什维主义立场，但主张维护和保存党的秘密组织，反对取消主义，主张和布尔什维克结盟。3月29日，列宁给普列汉诺夫去信，向他建议恢复中断了五年的个人联系。列宁在信中写道："敬爱的同志！您在《日志》第11集上谈到，在反对取消主义和召回主义的斗争中，一切真正的社会民主党人必须紧密真诚地联合起来，我完全赞成这一主张，我很想亲自跟您谈谈目前党内的情况。"4月3日，普列汉诺夫在回信中也伸出了和解之手，希望列宁和他本人应在各自的范围内为相互接近起来扫清道路。不久，普列汉诺夫反对取消主义的文章见诸于《社会民主党人报》。取消派分子有点乱了阵脚，一方面发表文章进行抵赖和掩饰，另一方面攻击普列汉诺夫纠缠于小事、性格不好、散布胡言乱语，这更坚定了普列汉诺夫反对取消主义的信心。在《取消取消主义》《被揭穿了的取消派》《论拥护召回主义和造神说的派别》《取消派的手法和布尔什维克的任务》《党在国外的统一》《党的统一的障碍之一》等文章中，列宁阐明了同护党派结盟的意义和原则。列宁指出，同护党派达成协议的基础是：保护党和党性，反对取消主义，不能有任何思想上的妥协，决不掩饰策略分歧和其他分歧。

1910年6月，列宁给中央委员会写信，陈述了由于取消派分子进行反党和派别活动，使《社会民主党人报》编辑部内部产生冲突、责难、摩擦和工作的完全停顿状态，指出必须采取坚决措施，清除反党的孟什维克马尔托夫和唐恩等人，光靠机械的少数服从多数的原则是无法进行工作的，因为双方没有共同的党性基础，不可调和。不久，马尔托夫和唐恩被迫退出《社会民主党人报》编辑部。11月，列宁开始主编该报。

1910年11月，彼得堡工人为哀悼俄国大文豪列·尼·托尔斯泰的逝世举行了游行示威，发动了政治罢工，由此在全国引发了轰轰烈烈的学生运动和工人运动，新的革命高潮开始出现。列宁在《转变不是开始了吗?》《游行示威开始了》《论危机的意义》《斯托雷平与革命》等文中分析了当时的社会政治形势，断言斯托雷平的反动统治和反革命政策已不能阻止新的革命，俄国人民应当记住这样的历史教训：或者在无产阶级领导下推翻沙皇专制制度而获得

列宁（1910年）

自由，或者在资产阶级的领导下继续受反动地主政权的奴役。在《列·尼·托尔斯泰》《列·尼·托尔斯泰和现代工人运动》《托尔斯泰和无产阶级斗争》《"有保留"的英雄们》和《列·尼·托尔斯泰和他的时代》等文中，列宁结合俄国革命的历史特点和面临的革命形势，对托尔斯泰的思想作了深刻的马克思主义分析，高度评价他对剥削压迫制度和专制统治的无情鞭挞，同时指出了他的思想的局限性，揭穿了沙皇政府和自由派企图利用托尔斯泰思想的消极面来诱骗人民放弃革命斗争的险恶用心。列宁指出，托尔斯泰作为艺术家的世界影响和作为思想家的世界声誉都各自反映了俄国革命的世界意义。托尔斯泰的天才艺术作品非常突出地反映了1861—1904年这个历史时代，体现了俄国第一次革命的历史特点、力量和弱点。托尔斯泰以其卓绝的艺术作品，激烈地抨击了沙皇俄国的国家制度、教会制度、社会制度和经济制度，表达了千百万俄国农民自发的反抗和愤怒的情绪。但是，他不理解俄国所遭遇的危机的根源和摆脱这个危机的方法，鼓吹"不用暴力抵抗邪恶"，鼓吹不问政治、放弃革命和自我修养，宣传用新宗教代替旧宗教。他的学说带有空想的反动的性质。列宁写道，俄国人民不应该向托尔斯泰学习如何求得美好的生活，不应该把托尔斯泰的学说理想化。俄国无产阶级要接受并研究托尔斯泰的遗产，向被剥削劳动群众阐明托尔斯泰对国家、教会、土地私有制和资本主义的批判的意义，其目的不是使群众局限于自我修养、憧憬圣洁

生活、诅咒资本和金钱势力，而是使群众振奋起来对沙皇君主制和地主土地占有制进行新的打击，使群众团结成一支社会主义战士的百万大军，摧毁托尔斯泰所憎恨的旧世界。

在关注和领导俄国革命运动的同时，列宁也十分关心法国工人运动和第二国际的活动。1909年10月8日，巴黎举行抗议西班牙判处筹备巴塞罗那起义的费勒尔死刑的示威游行，列宁夫妇参加了。1910年夏天，为接近法国工人生活，列宁和家人前往比斯开湾的波尔尼克，在海关看守人那里租了两个小房间居住。他常洗海水浴，骑自行车游逛，和工人们聊天。房子的女房东是个高嗓门的洗衣妇，她有个儿子在国民学校读书，因为这个孩子既聪明又伶俐，所以教士们多次游说他的母亲把孩子送到修道院去学习，并允诺了一些优惠条件。女房东征询列宁的看法，列宁热情地接待了她，并讲了自己少时与宗教决裂的故事：15岁那年，有个牧师来拜访我的父亲，父亲对牧师说，自己的孩子都不好好做礼拜，该如何办？那个牧师看着我，口里一个劲地说：打，该打！我听了十分气愤，跑到院子里，把挂在脖子上的十字架扔掉了，从此坚决不去教堂。女房东听了哈哈大笑，明白了列宁的意思。不久，女房东告诉列宁，牧师被她打发走了，她明确地回答教士，她生儿子的目的不是为了让孩子成为一名耶稣会教徒。列宁称赞她有"吃螃蟹"的勇气。

1910年8月23日，列宁从波尔尼克前往丹麦的哥本哈根，出席第二国际的第八次代表大会，途经巴黎时会见了普列汉诺夫，就有关问题进行了商谈。26日，列宁一下火车就风尘仆仆地出席了当天上午召开的国际社会党执行局会议。28日，大会开幕。在这次会议上，列宁广泛团结和争取一切可以合作的力量，同机会主义分子、妥协分子和调和派分子进行了坚决的斗争，使大会通过了正确的关于合作社等问题的决议。为达到争权夺利的目的，俄国小组中的孟什维克竟在小组辩论时指责列宁想"毁灭党""一个人反对大家，实在太不像话"，甚至对列宁进行人身攻击："假使他失踪、溜走、死掉，那对党来说是多么幸运。"出于主持正义，一位老党员站出来反驳他们：一个人毁灭整个党，而你们却对他无可奈何，只好请出"神"来帮忙，这怎么去理解呢？唐恩站出来怒气冲冲而又无奈地说:"因为没有另外一个人,会在一昼夜24个小时都去干革命。除了想到革命,他再也没有别的念头,甚至连做梦也只想到革命。你倒去试试看对付这样一个人吧。"①

第二国际第八次代表大会代表合影

大会前后,列宁十分繁忙,利用空闲时间到图书馆查阅资料,同普列汉诺夫、波列塔也夫、波克罗夫斯基等人开会,反对托洛茨基、唐恩、马尔托夫等人的错误言行,商谈创办《工人报》和《明星报》等问题。

大会闭幕后,列宁立即修书一封给住在芬兰的母亲和妹妹,相约在斯德哥尔摩会面。9月17日上午,时已76岁、满头银发的母亲在女儿的陪同下,坐船前来看望阔别3年的儿子——列宁。看到自己的消瘦的儿子,母亲既高兴,又心痛,口里唠叨着什么,眼睛还上下打量着。列宁对母亲关心备至,他常常陪母亲散步、聊天、听音乐、欣赏美景,在谈笑风生中,共享天伦之乐。有一次,母亲听说列宁要作一个专题报告,便兴致勃勃地赶去了。这是她生平第一次听儿子的公开演讲。事后她心满意足地评论说,儿子讲演得真棒!他能言善辩的能力,抑扬顿挫的声调,和谐得体的手势,使每一个听众都被紧紧吸引住了。母亲在列宁

---

① 《回忆列宁》第1卷,第221页。

处住了10多天，临行前，她轻轻地抚摸着列宁，把自己的一件质地柔软的风衣送给了他。9月25日，列宁送母亲上船，但他不能登上这艘属于俄国的船，否则会立刻在船上被逮捕。列宁只能以忧郁的目光送别母亲，轻轻地挥着手，恋恋不舍地望着轮船慢慢消失在远处苍茫的天际。7年后，当列宁于1917年回到俄国时，母亲已离开了人间，享年82岁。列宁没想到这是母子的最后一次见面。母亲没有等到儿子，但俄国在等待着列宁。

为了阐述哥本哈根代表大会的正确精神，批判第二国际的机会主义，在代表大会后列宁写了不少文章。在《欧洲工人运动中的分歧》（1910年12月29日）一文中，列宁对背离马克思主义的两个流派——修正主义（机会主义、改良主义）和无政府主义（无政府工团主义、无政府社会主义）作了剖析，阐明了机会主义的根源和国际工人运动中产生策略分歧的主要原因。列宁认为，必须从资本主义国家的经济制度和发展性质中寻找修正主义和无政府主义的根源。一批批"新兵"和新的劳动群众被吸收到工人运动中来，他们往往只能领会马克思主义的某几个方面，还受着资产阶级世界观的影响。这是引起工人运动意见分歧的原因之一。无政府工团主义和改良主义是资产阶级世界观及其影响的直接产物，它们都把工人运动在各个不同时期所固有的特点说成是相互排斥的。修正主义者否认革命即飞跃的学说，认为改良就是局部实现社会主义。无政府主义者拒绝在群众中开展经久的耐心的工作，特别反对利用议会讲台。列宁写道："无论前者还是后者都阻碍了这样一件最重要最迫切的事情：把工人团结成为规模巨大、坚强有力、能够在任何条件下都很好地发挥作用的组织，团结成为坚持阶级斗争精神、明确认识自己的目标、树立真正马克思主义世界观的组织。"列宁还阐明这两种倾向同资产阶级的策略的关系：资产阶级对工人阶级采取暴力方法，会引起无政府工团主义的增长；资产阶级对工人阶级实行让步政策，则会引起右倾机会主义的增长。在《两个世界》这篇总结德国社会民主党马格德堡代表大会的文章中，列宁用具体例子指出机会主义者在工人运动中所起的作用。列宁批判了机会主义者完全相信资产阶级法制，认为这种法制会永世长存，社会主义可以装在这种法制的框子里的错误观点。列宁指出，机会主义者为了一时的眼前利益而牺牲工人运动的根本利益。无产阶级的阶级斗争在一定的历史时期可以在资产阶级法制的基础上进行，但最终必然导致面对面的搏斗，面临最后的抉择：或者是彻底打碎资产阶级国家机器，或者是自己被粉碎、被扼杀。

哥本哈根代表大会后，列宁同瓦·瓦·沃罗夫斯基、伊·伊·伊克沃尔佐夫－斯切潘诺夫等人多次商谈，在莫斯科安排出版合法的布尔什维克杂志《思想》，同时列宁还委托在彼得堡的弗·德·邦契－布鲁也维奇组织出版《明星报》。经过努力，两种报刊陆续创刊。《明星报》于1910年12月28日在彼得堡出版，开始为周报，后改为每周出版三次。列宁在报上发表文章近50篇。它作为布尔什维克公开的机关报，捍卫了党的纲领，加强同工人的联系。《思想》杂志于1910年12月在莫斯科出版，列宁要求该杂志办成一个与取消派相对立的布尔什维克的公开的哲学和社会经济杂志。列宁在上面发表文章6篇。1911年4月，沙皇政府查封了《思想》杂志后，列宁又指示维·米·莫洛托夫等人创办了《启蒙》杂志。

针对取消派和召回派对马克思主义的攻击，1911年1月5日，列宁写了《论马克思主义历史发展中的几个特点》。文章分析了1905—1910年俄国的社会政治形势，阐明了马克思主义运动内部危机的产生原因和发展深度，要求以科学的态度正确认识和对待马克思主义。列宁指出，马克思主义不是死的教条，不是什么一成不变的学说，而是活的行动指南。只有创造性地把马克思主义运用于已经变化了的社会政治形势，才能正确规定党和工人阶级的任务。否则，"就会把马克思主义变成一种片面的、畸形的、僵死的东西，就会抽掉马克思主义活的灵魂，就会破坏它的根本的理论基础——辩证法即关于包罗万象和充满矛盾的历史发展的学说；就会破坏马克思主义同时代的一定实际任务，即可能随着每一次新的历史转变而改变的一定任务之间的联系"。

波格丹诺夫被清除出布尔什维克之后，成立了一个从事分裂活动的反党集团"前进派"，在其《前进》刊物上宣传马赫主义和一元论哲学。不久又创办了第二个反党学校——社会民主党第二高等工人宣传鼓动学校，地点在意大利的波伦亚，成为召回派和最后通牒派的第二个派别中心。在这种情况下，列宁决定成立自己的党校。在他的努力争取下，俄国社会民主党创办了巴黎社会科学专修学校，俄国国内的党组织选派了优秀分子前去学习。1911年1月21日，列宁接见了从俄国巴库派来学习的格·康·奥尔忠尼启则。2月9日至5月10日，每逢周四列宁就去给学员讲授《政治经济学基础》，每次听众大约有100多人。

5月，俄国社会民主工党决定在巴黎近郊寿龙姆成立自己的党校。列宁为学员先后讲授了政治经济学、土地问题、俄国社会主义理论问题、唯物史观等课程，以其充实、严谨、明快和强劲的风格深受学员们的欢迎。每次上完课后，学员们总是觉得自己被列宁深入浅出的讲演"吞没"了，回味无穷。列宁给学员们共讲了3个月的课程，在告别晚会上，列宁叮嘱他们，回国后要牢记党的事业，大胆地依靠工人阶级，因为他们是党和革命的力量及前途之所在。党校培养出来的学员绝大部分后来成为坚定的布尔什维克，成为列宁的学生和拥护者，一些甚至后来还成为苏联党和国家的杰出领导人，如奥尔忠尼启则、施瓦尔茨、布列斯拉夫等。9月21日，列宁一家迁回巴黎。

在列宁同取消派进行斗争的过程中，托洛茨基及其在维也纳出版的《真理报》打着"非派别组织"的旗号，自诩为"公平的经纪人"，实际上采取取消主义的立场，支持和纵容召回派和最后通牒派。列宁以极大的耐性，先后做通了季诺维也夫、加米涅夫、李可夫等人的工作，逐渐使布尔什维克内部的调和主义烟消雾散。1910年3月和6月，列宁写了《政论家札记》一文，对托洛茨基的调和主义进行了批判。列宁指出，托洛茨基自称无派别，实际上是对取消派和召回派"小骂大帮忙"，他的辩护愈是动听、愈是狡猾、愈是巧妙，就对党的危害越大。

为纪念巴黎公社40周年，1911年4月28日，列宁在《纪念公社》一文中分析了巴黎公社产生的原因和真正意义。列宁指出，巴黎公社由于1871年的法国不具备生产力高度发展和无产阶级准备成熟这两个胜利的社会革命应有的条件而遭到失败，但是，巴黎的炮声对加强革命的社会主义宣传起了推动作用。列宁写道："公社的事业是社会革命的事业，是劳动者谋求政治上和经济上彻底解放的事业，是全世界无产阶级的事业。正是在这个意义上，公社的事业是永垂不朽的。"

在同取消派的斗争中，列宁不仅注意在组织问题上的分歧，而且也注意寻找源于思想的分歧，以及产生改良主义的根源。列宁在《马克思主义和〈我们的曙光〉杂志》《我们的取消派（关于波特列索夫先生和弗·巴扎罗夫）》《关于政权的社会结构、关于前景和取消主义》《论战性的短评》《合法派同反取消派的对话》《关于旧的但又万古常新的真理》《俄国社会民主工党巴黎第二小组关于党内状况的决议》《自由派工党的宣言》等文章中指出，取消派不执行党的纲领，公开否认党的革命的最近目的——推翻沙皇制度和建立民主共和国，宣传与马克思主义毫无共同之处的资产阶级自由主义思想，完全滚到改良主义道路上去。列宁评述了布尔什维克和取消派对1908—1910年俄国向资本主义演变这个特殊阶段的政权的社会结构和国家将来的前途所得出的不同结论，批判了取消派的机会主义论点。列宁从理论上指明，取消派同马克思主义的一切基本原理完全决裂，集中体现了资产阶级对无产阶级的影响。在《俄国社会民主主义运动中的改良主义》一文中，列宁深刻地揭示了改良主义的产生根源。列宁指出，由于资本主义和工人运动的迅速发展，资产阶级转而采取新的策略，用改良主义来反对社会主义革命，即企图用不彻底的让步和不大的社会改革来分化和削弱工人阶级，保持资产阶级的政权。西欧各国工人运动内部的改良主义就是这种变化的必然结果。除了这个一般的原因，俄国的改良主义由于俄国比欧洲落后和众多小资产阶级群众最容易动摇而显得特别顽强。列宁认为，取消派放弃无产阶级领导权思想是俄国社会民主工党内的改良主义的最露骨的表现，而他们的所谓资产阶级革命已经结束的论调则是用空话来掩饰他们放弃一切革命的企图。

1911年11月25日，法国工人运动领导人拉法格夫妇自杀身亡。拉法格留下遗书讲，他早已决定在70岁这一年死去，因为70岁这一年龄标志着一条界限，一过这条界限就进入了不可避免的衰老状态，而他将成为党的累赘了，因为他既没有子女赡养，也无钱维持生活。拉法格夫妇之死引起列宁强烈的思想震动。1911年12月3日，列宁代表俄国社会民主工党出席了他们的葬礼，并用法语作了演说，以表示沉痛的哀悼。同时，在与友人私下谈话中，列宁谈了一个这样的想法：一个革命者的生命不仅属于他自己，也属于党。如果他还能为工人阶级做哪怕一点点有益的事，哪怕是写一篇文章或写一份呼吁书，他就没有权利自杀。

列宁和克鲁普斯卡娅1911年春夏之间在巴黎郊区隆瑞莫的住所

独立建党

  1910年俄国国内革命运动日趋高涨，迫切需要党的有力领导，但由于党内斗争严重，党处于十分困难的境地。1910年1月代表会议后，当时在国内的属于孟什维克取消派的三名中央委员，不仅拒绝加入中央委员会俄国局，而且声称中央委员会存在本身都是"有害的"。在国内的属于布尔什维克的中央委员哥登别尔格、杜勃洛文斯基、诺根、莱特伊仁四人先后被捕。这样，中央委员会俄国局这个机关实际处于有名无实的状态。从1910年12月起，列宁和季诺维也夫、加米涅夫向中央委员会国外局提交了必须在国外召开中央全会的申请书。由于中央委员会国外局被取消派控制着，申请被拒绝。在这种情况下，列宁认为同中央委员会再继续商谈只能是白白浪费时间和精力，便集中精力谋求召开在国外的俄国社会民主工党中央委员会会议。

  经过努力，1911年6月10日至17日，俄国社会民主工党侨居国外的中央委员会议在巴黎召开。

  会议的目的是制定立即召开中央全会和全党代表会议的措施。列宁主持了会

俄国社会民主工党中央委员会会议会址（巴黎）

议，并在会上作了关于俄国社会民主工党中央委员会报告。列宁在报告中指出，召开国外中央全会是摆脱由于呼声派、前进派和托洛茨基的破坏活动使党陷入的那种困境的唯一可能和正确的出路。列宁分析了在国内恢复中央委员会的困难问题。他说，在斯托雷平反动时期，警察对中央委员或候补中央委员严密监视，警察派奸细打入党的组织，国内的中央委员三番两次被捕。他认为，一切想派中央委员到国内条件极坏的地方、去完成实现不了的任务的人，是想使党的没有经验的干部直接落入警察的虎口。应立即向全党发出号召，老老实实地、充分地说明在俄国召开中央委员会议已遭到失败，号召各地小组去主动建立省的组织，然后建立中央组织委员会。即自下而上地建立党的组织，并坚决地、直接地、不屈不挠地同取消派进行斗争。

列宁还在会上提出了不能让取消派参加中央机关的决议草案，因为取消派破坏了中央机关，阻挠了它的工作，使它在一年半的时间内软弱无力，处于瘫痪状态。会议在列宁起草的《对关于召开党代表会议的决议的建议》和《声明》中提出，反对呼声派和前进派参加负责筹备党代表会议的国外组织委员会，决定成立国外组织委员会，负责筹备召开全俄代表会议的工作，成立国外技术委员会，负责党的出版和运输工作。国外技术委员会和国外组织委员会受中央委员会六月会议小组领导。中央委员六月会议开始了护党斗争的新阶段。

六月中央委员会议结束之后，龙寿姆党校的三名学员——格·康·奥尔忠尼启则、伊·伊·施瓦尔茨和勃·阿·布列斯拉夫提出，准备在学校课程结束之前回俄国进行全俄党代表会议的筹备工作。列宁赞同三名学员的要求，多次同他们进行谈话。

会后，列宁一方面领导布尔什维克同取消派、前进派、呼声派等派别进行斗争，一方面发表文章和作报告批判调和主义。在《俄国社会民主主义运动中的改良主义》一文中，列宁深入地批判了取消主义和调和主义。列宁认为，俄国的改良主义有两个根源：一是俄国与西欧各国比较起来，小资产阶级要多得多。因此，俄国就特别容易出现一些人物、集团和派别，对社会主义采取一种矛盾的不稳定的犹豫动摇的态度，表现出时而是"炽热的爱"，时而是卑鄙的叛变，而这种态度是一切小资产阶级的特点。二是每逢俄国资产阶级革命某个阶段受到挫折时，小资产阶级群众就最容易、最迅速地灰心丧气，打算叛变，最迅速地背弃彻底民主革命的、全部肃清俄国一切中世纪制度和农奴制度残余的任务。

奥尔忠尼启则等人回国后，开始建立俄国组织委员会，同时他们向列宁写信，要求拨经费筹备和召开党的代表会议。列宁写信给俄国社会民主工党财产"保管人"考茨基、梅林、蔡特金，要求拨出经费1万法郎。要求很快得到了满足。

9月下旬，列宁先后到俄国侨民比较多的苏黎世、伯尔尼、日内瓦、布鲁塞尔、巴黎、安特卫普、伦敦等城市作巡回演说报告，认为新的革命高潮已经临近，党、工人阶级、农民政治上逐步成熟，斗争的决心更加坚定，任何悲观失望、无所作为的观点都是错误的，革命的主观、客观条件已逐步具备，革命不仅不可避免，而且会在吸取1905年革命失败教训的基础上走向成功。列宁在各城市作报告期间，同当地的俄国社会民主工党地方小组成员交谈，讨论在国外成立布尔什维克统一组织等问题。列宁认为，俄国社会民主工党在国外有一大批革命家，仅巴黎一个城市就有40多名有丰富革命经验的布尔什维克，如果把他们组织起来，是一支强大的革命力量。

10月，在奥尔忠尼启则等人的努力下，俄国国内各地方组织在巴库召开会议，成立了党代表会议的筹备机构——俄国组织委员会。列宁在《党内危机的结局》（12月21日）一文中高度评价了组织委员会的意义，认为这是在四年的瓦解和涣散以后，第一次成立了俄国社会民主工党的国内中心，是党走上健康发展之路的重大转折点。

列宁从 1911 年 12 月下旬开始筹备布尔什维克国外小组会议，目的是团结国外的布尔什维克，促进全国党代表会议的召开。列宁为会议写了党内状况的报告提纲和《组织国外社会民主党护党分子和布尔什维克的任务》的决议草案。12 月 27 日至 30 日，列宁以《工人报》编委的身份在巴黎主持了布尔什维克国外小组会议。

小组会议听取了三个报告，即列宁的《关于党内状况》的报告、尼·亚·谢马什柯的《关于六月中央委员会议以前国外状况》的报告、米·费·弗拉基米尔斯基的《关于六月会议以后的国外状况》的报告。列宁在《关于党内状况》的报告中指出，一月全会一致通过了反取消派和反召回派的路线，并试图实现党的统一。可实际上，由于取消派和召回派没有执行全会的决议，全会闭幕以后，所有的国外组织都没有实行联合，相反，分裂更加严重。在国外，实际上存在的是一些各成一派的、彼此只有形式上的联系甚至毫无联系的派别，如布尔什维克派、"调和派"、前进派、"呼声派"和普列汉诺夫派，他们各自为政，实行不同的思想路线，与俄国的某些社会民主党人单独保持联系。全会闭会以后，只有布尔什维克和护党的孟什维克真正进行了社会民主党的工作。"呼声派"所做的只不过是为俄国取消派集团办的《生活事业》杂志和《我们的曙光》杂志写宣传取消主义的文章，前进派集团还在掩护召回派，通过自己的首领卢那察尔斯基进行宗教宣传。呼声派和前进派进行的完全不是社会民主党的工作。列宁在报告中充分地估价了布尔什维克工作的重要性。他指出，由于布尔什维克和护党孟什维克的努力，在俄国成立了几乎得到国内社会民主党所有地方组织支持的俄国组织委员会，该委员会的成员积极筹备召开俄国社会民主工党全党代表会议，这是使党的历史发生决定性转折的重要措施。俄国组织委员会实际上是社会民主工党进行工作的唯一的和拥有全权的中心。

会议通过了由列宁起草的《组织国外社会民主党护党分子和布尔什维克的任务》的决议。决议指出，布尔什维克的国外组织还像过去一样，竭力争取一切派别中所有愿意支持俄国组织委员会和执行党的路线，即反取消派和反召回派的路线的社会民主党人，加入国外社会民主党布尔什维克组织，或合并为统一的党组织。反对取消派和召回派，反对无思想的国外派别的分裂活动，促进一切真正的社会民主党护党分子特别是护党孟什维克的团结，协助俄国组织委员会，是国外党组织的实际任务。中央机关报《社会民主党人报》和《工人报》都是护党分子必须支持的机关报，这些刊物丝毫没有改变根据党的决议制定的路线。

布尔什维克国外小组会议最后一次会议通过了列宁起草的《关于筹备代表会议的俄国组织委员会的决议》，会议责成一切护党同志必须竭力支持俄国组织委员会及其召开的代表会议。

1912年初，列宁给国际社会党执行局捷克社会民主党代表涅美茨写信，商谈在布拉格举行党的第六次代表大会的事宜。列宁强调，会议地点选在当时属于奥匈帝国的布拉格是出于这样的考虑：一方面，巴黎的俄国间谍多如牛毛，自己的一举一动都会引起沙皇警察局的注意，要在那里开会是很冒险的；另一方面，布拉格是一个相对安宁、和平的城市，没有俄国侨民，而且列宁在第一次侨居国外时就在布拉格住过一段时间，对那儿的情况较为熟悉。

为保证会议圆满成功，列宁十分周详地考虑了组织会议的一切细节，如会议代表的广泛性和代表性、会议人员的接待、会议议程、会议的安全和保密工作等。国内代表从俄国国内赶来时，采取了种种令人难以置信的预防措施，但仍有人在途中被捕。侨居在国外的代表也非常谨慎，以防特务盯梢。列宁召集巴黎的代表，通知他们去布拉格的注意事宜，如：不要一块儿走，不要睡在同一列车上同一个包厢的卧席上，最好分乘不同的车厢。

列宁一到目的地就去旅馆看望各位代表。同大家握手之后，便询问了各人的家庭、工资、思想状况，并倾听了大家对大会议程安排的意见和对会议的要求和期望。列宁手里拿着一张写满了小字的纸条，向代表们介绍代表会议的主要议程及目前形势和党的任务的报告提纲。在短短的时间内，列宁分别用适当的方式接近每一位代表，并熟知了他们的名字，使代表们倍感亲切。

为了安全，列宁和捷克的同志商定，建议代表们分居到捷克同志的家里，同时提醒代表们说，布拉格也会有暗探，要特别注意言行，彼此称呼只能用化名。

1912年1月18日至30日，俄国社会民主工党第六次全国代表会议在布拉格举行。俄国国内20多个党组织的代表克服了重重困难，秘密参加会议，还有一些党组织的代表由于警察的迫害和其他困难未到会，但送来书面声明拥护代表会议的召开。列宁作为中央机关报编辑部代表出席会议。在代表中，除两个孟什维克护党派外，其余都是布尔什维克。

会议是在严格保密的情况下进行的，仅有几个经过审查的招待员知道在开会，但他们也不知道会议的性质和代表的姓名。会议规定，会议的地点、议程不做任何报道，代表通信时也不能提及。

列宁直接领导了代表会议的全部工作。他被选为代表会议主席，在会议上作报告，阐明最重要的问题，起草会议日程中一切最重要问题的决议草案。代表会议所通过的决议都经过他仔细地润色定稿。代表会议共举行了23次会议，列宁每日发言多次。会上列宁十分温厚，彬彬有礼。在会议的头几天里他记熟了每一位代表的名字，并用不同的方式同他们接近和谈心。因此，列宁不仅是这次会议的组织者和公认的领导者，而且也是这次历史性代表会议的灵魂。列宁思想在这次会议中得到了充分的体现和贯彻。

在代表会议上，列宁抱病致开幕词，他热烈欢迎各位代表。之后，他相继作了确定会议性质的讲话，作了关于目前形势和党的任务、关于国际社会党执行局的工作、关于社会民主党在反饥荒斗争中的任务、关于组织问题、关于中央机关报《社会民主党人报》的工作和其他问题的报告。

代表会议根据列宁的提议，专门通过决议宣布：代表会议"被确认为俄国社会民主工党的全党代表会议，是党的最高机关"，它的任务是建立全权的领导中心和恢复党。因此，布拉格代表会议实际上起到了党的代表大会的作用。

代表会议就各民族中心没有代表出席会议的问题通过了特别决议。在列宁起草的决议中指出，代表会议承认，巩固俄国各民族的社会民主党的统一，具有非常重要的意义。各民族社会民主党组织曾多次被邀请参加代表会议，但是他们的领导机关不愿派遣自己的代表参加全党代表会议，因此，他们没有代表出席会

俄国社会民主工党第六次全国代表会议会址（布拉格）

议，应由各民族中心负完全责任。代表会议责成俄国社会民主工党中央委员会极力同参加俄国社会民主工党的各民族组织实现统一，建立正常关系。

列宁作的《关于目前形势和党的任务》的报告是决定代表会议的面貌、决定党的建设和任务等根本问题的重要报告。在列宁的报告和代表会议通过的列宁起草的关于这个问题的决议中，对国内的政治形势作了深刻的分析，指出了反对沙皇制度的群众革命情绪日益增长。代表会议强调指出，无产阶级领导农民夺取政权仍然是俄国民主革命的任务。

各地方代表的报告在会上占有重要地位，列宁对这些报告十分重视。在听取这些报告的五次会议上，他每次都做了笔记。他特别注意有关各组织的人数和组成情况、各组织存在时间的长短、组织中是否有职业的党的工作人员、党组织是否同各工人区有联系、怎样散发布尔什维克机关刊物《社会民主党人报》《明星报》和《思想》杂志、布尔什维克和孟什维克护党派在工作上是否协调等情况。列宁在他起草的《关于各地的报告》的决议中指出，在各地社会民主党工人中间，都在为巩固社会民主党的地方秘密组织和小组而积极工作，各地都认为必须把社会民主党的秘密工作和合法工作结合起来。

代表会议把组织问题及罢工运动和工会问题这两项议程合并起来，就这两项议程通过了一个总的决议，即《关于党的工作的性质和组织形式》。列宁在关于组织问题的发言中指出了当前任务所提出的组织工作形式的特殊性。列宁说，机动灵活的人数不多的党支部的建立，应该保证党的路线贯彻到每个合法工作部门，使一切合法工作充满党性精神。列宁指出，党组织要善于利用合法工作的一切形式，首先是杜马党团、工会和合法的工人团体。列宁在他关于组织问题的发言中提出的全部建议都收入了代表会议所通过的决议中。

清除机会主义分子出党是代表会议的一项最重要的工作。代表会议通过了列宁起草的《关于取消主义和取消派集团》的决议。决议指出，全党早已承认，取消主义派别是资产阶级对无产阶级的影响的表现；在四年时间里，取消派分子不仅修改俄国社会民主工党的纲领和策略，而且否定秘密党的意义，在公开杂志上大肆诽谤、谩骂秘密党以及干了其他一系列反对无产阶级政党的行为，表明取消派集团已把自己完全置于党外了。因此，代表会议决定把取消派分子开除出无产阶级政党。由于这个历史性的决议，布尔什维克终于结束了与孟什维克在俄国社会民主工党名义内的形式上的统一。把孟什维克取消派分子清除出无产阶级政党，对于俄国社会民主工党作为新型政党的进一步发展和巩固具有决定性的意义。

代表会议还谴责了各种各样暗藏的取消派，即那些与俄国革命工人运动毫无联系，以知识分子团体的形式在国外活动的孟什维克呼声派、托洛茨基派、前进派等。代表会议在其《关于国外的党组织》的决议中声明，如果国外组织不服从社会民主党工作的俄国中心即中央委员会，不通过它单独同俄国进行联系，因而造成组织上的分裂，它就不能享有俄国社会民主工党的称号。代表会议认为，俄国社会民主工党1910年1月中央全会关于托洛茨基在维也纳出版的《真理报》编辑部的决议以及给它以经费资助的决定是不正确的，因而通过决议予以废除。

列宁在代表会议的一次会议上作了关于国际社会党执行局的工作报告。报告的大部分是答复代表们提出的问题，介绍德国社会民主党内的斗争。列宁谈到德国社会民主党分裂的必然性时指出，它的内部已分出了中间派、机会主义派和革命派。他严厉批评了参加国际社会党执行局的德国代表团某些成员的机会主义行

为。在回答东方革命对国际关系有何影响时,列宁回答说:"在亚洲是民主主义革命的开始,在欧洲则是民主主义革命的结束,并且将会是社会主义革命的开始。"

代表会议通过了列宁起草的关于国际问题的一系列重要决议。其中,《关于中国革命》的决议斥责俄国自由派支持沙皇政府的掠夺政策行为,指出他们为了俄国资本家的利益,利用中国发生革命运动的时机,企图占领与俄国接壤的中国的几个省份。代表会议欢迎1911年的中国革命,指出中国革命具有世界意义,它将给亚洲带来解放并破坏欧洲资产阶级的统治。

《俄国社会民主工党第六次全国代表会议文件汇编》封面

因工作繁忙,列宁总是工作到很晚才回到住处奥努弗里也夫家中,怕影响奥努弗里也夫家人休息,他总是轻轻走进房间,然后悄悄地躺下睡觉。有时回来早一些,就喝杯茶,吃点东西,休息10多分钟,再继续工作到深夜。有一次,奥努弗里也夫刚从面包铺回来,谈话时他顺便提到有一个人把隔壁一幢房子拍了照。列宁马上放下手中的文件,警惕地站了起来,非常着急地问道:"在哪里?"

然后他走到窗前看了看那幢房子说:"明摆着的事,从今天起,您不要同我一起走了。如果人家把我一个人拍下来,再把照片登在报上,那还不是很糟。如果把你也拍下来,你在会议后回俄国时,警察就不会放过你。"

会议期间,列宁曾专门召集特别会议,周详地研讨了出版工人日报的问题。斯大林领导的巴库委员会提出,根据当时形势,一是应把党的工作重心转到俄国国内来,二是创办由领导中心编辑的在俄国国内出版的和各地保持密切联系的全国性指导报纸。列宁表示同意。

代表会议最后选举了中央领导机构。会议选举由列宁、格·康·奥尔忠尼启则、苏·斯·斯潘达梁、季诺维也夫、施瓦尔茨、戈洛舍金、马林诺夫斯基等人组成的中央委员会。后在新选出的中央委员会会上又补选了当时在流放的约·维·斯大林、雅·米·斯维尔德洛夫为中央委员；为了防备某些中央委员被捕，补选了米·伊·加里宁、斯·格·邵武勉、叶·德·斯塔索娃、安·谢·布勃诺夫为候补中央委员。为了领导俄国的党的工作，成立了俄国中央局，格·康·奥尔忠尼启则、苏·斯·斯潘达梁、雅·米·斯维尔德洛夫、约·维·斯大林、米·伊·加里宁、斯·格·邵武勉、叶·德·斯塔索娃、安·谢·布勃诺夫参加。列宁领导俄国中央局的工作。代表会议还选举列宁为党驻国际社会党执行局代表和中央机关报编辑。

列宁所领导的俄国社会民主工党布拉格代表会议的成功召开，是布尔什维克近四年来反对取消派、召回派和调和派的斗争的一次总结，是列宁为重整队伍、恢复和巩固党组织的努力所取得的重大成果。从此以后，各地的布尔什维克同孟什维克彻底断绝了关系，被称为俄国社会民主工党（布），形成了一个统一的布尔什维克党，作为一个独立的马克思主义政党出现在政治舞台上，并制定了一条适合俄国国情的马克思主义路线。代表会议之后，列宁满怀喜悦地写信给高尔基说："不管取消派混蛋们怎样捣乱，我们终于把党和它的中央委员会恢复起来了。我想您会和我们一起为这件事情高兴的。"谈到党的分裂时，在《意大利社会党人代表大会》一文中，列宁阐明了他的态度：世界上没有一个社会民主党不是通过同机会主义的艰苦斗争和多次分裂才建立起来的，"分裂是一件沉痛的事情。但是有时它是必需的，在必须分裂时，一切软弱、一切'温情'……都是犯罪。工人领袖不是天使，不是圣人，不是英雄，而是普通的人。他们犯了错误，党就去纠正这些错误……但是，如果他们坚持错误，如果他们为了维护错误而组织集团，践踏党的一切决议和无产阶级军队的全部纪律，那么分裂就有必要"。

1月31日，列宁离开布拉格，在途经德国的莱比锡、柏林等地时停留。

巴黎布尔什维克小组在列宁回来后就召开了紧急会议，一部分同志要求列宁在布尔什维克和孟什维克的联席会议上发言，其原因是孟什维克提出要同布尔什维克联合召开一次党内情况的辩论会，孟什维克坚持要列宁参加这次会议，布尔什维克的代表在没有取得列宁同意的情况下，就草率地答应了这一要求。这个问题提交到布尔什维克巴黎小组的紧急会议上来研究。列宁反对在侨居国外的情况下与孟什维克举行任何新的辩论，并坚决表示拒绝出席这样的会议。理由是这种辩论是无用的，甚至是有害的。列宁的态度使同志们感到很窘迫。为此，列宁专门给小组成员写了一封信，详细解释了自己的观点，让同志们传阅。列宁的信开头就指出，任何破坏纪律的行为都是破坏党的滔天罪行，不允许不按大多数人的意志办事。但是他不得不坚持自己的意见，因为他比任何时候都更加坚信自己是正确的。列宁在信中清楚地回忆了在侨民中进行毫无成效的辩论的历史，这种辩论同在俄国国内工人中的辩论是有区别的。在国内，很多非党工人都很仔细地倾听了布尔什维克同孟什维克之间的辩论，这种辩论有助于他们在政治上得到提高，帮助他们确定自己的立场，走上革命的道路。而在国外，参加会议的一般是各派的人，他们对争论的问题早已了如指掌，他们的立场早已确定，在这里不可能说服任何人。至于原则性的争论可以在党的刊物上进行。列宁指出，不能把精力浪费在空谈上，必须爱惜精力，积累知识，研究历史教训，准备迎接新的革命高潮。革命即将到来，它要求我们更加善于斗争，避免过去的错误。列宁的这封信影响很大，同孟什维克辩论问题不必再讨论了。

布拉格代表会议虽然把取消派清除出党，但斗争并没有结束。布拉格代表会议之后，取消派发起了反对代表会议及其组织者的风潮。1912年3月13日，呼声派、前进派、普列汉诺夫派和调和派一起在巴黎举行了会议，通过了一个抗议布拉格代表会议的决定，指责布尔什维克"篡权"、在党内搞"政变"，煽动各地方党组织拒绝执行全党会议的决定，而且还通过了把列宁开除出国际社会党执行局的决议。针对他们的诽谤和破坏，列宁给予了有力的回击。列宁在给一个同志的信中写道：所有这一切都是非常可笑的。既然这些大人先生们连中央委员会国外局都不能保持住，那么现在他们就更搞不出什么名堂来了。列宁彻底揭露了取消派和托洛茨基调和派的反党实质。列宁指出，取消派不承认秘密形式的党，而要建立一个新的合法政党，这已经不是在党内闹派别斗争，而是背离党、破坏党的行为；他们由于政治上、组织上坚持机会主义的立场和政策而自绝于工人阶级，早在1910年他们就同原来的政治集体决裂了；两年多的经验已经证明，同取消派实行任何联合都是不可能的，任何诡辩和遁辞都无济于事，任何谩骂都不会改变取消派已置身于党外这一事实。列宁蔑视取消派、前进派、托洛茨基派和崩得分子的反布尔什维克联盟，认为这种联盟早就注定要遭到可耻失败，因为这个联盟是建立在无原则、虚伪、说空话上面的。

列宁虽然看不起这伙空谈家，但他并不轻视这些空谈家。他在给中央委员会俄国局委员的一封信中说：不要轻率地对待国外取消派的行径。谁要是对这帮人等闲视之，或只同他们"对骂一通"，就会犯很大的错误。必须展开顽强的、严肃的、系统的斗争，要到各地去说明取消派的骗局。列宁一方面要求中央委员会俄国局派出12位代表到各地去作报告，宣传布拉格代表会议的决议。另一方面写信给住在瑞士伯尔尼的格·李·什克洛夫斯基，要他到瑞士各地去作布拉格代表会议的报告，并把代表会议的材料和有关情况的说明及时寄给他使用。列宁还给住在意大利卡普里岛的高尔基寄去了布拉格代表会议的决议，请高尔基写一份宣传革命的"振奋人心"的传单。

列宁指示俄国局成员奥尔忠尼启则、斯潘达梁、斯塔索娃，要他们必须对国外取消派展开顽强和系统的斗争，建议用传单形式翻印布拉格代表会议的一切重要决议。要他们必须到所有的地方组织去巡视一番，要各地方组织通过确切的、正式的、详细的、清清楚楚的和毫不含混的决议，拥护布拉格代表会议，接受中央的领导，反对当地的一切取消派，向党提供活动经费。列宁批评国内组织没有向党的机关报编辑部提出关于贯彻代表会议情况的报告。列宁甚至以恳求的口气给党的基辅委员会写信说："亲爱的朋友们！看在上帝面上，让我们多多联系吧。联系、联系、联系，这就是我们所缺少的东西。没有联系，一切都靠不住……没有联系，再遭受一两次挫折，一切就会垮台。"

第四章

十月的决战

迁往克拉科夫

1912年4月17日，西伯利亚连纳金矿工人举行罢工，沙皇政府下令宪兵开枪，工人死伤达500余名，造成连纳惨案。事件引起全国性的工人抗议浪潮，成为群众性革命高潮急剧涌动的巨大推动力。布尔什维克《明星报》迅速把事件传播到全国各地。5月9日，列宁在俄国社会民主工党巴黎支部会上，作了关于连纳事件、俄国罢工及党对这些事件的策略的报告，认为出版一种布尔什维克日报已提上日程。

遵照列宁的指示，由斯大林发起的合法的布尔什维克日报《真理报》于1912年5月5日在彼得堡正式创刊，成为布尔什维克的两个合法中心之一（另一个合法中心是布尔什维克杜马党团）。

为领导布尔什维克的两大合法中心，列宁决定迁往波兰南部的著名古城克拉科夫，因为那里离俄国的边境比较近，三天之内便可收到从彼得堡寄出的报纸，给那里的报纸写稿极其方便，工作关系也可以比巴黎搞得更好；同时那里不同于被德国和沙皇俄国占领的其他波兰地区，它有着相对的政治自由，俄国党中央在那里设了一个局，加上那里的舆论也希望波兰独立，憎恨沙皇的统治，所以当地的警察机关对待俄国政治侨民的态度比较客气。

6月22日，列宁携家属踏上了克拉科夫的土地。负责迎接列宁的是波兰社会民主党人谢·尤·巴哥茨基，他们约好在市中心的花园见面。巴哥茨基从未见过列宁，提前到达约定地点等候。他想象中的列宁是一个留着黑胡子、身材伟岸、

第四章 十月的决战

外表英俊的男人。约定的时间过去半个小时了，巴哥茨基也未发现列宁，开始东张西望。周围长凳子上坐满了人，离他最近的一张长凳子上坐着一对中年夫妇和一位老太太，男的中等偏矮身材，戴顶礼帽，蓄着略带棕黄色的小胡子，眯缝着的眼睛很有神，苏格拉底式额头，脸型有点像蒙古人。中年妇女和老太太穿着很朴素。他们坐了半天也没有引起巴哥茨基的注意，看到巴哥茨基不安的样子，中年妇女突然走到巴哥茨基面前，问他是否在等人，巴哥茨基一下子反应过来，双方笑了起来。

列宁一家住在克拉科夫近郊的兹韦日涅茨街，那儿靠近树林和河流，有利于创作，房租也不贵。但过了两个多月后，列宁感到很不方便，因为这里离车站太远，他每天晚上都得骑上很长一段时间的自行车，才能把邮件送往火车站。因为使他的文章及时地在《真理报》上发表，他总是赶夜间的快车把信件寄出去。9月初，列宁搬到离车站不远的卢博米尔谢戈街47号，从住房的窗口可以看到沿着国境线伸展的一片广阔的田野。触景生情，列宁的思绪时时飞越国境，希望早日回到祖国。在这儿，列宁一直住到1913年5月。

来到克拉科夫之后，列宁很快就和《真理报》编辑部、俄国社会民主工党杜马党团和其他地方组织建立了联系，并建立了秘密穿越国境的交通线。每月和国内通信多时达数百封，从国内来找列宁的人士穿梭不断，他们带来信函和报告，同列宁交谈，并从他这儿得到指示、建议和意见。因此，列宁的住地实际上成了俄国革命运动的参谋部和党的活动的指挥中心。

一般情况下，列宁的作息时间很有规律。每天8点左右起床，无论什么天气，早晨都要先散一会儿步。早饭后开始工作，10点左右处理第一批邮件，绝大部分是俄国报纸，报纸的内容一般会给他提出为《真理报》写稿的题目。这时，常常有人来找他，列宁就和他们一块讨论和处理问题，并分配给他们工作任务。随后列宁就把自己关在房间里，干几个小时的工作。除从俄国来的同志外，他一般不接待客人。下午2点钟左右开始吃午饭和午休。下午继续工作，5点钟左右开始休息，骑自行车郊游、散步、游泳、滑冰、健身等。7点左右回到家中继续工作到深夜。夜里11点，列宁在开往俄国的快车开走之前，把所有的稿件送到车站，以便尽快运往彼得堡《真理报》编辑部。晚上有时一些同志聚在列宁家中，大家围坐在饭桌旁边，一边喝茶，一边热烈地讨论各种问题，列宁自然是其中最活跃的一个。

俄国的来信绝大部分是寄到其他国家政治上保持中立的人手中，然后再转寄或捎到克拉科夫的列宁家中。信是用暗语写的，绝密的信则用化学墨水写在一般信文的行间，甚至用密码书写。克鲁普斯卡娅熟悉书信密码的解译。由于从国外寄往俄国国内的信件要受到严格的检查，列宁夫妇便采取了一个稳妥的办法，他们通过巴哥茨基找到几个比较可靠的俄国边境上的农民，这些农民经常要从俄国边界来克拉科夫赶集，列宁给他们少量的报酬，他们就同意把信件带回俄国，投寄到当地的信箱中，这样这些信件就成了国内信件，可以避免特别检查。

为使列宁集中精力从事工作，克鲁普斯卡娅把家务揽了下来。同时她还负责信函和文件的具体处理工作，经常开夜车。有时他一边做饭，一边处理文件，时常把肉烧煳了。列宁开玩笑地说，他经常吃"烤肉"。工作之余，列宁还和巴哥茨基一块去离克拉科夫40公里的马可夫村去登山休假，以调适一下身心。

在克拉科夫，列宁的工作主要有三大项，一是主编《真理报》，二是领导布尔什维克党及杜马党团，三是从事理论创作和研究。

《真理报》出版后不久，斯大林被捕，列宁在克拉科夫实际上履行了主编的一切工作。他几乎每天都给报纸写文章、写信或发出指示，经常和来到克拉科夫的同志商量工作。参加报纸工作的还有斯维尔德洛夫、高尔基、加里宁、莫洛托夫等。列宁给《真理报》写东西用的笔名也有几十个，如"一读者""统计学家""真理派""克·土、弗·伊"等。到1914年7月《真理报》被查封为止，列宁共发表文章和短评计有280多篇，同时对《真理报》的办报风格、方向和战斗性予以指导。

托洛茨基在得知俄国国内《真理报》出版后，便写信指责布尔什维克用了"属于"他的维也纳《真理报》的名称。列宁认为这是无理取闹和造谣中伤，不予理睬。

7月24日，列宁写信批评《真理报》和《涅瓦明星报》缺乏战斗力，报纸亟待克服那种枯燥单调、索然乏味和缺乏战斗力的状况。在8月份的一封信中，列宁批评报纸对待第四届国家杜马选举像"一个无精打采的老处女"，指出在一个混乱不堪的时代，社会主义的刊物不善于论战是不行的，在选举的关键时刻不进行战斗就是葬送革命事业，他要求面对取消派报纸《涅瓦呼声报》的挑衅，要主动出击，不要怕谈论分歧，要走在大家的前头，而不是沉默和落后，"沉默是一种犯罪行为"。11月24日，列宁进一步提醒编辑部："报纸本来就不是一种读者只管读、作者只管写的东西。报纸应当自己去寻找，去及时发现并及时刊登某种材料。报纸应当去寻找和发现它所需要的关系。"1913年2月，斯维尔德洛夫和从狱中出来的斯大林根据列宁的要求和指示，对《真理报》编辑部进行了改组，列宁写信表示祝贺。

1913年7月18日，《真理报》被沙皇政府查封。列宁得知消息后，十分着急，主持召开了中央委员会会议，讨论《真理报》《启蒙》杂志、波涛出版社的问题，决定改换报纸的名称，不间断地出版。没过几天，《真理报》编辑部使用"工人真理报"和"北方真理报"两个新名称同时出版。莫斯科党组织根据列宁的意见，创办了《我们的道路报》。后来，《工人真理报》《北方真理报》因查封而多次改换名称，用"拥护真理报""无产阶级真理报""真理之路报""工人日报""劳动真理报"等名称出版。

《真理报》作为当时公开的、"合法"的报纸，它既要坚持马克思主义的立场，积极宣传处于秘密状态下的布尔什维克党的主张，又要尽量避免和政府当局的直接冲突，以保住这个合法的阵地。列宁认为这需要讲究斗争的艺术，需要把原则的坚定性和策略的灵活性结合起来。列宁在给编辑部的信中指出：一部分新闻的语调和内容需要改变。尖刻的言辞要少一点。要更冷静地分析证据，更详细地、更简明地反复说明事实真相。不要像取消派《光线报》一样，乞灵于诽言谤语和人身攻击，以此企图搅混人们的头脑，逃避说明自己的观点。要争得报纸的合法地位并能通过书报检查，不要因小失大。有一次，《拥护真理报》发表了切尔诺马佐夫写的《马克思主义者的会议》，详细地介绍了中央委员会的一次秘密会议。列宁看了后，立即写信批评编辑部疏忽大意，竟然在合法报刊上刊登这种文章，就等于向敌人告密，给党倒帮忙。后来得知这篇文章的作者是政府当局混进革命队伍中的一个奸细。

1914年3月，彼得堡的工厂主决定用"同盟歇业"的办法来对付工人的罢工。彼得堡的党组织根据党的决议，决定在连纳惨案两周年纪念日举行示威游行作为回答。怎样号召广大工人参加这个行动呢？显然不能刊登秘密宣言。根据列宁的指示，编辑部便采取了"暗示"的宣传方法，巧妙地发表了一篇不具名的由列宁撰写的文章《论工人运动的形式》，文中提到：我们的策略就在于把各种不同的斗争方法结合起来，巧妙地从一个方法过渡到另一个方法，不断地提高群众的觉悟，扩大群众的集体行动；觉悟的工人也很清楚地知道某些具体的提高的形式，这些形式在历史上经历过不止一次的考验，只有对取消派才是"不可理解的"和"格格不入的"。当局的警察和新闻检查官员不懂得文中的"暗示"，只是发现通篇文章没有出现罢工、游行、示威的字眼，便同意了。可是觉悟的工人看了这篇看似平常又不平常的文章后，便心领神会了其中的意思。示威游行得以顺利进行，当晚政府当局的报纸便耸人听闻地加以报道。第二天，《真理报》便采取转发政府新闻的手法，来揭露事件的真相。比如有人在工人中散发大量传单，号召他们参加示威游行，传单上署名是俄国民主工党彼得堡委员会，再次巧妙地避过政府的检查。

1914年7月，沙皇政府利用世界大战一触即发的时机，采用非常手段镇压革命。7月21日《真理报》被查封。《真理报》从创刊到1914年7月被封（1917年二月革命后复刊），共出版636号，其中有160号被没收，8次被查封并相应更名，编辑部成员被审讯36次，被罚监禁、坐牢累计时间为103个月，即平均每天有三个编辑人员在狱中，被罚款1600多卢布。每期4万多份，最多时达到10万份。《真理报》在俄国工人运动史上产生了巨大的作用。《联共（布）党史》《苏共党史》曾充分肯定了《真理报》的历史功绩：它宣传了工人运动，指导了工人斗争；宣传了农民破产及其原因，把农民吸引到革命行列中来；反对取消派，保卫了党的秘密组织，从取消派手中夺取了合法团体，获得了第四届杜马选举的胜利……随着《真理报》成长起来的有整整一代革命无产阶级，这一代人后来成了十月社会主义革命的主力。

在领导《真理报》的同时，列宁还领导着布尔什维克党的另一大合法中心——杜马党团——的工作。1912年夏，俄国开始第四届国家杜马的选举。列宁认为，作为布尔什维克合法中心之一的杜马党团有着不可替代的作用，因此指示各地党组织积极参加选举运动。虽然身在国外的克拉科夫，但心系国内的整个选举运动。选举前后，他把有关选举的文章，如《在于选举运动和选举纲领》《选举运动的几个原则问题》《第四届杜马选举运动和革命社会民主党的任务》《改良派的纲领和革命的社会民主党的纲领》《选举总结》《关于工人代表的某些发言问题》《杜马七人团》《关于社会民主党杜马党团内部斗争问题的材料》等，或者寄给《真理报》，或者交给国内的革命组织，对彼得堡党组织的负责人提出具体的意见和指示。

1912年7月初，列宁在克拉科夫会见阿尔曼德。她是受中央委员会的委派去彼得堡为第四届杜马的选举活动进行准备工作的。列宁同她商讨了今后的工作计划。7月中旬，列宁在给克雷连科布置的工作中，也要他帮助准备彼得堡的选举工作。列宁在给《真理报》编辑部的信件中，指出在第四届国家杜马的选举活动中，必须保持《真理报》的领导作用，必须同取消派作斗争，必须把同孟什维克取消派的论战转到政治纲领方面，提高报纸的战斗精神。列宁认为，社会民主党应该利用最反动的沙皇杜马来宣传自己的革命纲领和策略，同时要把广泛的合法的马克思主义宣传同非法的、秘密的、隐蔽的革命工作结合起来。布尔什维克工人代表在杜马中的席位是重要的战斗岗位。同时，杜马代表应该利用相对"合法"的身份，建立党的工作中心。

在1912年秋天举行的第四届杜马选举中，布尔什维克取得了胜利。参加杜马的布尔什维克代表虽然只有6名，而孟什维克有7名，但布尔什维克代表是由6个工业省份的工人选民团选举出来的，孟什维克是由非工业省份选入杜马的。布尔什维克代表的是100多万工人，而孟什维克只代表不足25万工人。列宁对布尔什维克的竞选结果感到满意。他在写往彼得堡的信中，向《真理报》的所有撰稿人、编辑和朋友祝贺选举胜利。

选举以后，列宁特别关心布尔什维克杜马党团的工作。他不仅指导整个党团的工作，而且从思想上和工作上具体帮助每一个代表。他在同布尔什维克杜马代表巴达也夫的谈话中精辟地阐明了布尔什维克代表的任务。他说："黑帮分子的杜马是永远不会通过改善工人状况的法律的。工人代表的任务是利用杜马的讲台，每天向黑帮分子表明：工人阶级是有力量的，是强大的；革命高潮重新到来的日子已经为期不远了；这个革命将把整个黑帮，连同他们的大臣和政府一起扫除干净。当然，也可以对预算提出修正案，甚至还可以提出某种法律草案，但所有这些行动应该为了一个目的：痛斥沙皇制度，揭露政府的全部骇人听闻的专制罪行，宣传工人阶级的无权状态和遭受残酷剥削的事实。这就是工人期待自己的代表去做的事情。"

1912年10月底，列宁在克拉科夫主持党中央委员会国外局会议，讨论了第四届杜马代表中布尔什维克的工作。11月，列宁为布尔什维克杜马代表的第一次发言起草了提纲。

经过长时间的激烈争论，布尔什维克代表按照列宁和党中央的指示成立了独立的俄国社会民主工党党团。独立党团的成立对于把俄国工人团结在布尔什维克党的旗帜下起了重大的作用。

独立党团成立之后，布尔什维克代表的工作加强了。他们在杜马讲坛上更频繁地发表演说，演说内容也更加激烈，更加具有革命性。住在克拉科夫的列宁指示他们怎样发表演说，给他们起草演说稿，当他们到克拉科夫去的时候，又在个人交谈中给他们以指示。

布尔什维克代表在杜马中最重要的发言都是由列宁起草或由他参加起草的。例如，1913年4月，列宁起草了关于民族问题的讲稿，并把它寄给布尔什维克代表彼得罗夫斯基，作为他在杜马的发言稿。1913年6月4日，杜马讨论预算委员会关于1913年国民教育部的经费预算问题的报告。这本是议会的例行公事。但列宁为布尔什维克代表起草的发言稿却利用这个题目，揭露了政府的反动性，通俗而深刻地宣传了革命道理。发言稿首先指出，国民教育部大吹特吹，说它的开支增加得特别快：在6年里差不多增加了两倍！这是用百分法的计算来蒙蔽人民的意识，掩盖俄国国民教育的可怜状态。这就像一个乞丐有3个戈比，你又给了他5个戈比，于是他的"财产"立刻有了"很大的"增加：整整增加了167%。列宁引用国民教育部避而不谈的官方数字，说明俄国教育已经到了令人难以置信的落后和野蛮的地步，在欧洲除了俄国以外，没有第二个国家是如此落后的。俄国农民比美国黑人还要差一倍。俄国国民教师的薪俸少得可怜，受冻挨饿。御用作家和官方奴仆说，俄国很穷，没有钱。但是列宁揭露说，俄国支付官吏、警察的薪俸，支付对外掠夺政策的经费，却是很"阔绰的"。这一切促使俄国人民去思考，哪个阶级在国家里的统治使俄国农民注定要遭到物质的贫困和精神的贫困。列宁的这个讲演稿大部分由布尔什维克代表巴达也夫几乎是逐字逐句地在杜马会议上宣读。当巴达也夫在结束之前读到"难道这个政府还不该被人民驱逐掉吗？"时，当局不准他继续读完发言稿。

列宁不仅指导着布尔什维克代表在杜马内的活动，而且密切关注着他们在杜马外的工作。布尔什维克代表们与工人们保持着密切的联系，他们经常出入工厂，在各种工厂和工人区报告自己的工作，组织对罢工者的援助，为《真理报》写稿。他们还常常在秘密党组织的会议上发言，帮助这些党组织进行工作，建立新的党支部，组织书刊的印刷和出版，完成党中央委托的工作，等等。

1913年1月8日至14日，俄国社会民主工党中央委员会扩大会议在克拉科夫列宁的住所举行。出席这次会议的有中央委员、杜马的布尔什维克代表以及彼得堡、莫斯科地区、南部、乌拉尔和高加索的秘密党组织的代表。考虑到保密的需要，这次会议被称作"二月会议"。

会议在列宁的领导下进行。他在会上作了《革命高潮、罢工和党的任务》《关于对取消主义的态度和关于统一》的报告，起草和修改了会议的全部决议，并写了俄国社会民主工党中央委员会关于这次会议的通报。

会议还通过了列宁起草的关于社会民主党杜马党团、保险运动、民族的社会民主党组织、《真理报》编辑部的工作和改组等的决议。会议的各项决议为党在当前工作中各项最重要的问题提出了指导方针，这些决议经过中央委员会批准，连同会议的《通报》印成单行本分发给各个党组织。这些决议和通报对党的巩固和统一、对扩大和加强党同广大劳动群众的联系、对党在工人运动不断高涨的条件下以新的工作方式进行革命斗争,都起了重大的作用。

1913年春,克鲁普斯卡娅得了严重的眼球凸出性甲状腺肿病。列宁对此十分焦急,采取一切措施进行治疗。她在克拉科夫治疗三个星期,医生建议她到山区去住几个月。列宁在离克拉科夫12小时火车路程的扎科帕内高山疗养地附近的波罗宁车站所在地白杜纳耶茨

1914年夏列宁在波罗宁附近扎科帕内疗养区

村租了一座小屋。列宁和克鲁普斯卡娅以及她的母亲一起在这里度过了1913年和1914年的两个夏天。

在白杜纳耶茨租的房屋有两个房间和一个厨房,另外还有一个小小的阁楼,它就成为列宁的工作间。列宁通常清晨先到离家不远的山间小溪去洗澡,然后去邮局。列宁收到邮件就迅速浏览一遍,并对某些最急的电报和信件立即回复。早饭后开始工作,除午饭时休息一会儿以外,一直工作到晚上7点。然后,列宁骑自行车把信件送到波罗宁火车站邮政所。列宁在散步时常和当地居民交谈,了解他们的生活情况。

列宁希望安静的生活环境和山地的清新空气能使克鲁普斯卡娅的病好起来。但事与愿违,山地对克鲁普斯卡娅帮助不大,她的健康状况并没有好转。克拉科夫的医生建议她去瑞士伯尔尼找著名的甲状腺病专家科赫尔教授。

1913年6月,列宁和克鲁普斯卡娅动身前往伯尔尼。他们途经维也纳时,看望了一些同志,游览了市容。6月12日抵达伯尔尼。他们先住在侨居于此的布尔什维克洛夫斯基家里,次日便租了一个便宜的小房间。克鲁普斯卡娅很快住进了医院,做了手术,治疗了约三个星期。列宁往往一清早就去医院探望她,其余时间则在伯尔尼图书馆里度过。他读了很多书,对他感兴趣的问题做了笔记。

第四章 十月的决战

波罗宁车站所在地白杜纳耶茨村。列宁和克鲁普斯卡娅1913—1914年的住地

在列宁的直接领导下，1913年10月6日至14日，俄国社会民主工党在波罗宁召开了布拉格代表会议之后的第二次扩大的中央委员会会议。为了保密起见，这次会议称为"夏季会议"。

列宁是会议的领导者。他主持了各次会议，致开幕词，作了多次报告和发言，起草和审订、提交了会议通过的各项决议草案。

会议首先听取各地代表的报告。各地代表在报告中交流了处于秘密状况下进行党的工作的经验。列宁对各地代表的报告和讨论作了记录，并发言提出自己的意见。

在各地代表报告后，列宁作了关于中央委员会的工作总结报告。列宁在报告中指出，俄国革命运动的发展和党在俄国的工作成就，证明了布拉格代表会议和克拉科夫扩大的中央委员会会议所制定的布尔什维克党的路线的正确性。第四届杜马选举的成就、《真理报》的创办、国内罢工运动的蓬勃发展，所有这些都是党在中央委员会领导下所取得的工作成就。

会议最后由列宁致闭幕词。会议通报和决议以单行本的形式由中央委员会在国外出版。由于会议所讨论的问题和通过的决议的重要性，列宁不止一次地把这次会议称为党的代表会议。

1914年6月，第二国际社会党执行局主席、对世界大战持机会主义立场的埃·王德威尔得来到彼得堡,他以实现俄国工人阶级的统一为借口,要求布尔什维克必须和孟什维克消除"分裂",从而"研究"俄国无产阶级的大多数到底是跟谁走。列宁得知王德威尔得到达彼得堡后,就建议布尔什维克杜马代表彼得罗夫斯基接待王德威尔得,并让他看看首都和全国的工人阶级究竟是跟谁走的。王德威尔得走访了几个工会理事会。他在事实面前不得不承认,在俄国工人运动中,布尔什维克有着主要的影响,结果王德威尔得一无所获地走了。

彼得罗夫斯基受彼得堡委员会和布尔什维克杜马党团委托来波罗宁向列宁报告王德威尔得在彼得堡逗留的情况。列宁赞成接待王德威尔得的一切做法。

6月29日,列宁收到国际社会党执行局执行委员会寄给俄国社会民主工党中央委员会的一封信,信中告知7月16日至18日在布鲁塞尔召开"统一"会议,并要求派出自己的代表。列宁十分恼火,他的工作本来就十分繁重,现在又不得不应付这种事。列宁认为,在能否同各种机会主义派别统一问题上的不同主张,不是组织问题上和党的问题上的意见分歧,而是关于党的存在问题上的分歧,根本谈不上什么调和、协议或者妥协。孟什维克取消派和第二国际主席王德威尔得想达到使布尔什维克放弃自己革命策略的目的,简直是多此一举。列宁指出:"如果孟什维克打算跟我们走的话,那他们就没有必要召开这次会议了。他们是想当着国际的面骂我。我是不想满足他们的这个要求的。再说,时间也很宝贵,与其胡扯一通,倒不如干点事情。"[1]

会上,孟什维克抱怨布尔什维克不遵守纪律,他们叫嚷:你们都不是负责人,列宁在哪里?他什么时候来?到头来他得当着国际的面听取斥责。布尔什维克代表若无其事地回答说,列宁正忙着呢,他没有空来参加会议。会议本来只限于"交换意见"而不作出硬性规定,但结果却以多数票通过了考茨基起草的国际社会党执行局关于俄国社会民主工党一切派别统一的决议。布尔什维克代表和拉脱维亚社会民主党人宣布拒绝投票表决这类决议案。王德威尔得恫吓布尔什维克代表,他说:"那些拒绝表决的人,是否意识到自己的行为是怎么回事?决议案并

---

[1]《回忆列宁》第2卷,第411—412页。

第四章 十月的决战

不说明什么问题，它的内在意义是统一的愿望。布尔什维克中央委员会的代表是否知道他们在干什么？他们将要受到两个审判员的审判：维也纳的国际社会主义代表大会和俄国无产阶级。他们是否知道将受到什么处分？对决议案可以表示赞成，也可以表示反对，但拒绝参加表决这就意味着嘲弄国际社会党执行局。"会上，布尔什维克没有理睬王德威尔得的恫吓。

这是布尔什维克最后一次参加第二国际会议，不久爆发了世界大战。布鲁塞尔会议结束后的第二天，列宁写信给印涅萨·阿尔曼德，谴责第二国际的领导者们在会议上的行为，赞赏布尔什维克代表们的行动。

1912年布拉格代表会议之后，日益高涨的俄国国内革命运动不仅需要有一个坚强有力的无产阶级政党，而且迫切需要正确的理论作指导，但这时形形色色、五花八门的错误理论和思潮仍有一定的市场。资产阶级说马克思主义是"有害的宗派"，国际上伯恩施坦修正主义宣称马克思主义已过时，孟什维克则强调马克思主义不适合俄国的国情。为此，列宁在领导《真理报》和杜马党团两个合法中心开展工作的同时，还进行了巨大的理论研究和宣传工作，先后发表文章几百篇，其中绝大部分都刊登在《真理报》上。

在《中国的民主主义和民粹主义》（1912年7月28日）一文中，列宁热情颂扬了孙中山的崇高精神和英雄气概，对孙中山的纲领和思想作了马克思主义分析，既指出其主观社会主义的空想倾向，又充分肯定了其反封建的进步性和革命性，指出中国人民"不仅会为自己历来的奴隶地位而痛心，不仅会向往自由和平等，而且会同中国历来的压迫者作斗争"，预言中国无产阶级将日益成长壮大，建立自己的政党。

1912年11月，是法国的工人诗人欧仁·鲍狄埃（即《国际歌》的作者）逝世25周年，列宁特意撰写《欧仁·鲍狄埃》（1913年1月16日）一文，既表达了对死者的深切怀念，也表达了对生者的鼓舞，又抒发了对革命事业的信念。列宁写道："一个有觉悟的工人，不管他来到哪个国家，不管命运把他抛到哪里，不管他怎样感到自己是异邦人，言语不通，举目无亲，远离祖国——他都可以凭《国际歌》的熟悉的曲调，给自己找到同志和朋友……公社被镇压了……但是鲍狄埃的《国际歌》却把它的思想传遍了全世界……鲍狄埃是在贫困中死去的。但是，他在自己的身后留下了一个真正非人工所建造的纪念碑。他是一位最伟大的用歌作为工具的宣传家。当他创作他的第一首歌的时候，工人中的社会主义者不过几十人，而现在……却有千百万无产者。"①

在《两种乌托邦》（1912年10月）、《新民主派》（1913年2月1日）、《论民粹主义》（1913年2月）等文中，列宁对动摇于自由派和工人阶级之间的资产阶级民主派作了分析和评述。列宁指出，一个国家的自由愈少，公开的阶级斗争愈弱，群众的文化程度愈低，政治上的乌托邦通常愈容易产生，而且保持的时间也愈久。在俄国，自由派的乌托邦和民粹派的乌托邦根深蒂固。前者妄想用和平的、和谐的办法，不得罪任何人，不经过激烈的阶级斗争，就能够在俄国使广大劳动人民的地位得到改善；后者则是民粹派知识分子和劳动派农民妄想用平分土地的办法来消除资本的权力和统治，消除雇佣奴隶制。

1913年3月14日，列宁在《真理报》上发表《马克思学说的历史命运》，考察了马克思学说在历史各个时期发展的命运。在开始时，马克思学说不占统治地位，只不过是无数社会主义派别或思潮中的一个而已。1848年革命给了马克思以前的各种喧嚣一时、五花八门的社会主义形式以致命的打击，"一切关于非阶级的社会主义和非阶级的政治的学说，都是胡说八道"。从巴黎公社到1905年俄国革命时期，马克思学说获得了完全的胜利，并且广泛传播开来，逼得它的敌人装扮成马克思主义者，试图以"机会主义""修正主义"等形态来复活。列宁预言，在历史转折的新时期，马克思主义将获得更大发展和胜利。

1911年12月，根据列宁的指示，布尔什维克创办《启蒙》月刊（1914年6月被查封）。列宁先在巴黎、后在克拉科夫领导杂志工作。高尔基负责主编杂志文艺专栏，列宁要求高尔基选登小说"只能是民主主义的，而不是无病呻吟、没有气节的小说"②。列宁在《启蒙》杂志上发表了26篇文章，其中有《马克思主义的三个来源和三个组成部分》《略论民族问题》《论民族自决权》《论高喊统一而

---

① 《列宁选集》中文第3版第2卷，第302—304页。
② 《列宁全集》中文第2版第35卷，第70页。

实则破坏统一的行为》《关于民族问题的批评意见》等。

《马克思主义的三个来源和三个组成部分》是列宁为纪念马克思逝世30周年而写的一篇重要论文。列宁在这篇文章中指出,马克思主义同"宗派主义"毫无相似之处,它绝不是离开世界文明发展大道而产生的一种故步自封、僵化不变的学说。相反,马克思的全部天才正是在于他科学回答了人类先进思想已经提出的种种问题,他的学说的主要来源就是德国的古典哲学、英国的政治经济学和法国的空想社会主义学说。马克思学说之所以具有无限力量,就是因为它正确,给人们提供了决不同任何迷信、任何反动势力、任何为资产阶级压迫所作的辩护相妥协的完整而严密的世界观。唯物史观和剩余价值理论是马克思主义的理论基石。空想社会主义虽然批判资本主义,谴责、咒骂、幻想消灭资本主义,臆想较好的制度,劝富人相信剥削是不道德的,但是没有找到一条真正的变革之路,没有揭示出阶级斗争学说。"只要人们还没有学会透过任何有关道德、宗教、政治和社会的言论、声明、谎言,揭示出这些或那些阶级的利益,那他们始终是而且会永远是政治上受人欺骗和自己欺骗自己的愚蠢的牺牲品。只要那些主张改良或改善的人还不懂得,任何一个旧设施,不管它怎样荒谬和腐败,都由某些统治阶级的势力支撑着,那他们总会受旧事物拥护者的愚弄……只有马克思的哲学唯物主义,才给无产阶级指明了如何摆脱一切被压迫阶级至今深受其害的精神奴役的出路。只有马克思的经济理论,才阐明了无产阶级在整个资本主义制度中的真正地位。"[1]

为纪念1913年的俄国"五一"游行示威,列宁写了《革命无产阶级的"五一"游行示威》(1913年6月28日)一文,提出了关于革命形势的重要论点:"在多数情况下,对于革命来说,仅仅是下层不愿像原来那样生活下去是不够的。对于革命,还要求上层不能像原来那样统治和管理下去。"[2]俄国全国性危机已触动了国家制度大厦的地基。

1913年9月,恩格斯生前嘱托他人编辑的《马克思和恩格斯通信集(1844—1883)》在斯图加特出版,共收书信1386封,列宁认为,这是深入地、创造性地

---

[1]《列宁选集》中文第3版第2卷,第314页。

[2]《列宁全集》中文第2版第23卷,第313页。

研究马克思主义的第一手资料，避免了那种道听途说、先入为主、材料失真的状况。列宁用了几个月的时间反复阅读这批书信，在书的许多地方做了标记，加了批语，作了摘要，整理了76页的笔记。后来他又写了一篇论文发表在《真理报》上。作为研究马克思恩格斯通信集的阶段性成果，《卡尔·马克思》一文于1914年11月被俄国格拉纳特出版社出版。该文分马克思传略和学说两个部分。在传略部分，列宁用精练概括的语言介绍了马克思的少年志向、求学生涯、理论活动、恋爱和婚姻，以及和恩格斯的动人友谊、流浪的困苦生活等。在学说部分，列宁叙述了马克思主义的主要内容：哲学唯物主义、辩证法、唯物史观、价值和剩余价值、阶级斗争等。

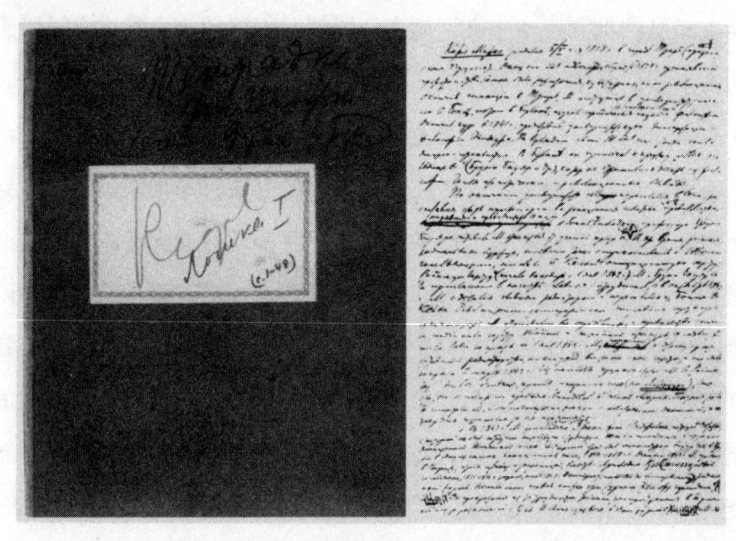

1914年11月列宁《卡尔·马克思》手稿第一页

1913年10月至12月，列宁写了《关于民族问题的批评意见》一文，连载于《启蒙》杂志上。这篇文章驳斥了一些关于民族问题错误的观点，阐明和发展了马克思主义的观点。列宁认为，在资本主义的历史发展过程中，民族发展有两个历史趋向：一个是民族独立的倾向，即随着被压迫民族的觉醒，民族国家将建立；另一个是民族融合的趋向，即各民族之间的联系日益频繁，民族壁垒被攻破，使资本、经济生活、政治、科学等形成国际的一致性，民族文化、素质面临挑战。在对待民族问题上，第一要坚持民族平等，坚持民族自决权，反对任何形式的民族压迫和民族特权；第二要坚持国际主义，反对狭隘的民族主义，赞同和拥护民族之间的联系和交流。对待民族问题不能忘记阶级观点，在任何真正严肃而重大的政治问题发生时，集团都是按阶级而不是按民族划分的。在分析任何一个社会问题时，马克思主义理论的绝对要求，就是要把问题提到一定的历史范围之内，如果谈到某一国家的民族纲领，那就要估计到这个国家不同于其他各国的具体特点。

对于亚洲各国特别是中国兴起的民主革命运动，列宁给予了热情的颂扬。先后写下了《中华民国的巨大胜利》（1913年4月4日）、《文明的欧洲人和野蛮的亚洲人》（1913年4月27日）、《中国各党派的斗争》（1913年5月11日）、《亚洲的觉醒》（1913年5月20日）等文章，并认为"亚洲的觉醒和欧洲先进无产阶级夺取政权的斗争的开始，标志着20世纪初所开创的全世界历史的一个新阶段"[1]，指出"不管各种'文明'豺狼现在切齿痛恨的伟大的中华民国的命运如何，世界上任何力量也不能恢复亚洲的旧的农奴制度，不能铲除亚洲式和半亚洲式国家中的人民群众的英勇的民主精神"。[2]

在第一次世界大战硝烟中

以前在波罗宁的两次逗留，使列宁深深喜欢上了那里的一草一木。他感到，无论是召集会议还是开展活动，波罗宁都要比克拉科夫方便。1914年5月9日，列宁一家和同志们一起正式移居塔特雷山脚下白杜纳耶茨这个熟悉的小山村。

为筹备党的"六大"，许多人从国内来到波罗宁，向列宁汇报工作。列宁一边听取汇报，一边适时地交代工作任务。代表大会的准备工作从春天开始一直

---

[1]《列宁全集》中文第2版第23卷，第161页。

[2] 同上，第3页。

列宁传

列宁（1914年）

顺利地进行着，布尔什维克党的影响在国内外逐渐扩大，列宁和同志们计划于1914年8月召开党的"六大"。但突发的第一次世界大战打乱了原定的工作日程。

1914年7月28日，奥匈帝国在德国的支持下，以皇太子被刺杀事件为借口，对塞尔维亚宣战。三天后，德国接连向俄国和法国宣战，英国向德国宣战，战火迅速席卷了欧洲大地。后来，美国、日本、意大利等国也参战了，先后有几十个国家卷入了这场战争。

虽然很久以前就已闻到了"一战"硝烟的气味，但当战争爆发时，大家还是有点手足无措，列宁也感到很大震动。8月1日，列宁在白杜纳耶茨村得到德国对俄国宣战的消息。住在当地的布尔什维克都来到列宁住处，热烈而又严肃地讨论着眼下的时局。列宁在房间里来回踱步，并初步谈了他对战争的看法：因为他们是居住在"敌国"领土上的俄国侨民，他们同国内的联系中断了，因此"无论如何要在战争条件下找到继续工作的新办法。必须经过在瑞士和瑞典的同志尽快同国内取得联系……无论如何要恢复同彼得堡的经常联系""既然日本人在远东打的那场规模比较小的战争在群众中引起了巨大的震动，那么这场战争的情况就要严重得多。它距俄国至关重要的中心地已较近，这就不可能不导致革命""对日战争以来，俄国的军队没有发生大的变化。还是那些没有文化的军官，还是当时的将军，军备水平依然很低。尽管俄国士兵英勇顽强，但是在这样的条件下他们还是无能为力的""战争将是持久的，双方都投入了很多战争资源和人力资源。资本家将迫使自己的政府把战争进行到一方完全衰竭为止"。

列宁以异常焦急的心情关注着事态的发展及其有关方面的反应，尤其是交战国双方社会民主党对战争的态度。8月1日，列宁给在哥本哈根的科别茨基写信，请他随时报告情况，且无论如何要同彼得堡取得联系。

随着战火的蔓延，战争的狂热也在升温。沙皇政府密令西南战线司令，在俄军进入克拉科夫城时，必须立即逮捕列宁并押往彼得堡。当地的天主教教士卖力地煽动山民的"爱国主义"感情和战争的狂热性，并散步一些敌视俄国侨民的言论，山民们开始对"俄国佬"有了敌意和戒心。8月7日，一个农妇向宪兵当局报告：她发现了一起"惊人的事件"，一个俄国佬带着炸弹跑到山上，在那里写着什么，好像是绘制波罗宁的战备地图。8月7日，列宁被诬告从事间谍活动，波罗宁的一个宪兵上士带着那个农妇来到列宁别墅搜查。宪兵在柜子里翻找一气，找到一支没有装子弹的破旧的勃朗宁手枪，没收了几本看不懂的载有数字的关于土地问题的笔记，提了几个毫无意义的问题。农妇困惑地坐在椅子上，宪兵上士指着装糨糊的小罐嘲笑她：这就是炸弹？然后对列宁全家人说，有人控告了列宁，本来应当把他逮捕起来，可是因为明天早晨反正还得把他带到新塔尔克州长官公署去，所以最好还是让他自己明天搭早晨6点钟的火车去。宪兵说完就走了。

显而易见，列宁有被逮捕的危险。在战时，政府当局找一个借口，是可以随便杀人的。于是，列宁到当时住在波罗宁的波兰社会民主党活动家加涅茨基那里去，把所发生的事情告诉他。加涅茨基立刻给加里西亚议会社会民主党代表、克拉科夫援助政治犯同盟主席齐·马雷克拍了电报。列宁则给克拉科夫的警察局拍了电报，要求向波罗宁和新塔尔克司令证实他是政治侨民。因为那里的警察局知道列宁是侨民。

第二天，列宁应召来到新塔尔克州长官公署，在那里被捕，并于上午11时被送进地方监狱第5号牢房。波罗宁宪兵上士给新塔尔克司令官的报告中这样写道：弗·乌里扬诺夫曾在白杜纳耶茨住过一段时间，在他家里曾与其他俄国公民举行过人数众多的会议。从宣布进行动员之后，居民中开始传播说，似乎他常去郊外的高地，在路上拍摄照片。根据侦察查明，这一切都不是事实，不过他持有的是法文身份证，却从彼得堡得到钱，同俄国人交往，这样就有可能向他们传递涉及奥地利国家的情报。

克鲁普斯卡娅在列宁被捕的当天，就去新塔尔克去看望列宁，从波罗宁到新

新塔尔克监狱一角（左为1914年8月8日—19日关押列宁的牢房）

塔尔克乘火车只要1小时。法庭允许克鲁普斯卡娅每天上午11时至12时与列宁会见。列宁在监狱中缜密地考虑布尔什维克党面对已经爆发的帝国主义战争所应有的任务和策略；同被关押的农民们交谈；就如何更正确地解决农民们的案子提出法律上的建议，为他们写申诉状、声明，等等。同狱的人都称列宁为"硬汉"。

奥地利议会委员、社会民主党人维克多·阿德勒和赫·迪阿曼德于8月16日拜访奥匈帝国内务部，递交担保列宁的保证书。内务部长问阿德勒："您是否确信列宁的确是俄国沙皇的敌人？"

阿德勒回答说："阁下，这是肯定的。同您比较起来，他是沙皇更加不可调和的敌人。"

三天后，克拉科夫军事检察官打电报给新塔尔克州法庭说："弗拉基米尔·乌里扬诺夫应予立即释放！"并令列宁途经克拉科夫时到军团司令部报到。

列宁的案件因无起诉根据而结束，8月19日，列宁在新塔尔克获释，并获得许可，同意他携带全家乘火车从波罗宁经克拉科夫前往维也纳。9月3日，列宁全家使用阿德勒帮助弄到的帝国警察局签发的身份证，乘坐军邮列车前往瑞士，9月5日到达苏黎世，并从苏黎世前往伯尔尼。在党内朋友格·李·什克洛夫斯基的帮助下，列宁找到一个住处——伯尔尼多纳比尔路11号甲。

列宁一到伯尔尼，就到伯尔尼图书馆查阅资料。在伯尔尼两年的时间中，列宁写了20本关于帝国主义的笔记。1914年12月，列宁写了《论大俄罗斯人的民

第四章 十月的决战

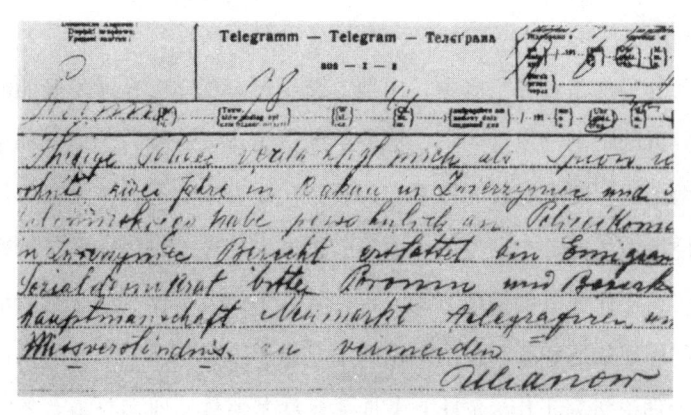

列宁1914年8月7日发给克拉科夫警察局长的电报，抗议非法拘留

族自豪感》。1915年，列宁先后写下了《论欧洲联邦口号》《机会主义和第二国际的破产》等文章。

1916年4月，克鲁普斯卡娅害甲状腺病。根据大夫建议，列宁夫妇于5月底

《社会民主党人报》发表的《论欧洲联邦口号》一文

前往偏僻的山村泽伦堡休养。

泽伦堡周围都是森林、高山，山顶上甚至还有积雪。在泽伦堡能够免费从伯尔尼或苏黎世的图书馆里借到书，只要给图书馆寄去一张写着地址和申请借书的明信片，两天后，便可以收到图书馆用硬纸包装寄来的书，并且在邮件上用细绳系着一张硬纸做的证签，证签的一面写着借书人的住址，另一面写着寄书的图书馆的馆址。这使住在最偏僻地方的人也能够从事研究工作。列宁赞扬瑞士的文化事业，他利用伯尔尼和苏黎世图书馆的书刊做了大量的研究工作。偏僻安静的山村非常适于理论研究工作。5月下半月至6月上半月，列宁写了著名的长篇论文《第二国际的破产》，8月写了《社会主义与战争》那本小册子。另外，他在5月下半月至8月还写了十几篇论文。

10月初，泽伦堡已经下雪，列宁夫妇冷得受不了，他们才返回伯尔尼。

从第一次世界大战爆发到1917年2月，列宁进行了一系列艰苦的革命宣传、理论研究和实践活动，共写了几百篇文章，科学、系统、全面地论述了一系列重大的理论和实践问题，批判了当时的各种错误思潮和理论，有力地指导了俄国社会民主工党（布）和俄国国内革命运动。

一、批判沙文主义，阐明了对待战争的正确态度和立场

1914年9月5日，到达瑞士首都伯尔尼的当天，列宁会见了侨居当地的布尔什维克。9月6日至8日，在城外的森林中，列宁主持召开了布尔什维克伯尔尼小组会议，作了关于布尔什维克对待战争的态度问题的报告，列宁的报告提纲被通过。会后列宁把报告提纲派人送往国内各支部、国内中央委员会和党的杜马代表，获得了通过。得到这个消息后，列宁把这个报告提纲改写成俄国社会民主工党中央委员会对待大战的宣言：《战争和俄国社会民主党》。

在文章中，列宁指出，"一战"的性质是帝国主义战争，并批判了第二国际领袖们的沙文主义立场，提出了变现代帝国主义战争为国内战争的策略。

1914年10月11日，普列汉诺夫在洛桑作演讲报告，列宁前往旁听。会上列宁作了反驳性发言，指出"一战"的爆发不是由于某种攻击而偶然发生的，是资

本主义发展的必然产物，无产阶级不应忘记马克思提出的"工人无祖国"的名言。10月14日和15日，列宁又有针对性地作了《无产阶级和战争》《欧洲大战和欧洲的社会主义》的报告，进一步阐述了他对战争的看法。

1916年下半年到1917年初，列宁陆续写了《论"和平纲领"》《论"废除武装"的口号》和《资产阶级的和平主义》等文章，揭露和批判了社会和平主义的资产阶级本质，提出了战争、和平、无产阶级革命的统一观，并为国际无产阶级制定了唯一正确的策略路线，即利用帝国主义战争所造成的危机，发动无产阶级革命，推翻资产阶级统治，实现社会主义，从而结束战争，实现持久和平。

刊载列宁《第二国际的破产》一文的《共产党人》杂志

二、帝国主义论

19世纪末20世纪初，资本主义发展到帝国主义的新阶段，呈现出许多明显的特征。如何分析资本主义出现的新变化，成为当时各种"理论家"争论的一大焦点。早在1902年，英国的自由主义经济学家约翰·阿特金森·霍布森就写了一本《帝国主义》的著作，从小资产阶级的观点对帝国主义进行了庸俗批判，得出了改良主义的结论。1910年奥地利学者鲁道夫·希法亭写了《财政资本》（副标题是"资本主义发展的新阶段"），对资本主义财政资本的新阶段做了研究。

1914年9月11日，第二国际的重要理论家、中派人物卡尔·考茨基在《帝国主义》一文中首次提出了"超帝国主义论"，以后又在《民族国家、帝国主义国家和国家联盟》（1915年）和《两本用于重新学习的书》（1915年）等著作中进一步发挥了"超帝国主义论"。他认为，帝国主义只是金融资本所采取的与其经济本质并无必然联系的一种"政策"或"方法"。这种帝国主义武力政策对资本主义的经济发展来说是必不可少的。相反，正是资本主义经济本身受到帝国主义政策的严重威胁，所以"任何一个有远见的资本家都要向他的伙伴大声疾呼：全世界资本家联合起来！"。由此得出结论："从纯粹经济的观点看来，资本主义不是不可能再经历一个新的阶段。"那时，联合起来的金融资本对世界的共同剥削，将代替各国金融资本之间的相互斗争，资本主义将步入一个新时代。

1915年，德国社会民主党右派人物亨利希·库诺在《党破产了吗》小册子里提出了一套机会主义的帝国主义理论。库诺认为"当代的资本主义发展阶段绝不是最后的发展阶段……不过是前进了的、加强了资本主义"，它是通向社会主义的资本主义发展道路上的一个必然阶段。库诺把反对帝国主义、批判帝国主义的人笼统地称之为"帝国主义铲除论者"，认为直截了当地将帝国主义铲除是"荒谬"的，要采取改良主义的方法。

上述各种"帝国主义论"尽管不乏可取之处，但基本上都是错误的。显然有必要用马克思主义的立场、观点和方法作出科学的分析和回答。

早在1905年，列宁便开始使用"帝国主义"概念，在《旅顺口的陷落》（1905年1月）一文中提出了"日本帝国主义"一词。第一次世界大战后，列宁开始全面研究帝国主义问题。当时列宁流亡国外，但他克服了困难，利用一切可能的条件，阅读了大量材料，并做了大量摘录。从1914年9月侨居瑞士后，列宁开始了对帝国主义问题的系统研究。据统计，他为此而参阅的俄、德、英、法等各国的书籍达148种，载于各种期刊的论文达232篇，涉及世界各国关于帝国主义时期的经济、技术、政治、外交、工人运动、殖民地问题和社会生活等各个方面的著作，从中做的摘录、纲要、札记和表格共20个笔记本，65万字，1939年曾以《关于帝国主义的笔记》印成单行本出版。在列宁参考的文献中，霍布森的《帝国主义》、希法亭的《财政资本》对列宁启发很大。列宁认为霍布森"对帝国主义的基本政治经济特点，作了一个很好很详尽的说明"，认为希法亭对帝国主义"作了一个极有价值的分析"。

1916年1月，列宁开始写《帝国主义是资本主义的最高阶段》一书，月底移居苏黎世继续写作，7月2日此书完成，并交孤帆出版社出版，1917年4月在彼得格勒用单行本刊印，书名简化为《帝国主义论》。

《帝国主义论》包括两篇序言（1917年4月26日和1920年7月6日），十章正文。在1917年4月26日的序言中，列宁交代了写作该书的目的和写作风格。列宁强调，他写这本书时，因考虑到沙皇政府的书报检查，所以极严格地限制自己只作纯理论性的、特别是经济上的分析，而且在表述关于政治问题时，十分谨慎，不得不用暗示的方法，甚至用一种"奴隶的"语言阐述帝国主义是社会主义革命的前夜这个问题。通过阅读这本书，可以帮助读者理解帝国主义的经济实质这个基本的经济问题，从而准确地"估计现在的战争和现在的政治"。在第一、二、三章《生产集中和垄断》《银行和银行的新作用》《金融资本和金融寡头》中，列宁主要论述金融资本的形成及其在国内的垄断。在第四、五、六章《资本输出》《资本家同盟瓜分世界》《大国瓜分世界》中，列宁主要论述金融资本的向外扩张及其在国际上的垄断。在第七、八、九、十章《帝国主义是资本主义的特殊阶段》《资本主义的寄生性和腐朽》《对帝国主义的批评》《帝国主义的历史地位》中，列宁主要从整体上说明帝国主义的历史地位。

苏黎世中央图书馆。列宁1916—1917年曾在此从事写作和研究

《帝国主义论》是一部划时代的伟大著作。在理论上，它总结了《资本论》出版以后半个世纪中资本主义发展的新情况，分析了帝国主义的本质、经济特征

和基本矛盾，揭示了帝国主义产生、发展和必然灭亡的规律，从而创立了关于帝国主义的学说，标志着作为帝国主义和无产阶级革命时代的列宁主义正式形成，开辟了马克思主义政治经济学的一个新阶段。在实践上，《帝国主义论》创造性地解决了当时无产阶级革命实践中一系列重大问题，用正确的理论武装了俄国和其他各国的无产阶级，为十月革命的到来提供了必要的理论准备。

在阐述"帝国主义论"的同时，列宁在《帝国主义是资本主义的最高阶段》《帝国主义和社会主义运动中的分

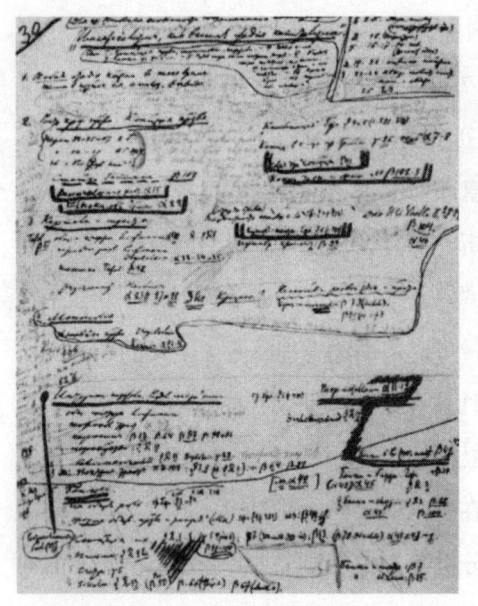

《帝国主义是资本主义的最高阶段》一文的提纲手稿

裂》《为尼·布哈林的〈世界经济和帝国主义〉一书写的序言》《机会主义与第二国际的破产》等文章中，列宁还对考茨基的"超帝国主义论"等错误理论进行了批判和清算。

三、一国胜利论

帝国主义战争不仅削弱了帝国主义本身，而且造成了有利于无产阶级的革命形势。所以怎样正确地认识革命形势，并且因势利导去夺取胜利，是第一次世界大战爆发后摆在各国马克思主义者面前的一个尖锐的问题。

以考茨基为代表的第二国际机会主义者根本不承认革命形势的存在，把战前第二国际的口头禅"我们还没有实现社会主义的客观经济前提"奉为万古不变的金科玉律，硬说什么"政府从来没有像战争开始时那样强大，政党从来没有像战争开始时那样软弱"，大肆宣扬什么"革命的希望已成幻想"。他们总是避开巴塞尔宣言，闭口不谈这个宣言给各国党所规定的基本任务，反而攻击忠实执行巴塞尔宣言的革命左派是"死抱住幻想不放"。列宁在对考茨基之流进行批判的过

程中，科学地论证了帝国主义时代社会主义革命的客观条件已经成熟，以及战争与革命的关系，"革命潜伏在战争中，并从战争中发展起来"。为了教育党和人民正确地认识革命形势，列宁在《论尤尼乌斯的小册子》（1916年7月）中提出了革命形势的三个主要特征：（1）统治阶级已经不能一成不变地维持其统治了。大战使统治阶级面临着严重的政治危机，这种危机给被压迫阶级的革命发动造成了一个爆破口。（2）被压迫阶级的贫困和灾难异乎寻常地加剧，已不能照旧生活下去了。大战中，资本家获得了惊人的利润，人民却日益贫困，阶级矛盾空前尖锐化。（3）广大群众、包括最落后的群众的积极性大大提高，并卷入政治运动。战争带来的灾难使原先忍气吞声受人压榨的群众，也已忍无可忍了，掀起了最广泛的反战、反饥饿、反政府的群众革命斗争，资产阶级政府极端孤立，大大削弱，出现了被推翻的危机。根据以上三个方面的分析，列宁得出结论：革命形势在欧洲大多数国家中是存在的。但是，有了这种客观的革命形势，还必须加上革命的主观条件才能产生革命。这种革命主观条件，主要是革命阶级能够发动足以打倒旧政府的强大的革命群众运动。在这些革命力量中，最重要的就是无产阶级政党领导的人民武装力量。只有在这个基础上才能发动革命。

在19世纪中期，马克思、恩格斯曾认为，社会主义革命将在一切资本主义国家至少是在欧洲几个主要资本主义国家里同时实现。

列宁继承了马克思、恩格斯的世界革命理论和共同胜利论的同时，提出了"一国胜利论"。

列宁的"一国胜利论"有一个发展过程。第一阶段，1915年，列宁在《论欧洲联邦口号》一文中指出："经济和政治发展的不平衡是资本主义的绝对规律。由此就应该得出结论：社会主义可能首先在少数甚至单独在一个资本主义国家内获得胜利。"1916年列宁又指出："资本主义的发展在各个国家是不平衡的，而且在商品生产下也只能是这样。由此得出一个必然的结论：社会主义不能在所有国家内同时获得胜利。它将首先在一个或几个国家内获得胜利，而其余的国家在一段时间内将仍然是资产阶级的或资产阶级以前的国家。"在这个时期，列宁强调进行社会主义革命主要是在西方发达国家，是否是在俄国首先发生革命仍不明确，仍坚持俄国革命是资产阶级民主革命。直到1917年二月革命后,列宁回国前夕仍强调:"俄国是一个农民国家,是欧洲最落后的国家之一。在这个国家里社会主义不可能立刻直接取得胜利。但是……俄国这个国家的农民性质能使俄国资产阶级民主革命具有巨大的规模,并使我国革命变成全世界社会主义革命的序幕。""俄国无产阶级单靠自己的力量是不能胜利地完成社会主义革命的",但是能使"欧洲和美洲的社会主义无产阶级易于进行决战"。列宁驳斥了一些社会民主党人关于社会变革是所有国家无产阶级统一行动的说法,他指出:"只有西欧和北美各先进国家才已成熟到可以实现社会主义的地步……幻想什么'所有国家的无产者的统一行动'就是把社会主义推迟到……'永无实现之日'。不是所有国家的无产者,而是少数达到先进资本主义国家发展阶段的国家的无产者,将用统一行动实现社会主义。"

第二阶段,二月革命后,列宁提出经济技术落后的俄国,可以在先进国家的无产阶级取得政权以前首先建立无产阶级政权,走向社会主义,从而引发西方革命。1917年2月,列宁从国外回国,在车站欢迎会上喊出了"社会主义革命胜利万岁"的口号,并在《四月提纲》中提出把资产阶级民主革命变为社会主义革命。列宁虽然认为俄国无产阶级可以在一国夺取政权,但同时认为没有欧洲革命,一国的无产阶级革命是不可能取得胜利的。在围绕《布列斯特和约》的争论上,列宁指出:"从全世界历史范围来看,如果我国革命始终孤立无援,如果其他国家不发生革命,那么毫无疑问,我国革命的最后胜利是没有希望的。""没有国际上世界革命的支持,无产阶级革命是不可能取得胜利的。还在革命以前,以及在革命以后,我们都是这样想的:要么是资本主义比较发达的其他国家立刻爆发或至少很快爆发革命,要么是我们灭亡。"到1923年春,列宁把这一观点说成是马克思主义的"起码的真理",尽管是个"痛苦的真理"。

第三阶段,国内战争结束后,列宁提出在欧洲社会主义革命胜利以前,俄国一国的无产阶级政权能够生存下去,并能认真地开展社会主义建设事业。在写于1920年11月21日的《我国的国内外形势和党的任务》一文中,列宁指出:"我们总是明确地说:没有西欧无产阶级革命的支持,这个胜利就不可能巩固;只有从国际的观点出发才能正确估价我们的革命。为了巩固取得的胜利,我们必须使无产阶级革命在一切国家或者至少在几个主要的资本主义国家取得胜利。经过三年残酷而激烈的战争,我们看到,我们的预言在哪些方面没有得到证实,在哪些方面已经得到证实。我们没有能迅速而轻易地解决这个问题,在这方面的预言没有得到证实。当然,我们谁也没有想到,俄国抗击世界资本主义列强这样一场力量悬殊的斗争竟延续了三年之久。结果,无论这一方还是那一方面,无论俄罗斯苏维埃共和国还是整个资本主义世界都没有获得胜利,也没有遭到失败;其次,虽然我们的预言没有轻易地、迅速地、直接地实现,但是主要的一点我们办到了,就这方面说预言实现了,因为主要之点就在于:即使全世界的社会主义革命推迟爆发,无产阶级政权和苏维埃共和国也能够存在下去。所以在这方面应该说,共和国现在所处的国际形势,最好地最确切地证实了我们的一切估计和我们的整个政策都是正确的。"

总之,列宁继承了马克思、恩格斯的世界革命理论,同样坚持了无产阶级革命的国际性,坚持把俄国革命的命运同世界革命紧紧地联系在一起,否定"地域性"的共产主义,认为落后的俄国无论是进行资产阶级民主革命还是无产阶级革命,都必须得到西方无产阶级革命的支援。从这个意义上讲,列宁的"一国胜利论"和马克思的革命思想本质上是一致的。马克思更加关注和强调西方发达国家的革命,列宁更加关注探索经济文化落后国家的革命。"共同胜利论"的根本精神也就是强调在世界历史的条件下无产阶级的国际性质,强调全世界无产者的联合,并没有否定一国取得革命政权的胜利,并没有机械地强调死抠字眼的同时同地发生革命。"一国胜利论"是在世界革命理论指导下,强调在经济文化落后的国家特别是俄国率先夺取政权后创造社会主义所必需的发达的生产力、先进的文化等必需条件的道路,是落后国家通向社会主义的一种可行的选择,这显然是列宁对马克思主义革命理论的重大发展。

四、哲学笔记

1914年7月至11月,列宁为撰写《卡尔·马克思》一文中的《哲学唯物主义》和《辩证法》两节,阅读了大量的哲学著作,并作了不少笔记。1914年11

月完成《卡尔·马克思》一文后,他继续进行哲学研究。一则因为大战爆发后,同国内的联系日益困难,实际的政治活动减少,加上借阅资料方便,可以集中精力从事理论活动;二则是在同普列汉诺夫、考茨基等社会沙文主义者论战中,普列汉诺夫等人常常用自称是现实生活中的"辩证法"来为其观点、立场辩解,实则是貌似辩证法的诡辩论和折中主义;三则是列宁也发现,像卢森堡等一些革命家之所以在某些问题的认识上犯错误或认识片面,原因之一就是没有真正弄懂和把握唯物辩证法。另外,列宁在1913年研究《马克思和恩格斯通信集》时,注意到了马克思始终没能实现的愿望:"把黑格尔所发现、但同时又加以神秘化的方法中所存在的合理的东西阐述一番,使一般人都能理解。"[①] 为此,出于实际政治斗争的需要和理论建设的需要,列宁读了近万页的数十种哲学著作,来构建一个辩证唯物主义理论体系。在阅读这些著作时,列宁作了许多带有注释和评论的摘录,并独立写了部分片断,共写满了8个笔记本,其中有著名的《谈谈辩证法问题》《辩证法的要素》等,后来这些笔记经过整理,成为列宁《哲学笔记》一书的主要部分。

哲学笔记所涉猎的问题十分广泛,包括唯物辩证法、历史唯物主义、哲学史、自然哲学等方面的问题,中心内容是唯物辩证法。笔记共分三个部分:第一部分是摘要和短文,其中有列宁研读马克思、恩格斯、费尔巴哈、黑格尔、拉萨尔、亚里士多德、诺埃尔的有关著作的摘要,如《黑格尔辩证法(逻辑学)的纲要》和《谈谈辩证法问题》。第二部分是关于哲学和自然科学的各

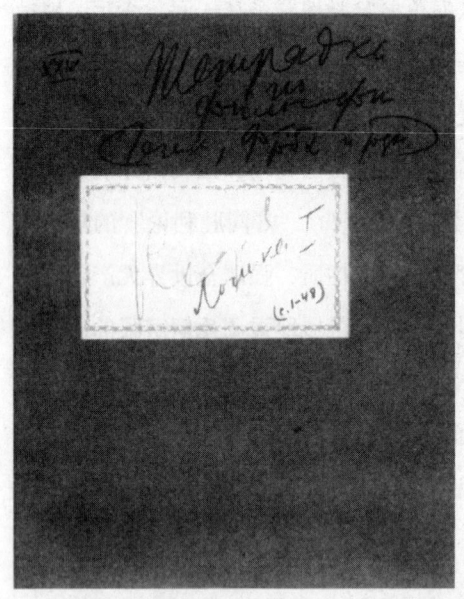

1914年9月—12月列宁《黑格尔〈逻辑学〉一书摘要》第一册笔记的封面

---

① 《马克思恩格斯全集》第29卷,第250页。

种书籍、论文和书评的短篇札记，如对保尔森的《哲学引论》、普伦格的《马克思和黑格尔》、福尔克曼的《自然科学的认识论原理》、费尔伏恩的《生物起源假说》、丹奈曼的《我们的世界图像是怎样构成的》、哈斯的《现代物理学中的希腊化时代精神》等著作的札记。第三部分是列宁在阅读普列汉诺夫、斯切克洛夫、狄慈根等人著作时所写的批注。

《哲学笔记》是列宁继《唯物主义和经验批判主义》之后的最重要的哲学著作。虽然由于各种原因最终未能写成唯物辩证法的专著，许多精辟见解、新颖思想分散在各笔记中，还没有加工成完整的体系，不少新原理、新论点还没有得到详细阐发，但这部著作反映了列宁为发展马克思主义哲学特别是唯物辩证法进行的创造性探索，凝聚了列宁深邃的哲学智慧，成为后人深入研究唯物辩证法的宝贵的丰富的理论和思想宝库。同《唯物主义和经验批判主义》相比，《哲学笔记》在许多问题上都有重大发展和突破。

五、民族殖民地问题

重新瓜分殖民地是各资本主义列强进行"一战"的重要动力和原因，战争期间民族压迫和反压迫的斗争变得突出和尖锐起来，民族解放运动汹涌澎湃，武装起义和暴动不断。列宁认为，"一战"把殖民地民族卷进了世界历史和国际政治生活，他们不再仅仅充当别人发财的对象，他们参与决定世界革命命运的时期来临了。在这种形势下，如何处理民族殖民地问题，把民族运动同社会主义革命紧密统一起来，就成为摆在各国社会主义者面前的一大问题。对此，在1915—1916年期间发生了一场广泛的国际性争论。第二国际机会主义者持社会沙文主义立场，认为列强兼并殖民地是进步的，可以促进被压迫民族经济、文化的发展，攻击民族自决权是一种"梦想"。以考茨基为首的中派抱着"骑墙"的态度耍两面派手法，一方面口头拥护民族自决权，另一方面又说殖民地对于帝国主义的作用"非常微小"，而对帝国主义来说，"殖民政策带来的耗费和损失大于所得"，每个民族要求"民族自治"就足够了，要求"国家独立"未免过分。以卢森堡、布哈林等人为首的左派也持错误的观点，认为在帝国主义时代，民族国家已成为过时的理想，民族自决权是"不能实现"的政策，因为进行这种斗争会妨碍各个民族工人阶级的团结，会使无产阶级脱离社会主义革命。在这场国际范围的关于民族自决权问题的争论中，列宁写了《革命的无产阶级和民族自决权》（1915年10月）、《论尤尼乌斯的小册子》（1916年7月）、《关于自决问题的争论总结》（1916年7月）、《德国社会民主党和民族自决权》（1915年）等一系列重要著作，系统地、创造性地阐述了马克思主义在民族殖民地问题上的理论和纲领。

列宁认为，在帝国主义时代，不能用笼统的、千篇一律的空话来谈论民族自决权问题，而是必须首先区分压迫民族和被压迫民族，被压迫民族的无产阶级应该积极参加反对殖民主义的民族解放斗争，压迫民族的社会民主党人应该坚决支持一切被压迫民族的解放运动，直到完全承认他们的民族自决权。否则，奢谈"文明民族"和"野蛮民族"，鼓吹什么"建立各平等民族和平联盟"就是骗局。尽管压迫国家的工人阶级有一部分人可以分享资产阶级从被压迫民族工人那里掠夺来的超额利润的一点残羹剩饭，"在一定程度上参加了本国资产阶级掠夺被压迫民族工人和人民群众的勾当"，但无论是在思想上、精神上，还是在学校或实际生活中，总是处于狭隘观点、利己主义和各种诡计、欺骗的影响之中，因此必须对压迫民族国家的无产阶级进行国际主义和爱国主义教育。

列宁指出，无产阶级革命胜利以后，民族的反感不会很快消失，被压迫民族对压迫民族的仇恨暂时还会存在，这也是正常的。无产阶级也绝不会一完成社会主义革命就变得洁白无瑕，保证不犯错误和没有缺点，可能犯各种错误，包括自私自利，企图骑在别人头上。因此，胜利了的无产阶级不能强迫任何异族人民接受任何"替他们造福的办法"，要坚持平等的联合、自由的联合。

列宁充分肯定了民族殖民地解放运动的伟大意义，强调国际无产阶级和被压迫民族联合起来共同斗争的思想，认为民族解放运动及争取民主的斗争是帮助反帝的真正力量即社会主义无产阶级登上舞台的一种"酵母"。

列宁对世界各国走上社会主义道路的多样性作了科学的预见。他说，一切民族都将走上社会主义是不可避免的，但是其具体的走法不完全一样，在民主的这种或那种形式上，在无产阶级专政的这种或那种类型上，在社会生活各方面的社会主义改造的速度上,每个民族都会有自己的特点。

总之,第一次世界大战期间是列宁主义发展的重要时期,如果说1904—1914年是列宁主义得到丰富和补充的话,那么第一次世界大战时期则是列宁思想得到升华的阶段。

远方来信

1917年春天,愈演愈烈的世界大战已进行了近三年的时间。战争不但不是"一次温泉治疗"(德国元帅兴登堡战前曾声称"战争对我来说好像是一次温泉治疗"),反而是使帝国主义处于灭顶之灾的汪洋大海。大战把资本主义世界的矛盾推到白热化的程度。这在俄国表现得最为明显。

"一战"期间,俄国的国民经济遭到严重的破坏,土地荒芜,粮价暴涨,物资奇缺。为维持战争,沙皇政府实行残酷的军事独裁统治。处处腐败无能,一些将领通敌叛国,士兵伤亡无数,大批领土沦陷。所有这一切,使工人群众对沙皇专制制度深恶痛绝,士兵厌战反战情绪高涨。1916年国内发生1500多次罢工,有150万士兵成为逃兵。农民抗租夺粮,烧毁庄园,捣毁乡村政权。沙皇政府上层也发生了危机,在战争爆发后,先后换了四个首相、六个内务大臣、四个军事大臣、一个外交大臣。宫廷内部更是腐朽不堪,皇后为了给患血

列宁(1917年)

列宁传

液病的皇太子治病,将一个装疯卖傻的长老拉斯普廷奉为"神人",把他的一些"胡言乱语"视为任命大臣、指挥军事行动等国家重大问题的"战略指示"。俄国革命一触即发。

1917年1月22日,为纪念1905年的"流血星期日",彼得格勒、莫斯科、巴库等地的工人举行大规模的罢工和游行示威。3月初彼得格勒普梯洛夫工厂三万名工人开始大罢工,揭开了二月革命的序幕(罢工的时间是在俄历二月,故称二月革命)。3月10日,彼得堡爆发25万工人总罢工。布尔什维克发出大战爆发后至革命前30多万份(90多种)传单的最后一次传单,公开号召武装起义。次日早晨,工人群众解除宪警武装,夺取武器库,占领维堡区,深入军营进行鼓动,和士兵进行联欢。3月12日,彼得格勒驻军1万人开始武装起义,晚上增加到6万士兵。工人和士兵联手迅速打垮了军警的顽抗,逮捕了沙皇大臣和将军,打开监狱释放被关押的革命者。当天晚上,彼得格勒工兵代表苏维埃第一次大会召开。首都发生革命的消息旋即传遍全国,各地群众纷纷起来捣毁沙皇地方政权,建立工兵代表苏维埃和农民代表苏维埃。沙皇政府不甘心束手就擒,慌忙从前线调回部队增援,但革命烽火在全国燃起,部队半路受阻,有的作鸟兽散,有的倒戈掉转枪口,很快瓦解。3月15日,沙皇尼古拉二世眼看大势已去,宣布引退,让位于弟弟米哈伊尔。米哈伊尔无力控制局面,第二天就宣布引退。就这样,延续了300年的罗曼诺夫王朝打上了句号。由于在二月革命前,布尔什维克党的许多领导者被监禁或被流放异地,大批先进工人被征往前线打仗,因此布尔什维克党还没有足够的时间和能力使这场革命完全置于自己的领导之下。于是一部分领导权被资产阶级、孟什维克和社会革命党所窃取,孟什维克和社会革命党认为,革命既然是资产阶级性质的,就只能由资产阶级领导,所以就组成了资产阶级临时政府,这样就出现了两个政权并存的局面。

3月15日中午,列宁吃过午饭正准备到图书馆去,有人跑过来告诉他二月革命的消息。列宁听说后,立即高兴地跑到报栏证实消息的真实性。他把报纸上的电讯细细读了几遍,然后回到家中,说自己要赶紧回国,并开始酝酿回国的计划。当天,他把这个消息用信告知印·阿尔曼德,信中讲:"今天我们在苏黎世都

在俄国二月革命的日子里

很激动,我还不能到斯堪的那维亚去,并从那里回国,这真使我受不了!!我简直不能原谅自己,为什么不在1915年冒险动身到那里去!"同时,他又立即给季诺维也夫发电报,要他立即赶到苏黎世,共同起草革命纲领。3月16日,他又给住在斯德哥尔摩的党的联络人亚·米·柯伦泰写信,对国内建立了资产阶级临时政府之后布尔什维克党应当采取的策略作了指示,强调必须采取明确的不可调和的路线,一定要有更革命的纲领和策略。两天之后,住在斯堪的纳维亚的一些人准备回国,柯伦泰给列宁拍了电报,请列宁给这些同志提一些要求和指示。列宁又在给准备启程回国的布尔什维克写的《提纲草稿》中,评述了临时政策的阶级实质和反动性,认为新政府也不能给俄国老百姓以和平、自由和面包,必须使二月革命走上社会主义革命的道路,把广大群众发动和组织起来,建立工人阶级政权,直到取得完全的胜利。在把这个提纲寄给柯伦泰的同时,列宁又写了一封信并发了电报,再三叮嘱斗争的策略和联系的办法。

从二月革命消息传来的那刻起,列宁一直没有睡好觉,始终处于兴奋和渴望早日回国的状态,密切关注着国内事态的进展,他见到熟人就说:"在这样的时候

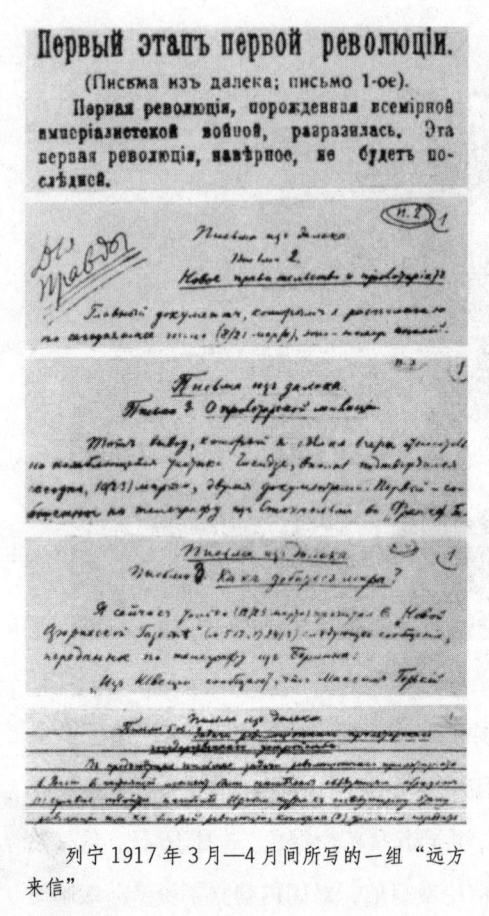

列宁1917年3月—4月间所写的一组"远方来信"

待在这里，对我们大家来说是一种怎样的折磨啊！"在得知布尔什维克党报《真理报》在彼得格勒重新出版后，列宁从3月19日起开始为《真理报》写了一组文章，总标题是"远方来信"。到4月8日回国止，列宁共写了5封"远方来信"：《第一次革命的第一阶段》《新政府和无产阶级》《论无产阶级民兵》《如何实现和平？》《革命的无产阶级国家制度的任务》。"远方来信"鲜明地反映了列宁在归国前夕所考虑的问题，深刻分析了俄国工人阶级和群众在二月革命后所面临的问题：第二次俄国革命的动力、性质和前途，国家政权的建立和稳固，战争与和平，对临时政府的态度和斗争方略，革命的转变和过渡，苏维埃的运作机制等。列宁回国以后把其中观点加以充实和发展，形成了布尔什维克党在这个时期的完整的战略和策略方针。第一封信曾在《真理报》上发表，其他几封信直到1924年才公开发表。列宁在第一封信中，分析了二月革命取得胜利的原因和二月革命后阶级斗争的趋势及阶级力量的对比，为党在新阶段制定策略提供了理论准备。在信中列宁指出，在短短的八天之内就使一个已经维持了许多世纪的专制制度土崩瓦解仿佛是一个奇迹，但实际上这不是一日之功。第一个原因就是1905年革命深深地翻松了土壤，根除了世代相传的偏见，唤醒了数百万工人和数千万农民去参加政治生活和政治斗争，使俄国社会中一切阶级（以及一切主要政党）彼此表明了并且向全世界表明了它们真正的本质，表现了它们的利益、它们的力量、它们的行动方式以及它们当前的目的和未来目的真正的相互关系。第一次革命以及接着到来的反革命时期（1907—1914年），暴露了沙皇君主制的全部实质，使它的腐败和丑恶、兽行、厚颜无耻、放荡淫逸达到了"极限"。群众对"演员们"所扮演的角色、所站的位置极为熟悉。同时充当万能"导演"的世界大战使全世界的历史发生了特别急剧的转折，加速了罗曼诺夫王朝这座"腐朽之车"的倾覆。对于二月革命后出现的形势，列宁要求布尔什维克和广大人民群众认清临时政府的实质，抛掉各种幻想，依靠本身的力量、本身的组织、本身的团结、本身的武装去争取和平、面包、自由和社会主义。

1917年3月18日，为纪念巴黎公社34周年，列宁在瑞士绍德封用德语作了题为《俄国革命是走巴黎公社的道路吗？》的专题报告，就如何把巴黎公社的成功经验运用到俄国中去、如何吸取巴黎公社的教训等问题进行了总结，演讲十分成功。

二月革命爆发后，随着侨居国外的大批布尔什维克回国和被流放、被捕同志的复出，列宁回国的愿望愈加强烈，但始终没有万无一失的计划。因为从中立的瑞士通往正在打仗的俄国的一切交通线都掌握在俄国的协约国英国和法国手里，他们欢迎护国分子回国，却禁止布尔什维克和国际主义者回国，对列宁更是严加监视。公开回国不行，必须另想其他办法，因为时不待人。有人建议列宁找一个外貌像他的人，弄一个瑞典人的护照，但列宁不会讲瑞典话，如果装哑巴则很容易暴露身份。

3月19日，侨居瑞士的俄国各党派举行了一个非正式会议，商讨回国的办法。有人提出以释放被扣留在俄国的德、奥战俘为条件，来换取假道德国的通行证。绝大多数人反对这个计划，列宁却表示赞同。会议决定由瑞士社会党人先向德国公使提出，然后再进行谈判。

4月2日举行的中派各党代表会议上，有人表示担心取道德国回国会损害俄国政治侨民的名誉，诽谤者会说"这些久经锻炼的老革命家在讨好德国帝国主义""会把工人的思想搞乱"，临时政府也可能借此做文章，诬蔑列宁是"德国奸细"。列宁对此作了解释，认为只要能回国参加革命，无论走哪一条道路都是可以的，否则会误事。

列宁传

俄国社会民主工党（布）中央局迫切希望列宁早日回国。3月23日，中央局给列宁寄来500卢布，作为回国路费，并派人及时送来有关报纸和信件。3月30日，列宁收到党的联系人加涅茨基拍来的急电，转达了中央局要列宁立即回国的意见。电文中强调，每错过一个小时都会带来很大的危险。4月5日，列宁的妹妹玛·伊·乌里扬诺娃从彼得格勒拍来电报："急盼您归来，但要避免风险。"同日，中央局再次发电报，希望列宁火速回国，派信使斯捷克维奇同列宁直接联系，指示列宁在人身安全有保障的情况下，可以利用任何一种途径回国。

4月6日，瑞士社会党书记弗·普拉廷通知列宁，德国政府同意列宁代表俄国政治侨民提出的取道德国的条件：(1)全体侨民不论其对战争的观点如何都可归国；(2)侨民乘坐的车厢享有治外法权；(3)回国人员有义务在俄国进行宣传鼓动工作。在谈判过程中，俄国临时政府表示反对政治侨民回国，拒绝交换战俘，但作为敌对国的德国政府则认为，让列宁等人回国，就会使俄国政治形势发生变化，对自己有利，因而在列宁提出的协议书上签了字。

4月8日，列宁在伯尔尼主持召开布尔什维克侨民会议，讨论回国的有关问题。会上宣读并一致通过了列宁写的《给瑞士工人的告别信》，信中列宁还指出了如果革命使俄国社会民主工党取得政权的话，俄国党应该要做的主要事情及步骤。

1917年4月9日，列宁一行30人在伯尔尼的民众文化馆前聚齐后，踏上了回俄国的征途。

离开瑞士后，火车在德国境内行驶。三天之后，他们在边境的扎斯尼茨港口改乘商船，越过波罗的海，抵达中立国瑞典的特雷勒堡，随后在那里搭上去斯德哥尔摩的火车。

他们在瑞典首都受到了热情的款待。因为当时出任斯德哥尔摩市市长的是一位左派社会民主党人。他十分同情布尔什维克，对列宁尤为尊敬。车站的大厅里悬挂着一面红旗，东道主为列宁的到来在这里举行了隆重的欢迎会。接着，列宁一行被安排到第一流的列金纳饭店去休息。当时旅馆接待员见列宁他们穿着寒碜，带着破旧的行李，尤其是列宁的打扮像一个寒酸而清高的小学教员，便以貌取人，不让他们入住旅馆。经过瑞典同志的解释和保证，列宁他们才住进旅馆。

当时针对列宁的"小学教员"形象,有个瑞典同志意味深长地说:"荣耀与光荣属于这个小学教员,因为他马上要去打扫历史的垃圾堆。"

瑞典同志为列宁他们准备了丰盛的午餐。一路风尘,大家疲惫不堪,饥肠辘辘,于是便开怀大吃起瑞典的美味佳肴来。列宁在煎牛排上洒了盐和胡椒,数量之多,令人吃惊。有人提醒他说,这样不但对血管有害,而且对胃也不利。列宁笑了笑,回答说:"回家去同沙皇的将军们、克伦斯基以及机会主义者们较量,就需要多吃些盐和胡椒。"

列宁等俄国流亡革命者抵达瑞典的斯德哥尔摩

饭后,同志们说服列宁去逛街。列宁和克鲁普斯卡娅走进一家百货公司后,陪同人员说打算为列宁买套衣服。列宁皱着眉头嘟囔着,说身上那套旧衣服还能穿上一些日子:"我们回到俄国,不是去开什么时装店的,而是去干革命的!"最后,在同志们的一再坚持下,他才勉强同意了。后来,同志们要再给他买些别的东西时,他坚决拒绝了。

斯德哥尔摩市市长出面邀请列宁及一行参加宴会。席间,瑞典的同志再三请列宁多逗留几天,都被列宁婉言谢绝了。"最重要的,"他说,"是尽快回到俄国。每一天都是宝贵的。"晚上7点,列宁离开斯德哥尔摩。

在芬俄边界,列宁一行受到了英国宪兵的侮辱性搜查。当看到宪兵们什么也没发现、不得不放行俄国侨民的沮丧表情时,列宁高兴得哈哈大笑起来。他跟同志们说："我们的考验结束了。我们踏上了自己的国土，我们要让他们知道。"说到这里，他用力握紧拳头："我们是未来的名副其实的主人。"

在俄国境内的第一站——白岛车站，斯大林专程从彼得格勒赶来迎接列宁一行。

4月16日晚，彼得格勒的"芬兰车站"广场和附近的街道上人山人海，成千上万的工人、士兵和水兵唱着革命歌曲，手擎熊熊的火炬和写有"向列宁致敬！"的旗帜，怀着急切的心情，等待着自己领袖的归来。广场上停着一辆装甲车，道路两旁由男女工人担任警卫。夜幕中，探照灯的刺眼光束和晃动着的无数火光交相辉映，显得格外壮丽。

11时10分，当列宁乘坐的列车驶进站台时，整个月台立刻沸腾起来。乐队奏起了《马赛曲》，人们高呼"乌拉"！不停地挥舞着自己的帽子，有的还向列宁敬献鲜花。列宁下车后，工人们把他高高举起，一直举到过去专供沙皇休息的车站大厅。过了一会儿，一个大尉走到列宁的面前，立正向他报告。这种出其不意的欢迎仪式，使列宁感到有些不安，他马上回了个举手礼，然后检阅了喀琅施塔得水兵组成的仪仗队。在两架探照灯的照射下，列宁登上了装甲车，向群众发表了简短的演说。他身上的大衣敞开着，塞在口袋里的一顶便帽露在外面，一只手向前高举着，号召无产阶级和广大革命士兵为社会主义革命的胜利而斗争。许多人激动得热泪盈眶，人们用经久不息的"乌拉"声向这位众望所归的革命家欢呼致敬。

载着列宁的装甲车经过工人、士兵和水兵的欢迎行列，在人们的簇拥下向党中央委员会的所在地克舍辛斯卡娅公馆缓缓驶去。本来步行只需一个半小时的路程，车子却开了近两个小时。途中列宁停留了好几次，向沿途的群众致意。

4月18日深夜，列宁的战友、布尔什维克中央委员、彼得格勒党委委员及党组织的工作者为列宁归来举行了盛大欢迎会。当一位主持者的欢迎词刚讲完时，列宁立即站起来，望着其他准备好欢迎词的同志说："同志们，我认为我们相互祝贺革命胜利的话已经够多了，当务之急是谈一些实质性和紧迫性的问题。"随后，列宁发表了一个半小时的关于党在目前时期的任务和策略的演说，阐述了从

第四章 十月的决战

1917年4月17日,列宁在塔夫利达宫向布尔什维克代表作报告

资产阶级民主革命过渡到社会主义革命的纲领。演说结束后,列宁和与会者又进行了倾心的交谈,谈话持续到很晚。随后,列宁夫妇乘车去西洛卡娅街48号的姐姐家里。列宁在这里一直住到7月18日。

在两个政权并存的日子里

回国后的第二天早晨,列宁还未起床,就被一阵敲门声弄醒了,原来是同志们接他去开会。上午,列宁出席了布尔什维克领导人会议。

中午12点,列宁到达塔夫利达宫,参加全俄工兵代表苏维埃会议的布尔什维克代表会议。会议在二楼的一个大房间里进行,当列宁从边门穿过人群走进会场时,喧哗声一下子消失了,没见过列宁面的代表们纷纷站起来,伸长了脖子,想看看大名鼎鼎的列宁长得究竟怎样。瞬间寂静后,雷鸣般的掌声响彻整个会场,代表们以此来表示对自己领袖的欢迎。

会上,列宁阐发了在归国途中拟定的发言稿——四月提纲。在报告中,列宁分别就10个问题来阐明自己对当前形势和任务的看法，明确回答了党当时面临的一系列紧迫问题。关于对待战争的问题，列宁指出，代替了沙皇政府的临时政府所进行的战争，仍然是掠夺性的帝国主义战争，布尔什维克必须继续反对临时政府所进行的战争政策，"广大群众中的确有护国主义情绪……我们必须特别细心地、坚持不懈地、耐心地向他们说明，要想缔结非强制的和约来结束战争，就非推翻资本不可……我们不是江湖骗子。我们只能根据群众的觉悟办事。即使因此不得不处于少数地位，也只好如此。可以暂时放弃领导地位，不要害怕处于少数"。"我们希望群众从实际经验中纠正自己的错误"，"危害一切革命的唯一东西，就是空话，就是对人民的曲意逢迎。整个马克思主义教导我们不要受革命空话的影响，特别是在这种空话大为流行的时候"。关于俄国当时的形势，列宁指出，"当前形势的特点是从革命的第一阶段向革命的第二阶段过渡"，使政权转到无产阶级和贫苦农民手中，第一个阶段由于无产阶级的觉悟和组织程度不够，政权落到资产阶级手中。在建立国家政权方面，列宁指出，苏维埃是俄国革命中产生的新的最好的国家形式，不要议会制共和国，吸取巴黎公社的有益探索，如一切官吏应该由选举产生，并且可以随时撤换，他们的薪金不得超过熟练工人的平均工资。在旧警察、军队和官吏原封未动的情况下，搞革命、召开立宪会议都是骗人的空话，"写决议只不过是为了束之高阁或者当椅子垫来坐"。在未来的新社会中，要学会管理，"管理艺术是任何书本上都找不到的。要试一试，犯点错误，才能学会管理"。在建立国际组织问题上，列宁提出建立一个"同社会沙文主义者和中派相对立的国际"，考虑到大部分正式的社会民主党都背弃了社会主义，列宁建议把党改名为"共产党"，因为"要换洗衣服，就得脱去脏衬衫，穿上干净的衬衫"[①]。

《四月提纲》是列宁创造性地运用马克思主义理论解决俄国革命问题的典范，它进一步阐述了《社会民主党在民主革命中的两种策略》一书中所提出的原理，即无产阶级推翻沙皇制度以后必须进而实现社会主义革命，而不仅仅停留和

[①]《列宁全集》中文第2版第29卷，第102—112页。

满足于资产阶级民主革命,这就为布尔什维克党夺取政权和进行社会主义建设提供了理论基础。

4月20日,列宁的《四月提纲》以《论无产阶级在这次革命中的任务》为标题在《真理报》上发表后,立即引起了巨大反响。资产阶级、孟什维克、社会革命党人坚决反对列宁的主张。临时政府的外交部部长米留可夫在同法国大使的谈话中攻击列宁"以自己放荡的失败主义在苏维埃面前失去威信","再一次成为乐观主义幻想的牺牲品"。普列汉诺夫认为《四月提纲》是"梦话"连篇,"全部政权归苏维埃"的口号是"散布无政府主义","是从布朗基那里来的"的盲动主义,断言"俄国历史上还未生产出那种面粉:随着时间的推移它将烤熟成社会主义的小麦馅饼",并号召群众支持临时政府把对德战争进行到底,这在布尔什维克内部也产生了一些不同意见。4月19日,在中央委员会会议上,加米涅夫和施略普尼柯夫坚持认为"资产阶级民主革命还没有完成",反对列宁提出的向社会主义革命过渡的主张,会议决定对这些问题展开公开的辩论。会后,加米涅夫在《真理报》上发表了《我们的分歧》《论列宁的提纲》等文章,要求党把革命局限在资产阶级民主革命的范围内,断言俄国还没有成熟到实行社会主义革命的程度。

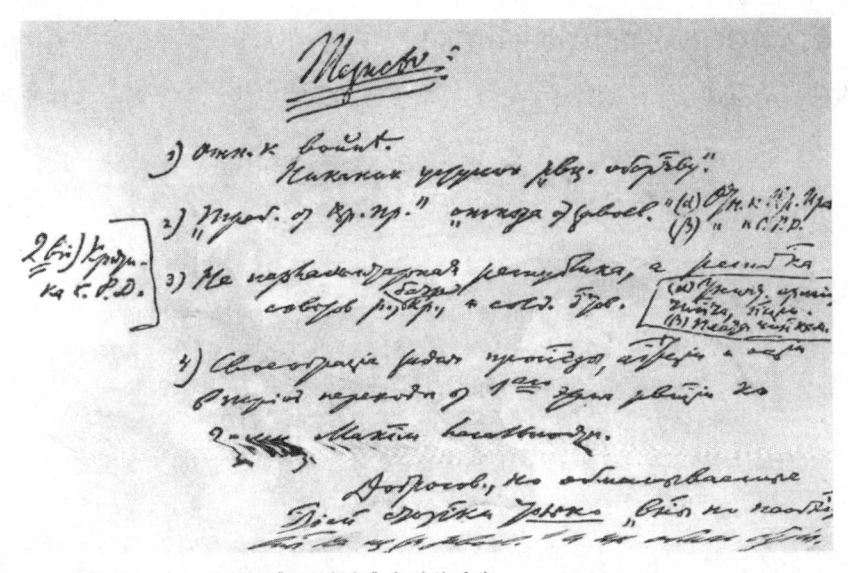

列宁1917年4月所拟《四月提纲》初稿的手稿

为宣传和解释《四月提纲》的思想，驳斥各种反对进行社会主义革命的错误言行，列宁先后写了大量的小册子。4月21日，列宁在《两个政权》一文中指出："一切革命的根本问题是国家政权问题。不弄清这个问题，便谈不上自觉地参加革命，更不用说领导革命。"①在《论策略书》（写于4月21日至26日之间，1921年中共创办的人民出版社在上海出版此书，当时译为《讨论进行计划书》）中列宁强调，马克思的学说不是教条，而是行动的指南，马克思主义的理论公式至多只能指出任务，而这些任务是必须随着历史过程中每个特殊阶段的具体的经济和政治环境而改变。简单背诵和重复烂熟的"公式"的做法是可笑的，马克思主义者必须考虑有血有肉的、生动的实际生活，而不应当抱住昨天的理论不放，因为"理论是灰色的，而生活之树是常青的"。列宁还分析了两个政权并存的问题。他指出，在俄国二月革命中产生了一种不同于旧的公式的非常奇特的、崭新的、从未有过的两种统治，即资产阶级统治和工兵代表苏维埃相互并存的情况，但这种情况是双方力量均衡情况下形成的暂时景观，一个国家中不可能有两个代表不同阶级利益的政权长期和平共处，非此即彼，此消彼长。无产阶级必须进行艰苦细致的工作，提高群众觉悟，争取群众的大多数，建立无产阶级专政的政权。

在《无产阶级在俄国革命中的任务》（4月23日）中，列宁拟定了无产阶级政党的行动纲领，全面阐述了自己的战略思想和策略思想，除了揭示并存的两个

1917年4月9日（俄历）《真理报》第28期所载列宁《论两个政权》一文

---

① 《列宁全集》中文第2版第29卷，第31页。

政权的不同阶级实质以及由此形成的党的策略的特点，还分析了革命护国主义的阶级内容，阐述了苏维埃这一新型国家同旧式国家的主要区别和向社会主义过渡的经济措施，并对社会党国际中的社会沙文主义者、"中派"和真正的国际主义者这三个派别作了剖析，这一文献实际上是四月代表会议的有关决议的基础。

对《四月提纲》进行公开辩论后，许多地方党组织立即作出决议，拥护列宁的主张。4月27日至5月5日，党的彼得格勒市第一次代表会议总结了党组织对《四月提纲》的讨论，出席会议的57名代表一致赞同列宁的提纲，并把它作为"四月会议"的基础。列宁被选为会议的名誉主席，并在会上作了关于目前形势和对临时政府的态度的报告。会议以压倒性多数通过了列宁起草的关于对临时政府、战争等四个问题态度的决议案。通过这次会议，彼得格勒的布尔什维克已团结在列宁的周围，列宁的策略得到了党的最大的地方组织首都党组织的支持。

5月7日至12日，俄国社会民主工党（布）在彼得格勒的女子医院大楼举行第七次全国代表会议（四月代表会议），会议肯定了列宁的从资产阶级民主革命向社会主义革命过渡的路线，并把它作为党在新的革命阶段的总路线。出席这次代表会议的有133名有表决权的代表，18名有发言权的代表，代表8万党员。这是布尔什维克第一次举行的合法的代表会议，它起着党代表大会的作用。列宁被选为代表会议名誉主席，他领导着代表会议的工作，就代表会议日程所规定的各项主要问题作了报告，发表了演说，准备了几乎全部的决议草案，积极参加了代表会议的各委员会及各组的工作。代表会议通过了列宁的关于战争的决议草案、关于对临时政府的态度的决议草案、关于目前形势的决议草案、关于修改党纲的决议草案、关于土地问题的决议草案、关于团结一切国际主义者反对小资产阶级护国主义联盟的决议草案、关于苏维埃的决议草案、关于民族问题等决议草案。

列宁在开幕式的简短讲话中指出，科学社会主义的奠基人马克思、恩格斯以及第二国际巴塞尔代表大会关于世界大战必然导致革命的预言，已经完全得到证实。现在，开始进行的这个革命的伟大光荣任务已经落到俄国无产阶级身上了，但不应忘记，俄国无产阶级的革命运动仅仅是世界无产阶级革命运动的一部分。只有从这个原则出发，我们才能确定自己的任务。

列宁传

列宁在关于目前形势的报告中，对俄国的政治形势、对战争的态度问题、对无产阶级的任务发表了意见。他指出，我们制定政策，首先要求对目前的情况做出精确的阶级分析。临时政府按其阶级性质来说，是地主和资产阶级的统治机关，它所代表的阶级在经济上政治上同俄、英、法帝国主义有不可分割的联系。但是不能立即推翻这个临时政府，这是因为它目前还得到彼得格勒工兵代表苏维埃的信任。这并不意味着布尔什维克抛弃了"变帝国主义战争为国内战争"的主张，而自食其言。列宁指出，俄国的第一次内战已经结束了，现在正转入第二次战争，即帝国主义和武装人民的战争，在这个过渡期间，武装力量还在工人和士兵手中，而不是在资本家手中。临时政府还没有使用暴力，资本家使用的不是暴力而是欺骗，所以现在不能叫喊暴力，叫喊暴力是毫无意义的。马克思主义教导我们，变帝国主义战争为国内战争必须根据客观条件，而不能根据主观条件，我们暂时不提这个口号，但也仅仅是暂时的。在临时政府还没有发动战争以前，我们要进行和平宣传。

小资产阶级联盟的领导者齐赫泽、斯切克洛夫、策烈铁里提出对临时政府的监督问题，党内有人表示赞同。列宁批评了这种想法。他指出，没有政权，监督就是空话。我们怎样监督英国呢？要监督英国就必须夺取英国的舰队。一些工人和士兵群众会天真地不自觉地相信监督，但是只要想一想监督的基本因素，就会了解，相信监督是一种抛弃阶级斗争根本原则的行为。没有政权的监督是小资产阶级的空话，它将阻碍俄国革命的进程和发展。

在谈到怎样结束战争问题时，列宁说，我们不是和平主义者，我们不能放弃革命战争，但是只有当无产阶级取得政权的时候，我们进行的战争才是真正的革命战争。要结束战争，必须使政权转到革命阶级手中。

列宁指出，当苏维埃取得政权以后，存在着这样一个危险，即革命阶级掌握政权后不知道怎样运用政权。这个危险在过去的革命中往往造成严重的后果，革命因此而失败的例子在革命史上是不少见的。究竟怎样运用政权呢？巴黎公社是一种国家类型。列宁告诉代表们说，我们现在还是少数，群众还不相信我们，但这没有什么关系，我们要善于等待，只要政府暴露出本来面目，群众就会转到我们一边来。实际生活将不断地证明我们是正确的。

列宁在作关于目前形势的报告的结论中批判了彼得格勒委员会提出的立即推翻临时政府的"左"倾口号。列宁认为这是一种瓦解组织的罪恶行为。加米涅夫等人断定说，俄国进行社会主义革命时机还不成熟，社会主义应当从其他工业比较发达的国家产生。列宁回答他们说，不能说谁开始，就是谁结束，这不是马克思主义，而是对马克思主义的歪曲。马克思说过，法国开始，德国人完成。社会主义革命从工业发达的资本主义国家开始，但取得社会主义革命胜利的，是工业落后的俄国，现在俄国无产阶级的成就比谁都大。列宁批评了李可夫"在资本主义和社会主义之间没有过渡时期"的观点，他说，这是不对的。这是离开了马克思主义。托洛茨基提出"不要沙皇，而要工人政府"的口号，列宁不同意这个口号，他说，那就是跃过小资产阶级。我们是说要通过工兵代表苏维埃帮助革命。绝不能陷入改良主义。我们进行斗争，不是要使自己失败，而是要战胜敌人，至少要获得部分的胜利。如果我们失败了，我们也一定会争取到部分的胜利。这将是一种改良。改良是阶级斗争的辅助手段。

代表会议拖得很长，往往通宵开会，列宁出席了每一次会议。最后，会议选举了9名中央委员，其中有列宁、季诺维也夫、加米涅夫、斯维尔德洛夫、斯大林等人。由于时间不够，列宁没有为更改党的名称辩护，关于这个问题，他建议大家看他的小册子《无产阶级在俄国革命中的任务》，在那本小册子的最后一章里专门谈这个问题。这一章的标题是"我们党究竟应当用什么名称，才在科学上是正确的，在政治上是能够帮助启发无产阶级意识的？"

四月代表会议统一了全党思想，肯定了列宁制定的从民主革命向社会主义革命过渡的路线作为党在新的革命阶段的总路线。此后，布尔什维克开始向夺取政权的目标迈进。

四月代表会议之后，列宁领导布尔什维克党在工人、农民、士兵和群众中开展了巨大的宣传和组织工作，列宁自己也超负荷地穿梭奔波于各个工作岗位。

列宁返回祖国后，立即担任了布尔什维克党中央机关报《真理报》的编辑。他通常每天在《真理报》编辑部（彼得格勒莫伊卡河沿岸街32/2号）工作数小时，夜间也常常工作。他在编辑部写文章，审改稿件，同工人通讯员、各省及前线来的访问者谈话，主持召开会议等等。列宁领导的《真理报》成了布尔什维克党对工人、士兵和农民群众进行思想和组织领导的强大工具，成了俄国社会民主工党（布）最好的宣传工具。到1917年夏天，布尔什维克的报纸已超过40种，每日发行总量32万份。在《真理报》上几乎每天都有列宁的文章，有时一天几篇。从4月到7月，列宁写的文章、小册子、决议草案、告工人和士兵书等多达170余种。

"五一"这一天，临时政府外交部长米留可夫以临时政府的名义发出致各国代表的照会，声称俄国临时政府决心将战争进行到底，保证完全遵守对协约国承担的义务。5月2日列宁写了《崩溃？》，5月3日写了《告各交战国士兵书》和《临时政府的照会》，揭露资产阶级政府进行的战争的非正义性和掠夺性，戳穿古契柯夫－米留可夫政府对外政策的帝国主义实质，阐明米留可夫照会的帝国主义性质，揭示出彼得格勒工兵代表苏维埃的社会革命党和孟什维克多数对临时政府表示信任的政策的破产，号召各交战国士兵把和平事业掌握在自己手里。列宁向工人们、士兵们大声疾呼：我们要求，我国只有一个政权——工兵代表苏维埃。临时政府是一小撮资本家的政府，必须让位给工兵代表苏维埃。列宁的文章具有巨大的号召力。5月3日这一天，彼得格勒10万群众举行抗议临时政府的游行示威活动。在政治危机的情况下，社会革命党和孟什维克等妥协党不仅没有利用这一机会把政权夺回到苏维埃手中，反而在临时政府撤换了外交部长米留可夫、军事部长古契柯夫以后，派出策烈铁里、斯科别列夫、切尔诺夫、克伦斯基等6人与资产阶级一起组成了联合政府。妥协党采用这些措施的目的是企图迷惑群众，帮助资产阶级渡过第一次政权危机。列宁预先看出了妥协党的阴谋，他在5月3日起草的《俄国社会民主工党（布）中央委员会关于临时政府1917年4月18日（5月1日）的照会引起的危机的决议》中，首先说明临时政府是一个手脚被英、法、俄三国资本束缚起来的彻头彻尾的帝国主义政府。然后强调指出，这个政府的成员更动并不能改变它的阶级实质，只有在大多数人民支持下把全部国家政权拿到自己手里以后，革命的无产阶级才能同革命的士兵一起，以工兵代表苏维埃为代表,建立一个为各国工人信任的、能够用真正民主的和平来迅速结束战争的政府。

6月16日,全俄工兵代表苏维埃第一次代表大会开幕。在1000多名代表中,布尔什维克党的代表只有105名,而妥协党的代表却有533名,其余的代表也大多数是支持他们的。在他们控制下,代表大会在一切主要问题上都通过了妥协主义的决议,并成立了由妥协党占优势的苏维埃全俄中央执行委员会。孟什维克首领策烈铁里在大会上甚至宣称,如果苏维埃与资产阶级决裂,革命就会归于失败。

列宁出席了全俄工兵代表苏维埃第一次代表大会,当策烈铁里谈到俄国似乎没有一个政党认为要夺取国家的全部政权时,列宁立即插话反驳说,有这样的政党!任何一个政党都不会放弃这样做,我们的党也一样,它随时都准备夺取全部政权。列宁向大会主席团要求发言,他在给他的短短的时间内,发表了关于对临时政府的态度的演说。列宁演说时情绪激昂,充满激情。他抨击了临时政府的帝国主义政策,揭示了苏维埃作为一种新型国家的意义,指出只有它才能使俄国摆脱侵略战争和经济危机。列宁描述了国内各阶级力量的对比情况,指出俄国没有一个团体、一个阶级能够同苏维埃政权抗衡,这就使国内革命和平发展成为可能。列宁宣布,布尔什维克党准备夺取全部政权。列宁提出了摆脱经济危机的办法——立即公布资本家所获得的高达500%—800%的骇人听闻的利润。他指出,这些利润并不像"纯粹"资本主义制度下的资本家那样是在自由市场上获得的,而是靠军事订货获得的。当列宁提出逮捕50—100个最大的百万富翁的建议时,在会议厅里引起了最强烈的反应。根据代表们的要求,大会延长列宁发言的时间。列宁在结束演说时说道,在贫农的支持下把政权转归革命无产阶级、争取和平的革命斗争就会以最可靠的、人类历史上最无痛苦的方式来进行,俄国和全世界的革命工人取得政权和获得胜利就有了保障。列宁的这次演说很快就在78种报纸上刊登。

6月22日,列宁在全俄工兵代表苏维埃代表大会上发表了关于战争的演说。他在演说中,说明临时政府为了资本家的利益仍在继续进行非正义的侵略战争,揭露在社会上广为流传的所谓布尔什维克力谋同德国单独媾和的谎言,详细阐述了布尔什维克争取通过革命摆脱帝国主义战争的斗争纲领。演说得到广泛的传播，数十家报刊刊登了这篇演说。

1917年7月4日（俄历）游行示威的工人和士兵遭枪杀

在彼得格勒的广大群众对临时政府的反人民政策的愤懑情绪难以遏止的情况下，列宁领导布尔什维克在6月26日至7月1日积极做着示威的准备工作，他以中央委员会的名义要求各区党的组织挑选足够数量的布尔什维克演说家。他给通讯员作指示，检查标语牌和旗帜的准备情况，他建议彼得格勒委员会印发布尔什维克口号的传单。7月1日，首都彼得格勒约有50万工人士兵及其他群众拥上街头，90%的游行示威队伍的旗帜和标语牌上都写着"全部政权归苏维埃！""打倒十个资本家部长！""决不同德国人单独媾和！决不同英法资本家签订秘密条约！"等布尔什维克的口号。列宁参加了在马尔斯校场举行的游行示威。

列宁在7月1日游行示威结束后召开布尔什维克党中央委员会会议，总结游行示威。列宁称，7月1日是俄国革命史上一个转变的日子，这次行动是第一次有组织的政治示威。列宁认为，7月1日的游行示威，成了革命无产阶级的力量和政策的示威，无产阶级指出了革命的方向，指出了摆脱绝境的道路。这天晚上，列宁接见了向彼得格勒游行示威群众发表演说的布尔什维克演说家，他对他们说，这次胜利比市杜马选举的意义重要得多。彼得格勒的无产阶级表明，他们不取得苏维埃的胜利决不罢休。由于7月1日是俄历6月18日，因此这一天的游行示威称为"俄国革命六月事件"。

为挽救六月事件后出现的政治危机，转移群众的注意力，临时政府在妥协党的支持下在前线发动了军事进攻。列宁写了《革命、进攻和我们的党》一文，他指出，以"社会主义者"部长们为代表的临时政府是重新挑起这场帝国主义战争的罪魁祸首，社会革命党人和孟什维克是在为俄国的和外国的帝国主义服务，是在积极地为俄国的反革命效劳。列宁给布尔什维克党提出的任务是：努力不懈地揭露政府的政策，仍然像过去那样郑重地警告工人和士兵们不要对分散的、无组织的行动抱有奢望。列宁号召更快地毫无痛苦地结束充满小资产阶级幻想和小资产阶级空话的阶段，使政权转到无产阶级手中。列宁在7月2日至8日发表的文章和演说中指出，孟什维克和社会革命党人不仅背离了社会主义，而且也背离了民主主义，他们害怕民主，最怕同英法资本家决裂，怕俄国资本家不满，他们要对临时政府重新挑起帝国主义战争，要为千百万人的牺牲负全部责任。

1917年5月，俄国社会民主工党区联委员会（区联派）领导人托洛茨基回到彼得格勒。

区联派是在1913年建立起来的中派组织，其成员有托洛茨基分子、前进派（召回派）、孟什维克护党派和布尔什维克的调和派，目的是想把布尔什维克和各种机会主义派别统一到一个党内。在战争的冲击下，他放弃了长期以来想把布尔什维克和孟什维克统一起来的"雄心"，承认关于革命政党的性质、结构和纪律的争论，事实证明是列宁而不是他对了。托洛茨基同意列宁在四月提纲中提出的俄国革命必须走无产阶级专政的道路。7月，托洛茨基和他的俄国社会民主工党区联委员会要求加入布尔什维克。当时托洛茨基的区联社集中了一些有才能和有影响的社会主义者，其中有卢那察尔斯基、历史学家波克罗夫斯基、马克思传记作者梁赞诺夫，以及政治活动家越飞、曼努伊尔斯基、加拉罕、尤里尼耶夫等人。而托洛茨基本人是个有勇气、有政治热忱和漂亮口才的政治家。为壮大革命力量，列宁排除干扰，同意了托洛茨基的要求。

紧张的活动使列宁极度疲劳，他不得不于7月12日在妹妹玛·伊·乌里扬诺娃的陪同下，到穆斯塔米亚车站附近的内沃拉村休息。但一日千里的革命进程很快打乱了他的休息计划。这时俄国的形势发展很快,军队在前线的进攻很快就失败了。这一消息引起了彼得格勒工人、士兵群众的无比愤怒,他们于7月16日发动了声势浩大的武装示威,并要求打倒临时政府。16日晚,中央委员会派《真理报》编辑部主任萨韦利也夫到内沃拉村去请列宁回彼得格勒。列宁听了萨韦利也夫关于彼得格勒事件的情况汇报,立即同他和乌里扬诺娃等人一起返回彼得格勒。17日早晨,列宁来到俄国社会民主工党(布)中央委员会和彼得格勒委员会大楼。列宁认为外省的运动落后在首都的后面,如果首都孤立行动,易被敌人镇压,以致遭受不应有的损失。他认为当时的运动还有可能使政权和平地转归苏维埃,还有可能使俄国革命和平发展。他对未能预先防止武装游行示威的发动表示遗憾,对中央委员会和彼得格勒委员会、党中央军事局、俄国社会民主工党区联委员会和彼得格勒工兵代表苏维埃工人代表委员会决定参加到运动中去,把运动变成"彼得格勒全体工人、士兵和农民意志的和平的有组织的显示",表示赞许。

列宁在克舍辛斯卡娅公馆的阳台上向游行示威的群众发表了演说,要求群众沉着、坚定和警惕,他深信不管历史道路多么曲折,"全部政权归苏维埃"这一口号必定胜利,而且就要胜利。50万工人、士兵和水兵的示威群众要求苏维埃

克舍辛斯卡娅公馆

中央执行委员会夺取全部政权，他们高呼着布尔什维克的口号：全部政权归苏维埃！列宁密切地观察着游行示威的进展情况。

7月17日晚上，列宁在塔夫利达宫参加布尔什维克中央委员会和彼得格勒委员会、中央军事局和布尔什维克区联委员会的会议，他在会上说明了停止游行示威的必要性。会议通过了关于停止游行示威的公告，公告号召工人和士兵保持平静和沉着。尽管示威是和平地进行，资产阶级仍然与妥协党秘密勾结起来，调动士官生、哥萨克以及前线政治上没有革命觉悟的军队镇压了工人群众的和平示威，群众死伤700余人，彼得格勒街道上洒满了革命人民的鲜血。这就是俄国的"七月事变"。妥协党所把持的全俄苏维埃中央执行委员会通过决议，宣布临时政府是"拯救革命的政府"，并自愿将全部政权交给它。两个政权并存的局面结束了。妥协党所领导的苏维埃变成了临时政府的附属品。

转入地下

七月事变发生后，布尔什维克党被扣上了"力图占领城市""强奸苏维埃意志""侵犯苏维埃权力"等罪名。同时，资产阶级临时政府、孟什维克和社会党人也把矛头指向列宁，但鉴于列宁在工人群众、士兵中的巨大威望，他们不敢公开下毒手，于是便采取了造谣诽谤、混淆视听的办法。他们物色到一个曾在工作上与列宁接近过的前进派分子格·阿列克辛斯基，让他伙同社会革命党人的司法部长彼列维尔泽夫以及俄国警察机关，一起伪造了一个文件，诬蔑列宁是德国间谍，说列宁和德军总参谋部有联系（在对列宁的诬告中，"证据"是1917年七月事变中从列宁的住宅中搜出的一大笔钱的存款单据，造谣说这是列宁从德国政府那里领取津贴的证明。实际上，这笔钱是克鲁普斯卡娅的母亲继承其姐姐遗产的一部分，她去世后，留下了一些银子、物件和几十年教育工作中积蓄下来的若干卢布）。一些报刊相继发表了这个"文件"。彼得格勒街上的枪声使人们的神经极度紧张，这就为这种在正常情况下简直难以置信、毫无道理的谣言提供了一个有利的基础。听信谣言的不单有居民，而且还有一部分备受折磨、政治上无知的士兵。在造好舆论后，政府便动手了。7月18日，临时政府在孟什维克和社会革命党人所把持的中央执行委员会的积极支持下，派士官生捣毁了《真理报》编辑部和印刷厂。7月19日，政府下令逮捕列宁、季诺维也夫、加米涅夫、托洛茨基等人，城里的一些党组织被查封，一些革命者被枪杀。同时工人武装被解除，同情革命的卫戍部队被调出首都，派往前线。

列宁于7月17日深夜在塔夫利达宫得到情报，说资产阶级的报纸即将公布诽谤攻击他的材料，临时政府和社会革命党、孟什维克的工兵代表苏维埃中央执行委员会正在从前线往彼得格勒调动部队。18日凌晨，布尔什维克中央委员雅柯夫·米哈伊洛维克·斯维尔德洛夫来找列宁。由于列宁有被捕的危险，斯维尔德洛夫坚决要求列宁立刻转入地下。他陪同列宁到彼得格勒区的姆·勒·苏利莫娃的家里，让列宁隐藏在这儿。列宁要求斯维尔德洛夫给他买彼得格勒出版的各种报纸。布尔什维克中央委员会委员伊·帖·斯米尔加、彼得格勒委员会书记格·伊·博基等人在18日的下午来到苏利莫娃的家里看望列宁。在这儿，列宁写了《政权在哪里？反革命在哪里？》《黑帮报纸和阿列克辛斯基的卑鄙诽谤》《是不是新的德雷福斯案件？》等文章，揭露阿列克辛斯基等人通过黄色的黑帮报纸对他和季诺维也夫等人的诽谤中伤。俄国社会民主工党（布）中央委员会发表告民众书——《告彼得格勒市民！告工人、士兵和一切正直的公民！》，要求临时政府和工兵代表苏维埃中央执行委员会，立即公开调查那些迫害狂和雇用的谣言制造家为了诋毁工人阶级的领袖列宁、季诺维也夫等人的声誉和伤害他们的生命而搞的全部卑鄙的阴谋活动。告民众书强调指出，这件事必须弄个水落石出，全体人民一定会确信列宁等同志的革命名誉没有任何污点。

在十分危急的情况下，列宁做好了牺牲的准备，他在写给加米涅夫的便条中说："要是有人谋杀了我，就请您出版我的笔记：'马克思主义论国家'（还存放在斯德哥尔摩）。笔记本封面是蓝色的，装订过。"由于苏利莫娃的家有被搜查的危险，列宁于7月19日早晨离开那里，来到维堡区工人瓦·尼·卡尤罗夫的家里。可是瓦·尼·卡尤罗夫的住宅不能确实保守秘密。列宁离开那里，来到布尔什维克党维堡区委员会，然后从那里前往俄罗斯雷诺工厂。在那里他参加了党的彼得格勒委员会执行委员会的会议，讨论关于停止政治总罢工的问题。列宁在会上起草了《俄国社会民主工党（布）彼得格勒委员会执行委员会通告》，号召工人从7月21日早晨起开始复工。会议结束后，列宁转移到玛·瓦·福法诺娃家里。列宁在那里召集少数中央委员开会，讨论七月事件问题，会议责成列宁继续处于地下状态。

7月19日夜间，一队士官生和士兵突然闯进列宁的姐姐安娜·伊里尼奇娜·乌里扬诺娃－叶利扎罗娃家里，逮捕列宁，他们非常仔细地搜遍了整幢房子。后来，他们又有两次突袭列宁姐姐的住宅。7月20日早晨，列宁迁到老布尔什维克工人谢·雅·阿利路也夫的家里。阿利路也夫是一个水电站工厂委员会委员。列宁向阿利路也夫详细询问了电站的工人和职员的情绪。

士官生们四处搜索、寻找列宁。全城到处议论着布尔什维克的行动，议论的人有左派社会革命党人，甚至还有少数相当著名的布尔什维克。在工人区里也出现过短时间的惶惑不安，有些工人也说："我们上当了，我们不知道布尔什维克领袖竟是德国的间谍。"布尔什维克中有少数同志提出意见，说列宁不应该隐藏起来，他必须露面，否则在广大的群众面前就无法证实自己是正确的。既然党的领袖受到了严重的控告，他就应该到法庭上去证实自己和党是无辜的。

7月20日，克鲁普斯卡娅、玛·伊·乌里扬诺娃、斯大林、奥尔忠尼启则、诺根、雅柯夫列夫等人来到列宁住处，列宁同他们商量自己是否出庭为自己辩护的问题。之后，他在给工兵代表苏维埃中央执行委员会的信中写道：我获悉，昨夜里我的住宅受到了全副武装的军人的搜查，他们不顾我妻子的抗议，也不出示书面命令。我对此表示抗议，并要求中央执委会常务局调查这起明目张胆破坏法律的行为。如果政府签发逮捕我的命令，而中央执委会也表示同意，那么我一定前往中央执委会指定的地点接受逮捕。

列宁派奥尔忠尼启则和诺根到塔夫利达宫去同全俄中央执行委员会及彼得格

列宁传

勒苏维埃主席团委员阿尼西莫夫谈判把列宁羁押在狱的条件,要他们保证:列宁不会受到残暴的士官生们的折磨,要求他们把列宁羁押在彼得保罗要塞,因为那里的卫戍部队掌握在布尔什维克手里,或者羁押在"十字"监狱,要求绝对保证列宁不被杀害并进行公开审理。阿尼西莫夫原来是顿巴斯的一个工人,他不同意把列宁羁押在彼得保罗要塞,他尽力坚持把列宁羁押在"十字"监狱。奥尔忠尼启则吓唬他说,要是出什么岔子的话,我们就要你们所有人的命。阿尼西莫夫被吓懵了。奥尔忠尼启则乘机以列宁的安全得不到保证为由拒绝了他们的要求。

奥尔忠尼启则和诺根赶紧要回去见列宁,出门时遇见了卢那察尔斯基,他托他们转告列宁,要他无论如何不要去坐牢,因为当时政权只是形式上掌握在联合政府手里,实际上它操在反动将军科尔尼洛夫手里,政府已经名存实亡了。奥尔忠尼启则把情况报告给列宁。他们确信,如果列宁被捕,中央执委会和彼得格勒工兵代表苏维埃不能确保其生命安全。他们说服列宁不要出席法庭,而且决定把列宁隐藏到彼得格勒城外更安全的地方。当天,临时政府颁布了关于逮捕7月16至17日彼得格勒和平游行示威的参加者的命令。逮捕人员名单中第一个就是列宁。逮捕令无中生有的给列宁加上"犯了背叛祖国、叛变革命"的罪行。临时政府命令士官生逮捕列宁并在途中把他杀害。

7月20日,俄国社会民主工党(布)彼得格勒委员会执行委员会根据彼得格勒各工厂工人的要求,给工兵代表苏维埃中央执行委员会和全俄农民代表苏维埃执委会起草了一份反对临时政府下令逮捕列宁的抗议书草案。草案说逮捕列宁的命令是一次卑鄙的报复行为,是对政治对手的迫害。草案要求立即审查加给列宁的各条罪状,并最广泛最全面地公布这一事件的调查结果。抗议书草案发到彼得格勒各区,以便在工厂中征集签名。征集签名活动首先在维堡区、涅瓦区、彼得格勒区、拉脱维亚区开展起来,随后在其他区的企业中进行。彼得格勒工兵代表苏维埃布尔什维克党团通过决议,抗议临时政府下令逮捕列宁。党团决议指出,临时政府逮捕列宁的命令纯粹是为了使革命的左翼失去其领袖而炮制的,建议苏维埃执行委员会对这一极端反动的措施表示最强烈的抗议,并力争撤销这项命令。党团同时声明完全支持列宁在领导7月16至17日彼得格勒工人和卫戍部队

第四章 十月的决战

士兵的革命发动中的活动。布尔什维克党团代表170人在决议上签了名。普梯洛夫造船厂全厂大会一致通过布尔什维克党的彼得格勒委员会执行委员会反对下令逮捕列宁的抗议书草案;彼得格勒第一市区布尔什维克大会通过抗议临时政府下令逮捕列宁的决议;第比利斯卫戍部队的士兵和市民3000余人集会,通过抗议临时政府下令逮捕列宁的决议。大会参加者声称,个别人可以被剥夺自由,但思想却是永生的。人民有能力用鲜血夺得自由。

7月21日,列宁写了《关于布尔什维克领袖出庭受审》一文,表示坚决拒绝和反对出庭受审,因为黑暗的俄国不可能有正确的政府和公正的法庭,否则就是干蠢事。

列宁与阿利路也夫商量如何与党中央取得联系,以便掌握整个事态发展的情况。阿利路也夫的大女儿从列瓦肖夫回来,她把在芬兰铁路火车上所听到的那些令人担惊受怕的、当地人和各种各样的鼓动员的谈话内容告诉列宁。那些当地人争论着"暴动的罪魁祸首"和"威廉的秘密代理人"不知是坐驱逐舰还是坐潜水艇跑到德国去了。他们都称"消息来源可靠"。列宁听了这些话后,忍不住大笑起来。列宁在阿利路也夫的家里住了三四天。

彼得格勒的气氛越来越紧张,当局逮捕列宁的行动越来越猖狂,大家都为列宁的安全担心和着急,列宁也希望找一个更安全的地方。彼得格勒苏维埃代表、谢斯特罗茨克兵工厂的工人叶梅利杨诺夫受中央委员会的委托,奉命把列宁隐藏起来。他和妻子商量,要是让列宁住在自己家中很危险,因为周围都是住别墅的人。他们于是便想到了一个较保险的办法:拉兹利夫的居民时常雇一些芬兰人,住到拉兹利夫湖对岸割草。于是他们决定让列宁扮成一个被雇用的割草人,住到湖对岸的窝棚里去,这样就不会引起别人的怀疑。中央委员会经研究同意了叶梅利杨诺夫的方案。7月22日,布尔什维克中央委员会通知列宁,已为他在拉兹利夫车站附近的一个村庄里为他安排了可靠的隐蔽住所。

方案确定后,第一步行动就是把列宁安全地从彼得格勒转移到目的地。叶梅利杨诺夫提议:最好是乘夜间2点钟的那班列车。乘坐那班列车的通常是些玩得很晚的各种身份的人,所以那班车又称"醉汉列车"。显然乘这趟车是最安全

列宁传

的。列宁觉得可行，并让另一位同志设法弄到一张彼得格勒的地图。7月22日深夜，中央委员会派斯大林、工人维·伊·佐夫来到列宁住处，共同研究了彼得格勒地图，确定了行走路线。列宁化装后由阿利路也夫、佐夫和斯大林陪同离开住所到了滨海车站。

叶梅利杨诺夫沿着事先选好的路线把他们领到列车跟前，阿利路也夫、斯大林、佐夫用目光同列宁告别，列车很快就开动了。列宁在车厢的踏板上坐了下来。叶梅利杨诺夫说："这样可要摔下去的嗬。"列宁回答说："我是故意这样坐的，要是发生什么情况，我就能跳下去！"

从拉兹利夫车站步行5分钟就到了叶梅利杨诺夫的家。路上，列宁问清了叶梅利杨诺夫的妻子叫娜捷施达·康德拉提也夫娜。

进了叶梅利杨诺夫的家门，列宁同康德拉提也夫娜问好之后，叮嘱叶梅利杨诺夫一家人说："关于我的事，请您不要告诉任何人。绝对不要向任何人谈！和人谈话中不要为我辩护，也不要争论有关我的事情。"康德拉提也夫娜请列宁放心。

很快，叶梅利杨诺夫用小船把列宁送到了拉兹利夫湖对岸的一个窝棚里。周围一大块草地是叶梅利杨诺夫租的，季诺维也夫也秘密住在这里。

化装后的列宁　　　　　　　　化装后的克鲁普斯卡娅

列宁的假身份证

列宁装扮成芬兰割草人住在窝棚里，食品和报纸由康德拉提也夫娜或她的孩子们用船送来。为了不引起怀疑，叶梅利杨诺夫给孩子们分了工，明确哪些报纸由谁负责买回，因此列宁能读到很多报纸。中央委员会派奥尔忠尼启则、拉希亚、亚·瓦·绍特曼等人与列宁保持联系。不少中央委员都来探望过列宁。第一次因叶梅利杨诺夫不在家，康德拉提也夫娜不认识他们，不予放行，后来对上暗号后才带他们过去。

在湖边，列宁的主要任务不是割草，而是读报、看书、写作和发出指示。7月23日，列宁写了《政治形势（四月提纲）》一文。他根据七月事变形势的变化，确定了党的新的策略：鉴于反革命组织已经组织并巩固起来，社会革命党人和孟什维克出卖了革命事业，把自己和苏维埃变成了反革命的遮羞布，因此俄国革命和发展的一切希望都破灭了，"全部政权归苏维埃"的口号已过时。虽然决不放弃合法活动，但必须走武装起义的道路。布尔什维克中央必须在各个方面重新部署革命计划。

革命的根本问题是政权问题。在当时形势下无产阶级革命对国家的态度问题不仅在理论上而且在政治上实践上都具有特别重大的意义。但是，自恩格斯去

列宁传

世后，国家问题被形形色色的"理论家"和"社会主义者"搅得乱七八糟、面目全非。因此，捍卫和正确阐释马克思主义的国家学说，成为当时理论创新的一大方面。

为了捍卫和恢复马克思主义的国家学说，批判机会主义者和无政府主义者的

彼得格勒附近拉兹利夫车站旁列宁居住过的木板棚

列宁1917年7月间所写《政治形势》(上)和《三次危机》两文的手稿

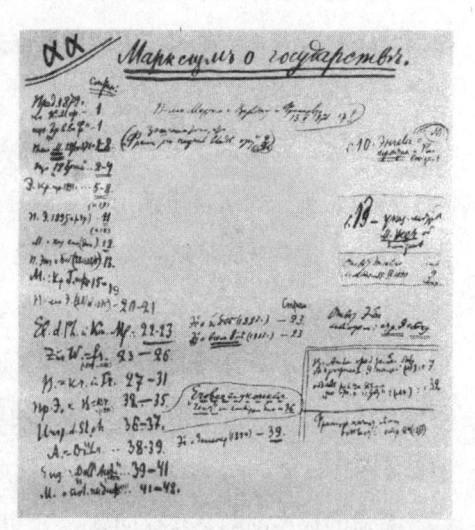

列宁的《马克思主义论国家》笔记本的封面

歪曲，列宁从 1916 年秋天起就在苏黎世精心研究国家问题，阅读了马克思和恩格斯有关国家问题的大量文献，翻阅了考茨基、伯恩施坦等人的著作，在 1917 年 1 月至 2 月间作了《马克思主义论国家》的笔记，准备写一篇关于马克思主义对国家态度问题的论文，因笔记本封面为蓝色，所以又称"蓝色笔记"。1917 年 4 月，列宁从瑞士回国，因忙于革命活动，写作计划被搁置。6 月，列宁曾拟了一张研究马克思主义国家学说的书单。住在拉兹利夫湖畔后，列宁请人把"蓝色笔记"和马克思、恩格斯的一些著作送来，开始专心著述。此书

《国家与革命》一书的封面

一直到 9 月底也未写完。本来《国家与革命》一书共七章，第七章《1905 年和 1907 年俄国革命的经验》只写了一个头，因忙于直接领导后来的十月革命而没有写成。

在拉兹利夫湖畔，列宁还写了《论口号》《答复》等文章。在《论口号》一文中，列宁指出，在历史大转折关头，党必须善于迅速地掌握新的情况，改变自己的口号。应当运用七月事变以后的新的阶级和政党的范畴来思考问题，而不应当运用旧的范畴来思考问题。《答复》一文揭露了临时政府散布的所谓布尔什维克组织武装暴动的谰言。列宁指出，对于我党中央以及全党所采取的一切步骤和措施，我是要负全部的绝对的责任的。列宁列举了大量具体的事实证明，临时政府、孟什维克党和社会革命党的首领们是枪杀和平示威群众的罪魁祸首，卑鄙无耻地诽谤政敌的行为会使无产阶级更快地了解到反革命在什么地方，并且会为了自由与和平，为了给饥饿者以面包、给农民以土地而去扫荡反革命。

列宁委托奥尔忠尼启则和绍特曼把自己写的文章和书信带到彼得格勒，听取

列宁传

拉兹利夫湖畔列宁住过的草棚

他们的关于彼得格勒的局势、工人和士兵的情绪、布尔什维克党组织的活动情况的汇报,并对中央的工作作了指示。列宁表示确信在9月或10月份,武装起义就会成功。列宁还指出俄国革命发展的几种可能的道路。

列宁转入地下已近一个月后,有些报纸还是在一个劲地对他造谣中伤。同时,政府不仅动用了反间谍机关和刑事侦探手段,而且连警犬(包括有名的侦探警犬"特列弗"在内)都被发动起来搜捕尚未抓到的列宁。除了暗探和警犬之外,为了搜捕列宁,他们还派出数百名自告奋勇当密探的人,有50名"突击队"的军官发誓:要么抓到列宁,要么以死殉职。

当暗探和警犬忙于搜捕列宁的时候,列宁正忙于布尔什维克党的第六次代表大会的工作。他在那异常不便中隐藏地领导了这次代表大会。担任大会主席的斯维尔德洛夫把列宁亲手写的决议案提交表决时,他一时疏忽说道,虽然列宁不能亲自出席大会,但是他在无形之中也参加了大会,甚至领导了大会的工作。有的报纸就大肆叫嚣,拿出加倍的劲头要求立即逮捕列宁。列宁为代表大会准备了最重要的文件,起草各项决议草案,他的《政治形势(四点提纲)》《论口号》《答复》及其他一些著作是代表大会决议的基础。代表大会根据列宁对形势所作的估计制定了党关于武装起义的方针。代表大会一致通过《关于列宁不出庭受审》的决议。决议强调指出,在当时的条件下,不仅没有公正的诉讼程序,就连出庭受审者起码的安全也丝毫没有保障。代表大会选出新的中央委员会:列宁、托洛茨基、季诺维也夫、加米涅夫、斯维尔德洛夫、斯大林、李可夫、布哈林、诺根、乌里茨基、米柳亭、柯伦泰、阿尔特姆、克里斯廷斯基、捷尔任斯基、越飞、索柯里尼科夫、斯密加尔、布勃诺夫、穆拉洛夫、邵武勉、伯尔辛。代表大会把列宁选为大会名誉主席,选举托洛茨基、季诺维也夫、加米涅夫、卢那察尔斯基、柯伦泰进入"名誉主席团"。代表大会还给列宁写了致敬信,并发表声明,抗议对他进行的诽谤攻击。这次代表大会代表了约24万党员。

秋季渐渐来临,雨天越来越多,天气逐渐变冷了。康德拉提也夫娜几乎把家里御寒的衣服都送来了。同时,秋季的湖畔已无"草"可"割",再"割"下去,就会弄巧成拙。因此列宁必须转移到另外安全的地方。

中央委员会经过研究,决定送列宁到芬兰去,委托绍特曼负责列宁的转移工作。开始绍特曼决定利用假护照直接过边境,但通过预先侦查发现,当局查护照很严,甚至用放大镜查看证件的照片和文字。于是绍特曼果断放弃了这种很危险的办法。最后决定:列宁充当司炉,坐火车去芬兰。

为了预防万一,列宁弄了一个假证件。叶梅利杨诺夫设法给列宁搞来了一张具名"伊万诺夫"的身份证和通行证。为了使证件上的相片不露破绽,列宁必须化装后照一张相片贴上去,这就要给列宁弄一个假发。在寻找假发时发生了困难,一心想逮捕列宁和季诺维也夫的克伦斯基的保安机关禁止理发师向任何一个没有出示身份证的人出租或出售假发。为了避免发生任何麻烦,绍特曼弄了维堡区芬兰铁路员工戏剧组的一张证明,在一个理发馆里顺利地买了两个假发。列宁化了装,照了相。一个熟练的雕刻师在照片上面画了一个逼真的印鉴。列宁拿着做好的身份证和通行证,看了又看,未找出一点破绽来。

8月19日那天,叶梅利杨诺夫、列宁、季诺维也夫、绍特曼和拉希亚五个人离开窝棚,沿着河湾,穿过灌木林,朝芬兰铁路慢慢地走去。走了大约10到12俄里的路程,已将近晚上9点半钟,周围一片漆黑。他们默默地鱼贯而行。叶梅

列宁传

利杨诺夫走在前面带路。当他们拐入一条小路时，却迷了路，遇上了一条小河，不得不蹚水过去。后来他们又走到燃烧着泥炭的地带，他们被隐隐燃烧着的灌木包围着，加上浓烟呛人，每分钟都有跌进脚下正在燃烧着的泥炭里去的危险。费了好长时间才找到一条小路，最后到了迪布纳边境车站。为保证安全，列宁、季诺维也夫、拉希亚三个人隐藏在铁路路基斜坡下面的树林中。过了一会儿，士官生过来巡逻，在外面望风和侦察的叶梅利杨诺夫和绍特曼受到士官生的审问。绍特曼穿着考究，未引起士官生的注意。叶梅利杨诺夫为了分散敌人的注意力，故意和士官生辩论着。当列车进站时，列宁他们几个人乘机上了火车最后几节车厢中的一节，顺利地到达皇族车站。当晚列宁住在芬兰工人埃·格·卡尔斯凯家中。

一天之后，列宁在他人的陪同下，身穿劳动服，头戴假发，随身带着化名为康·彼·伊万诺夫的身份证前往火车站。上火车前，列宁把"蓝色笔记"——《马克思主义论国家》交给随从绍特曼，请他务必保管好笔记本，若自己被捕，就请他务必交给布尔什维克中央。上火车后，列宁扮成司炉，坐在司机胡·雅拉瓦驾驶的机车内，雅拉瓦叮嘱列宁只管往炉子里添火即可。火车顺利地到达白岛车站。这是一个靠近国境线的车站，待车停稳后，检查人员和士官生开始巡查乘客的证件。为避免危险，老练机智的雅拉瓦迅速把车头和车厢分开，开着车头到一个很暗的地方"加水"。直到第三次发车铃响过，雅拉瓦才开回车头挂上车厢，拉了声汽笛很快开走了。

15分钟后，列车到达捷里奥基。下车后，列宁取回"蓝色笔记"，步行15俄里到达亚尔卡拉村。在这里，列宁住在芬兰工人彼·帕尔维艾宁家，并通过房东的女儿与彼得格勒布尔什维克中央保持联系。

因亚尔卡拉离俄国国境太近，列宁在这儿住了一段时间后，布尔什维克中央决定把列宁转移到更加安全的地方——赫尔辛福斯。

8月23日，列宁开始秘密居住在赫尔辛福斯，开始先住在芬兰社会民主党人、赫尔辛福斯警察局局长、绍特曼的老朋友古·谢·罗维奥（罗维奥当时作为芬兰社会民主党人参加竞选，获得多数票而被任命为政府警察局局长）的家中，后又住到芬兰工人阿·乌塞尼乌斯和阿·布卢姆克维斯特的家中。

第四章 十月的决战

侨居芬兰期间，列宁仍继续进行紧张的工作。他通过罗维奥、绍特曼、克鲁普斯卡娅、铁路邮递员阿赫马拉、火车司机雅拉瓦夫妇等人同布尔什维克党中央保持密切联系，指导着党的活动和斗争。阿赫马拉是铁路邮递员，每天往返于彼得格勒和赫尔辛福斯之间，每天晚上六七点钟就能使列宁读到俄国国内的各种报纸。列宁还通过罗维奥与其他人保持联系。一方面及时了解和把握俄国国内局势发展的动向，及时发出指示，另一方面从事紧张的写作活动。虽然知道列宁住在什么地方的人很少，但列宁写的文章总是及时地发表在取代被封闭的《真理报》的布尔什维克的报纸《无产者报》《工人日报》《工人之路》上，这就引起了临时政府的注意，断言列宁就在彼得格勒，于是加紧了搜捕活动。一天，列宁从报上看到一则消息，说侦探已在彼得格勒找到列宁的下落，并吹嘘"即日内便可拿获"列宁。列宁眯起眼睛诙谐地说道："真可惜，真替列宁难过，多糟糕。"接着，他又开玩笑似的对房东讲："要抓住我，得有一个比克伦斯基本事更大的人才行。"

虽然抓不到列宁，但临时政府和孟什维克对列宁的攻击和诽谤却一直没有消停，说列宁是"奸细"，"德国政府曾委托列宁鼓吹和平"，等等。列宁在《论诽谤者》（9月12日）一文中作了驳斥。列宁认为，敌人对自己的诽谤、陷害和迫害，正说明自己忠诚而正确地为广大人民群众服务而引起敌人的疯狂仇恨，布尔什维克听到的赞许声"不是在娓娓动听的赞词里，而是在粗野疯狂的叫嚣中"。[①]

列宁在安顿下来后，又开始继续一度中断的《国家与革命》一书的写作。按照列宁拟订的计划，该书一共7章。9月底列宁写完了前6章，拟定了第7章和结束语的详细提纲。列宁曾指示出版者，如果第7章完稿太晚，或者篇幅过大，建议把前6章单独出版，作为第一分册。不久发生的十月革命风暴很快打断了列宁的写作计划。

《国家与革命》是一本系统地论述马克思主义国家学说的伟大著作，首先阐述马克思主义在国家问题上一些最基本的观点，说明国家的起源和本质、国家的

---

① 俄国著名诗人涅克拉索夫的名言。

基本特征和作用、国家消亡和暴力革命等问题。在叙述马克思、恩格斯提出的无产阶级革命必须打碎旧的国家机器并用巴黎公社类型的国家来代替等重要思想后,根据新的历史条件进一步论证打碎旧国家机器的必要性,提出是否承认无产阶级专政是区分真假马克思主义试金石的著名论断,作出无产阶级专政必将产生多种政治的预言,并阐明民主与专政的辩证关系,以及无产阶级民主和资产阶级民主的根本区别,并探讨国家消亡的经济基础问题,叙述马克思关于共产主义社会发展两个阶段的学说。还着重批判考茨基在国家问题上的一系列错误,并揭示马克思主义和无政府主义在国家观点上的区别。

《国家与革命》是列宁对马克思主义国家学说的发展做出的重大贡献。列宁在书中阐述的关于无产阶级革命和无产阶级专政的基本原理,不仅教育了俄国布尔什维克党和广大劳动群众,为他们创建第一个社会主义国家提供了强大的思想武器,而且也对各国无产阶级政党结合本国具体实际解决本国的革命问题具有指导意义。十月革命后,列宁总结俄国无产阶级专政和社会主义建设的实践经验,作出新的理论概括,进一步发展了《国家与革命》一书中的思想。

在写作《国家与革命》的同时,列宁时刻关注国内形势的变化,及时给布尔什维克以指导。9月2日,列宁在《关于阴谋的谣言》中给党中央作了指示,指出反革命军队可能发生叛乱,要保持高度警惕。若反革命军队反对政府,那么觉悟的工人和士兵将与这样的军队作战。但这捍卫的不是政府,而是革命的事业。

果然不出所料。9月2日深夜,临时政府总理克伦斯基的办公室灯火通明,不时传出阵阵碰杯声和笑闹声。他正召集军队总司令科尔尼洛夫及几个政府部长,密谋策划镇压革命问题。席间,克伦斯基自吹自擂:"我任司法部长时曾建议要大力整顿秩序,任陆海军部长时又提出严肃军纪,目的是要钳制布尔什维克势力的扩张。可惜都没有被前两届政府采纳,以致酿成一次又一次的政治危机,让布尔什维克羽毛渐丰,终成大患。本届政府决不能让这个局面维持下去!今天请诸位来,一起商量如何剪除布尔什维克势力。"总司令科尔尼洛夫早已对政府大权垂涎三尺,他认为夺权的时机到来,便冷冷地说道:"我主张前线部队放弃里加,以造成德军对彼得格勒兵临城下之势。然后以保卫首都为由,调强悍军队入城，把布尔什维克和赤化分子一网打尽!"一名部长立即附和:"将军所言极是，本人举双手赞成。我们主要的危险和对手是布尔什维克和赤化分子。至于德军尚属次要。即使丢了彼得格勒还可以迁都莫斯科。布党不除，后患无穷。"克伦斯基不知是"螳螂在前，黄雀在后"之计，连连叫好。在推杯换盏中，一个各怀鬼胎的计划出笼了。

9月3日，科尔尼洛夫秘密下令里加守军撤出。次日，德军一枪未发便占领了里加，直逼彼得格勒。随后科尔尼洛夫便以"保卫首都"为名，抽调由其心腹克雷莫夫掌握、素有"野蛮之师"称号的第三骑兵团，由前线回师首都，同时又指使卡列金将军在顿河发难。里加在彼得格勒西南方约500公里处，是首都的门户，顿河地区在彼得格勒的东南方，是首都的后院。在控制住局势的情况下，科尔尼洛夫便露出了军事独裁的真面目，派人向克伦斯基下了最后通牒:(1)宣布彼得格勒军事戒严;(2)全部政权移交军队总司令;(3)克伦斯基与临时政府成员全部辞职。

正在庆幸自己将大功告成的克伦斯基做梦也没有想到科尔尼洛夫会有这么一手，但大势已去，面对科尔尼洛夫前门揖盗和后院放火的双管齐下之计，自知仅靠自己的力量无疑是鸡蛋碰石头，便拉下脸硬着头皮求援于全俄工兵代表苏维埃。

面对此局面，布尔什维克中央有两种意见争论不下，一种主张不理睬克伦斯基，让克伦斯基和科尔尼洛夫"狗咬狗"，一种主张先支持克伦斯基打败科尔尼洛夫叛乱，两害相权取其轻。在这种情况下，列宁审慎地分析了局势，9月12日，他在《给俄国社会民主工党中央委员会的信》中明确指示，布尔什维克党不能凭感情和意气用事，应善于利用反动派之间的矛盾，争取于革命最有利的局面。虽然克伦斯基血腥镇压过工人和群众，双手沾满了人民群众的鲜血，但是若让科尔尼洛夫实行军事独裁，那么革命者将面对更加凶残和强大的敌人，因此应首先与克伦斯基联手打败科尔尼洛夫，并借此机会向克伦斯基提出条件和要求，逮捕米留可夫，武装工人，乘机发展壮大革命力量。

布尔什维克党中央执行了列宁的意见，很快发动和组织起4万多名武装工人和2万多名卫戍部队士兵开往前线。铁路工人拆毁铁路，卸掉火车头，使叛军

列宁传

无法快速开进彼得格勒。一部分叛乱的中下层官兵在布尔什维克强大的政治宣传的攻势下,不愿意充当无谓的炮灰,拒绝执行命令,甚至还掉转枪口。形势陡然好转,正义之师所向披靡,骑兵团长克雷莫夫绝望中自杀,科尔尼洛夫被部下逮捕,并移交布尔什维克处置。

反对科尔尼洛夫叛乱的革命士兵和水兵

叛乱被平定后,俄国政治力量的天平一下子摆向了布尔什维克,临时政府处于半瘫痪状态,内阁走马灯似的变换,无法建立正常的统治秩序。布尔什维克不仅在群众中获得崇高的威信,而且彼得格勒、莫斯科以及80多个地方城市的苏维埃纷纷转到布尔什维克方面,同时布尔什维克还掌握了大批工人武装和革命士兵,托洛茨基、柯伦泰等一大批在"七月事变"中被捕的布尔什维克领袖获释出狱,托洛茨基当选为彼得格勒苏维埃主席,工人和士兵的革命意识空前高涨。另外,社会革命党和孟什维克内部也发生内讧,近一半的孟什维克和社会革命党人改弦易辙,接近布尔什维克阵营,布尔什维克的实力和声威如日中天。这样,苏维埃恢复了活力,再次成为战斗的革命机关,列宁及时提出了"全部政权归苏维埃"的口号,力争和平地夺取政权。在《论妥协》(9月14日和16日)、《革命的一个根本问题》(9月20日)、《俄国革命和国内战争》(9月21日—22日)、《革命的任务》(9月19日)等文章中,列宁论述了革命和平发展的可能性,阐述了对待妥协的原则,建议布尔什维克利用大好时机,使俄国革命和平发展。列宁指出,"真正革命的政党的职责不是宣布不可能绝对妥协,而是要通过各种妥协

（如果妥协不可避免）始终忠于自己的原则、自己的阶级、自己的革命任务"，从而保证人民和平地选举自己的代表，保证各政党在苏维埃内部进行和平的斗争，保证政权和平地移交。

但孟什维克和社会革命党顽固派错误地估计了形势，拒绝了列宁关于妥协及和平发展的建议，继续支持资产阶级组成的以克伦斯基为首的执政内阁，并准备草草召开民主会议，组成所谓民主"预备议会"，以向群众证明，俄国已走上了资产阶级议会制道路，不需要其他选择。他们认为："布尔什维克永远不敢单独夺取政权，即使敢于夺权并且掌握了政权，也不能保持这个政权，连一个短暂的时机也保不住。因为布尔什维克既不能在技术上掌握机构，在环境复杂的条件下开动这个机构，也不能在政治上抵挡住各种敌对力量的总进攻，这种进攻不仅会扫除无产阶级专政，而且还会附带地扫除掉整个革命。"同时，克伦斯基也不甘于被人摆布，精心策划了又一个军事阴谋，即把彼得格勒让给德国人，以便借刀杀人，消灭布尔什维克。据此列宁认为，和平发展的时机消失了，武装夺权势在必行。

布尔什维克能不能夺取政权？能不能保持住政权？有没有信心夺取政权？如何夺取政权？这一系列问题需要布尔什维克作出回答。

在《大难临头，出路何在？》（9月23日—27日）中列宁详细论证了战胜灾难和饥荒的办法，进一步发挥了一国胜利论，批驳了社会革命党人和孟什维克所谓俄国还没有成熟到可以进行社会主义革命的论调。列宁指出，在整个历史上，特别在战争期间，站在原地不动是不可能的，不是前进，就是后退。帝国主义战争加速了垄断资本主义向国家垄断资本主义的转变，从而使人类

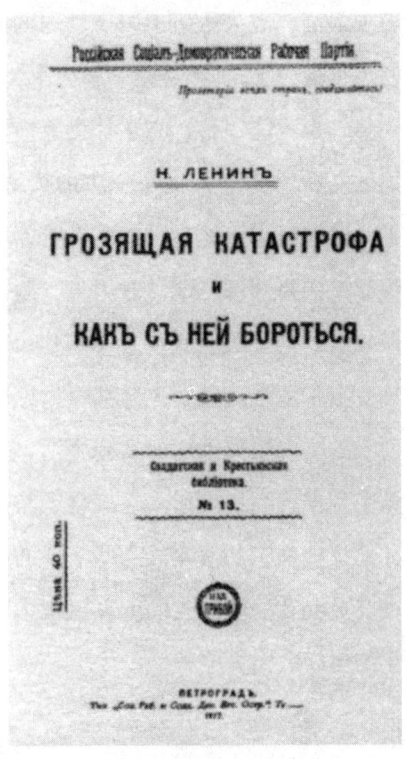

《大难临头，出路何在？》封面

列宁传

异常迅速地接近了社会主义。帝国主义是社会主义革命的前夜。这不仅是因为战争促成了无产阶级的起义，而且因为"国家垄断资本主义是社会主义的最充分的物质准备，是社会主义的阶梯，是历史阶梯上的一级，在这一级和叫作社会主义的那一级之间，没有任何中间级"，"把社会主义说成是遥远的、情况不明的、渺茫的未来"是"抱着学理主义的态度"，是把公式"背得烂熟但理解得很差的教条"[①]。在《布尔什维克应当夺取政权》（9月25日—27日）和《马克思主义和起义》（9月26日—27日）两封信中，列宁对国内形势作了全面剖析，指出武装夺取政权的主客观条件已经成熟，建议布尔什维克党把武装起义提到日程上来。信中，列宁指出，布尔什维克在取得优势后，可以而且应当夺取政权，等待"形式上的"大多数是天真的想法，错过时机，"历史是不会饶恕我们的"，因为起义的条件已具备：其一，人民群众的大多数跟党走，不是单纯地靠密谋；其二，人民的革命热情出现高涨了；其三，革命进程中出现了转折点，即人民群众的积极性表现最高，敌人队伍中以及软弱的、三心二意、不坚定的革命朋友队伍中的动摇表现得最厉害。"起义是一种艺术"，马克思主义者要像对待艺术那样对待起义，一分钟也不能浪费。布尔什维克应写一个简短、有力的宣言，强调人民吃尽了动摇的苦头，受尽了犹豫不决的折磨，党应同其他妥协派决裂，强调给人民以和平，给农民以土地，没收骇人听闻的利润，制裁资本家的破坏行为。同时立即组织起义的指挥部，配置好力量，制订出正确有力的战斗计划。托洛茨基和斯大林最初看到列宁关于武装起义的建议时，都耸耸肩，说武装起义为时尚早。9月28日，布尔什维克党中央开会，讨论列宁的建议，加米涅夫反对列宁的建议，认为列宁的提议脱离俄国的实际生活，提议把列宁的信烧掉，以免列宁提出的行动使党受到损害。托洛斯基在战略上与列宁一致，但战术上不同意列宁的看法。斯大林建议把列宁的信交给一些主要的地方党组织讨论，意见被采纳。列宁的信在中央委员会和一些较大的地方组织中引起了争论，于是中央委员会决定暂时不就列宁的建议做出决定。

---

① 《列宁全集》中文第2版第32卷，第219页。

10月3日，加米涅夫、李可夫等人操纵布尔什维克党团通过了参加政府预备会议的决定，并讲列宁的起义计划是"疯人呓语"。

列宁得知"民主会议"的消息后，觉得问题很严重，接连写了《论进行伪造的英雄和布尔什维克的错误（9月30日—10月6日）、《政治家札记》（10月5日—7日）等文章和信，批判了加米涅夫等人的错误，重申武装起义的重要性，指出预备议会是一个骗局，引诱和愚弄工人和群众离开新的日益增长的革命，给早以破烂不堪的联合政府披上新

列宁1917年9月中旬所写《布尔什维克应当夺取政权》和《马克思主义和起义》两文的打字稿

外衣，使受蒙蔽的群众产生幻想，以为预备议会能解决一切问题。10月18日，中央委员会开会，斯维尔德洛夫、托洛茨基、斯大林等中央委员支持列宁，结果会议决定布尔什维克党团退出预备议会，并通过了抵制预备议会的决议。

国内革命形势的快速发展，让远离祖国的列宁深感指导党的工作的不便，他不能再在赫尔辛福斯待下去了，决定搬到离彼得格勒较近的维堡去。10月5日，列宁通过罗维奥的帮助，在一个理发师那里买到了一个白色假发套，戴上后像个60岁的人。这使理发师感到十分吃惊，因为顾客买假发的目的一般都是为变得"年轻"和"漂亮"，他不解地问列宁想干什么，列宁回答道："我买哪种假发对您不都是一样赚钱吗？"

10月6日，列宁化好装后，乘火车秘密到达维堡，在芬兰《劳动报》工作人员尤·拉图卡的家中住下。列宁在维堡住了两个星期，他通过中央联络员绍特曼与中央委员会和彼得格勒的党组织保持密切的联系。10月12日，列宁给中央委员会写了《危机成熟了》的信件，字里行间洋溢着关于实行武装起义的焦虑心情："反对立即起义的倾向和意见，必须坚决制止……否则，布尔什维克就会遗臭

万年,毁灭自己的党……鉴于中央委员会甚至迄今没有答复我自民主会议开幕以来所坚持的上述精神的主张……我不能不认为这是'微妙地'暗示中央委员会甚至不愿意讨论这一问题,'微妙地'暗示要封住我的嘴,并且要我引退……我不得不提出退出中央委员会的请求……危机成熟了……错过这样的时机而'等待'苏维埃代表大会,就是十足的白痴或彻底背叛……就等于断送革命。"[1]10月13日,列宁写了《告工人、农民、士兵书》,强调起义不可避免。10月14日,列宁写信给中央委员会、莫斯科委员会、彼得格勒委员会,号召立即举行起义,指出拖延起义就是犯罪和背叛革命。

列宁态度坚决、措辞严厉的信件,引起党中央高度重视。10月18日,中央委员会再次开会,讨论列宁的意见。经过激烈的争论,会议否定了加米涅夫的主张,但仍然未采纳列宁的主张。时间一天一天过去,列宁如坐针毡、忧心如焚,他决定不顾个人安危,立即回国领导革命,请中央委员会批准。中央委员会开会通过了决议,同意了列宁的要求。

震撼世界的十天

10月20日前后的一天晚上,列宁在埃·拉希亚的陪同下,乘近郊列车离开维堡到达拉伊沃拉车站,再转乘司机胡·雅拉瓦的293号机车,顺利越过国境线,驶抵皇族车站。克鲁普斯卡娅在老布尔什维克马·瓦·福法诺娃的家里准备了秘密的住所。住所在兰斯卡娅车站附近的谢尔多博里街92号甲的一座大楼的最高一层,窗户对着隔壁一幢楼的花园,比较安全。

到达住所后,列宁请福法诺娃领他观看一下整个住所,以防在紧急情况下不

---

[1]《列宁全集》中文第2版第32卷,第275—278页。

第四章 十月的决战

列宁从芬兰返回彼得格勒时搭乘的293号机车

列宁回到彼得格勒后的秘密住所：谢尔多博里街马·瓦·福法诺娃家

从门口而从窗口跳出去时能辨别方向。当他看见排水管靠近自己的房间时，便高兴地说"万一需要的时候，可以顺着水管滑下去"，并要求"餐室里的第二个窗户不用关上，就像阳台那样。今天晚上，请您拿把小锤子到院子里去，把那个栅栏的两块木板敲掉，以防在意外情况下不能从家里走出去时派上用场"。

为了绝对保密，列宁的隐匿地只有克鲁普斯卡娅、拉希亚等几人知道。整天戴假发和化装使列宁感到很不方便，他常常忘记戴上假发，而要别人提醒他。在

· 283 ·

这儿，列宁集中全部精力开始起义的一切准备。

10月21日，列宁写了《局外人的意见》，重申了马克思关于把起义作为艺术的主要规则：(1)任何时候都不要玩弄起义，在开始起义时要切实懂得，必须干到底；(2)必须在决定的地点、在决定的关头，集中很大的优势力量，否则，更有准备、更有组织的敌人就会把起义者消灭；(3)起义一旦开始，就必须以最大的决心行动起来并坚决采取进攻，防御是武装起义的死路；(4)必须在敌人还分散的时候，出其不意地袭击他们；(5)每天（如果以一个城市来说，可以说每小时）都必须取得胜利，即使是不大的胜利，无论如何要保持"精神上的优势"。同时要很好地运用法国大革命的革命家丹东的伟大遗训："勇敢，勇敢，再勇敢！"把这一原则具体应用于俄国革命，那就是：既从外面，又从内部，既从工人区，又从芬兰、雷瓦尔、喀琅施塔得方面，尽可能出其不意地迅速地对彼得格勒进攻；把革命的三支主要力量——海军、工人和陆军配合起来，不惜一切代价守住电话局、电报局、火车站，特别是桥梁；挑选最坚决的革命志士组成小分队去占领一切最重要的据点，并参加各处一切重要的军事行动；把优秀的工人编成配备枪支炸弹的队伍和包围敌人的"中枢机关"，口号是"宁可全体牺牲，绝不放过一个敌人"。列宁最后指出："俄国革命和全世界革命的成败，都取决于这两三天的斗争。"①

10月23日晚，列宁戴着假发，化了装，在秘密联络员的护送下，来到卡尔波夫大街32号，参加布尔什维克中央委员会特别会议。到会的共有12名中央委员，他们是列宁、托洛茨基、斯大林、斯维尔德洛夫、捷尔任斯基、乌里茨基、柯伦泰、布勃诺夫、索柯里尼柯夫、洛莫夫、季诺维也夫和加米涅夫。会上，列宁作了关于目前形势的报告，认为武装起义的时机已经完全成熟，党的当务之急是做好起义的军事技术方面的准备。会议讨论列宁提出的关于武装起义的决议案时发生了争论，加米涅夫固执己见："我们不具备起义的条件，决定起义是冒险主义。"季诺维也夫旁敲侧击列宁的主张："马克思主义教育党应该遵循客观的革

---

① 《列宁全集》中文第2版第32卷，第375页。

命运动潮流，而没有教过我们把'起义艺术'视为获得政治成功的关键。"米柳亭、斯卡洛夫则主张："党还没有做好起义的准备工作。"认为"苏维埃第二次代表大会开幕之前不能举行起义"。

列宁在会上先后作了三次发言，批驳了那种只会照搬马克思、恩格斯词句，不会审时度势作出决策的思维惰性，以及消极求稳、犹豫观望、不敢当机立断的

俄国社会民主工党（布）中央委员会10月23日（俄历10月10日）会议会址

列宁起草的关于武装起义的决议案的手稿

态度。他一再强调党必须从俄国目前的实际出发,制定出坚决而又积极的起义政策。他强调:"从来没有人不经过战斗就会把政权交出来""政权总是靠暴力夺取的,它不会通过发表什么宣言就从一个阶级转到另一个阶级手里,而任何宣言也维护不了这个政权""等待苏维埃代表大会,就是十足的白痴或十足的叛变。"列宁以饱满的情绪、坚定的信念、有力地批驳和论证,博得大多数与会者的赞同。最后,经过表决,在10票赞成、2票(加米涅夫和季诺维也夫)反对的情况下,通过了关于武装起义的决议。根据捷尔任斯基的提议,会议决定党中央成立以列宁为首的政治局,负责起义的政治领导,把起义的日期定为11月7日。

会议一直开到第二天凌晨3点钟才散会。这时夜色未退,街上刮着凛冽的寒风,列宁披星戴月,来到附近的彼斯奇区3号第344室拉希亚住宅。拉希亚让列宁睡在自己的床上,列宁说什么也不肯上床,拿了几本书当枕头,席地而睡。

10月25日,起义的总参谋部——军事革命委员会成立,托洛茨基当选为主席,之前他已是苏维埃主席。10月27日,列宁在火车司机雅拉瓦的家中会见了中央委员会军事局的领导人捷尔任斯基、米·谢·克德罗夫、弗·伊·涅夫斯基、尼·依·波德沃伊斯基等人,讨论了武装起义问题,其中包括成立起义司令部——彼得格勒苏维埃军事革命委员会的问题。列宁提出,军事革命委员会应是一个全权机关,但又是一个非党的、联系广大工人和士兵阶层的起义机关。

10月29日晚上,列宁和几位同志参加中央委员会扩大会议。当他走在列斯诺伊区杜马大厦附近空荡的胡同里时,突然一阵狂风刮来,把头上戴的帽子和假发吹掉了,这一下子使列宁意识到,如果起义再拖下去,反革命的"狂风"同样可能把自己和同志们的脑袋"吹去"。会上列宁主持了会议,除中央委员会外,军事局、彼得格勒委员会以及其他地区的代表参加了会议。列宁作了关于10月23日中央委员会会议的报告,斯维尔德洛夫宣读了各地准备起义的情况和通报,接着参加会议的各地和各组织代表汇报了起义的准备情况和广大群众的情绪。会议再次肯定了列宁提出的关于起义的决议案,并成立了由斯维尔德洛夫、斯大林、捷尔任斯基、布勃诺夫、乌里茨基等组成的领导起义的革命军事总部,这个总部是彼得格勒苏维埃革命军事委员会的领导核心。

第四章 十月的决战

扩大会议会址

　　扩大会议之后，布尔什维克党加紧了起义的组织工作和技术方面的准备工作。中央派许多特派员到各地组织和领导起义。各地党组织和各地苏维埃召开各种类型的会议，进行起义前的动员和组织准备。工人赤卫队大约有20万人，彼得格勒的卫戍部队士兵在托洛茨基的争取下，大多数站到了革命方面来。起义，迫在眉睫，利箭在弦。

　　在这紧要关头，加米涅夫和季诺维也夫为发泄心中不满，竟公然在10月31日的《新生活报》上发表声明，泄露党的机密。在声明中，他们公开反对党中央关于武装起义的决定，表示"反对任何发动武装起义的企图，这种企图定归于失败，而给党、给无产阶级、给革命的运动招来致命的后果""把一切放在日内一次进攻上作孤注，乃是冒险绝望的行动"。显然，这个声明客观上起到了为克伦斯基通风报信的作用。

　　列宁得知消息后，十分震惊和气愤，他在给中央的信中痛斥这种行为是无耻的工贼行为，是对革命的叛变，提议把他们开除出党，撤销他们的职务。但斯大林宣称，出于对两位老同志的"关心"，加上两人认错态度好，主张从轻处理。最后中央委员会责成季、加二人不得擅自发表反对中央路线的言论。

政府得到起义消息的当晚，立即召开紧急会议，密谋镇压武装起义的措施：下令前线大本营迅速把军队调回彼得格勒；命令城内外驻防的哥萨克军队进入戒备状态；把附近各军事学校的士官生集结在城内；增派军队控制涅瓦河上各重要桥梁；迅速组织妇女"敢死队"以补兵源不足；等等。11月2日，司法部部长命令法院立即发出逮捕列宁的新命令。革命危在旦夕。

11月2日夜至3日凌晨，列宁在工人巴甫洛夫家里会见了中央军事局领导人涅夫斯基、波德沃依斯基等人，听取了他们关于彼得格勒武装起义准备工作进展情况的汇报。由于军事局已派代表到各前线军队和各城市中去联系给予武装起义支援，波德沃依斯基建议推迟起义。列宁否定了这一建议，因为这样会给敌人以更大的喘息机会。

11月3日，政府彼得格勒军队委员会代表会议正式承认彼得格勒革命军事委员会是卫戍部队的真正指挥机关，除非有托洛茨基或他的助手或适当受权的革命军事委员会的命令，任何人的命令都不服从。11月4日，革命军事委员会任命了驻扎在首都及其周围的几乎所有团队的军事委员，因而保证了同实际在指挥下的所有部队的联系。凡是不服从苏维埃的军官均被撤职或查办。

政府在积聚力量蠢蠢欲动的同时，企图采取先发制人的手段向布尔什维克发难。11月5日夜，克伦斯基得到预备国会的赞同，获准全权镇压革命。他下令哥萨克部队整装待发，准备占领武装起义司令部所在地——斯莫尔尼宫；要各守桥部队拉开涅瓦河上的活动桥梁，以割断彼得格勒工人区同斯莫尔尼宫的联系；几支士官生炮队到冬宫广场集合待命。11月6日黎明，士官生奉政府之命，袭击并查封了布尔什维克中央机关报《工人之路》和中央军事组织的《士兵报》印刷厂。上午7时左右，彼得格勒城内大部分街道的交通已经中断。政府下令调动武装占领起义指挥中心斯莫尔尼宫，并增派士官生、"敢死队"守卫政府所在地冬宫。

《工人之路》遭到袭击后，布尔什维克中央立即召开会议，针锋相对，对政府的进攻进行反击。上午10时，工人赤卫队和革命士兵夺回被士官生所占据的印刷厂，并在《工人之路》报编辑部和印刷厂门前布置岗哨，加强防御。上午

11时,《工人之路》报出版。同时,革命军事委员会首先用电话通知各部队整装待命,要求赤卫队总司令部动员所有的力量和调动所有的运输工具,配合革命士兵,保卫工厂,占领首都各主要地点和政府机关,并派出大量赤卫队加强对斯莫尔尼宫的保卫。6日下午,工人赤卫队和革命士兵很快控制了中央电报局、电报通讯社,并控制了涅瓦河上的一些重要桥梁。

列宁住在秘密场所密切注视革命力量和反革命力量展开斗争的动向。在得到政府已先下手的消息后,列宁很快就写了张条子送给中央委员会,请求允许他到斯莫尔尼宫去。但是没有被允许。于是列宁立即提笔给中央委员会写了急信,让秘密交通员福法诺娃火速送到起义指挥部。信中写道:"我写这几行字是在24日晚上(俄历10月24日——编者注),情况已经万分危急。非常清楚,现在拖延起义真的就等于死亡。我尽力向同志们说明,现在正是千钧一发的关头,目前提上日程的问题绝不是会议或代表大会(即使是苏维埃代表大会)所能解决的,而只有人民,只有群众,只有武装起来的群众才能解决……无论如何必须在今晚逮捕政府人员,解除士官生的武装(如果他们抵抗,就消灭他们)……历史不会饶恕那些拖延时刻的革命者。"

福法诺娃送信去斯莫尔尼宫后,列宁放心不下,没等她回来,就决定亲自去斯莫尔尼宫指挥起义。拉希亚帮他找了一件旧大衣穿上,用手巾把他的半边脸扎起来,戴上一顶旧的鸭舌帽,拉希亚则打扮成流浪汉的样子,这样在路上避免让人认出。为防万一,他们还准备了两张去斯莫尔尼宫的通行证。走时,列宁给送信未归的福法诺娃留了一张便条:"我走了,到您不想叫我去的地方去了。再见!伊里奇。"

列宁和拉希亚首先坐上了一趟空空的电车,到波特金大街的拐弯处下车,步行到利齐尧大桥,那里由赤卫队控制着,他们顺利过关。但当走到桥的另一端时,却发现是由克伦斯基的士兵把守着,一些因为没有通行证而不被放行的工人围着士兵争吵着。列宁趁哨兵争吵没注意,和拉希亚悄悄绕过岗哨过了桥,转向什帕列拉街。在什帕列拉街走了一段较长的路,就被迎面而来进行巡逻的两名骑马的士官生拦住,要他们出示通行证。一身流浪汉打扮的拉希亚装起醉鬼的样子，故意和士官生结结巴巴地拌起嘴来。士官生以为是喝醉酒的两个工人，也就没有继续追问。事不宜迟，他们尽量抄森林小道，走近路，很快便到了距市中心数公里远的郊区。

宽阔的涅瓦河畔，列宁终于来到了戒备森严的斯莫尔尼宫。这原来是为贵族小姐开设的修道院学府，现在却是革命的指挥中心。全楼100多个房间中，灯火通明，人声鼎沸，打字机声和电话铃声响成一片，各个工作部门紧张而繁忙地运

彼得格勒的斯莫尔尼宫

彼得格勒大街上的赤卫队

作着，几百名联络员进进出出，设在三楼的作战指挥部——革命军事委员会在不间歇地开着，随时作出决策。广场上装甲车隆隆作响，一批批汽车和摩托车开进开出。大厦入口处摆着机枪和大炮，大厦周围岗哨林立。大厅里聚集着全俄苏维埃第二次代表大会的代表。

列宁的到来，使同志们既感到大吃一惊和意想不到，又十分高兴，因为这样列宁可以直接驾驭整个起义的航轮，成为起义的总指挥。在听取了托洛茨基等人的工作汇报后，列宁立即下达了正式举行武装起义的命令和说明了进行起义的有关事项。他要求把最可靠的部队调动到最重要的据点去，首先占领电话局等要地，攻克彼得保罗要塞，逮捕总参谋部和政府的官员；派遣那些宁可战死也不让敌人前进的"敢死队"去阻止士官生和野蛮之师……打字机立刻记下了他的口授文件，然后由他在文件上签署自己的名字。一份份手令从这里迅速送达各处。

斯莫尔尼宫热火朝天，彼得格勒通宵激战，各种报告和请示从四面八方送到列宁手中。列宁不时派出信使，及时给予指示和处理。

参加起义队伍的工人赤卫队、卫戍部队和波罗的海舰队的革命士兵共有20万人投入战斗。而克伦斯基政府从前线急调的军队尚未赶到，留守彼得格勒的武装力量，连哥萨克、士官生、"妇女敢死队"之类的力量合起来也只有几万人。革命形势呈排山倒海之势，势如破竹，所向披靡。经过激战，到11月7日凌晨，起义队伍已占领了各主要桥梁、火车站、电话局、发电站、银行等战略要点，除政府藏身的冬宫玛丽娅宫、总参谋部等附近的一小块地区外，整个城市实际上已掌握在起义队伍手中。上午10时左右，克伦斯基化装成水兵乘坐美国大使馆的汽车仓皇逃出彼得格勒。

从11月6日深夜至7日凌晨，列宁还主持召开了布尔什维克中央委员会会议，会议听取了关于武装起义进展情况的汇报，讨论并决定俄国新政府的名称为"工农政府"，政府成员为"人民委员"，初步确定了人民委员的人选，讨论了制定土地法令的问题。

11月7日上午，列宁起草了《告俄国公民书》，由"阿芙乐尔号"巡洋舰电台以军事革命委员会的名义播发，并在当天的报上发表。文中宣布，资产阶级政

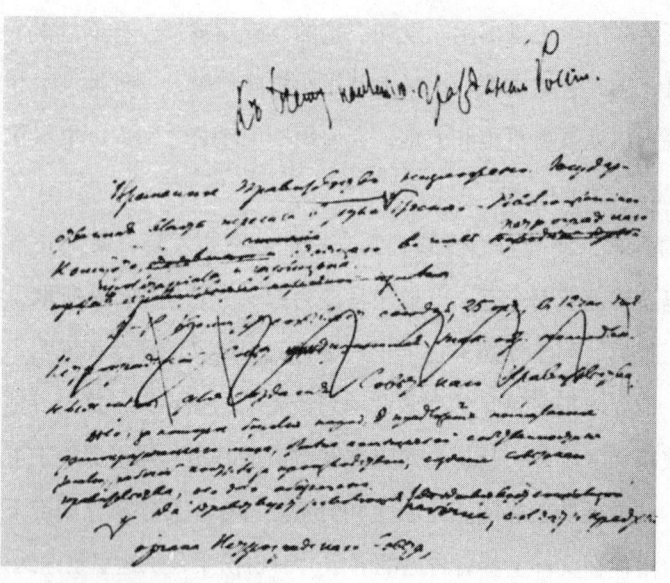

《告俄国公民书》

府已被推翻，国家政权已转到军事革命委员会手中。下午1时，起义队伍攻下了预备国会所在地玛丽娅宫，解散了预备国会。下午2时35分，列宁出席在斯莫尔尼宫举行的彼得格勒工兵代表苏维埃紧急会议。当他在会场出现时，会场上响起了暴风骤雨般的掌声和欢呼声。列宁在会上作了关于苏维埃政权的任务的报告。列宁指出，布尔什维克始终认为必须进行的工农革命已经成功了，俄国开始步入新时代，从现在开始应着手建设无产阶级的新国家。会议顺利通过了列宁起草的决议。

下午6时，起义队伍已将政府盘踞的最后一个据点冬宫完全包围。冬宫位于市中心，是原沙皇居住地。它背负涅瓦河，面对一片开阔广场，是一座高22米、宽160米、长200米的豪华典雅的建筑物，有1050个大小厅房。克伦斯基逃跑后，政府各部的官员全龟缩于此。1500多名士官生、哥萨克部队和"妇女敢死队"死守这里。革命军事委员会向政府发出最后通牒，令其于6时20分停止抵抗，缴械投降。政府接到通牒后，以要与前线大本营协商为借口，拖延时间，企图顽抗。于是革命军事委员会决定以武力解决。晚上9时，彼得保罗要塞发射三发信号弹，进攻开始。晚上9时40分，起义水军驾驶"阿芙乐尔"号巡洋舰开进涅瓦河，向冬宫发射炮弹，冬宫阵地内的敌人顿时一片慌乱，士兵、水兵和赤卫队员趁势冲进去，展开了激烈的搏斗。深夜2点15分，队伍完全占领冬宫，政府的各部部长全被逮捕。至此，彼得格勒武装起义已取得全面胜利。

当攻占冬宫的战斗正在激烈进行时，全俄工兵代表苏维埃大会在斯莫尔尼宫开幕。出席大会的代表约670名，其中布尔什维克390名，占了大多数，同情支持布尔什维克的左派社会革命党人169人，而右派社会革命党人和孟什维克不到100人。

斯莫尔尼宫的大厅内人声鼎沸，挤得水泄不通。10时40分，在会议主持人使劲摇铃后，大会宣布开始。孟什维克和右派社会革命党人眼看自己处于少数和孤立的地位，拒绝推选自己的代表参加主席团，他们发表了一份声明，攻击武装起义是"搞军事阴谋"，是"对祖国和革命的犯罪行为"，"规劝"工人和革命士兵要"及时醒悟"，宣称"唯有组织统一民主政权才能制止国内战争"，恫吓说"军队将从前线开临彼得格勒，会将城市彻底摧毁"。革命形势已明朗化，他们的理论已没有市场，在一片斥骂声中，这些人灰溜溜地退出会场。次日凌晨3时10分，大会接到攻下冬宫的捷报，顿时全场沸腾，欢声雷动。

列宁没有出席苏维埃代表大会第一次会议，他在军事革命委员会继续领导完成攻击冬宫的最后行动。列宁此时已两昼夜没合眼，显得很疲倦，脸色苍白，双眼熬得通红，但一直两手交叉在背后，在房子里走来走去。当他默默听完了临时政府人员被捕和被关进要塞的汇报、认为胜利已确定无疑后，才在同志们的劝说下到离斯莫尔尼宫不远的邦契－布鲁也维奇的住宅里休息。虽然十分疲倦，但兴奋的神经使列宁仍然不能入睡，他坐在床上，把一本书放在膝盖上，着手起草有关法令。外面，大会仍在进行。凌晨5时，卢那察尔斯基宣读了列宁起草的《告工人、士兵和农民书》，宣布："临时政府已经被推翻。临时政府的大多数人已经被逮捕……代表大会已经把政权掌握在自己手里……代表大会决定：各地全部政权一律转归工兵代表苏维埃，各地苏维埃应负责保证真正的革命秩序。"

列宁休息了几个小时后，天空已破晓，列宁立即起来投入了紧张的工作：组织彼得格勒的防卫工作；制定新政府的第一批法令：《土地法令》《和平法令》《关

列宁传

《告工人、士兵和农民书》

攻打冬宫

于成立工农政府的决定》等；研究城市的供应问题；研究新政府的人选问题；等等。在拟定第一批人民委员名单时，有一个同志推辞说自己没有工作经验。列宁哈哈大笑说道："您想一想，我们当中谁有这种经验？！"

11月8日晚，苏维埃代表大会举行第二次会议。会议首先通过了以下决议案：废除克伦斯基政府在七月事件后所恢复的战地死刑法；立即释放一切因参加革命活动而被监禁的革命士兵和军官；释放克伦斯基政府所逮捕的土地委员会委

在涅瓦河上举行起义、炮击冬宫的"阿芙乐尔号"巡洋舰

员；设法逮捕逃跑的克伦斯基；在军队中组织临时革命委员会。大会还通过了列宁起草的《和平法令》和《土地法令》。

在《和平法令》中，提出"向一切交战国的人民及其政府建议，立即就公正的民主和约进行谈判"。立即实现不割地不赔款的和平。该法令还宣布："本政府废除秘密外交，决意在全体人民面前完全公开地进行一切谈判，并立刻着手公布地主资本家政府从1917年2月到10月25日所批准和缔结的全部秘密条约。"该法令建议立即缔结停战条约，停战期最好在三个月以上；还向各国人民呼吁，特别向英法德三国的工人阶级呼吁，帮助俄国无产阶级把和平事业和被剥削劳动群众的解放事业有效地进行到底。

在《土地法令》中规定立刻无偿废除地主土地私有制，把地主田庄及一切皇室、寺院和教堂的土地，连同耕畜、农具、庄园建筑和一切附属物，一律交给乡土地委员会和县农民代表苏维埃支配。由于该法令的颁布，使广大农民摆脱了封建剥削，无偿地获得了1亿5千万公顷的土地。《土地法令》附有《农民的土地问题委托书》，作为解决土地问题的临时法律。

代表大会决定成立苏维埃政府即人民委员会来管理国家，设立各种委员会主持国家生活各部门的工作。列宁被选为人民委员会主席。最后，大会选举苏维埃全俄中央执行委员会，共选出101位执行委员，其中布尔什维克62人，左派社会革命党29人，社会民主党国际主义统一派6人，乌克兰社会主义者3人，社

全俄苏维埃第二次代表大会通过的列宁起草的《和平法令》　　全俄苏维埃第二次代表大会通过的列宁起草的《土地法令》

会革命党最高纲领派分子 1 人。代表大会决定，全俄中央执行委员会还要吸收农民苏维埃代表、军队组织代表参加。1917 年 11 月 9 日 6 时，全俄工兵代表苏维埃第二次代表大会在"革命万岁！""社会主义万岁！"和《国际歌》的歌声中胜利闭幕。

　　十月革命的胜利是无产阶级打碎旧世界建设新世界的创举，具有深远的世界历史意义，提供了丰富的历史经验。首先，十月革命开辟了人类历史的新纪元。十月革命以前，世界历史上曾发生过若干次革命，其结局都是由一种剥削制度代替另一种剥削制度，少数人压迫多数人。十月革命则建立了无产阶级和劳动人民的政权，实现了从资本主义制度到社会主义制度的根本转变，使世界社会主义运动出现了质的飞跃。其次，十月革命开辟了无产阶级世界社会主义革命的新纪元。十月革命前，许多国家的无产阶级为推翻资本主义、实现社会主义进行了许多次尝试，但因主客观条件的限制均遭失败。十月革命是俄国无产阶级第一次取得了胜利的社会主义革命，在世界上建立了第一个社会主义国家，在资本主义世界体系中开拓了第一个阵地。第三,十月革命开辟了民族解放运动的新纪元。十月革命的胜利,不仅使俄国境内的被压迫民族获得了解放,而且推动了世界被压迫人民和民族的解放斗争,大批的殖民地、半殖民地国家和地区的人民从此掀起了一浪高于一浪的革命斗争,直至取得完全解放。第四,十月革命开辟了在实践中正确运用并发展马克思主义的新纪元。十月革命的胜利,是列宁坚持马克思主义同各种机会主义、修正主义坚决斗争的结果,使马克思主义关于无产阶级革命和无产阶级专政的理论变成了现实,从实践上证明了马克思主义的巨大作用。

十月革命期间,美国一位新闻记者约翰·里德对布尔什维克夺取政权的过程作了实地采访,事后写了《震撼世界的十天》一书,真实而又生动地记录了列宁领导布尔什维克党夺取政权的伟大创举。此书曾受到列宁热情的赞扬。

第五章

治国安邦

红色专政

一、平叛镇反

1917年11月10日,即全俄苏维埃第二次代表大会闭幕的第二天,城外就传来了消息,克伦斯基纠集部分北方战线军队和骑兵第三团,向彼得格勒反扑。原来,11月7日克伦斯基从彼得格勒逃走后,于当晚9点跑到北方战线司令部所在地普斯科夫,虽然普斯科夫军事革命委员会接到了逮捕克伦斯基的命令,但他们并未采取积极而果断的措施,克伦斯基又逃到了第三骑兵团司令克拉斯诺夫的驻地奥斯特洛夫。冬宫被攻下后,克拉斯诺夫曾被捕,但对他实行了宽大措施,仅把他软禁在家中,结果他逃跑了,很快纠集了一些军队,11月8日开始向彼得格勒进攻。11月9日清晨,他们占领了离彼得格勒不远的加特奇纳,11月10日又占领了皇村。

11月9日,党中央委员会和人民委员会成立了由列宁、托洛茨基、斯维尔德洛夫、斯大林四人组成的执委会,直接负责领导粉碎叛乱的工作。晚上,列宁冒着大雨赶到起义后新组建的彼得格勒军区司令部听取战况,研究部署把守通往彼得格勒的各要道和隘口,调遣波罗的海舰队起义水军驰援彼得格勒。部署完毕后已是清晨,列宁又立即赶回斯莫尔尼宫,主持召开各级党组织苏维埃、工会及卫戍部队负责人联席会议,紧急动员、组织各方力量捍卫新政权。

战云密布之际,城内的左翼社会党人、孟什维克及其他仇视苏维埃政权分子

第五章 治国安邦

乘机发难，他们组织了所谓"救国革命委员会"，策动了叛乱。11月10日，在11月7日武装起义中被俘而后提出获释保证的士官生，乘城内形势吃紧之际，夺走三辆装甲车，在城内发动暴动，并一度占领了电话局。列宁立即召集军事革命委员会开会，制定平叛措施。经过一番战斗，当晚就把暴动镇压了下去。

克伦斯基得知士官生发生暴动后，大喜过望，命令部队全速向前推进，企图里应外合，内外夹攻，一举拿下彼得格勒。

大敌当前，11月11日晚，列宁在彼得格勒卫戍部队各团代表会议上发表了演说，就武装军队、改进城市秩序等问题发表了重要意见，指示集中一切人力、物力、财力，不浪费一分钟，为保卫革命成果、保卫和平、保卫土地、保卫自由而战。11月12日，列宁以苏维埃主席的名义发表广播讲话，动员男女老少行动起来，去击败叛乱。

整个彼得格勒沸腾了。布尔什维克党和苏维埃调集大批工人武装和彼得格勒的卫戍部队开赴前线，兵工厂加班生产枪支弹药，市民学生自动组织起来，参加运送军需物资、修筑战壕和防御工事，工人们冒着生命危险到叛军中做士兵的思想工作，希望他们放下枪支，弃暗投明。11月12日，双方在普尔科夫一带展开激战，傍晚时分，皇村被收复，叛军遭重创，士气低落，一部分士兵干脆带着枪炮跑下了火线。13日，一部分受蒙蔽的哥萨克官兵不愿再为克伦斯基充当炮灰，派代表团到皇村谈判，达成了停止战斗、逮捕克伦斯基和克拉斯诺夫的协议。11月14日，叛军被彻底平定。克拉斯诺夫被捕后，保证以后决不再从事敌对活动，因而被释放。克伦斯基不甘心失败，故伎重演，采取男扮女装的办法又逃跑了。

11月11日，由孟什维克和社会革命党所把持的全俄铁路工会执行委员会乘叛乱猖獗之际，企图浑水摸鱼、火中取栗。他们提出要求改组全俄苏维埃第二次代表大会所确立的政府，成立由所有参加苏维埃的政党，即包括孟什维克和社会革命党在内的所有社会党党派组成的所谓"清一色的社会党人政府"，按照原来预备议会的样式成立"人民议会"来取代全俄中央执行委员会。他们在散发的《告全体人民书》中声称若不满足他们的条件，就组织罢工，停止铁路运输。当天，列宁主持召开了布尔什维克中央委员会会议，讨论了全俄铁路工会执行委员会的要求，决定与之进行谈判。列宁提出在谈判中应遵循的原则是：在承认苏维埃第二次代表大会通过的各项法令、承认政府要全俄中央执行委员会这一最高权力机关负责、承认在全俄苏维埃第二次代表大会上占多数的布尔什维克组织政府的权利的前提下，政府可以扩大，全俄中央执行委员会也可以扩大，那些退出和没有参加苏维埃第二次代表大会的各党派代表可以补充进来。

在谈判过程中，布尔什维克内部的季诺维也夫、加米涅夫、李可夫、米柳亭、梁赞诺夫、诺根等人采取暧昧甚至纵容的立场和态度。身为全俄中央执行委员会主席的加米涅夫发表声明，同意建立从布尔什维克到社会党人都参加的联合政府，连对撤销列宁的政府首脑职务的要求也不表示反对。梁赞诺夫公开声称"不能认为自己必须遵守中央硬性规定列宁和托洛茨基作候选人这样一类的决议"。

12日夜，布尔什维克党团按照列宁的要求召开会议。会上发生激烈争论。列宁在会上作了长达一个半小时的发言，严厉批判了加米涅夫和梁赞诺夫，指出他们的言行是对十月革命的背叛。但加米涅夫等人仍固执己见，拒不执行中央和列宁的指示，继续同谈判方一唱一和，14日竟同意建立新的预备会议，企图取代最高权力机关全俄中央执行委员会。在15日全俄中央执行委员会会议上，加米涅夫等人提出把在政府中的一半席位让给孟什维克和社会革命党人。列宁十分生气。

11月15日，布尔什维克中央通过决议，谴责加米涅夫等反对派的妥协和反党行为，认为他们"完全丧失了布尔什维克主义的一切根本立场"。11月16日和18日，中央委员会通过了列宁起草的给少数派的最后通牒，要求他们或者完全服从中央的决定，停止消极怠工和破坏行动，并以书面形式保证，或者放弃党的一切公开活动，辞去一切职务，否则要被开除出党。少数派坚持错误立场，加米涅夫、季诺维也夫、李可夫、米柳亭、泰罗多诺维奇、诺根退出中央委员会，并辞去人民委员职务。

11月19日，列宁在《真理报》上发表了《俄国社会民主工党（布尔什维克）中央委员会宣言——告全体党员及俄国一切劳动阶级书》，点名批评季诺维也夫、加米涅夫等人的错误，批评他们在对敌斗争中表现不坚定、不果敢，在敌人的进攻面前动摇后退，当革命的逃兵。列宁还特别指出，季诺维也夫和加米涅夫

第五章 治国安邦

早在十月革命武装起义之前就有泄露起义机密的叛卖行为，因此布尔什维克党员及有觉悟的工人、士兵和农民都应该反对、谴责这种逃兵行为。

在列宁和布尔什维克中央委员会多数同志的坚决斗争下，季诺维也夫、加米涅夫等人相继发表声明，表示愿意服从党的纪律。不久，根据列宁的建议，撤销了加米涅夫全俄中央执行委员会主席的职务，由斯维尔德洛夫接任。同时列宁还提出了代替李可夫、米柳亭、诺根等人职务的人选，彼得罗夫斯基任内务人民委员，斯图契卡任司法人民委员，叶利扎罗夫任交通人民委员，施利希特尔任粮食人民委员。

1917年12月25日，全俄铁路工人非常代表大会在彼得格勒召开，布尔什维克占多数，列宁被选为代表大会的名誉主席，并在大会上致贺词。大会通过决议，拥护全俄苏维埃第二次代表大会，对全俄铁路工会执行委员会表示不信任，因为其言行已帮助了反革命分子。1918年1月18日，全俄铁路员工非常代表大会召开，列宁在会上作了报告并回答了有关问题。大会通过决议，表示完全站在苏维埃政权一边，并选举了全俄铁路员工执行委员会，取代被右派社会革命党和孟什维克所把持的全俄铁路工会执行委员会。至此，首都彼得格勒的局势完全平静下来。

列宁（1918年1月）

彼得格勒武装起义的胜利和苏维埃政权的建立，以及粉碎克伦斯基和士官生的反扑，极大地鼓舞了各地的人民群众，革命迅速向全国发展。从1917年10月至1918年3月，革命进入了被列宁称为"凯歌行进"的时期，苏维埃政权在全国各地如雨后春笋，纷纷建立起来。值得一提的是莫斯科武装起义，起义从11月8日开始，起初比较顺利，迅速占领了许多地点，克里姆林宫的政府军也转到革命方面来。但在胜利迅速推进时，领导起义的李可夫、布哈林、诺根没有采取坚决

列宁传

进攻措施，接受了莫斯科军区司令里亚勃采夫"缓兵之计"的谈判，放松了必要的警惕。结果反革命武装转守为攻，重新占领了克里姆林宫并对守卫的革命战士进行了大屠杀。11月11日，列宁听取了莫斯科起义的情况汇报。13日，列宁主持军事会议，讨论给予莫斯科军事支援的问题。之后，列宁亲自到工厂督促装甲车的制造工作。11月15日，莫斯科武装起义取得胜利。莫斯科武装起义的胜利，推动了苏维埃向全国各地发展。彼得格勒革命军事委员会和苏维埃中央执行委员会派出大批特派员、宣传员奔赴全国各地，传达列宁和党中央的指示，领导当地人民的革命斗争。1917年12月底，根据内务人民委员的命令，废除了一切旧有的地方自治机关而代之苏维埃。到1918年7月，苏维埃政权在全国已基本建立。

二、解散立宪会议

十月革命前后，立宪会议是各党派纷争的重要话题。立宪会议是资产阶级民主制的主要形式之一，早在十二月党人时期就已提出，在反对沙皇专制制度的斗争中得到了广泛的传播。1903年，俄国社会民主工党就把它作为最低纲领的一个口号提出来。二月革命后，资产阶级临时政府在群众的压力下，曾答应在9月30日进行立宪会议选举，但由于害怕群众运动失控而一直拖着。十月革命胜利后，全俄苏维埃第二次代表大会确立了工农苏维埃新国家政权的建立，而不是建立资产阶级议会制共和国。因此列宁认为，现实生活和革命本身已将立宪会议推到了后台，它不能成为横在十月革命和苏维埃政权道路上的障碍。在旧政权中，它要么成为专制统治欺骗群众而又不能兑现的"空头支票"，要么成为资产阶级和小资产阶级实行阶级统治的工具。但是，由于大多数群众和小资产阶级不了解立宪会议的阶级实质，对其仍抱有很大幻想，所以列宁还是同意召开立宪会议，设法使它为革命政权服务，如果不行，就尽力向群众揭露它的害处，用实际例子消除一些人的立宪幻想。

从十月革命胜利起，早已被临时政府任命的由右派社会党人和立宪民主党人所把持的立宪会议选举委员会，一直反对苏维埃政权，并且无视人民委员会的一再要求，拒绝汇报进程。11月9日，按照十月革命前各政党提出的候选人名单，

第五章　治国安邦

人民委员会所在地——彼得格勒的斯莫尔尼官

列宁主持人民委员会会议

斯莫尔尼官内列宁的办公室

立宪会议选举拉开了帷幕。结果在选出的 715 名代表中,布尔什维克仅有 183 名,资产阶级和小资产阶级占了多数,农民搞不清楚左派社会革命党人已被排挤出社会党中央委员会,而把选票一致投给了社会革命党人。显然,这不是俄国当时各派政治力量的真实对比。

列宁获悉选举情况后,认为必须防患于未然,防止资产阶级利用立宪会议进行反革命活动。12 月 2 日,列宁起草了《罢免权法令草案》,以布尔什维

在列宁办公室门外站岗的赤卫队战士

克党团的名义在 12 月 4 日的全俄中央执行委员会会议上提出,人民不是对个人投票,而是对政党投票。在俄国,政党的差别很大,在人民面前每个政党都有一定的政治面貌,因此如果不规定有罢免权,党内的任何分裂都会带来混乱。社会革命党在农民中间曾有过很大的影响,但是在名单提出以后发生了分裂,名单没有更换,人民投给社会党的票,实际上是投给被社会革命党中央委员会开除的左派社会革命党人。农民不是上了个人的当,而是上了党分裂的当。要改善这种情况,就必须实行罢免权,对他们加以监督,必要时罢免他们。

为了对选举委员会的活动加以领导,人民委员会于 12 月 6 日派乌里茨基主持选举委员会的工作,但选举委员会拒绝在他的领导下工作。于是选举委员会的委员被捕,12 月 10 日后列宁下令释放了他们。12 月 11 日,右派社会党人和立宪民主党人在彼得格勒组织所谓保卫立宪会议的群众示威游行,抗议选举委员会被解散。12 月 11 日,几十名立宪会议代表,违反人民委员会 1917 年 12 月 9 日颁布的关于立宪会议应在有 400 名以上立宪会议代表出席的情况下由人民委员会授权专人召开的法令,冲击塔夫利达宫,擅自召开立宪会议,并宣布发动政变。人民委员会命令赤卫队占领塔夫利达宫,并将这些人驱散。当天晚上,人民委员会通过列宁起草和签署的法令,宣布立宪民主党人为人民公敌的政党,下令逮捕该

党领导机关人员，由苏维埃对整个立宪民主党实行管制。

12月14日，列宁在全俄中央执行委员会上作了报告，指出革命就是保证立宪会议不能用来反对人民，革命阶级在同实行对抗的有产阶级作斗争时，应该加以镇压，用有产者镇压无产者的全套办法来镇压有产者的反抗，不要倒退到那种使人民利益服从形式上的民主制的旧偏见上去，"全部政权归立宪会议"就是"全部政权归反革命"。15日，列宁出席了全俄农民第二次代表大会并发表演讲，指出苏维埃比任何议会、任何立宪会议都优越，它是根据人民群众的意愿自下而上建立起来的，人民可以随时罢免他们的代表，最高的权力机关是苏维埃，通过立宪会议成立的只是资产阶级共和国。

在布尔什维克内部，拟出席立宪会议的布尔什维克党团意见也不一致。12月24日，根据列宁的建议，中央委员会撤换了部分人选，并通过了列宁起草的《关于立宪会议的提纲》，规定一切党的机关都要服从中央的规定。

1918年1月中旬，列宁起草了作为苏维埃宪法基础的《被剥削劳动人民权利宣言》。宣言宣布，俄国为工农兵代表苏维埃共和国，中央和地方政权全部属于苏维埃。它的基本任务是消灭人对人的任何剥削，完全消灭社会阶级，无情地镇压剥削者的反抗，建立社会主义的社会组织。宣言确认了苏维埃政权的主要法令，规定了苏维埃国家的和平外交政策原则。

右派社会革命党人并未甘心失败，他们和孟什维克、某些立宪民主党人联合成立了"立宪会议保卫联盟"，到处进行鼓动宣传，发动游行示威，甚至谋刺列宁。

为了进一步揭穿立宪会议的实质，让一部分仍执迷于立宪会议幻想的人亲眼目睹一下立宪会议与苏维埃的优劣，1918年1月18日，立宪会议在塔夫利达宫开幕。会议开幕那天，街头出现了一些游行示威的人群，满城流传着关于发生暴动的谣言。为防万一，布尔什维克中央成立了对付叛乱的军事司令部，用军队维持治安。

会上，占多数的反布尔什维克代表拒绝讨论和通过《被剥削劳动人民权利宣言》，对布尔什维克中央持不合作的立场。会场喧嚷和争吵不断，各方代表互不妥协，相互攻击。列宁坐在会场的一侧，静静地观察着会场的气氛，偶尔记着什么，有时也和坐在身旁的斯维尔德洛夫开个玩笑。在当天的日记中，列宁以《来自另一个世界的人物》为题写道：在美丽的塔夫利达宫里，度过了沉闷、无聊而又单调的一天。这太可怕了！从活人的世界来到了死尸的社会，闻着死尸的臭味，听着一班僵尸发表的空话，实在让人受不了。

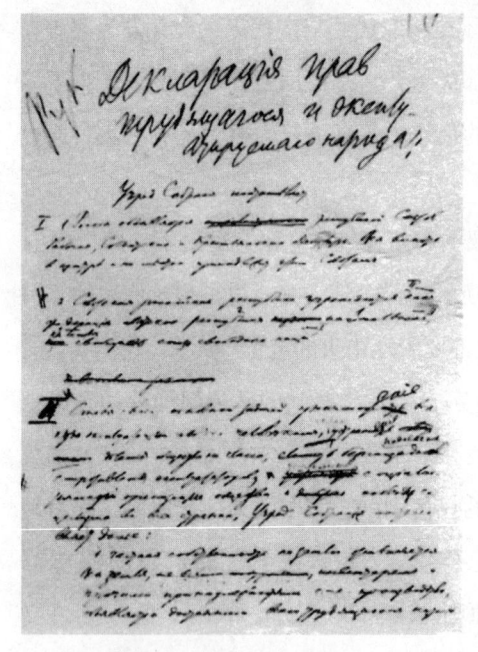

《被剥削劳动人民权利宣言》

会议对是否讨论列宁起草的《被剥削劳动人民权利宣言》进行表决，结果反对派占多数。列宁和布尔什维克要求休会。休会期间，列宁召集了布尔什维克中央委员会会议，讨论了对付立宪会议的策略，决定退出不可救药的立宪会议。之后，斯维尔德洛夫在会上宣读了列宁起草的声明，宣布布尔什维克党团退出立宪会议，理由是布尔什维克连一分钟也不愿意掩饰人民公敌的罪行。

1月19日，人民委员会、全俄中央执行委员会通过了列宁起草的关于解散立宪会议的法令。列宁在会上作了报告，指出立宪会议已不再代表俄国人民群众的真正意志，它不仅已经过时，而且已成为反革命的工具。列宁强调，在立宪会议中得到或得不到多数票已无所谓了，因为"今天我们在人民中间赢得了多数"。

1月19日下午4点40分，负责维持秩序的士兵奉命驱散了立宪会议，允许所有人自由离开会场。一场吵吵嚷嚷的立宪会议闹剧到此草草收场。

1918年1月23日至31日，全俄工农兵代表苏维埃第三次代表大会召开。列宁在会上作了关于人民委员会的工作报告，这是人民委员会第一次向广大人民群众作政府工作报告。列宁在报告中阐述了苏维埃政权取得胜利的原因，强调俄国已经从资本主义向社会主义过渡；在这个时期，除了实行无产阶级专政，别无他法走上社会主义道路。大会通过决议，热烈赞成列宁起草的《被剥削劳动人民权利宣言》，肯定了十月革命所创造的新型国家政权组织。

三、建规立制

1917年11月8日，列宁在全俄苏维埃第二次代表大会上当选为人民委员会主席后，立即着手筹备管理国家的组织工作。11月12日，列宁任命弗·德·邦契－布鲁也维奇为人民委员会办公厅主任，负责与他保持直接的联系，负责建立下属办公机构，同时要求各个人民委员会尽快建立临时管理机关。

人民委员会办公厅下设秘书处，负责为列宁和人民委员会准备各种材料、安排人民委员会和各个部门的办公地点、打印列宁指定的记录和其他材料、登记收发文件和电报，等等。布鲁也维奇每天向列宁汇报办公厅的工作。

列宁的办公室设在斯莫尔尼宫大楼三层右侧拐角处的一个房间内，后来搬到左侧。办公室门口有警卫站岗，承担保卫任务的多是赤卫队员和喀琅施塔得的水兵。为接待来访和安全起见，列宁亲自起草了《人民委员会主席办公室哨兵职责》，其规定如下：

（1）除人民委员外，不准任何人入内（对不认识的人民委员，则要求他们出示证件，即身份证）。

（2）要求其他所有来访人员登记自己的姓名及简要来访目的，勤务员应将登记表交给主席，不经主席许可，任何人不得入内。

（3）室内无人时，将房门微开，以便听见电话铃声，并请秘书来接电话。

（4）主席办公室内有人时，应将房门紧闭。

列宁经常在办公室内会见来访的工人、士兵和苏维埃代表大会的代表以及外交使节、知识分子、资产阶级代表等，签署有关命令和指示。

人民委员会建立后，其他政府机构相继建立并办公。财政人民委员部成立后，明仁斯基被任命为财政人民委员。他的任命是在晚上公布的，接到任免通知后，已忙活了一天的明仁斯基已精疲力竭，勉强和另一位同志搬来一张长沙发，写了"财政人民委员部"牌子后，就躺在沙发上很快睡着了。不久，阵阵如雷的

列宁传

鼾声传遍人民委员会办公厅，列宁闻声出来看到现场后，便十分风趣地说："这很好，人民委员们开始养精蓄锐了。"外交人民委员契切林是个"夜猫子"，因此他领导的外交人民委员会是24小时办公，办公室昼夜灯火通明，不分白天黑夜，搞得大家十分劳累。列宁知道后，立即进行了干预，要契切林严格遵守作息时间，不得随意加班。列宁的夫人克鲁普斯卡娅因任教育人民委员部部务委员，工作繁忙，每天和列宁在一起的时间很少。

人民委员会每天都要开会，会议按规定的时间准时召开。开始是晚上6点钟，后来改为晚上8点钟。会议经常开到深夜，有时开到第二天早上。列宁一般在会议召开前的十几分钟内赶到，他要求与会者一定要严格遵守纪律，认为迟到就是浪费时间。1918年1月11日，人民委员会作出规定：参加人民委员会会议的迟到者必须接受罚款，迟到半小时之内，罚款5卢布，超过半小时，则罚款10卢布。1919年4月，在人民委员会的一次会议上，列宁就一般会议议事日程写过一个便条：（1）给报告人的时间是10分钟；（2）给发言人的时间，第一次是5分钟，第二次是3分钟；（3）发言不得多于两次；（4）每次表决占1分钟。不久，这些建议便成为一项制度。

很多会议需由列宁亲自主持或参加。不管会议结束多晚，列宁都要求秘书在第二天上午10点之前把会议记录整理好，交他审阅并校订。对决议的执行情况，列宁一般每项必查，他要求工作人员对他所下达或交办的工作要及时汇报。

列宁十分重视会议的效率。他要求发言人讲话时要具体、明确，抓住实质，不能空泛无物。有一次，列宁发现会议接待室里满屋子人，大家疲倦乏味地待在一块，有的下棋，有的聊天，呛人的烟味弥漫全屋。原来大家都在等着汇报工作或接受召见，又不知是什么时间，所以只好等着。列宁认为这是一种荒唐的秩序，是胡闹行为，必须修改汇报人出席会议的时间。他要求秘书处以后安排会议时必须查清楚：每次会议是否需要汇报人，需要什么样的汇报人。同时要求要使汇报人等候的时间不得超过一刻钟。

出于安全考虑，警卫队在斯莫尔尼宫大楼的入口处的两根圆柱上架着两门三英寸口径的大炮，两侧排列着机枪。秘书处的窗下架着两挺机枪，机枪手轮流值班。1918年1月中旬，一个大学生模样的人来到秘书处，要求拜见列宁。秘书处工作人员见其可疑，便给警卫人员打了暗号，把他带出办公楼，从他身上搜出了一把上了膛的手枪。

为打击国内外敌人的进攻和破坏，1918年1月28日，列宁亲自批准颁布了关于建立工农红军的法令。2月11日，颁布了建立工农海军的法令。3月1日，最高军事委员会成立，负责建立正规军。经过三年的努力，到1920年，苏俄已建立起一支拥有300万人的正规部队，成为捍卫新生苏维埃政权的钢铁长城。

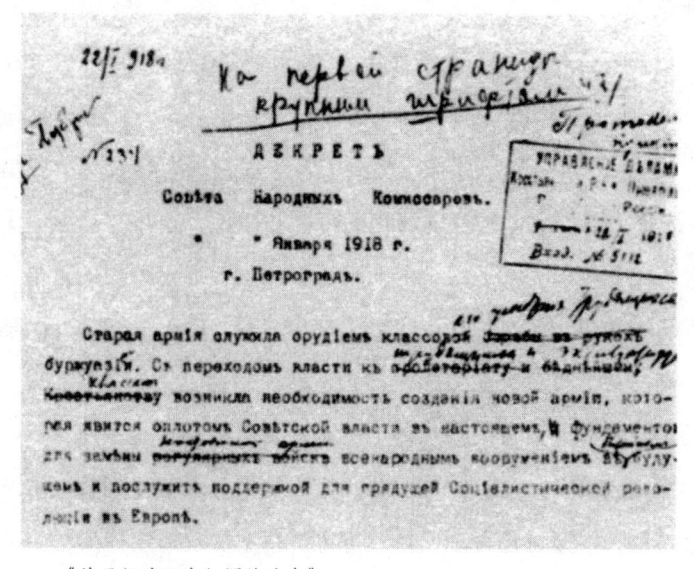

《关于组建工农红军的法令》

四、稳定经济，缓解粮食饥荒

十月革命胜利后，由于连年战争，加上敌人的破坏和敌对分子的怠工，国家经济状况很严峻，政府经费不足、粮食短缺、企业开工不足、工人大批失业、物价飞涨。因此，列宁在领导党和政府平定叛乱、建立并巩固苏维埃政权的同时，也致力于恢复经济、发展经济。

当时，虽然国家银行由新政权管制，但银行中的旧官员几乎全面怠工，对政府持不合作和不信任态度，无视政府的决定和拨付资金的需要，阳奉阴违地和政府对着干，如拒绝发放贷款、停止付款、套用现金、暗中给破坏分子以金钱支持等。苏维埃政权的第一批款项是列宁亲自签署命令解决的。人民委员会成立后，为解决办公经费，列宁亲自签署命令，命令国家银行不受所有规章和手续的限制，破例支付1000万卢布供政府使用。列宁把命令交给人民委员奥新斯基和人民委员会第一秘书哥尔布诺夫。临行前，列宁交代说："如果拿不到钱，就不要回来。"

奥新斯基和哥尔布诺夫到达银行后，在赤卫队员的武力威胁下，银行官员被迫打开金库，交纳现金。取回现金后，列宁指示将其放在办公厅的一个柜子里，安排岗哨看管。

针对银行的不合作态度，列宁加快了实行银行国有化的步伐。1917年12月25日至27日，列宁曾两次主持召开人民委员会秘密会议，研究如何做好接管银行的工作。12月27日，列宁草拟了《关于实行银行国有化及其必要措施的法令草案》。该法令草案规定了银行国有化的范围和措施，宣布对操纵国民经济命脉的银行、大工业在内的一切股份企业实行国有化，各股份公司的董事、经理、一切属于富有阶级的股东都必须接受监督，交出股票，废除一切内外国债；实行普遍劳动义务制，每个有劳动能力的人都必须参加社会主义革命和建设，属于"富有阶级"的人在政府的监督下参加体力劳动；备有劳动消费手册，实行"不劳动不得食"的原则，消费品实行严格监督；富人从银行取钱受到数量限制，每个人加入消费合作社；铁路运输合理安排；等等。草案规定对于违反法令的工会及其他劳动者组织交由革命法庭制裁，对不服从法令的怠工者、罢工的官吏和投机倒把分子给予没收财产、加以监禁、押送前线或强迫劳动的处置。

在颁布草案的当天，列宁命令布鲁也维奇带领有28个射击手的枪队，用武力占领了28家银行，逮捕了28个银行经理。这些银行经理表示悔过自新后被释放，回到银行，在工人监督下工作。银行被政府派出的人员领导。

十月革命胜利后，苏维埃政府着手把大型工矿企业国有化，但是资本家和敌对分子采用怠工、停产、隐瞒和转移财产的办法进行破坏。柯伦泰被任命为社会福利人民委员后，几乎全部的旧职员用罢工来"欢迎"他（其他各部的情况大同小异）。在这种情况下，1917年11月27日，全俄中央执行委员会通过《工人监督条例草案》，规定在一切工业、商业、银行和农业等企业中，产品和原料的生产、储藏、买卖等全部过程，都由工人代表监督，工人代表向国家负责，并维持严格的秩序和纪律，保护国家财产；一切具有全国意义的企业和工人都要照常生产，不许怠工和随意改变生产过程；凡玩忽职守、隐瞒存贷和报表等行为者判处五年以下的徒刑。

工人监督条例出台后，遭到了资产阶级的强烈反对，一些工厂不发放工人工资，拒绝工人监督，但所有这些已挡不住企业国有化的浪潮。

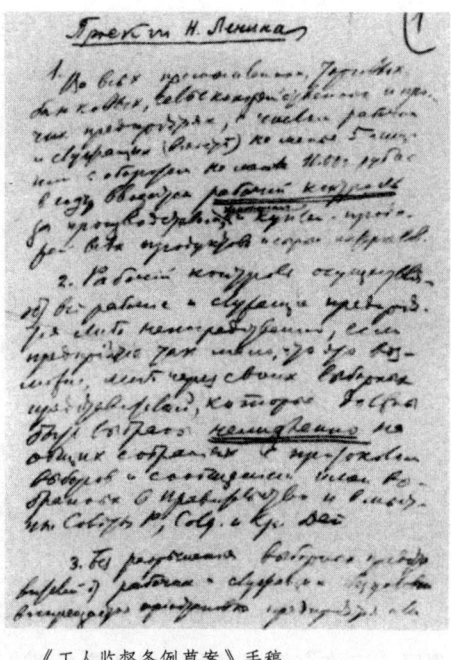

《工人监督条例草案》手稿

1917年11月18日，列宁在《告人民书》中呼吁：劳动者同志们！请记住，现在是你们自己管理国家。如果你们自己不团结起来，不把国家的一切事务掌握在自己手里，谁也帮助不了你们。你们的苏维埃今后就是国家政权机关，即拥有全权的决策机关。1917年12月1日，列宁签署命令，由全俄中央执行委员会批准成立了最高国民经济委员会，负责有计划地组织国民经济和国家财政。

为缓解粮食困难，1918年2月，列宁任命自己的助手瞿鲁巴为粮食人民委员，负责组织好粮食的收集、运输和管理工作，坚决打击投机倒把分子，甚至将他们就地枪决。

1918年1月，列宁委托沃尔霍夫水电站计划草案（这个草案当时已被沙皇政府所埋葬）的起草人亨·奥·格拉弗提奥编造建设预算。7月，人民委员会通过了建设沃尔霍夫水电站的决定。

1918年3月，列宁和科学院动力工程师文特尔谈话，打算在莫斯科近郊沙图拉泥炭地区建立巨大的泥炭采掘场，并建设大型火电站。不久，这个计划开始实施。

列宁传

1918年3月底,中央委员会召开会议。会上,列宁指出应利用俄国和德国休战、苏维埃获得喘息的时机,集中力量恢复国民经济和开展社会主义建设,因为夺取政权的时期已胜利结束。但以布哈林为首的"左派共产主义者"反对列宁的意见。为统一看法,4月7日,中央全会召开,列宁在开幕词中强调,革命已进入经济建设"新时期"。全会委托列宁起草一个关于目前形势的提纲提交中央讨论,为此列宁写了《关于苏维埃政权当前任务的提纲》。4月26日,中央委员会讨论并一致批准了《提纲》,并决定以文章形式在《真理报》和《全俄中央执行委员会消息报》上发表,同时出版单行本,并把题目改为《苏维埃政权的当前任务》。在这一著作和列宁的其他著作中,列宁拟订了建设社会主义经济基础的计划,并为实现基本任务规定了方针和措施。首先,列宁提出了管理俄国的任务。列宁认为,俄国无产阶级夺取政权后面临着三个任务:前两个任务是说服大多数人民群众相信其纲领和策略的正确和镇压敌人的反抗,这两个任务虽然仍很艰巨,有许多事情要做,但已基本解决,关键是第三个任务即组织对俄国的管理已提上了日程,利用条件极苛刻和不稳固的和平所带来的喘息时机,医治战争创伤,发展国民经济,增强国防实力。用社会主义原则改造全部经济生活。为此列宁提出了精打细算、节省开支、不偷懒、不盗窃、遵守最严格的劳动纪律的口号。其次,列宁从当时阶级斗争的新特点出发,提出了无产阶级专政的重大任务。列宁指出,无产阶级同资产阶级的斗争已进入一个更困难、更复杂的阶段,这就是"要造成使资产阶级既不能存在,也不能产生的条件"。这就需要"铁的手腕",因为:第一,不无情地镇压剥削者的反抗,便不能战胜和铲除资本主义。第二,社会主义革命是一场空前深刻和尖锐的斗争,旧社会的各种坏分子,"在这种深刻变化的时候,自然不能不'大显身手'。而这些有害分子'大显身手'就只能使犯罪行为、流氓行为、收买、投机活动及各种坏事增多"[①]。表现在经济方面,就是由直接的剥夺剥夺者转到"计算和监督"上来,反对小资产阶级的那种"只要我能够多捞一把,哪管它寸草不生"的无政府主义和无政府主义的

[①]《列宁选集》中文第3版第3卷,第497页。

自发势力，它是"旧事物碎片"中的代表，通过把铁的纪律和民主精神结合起来，贯彻不劳者不得食的原则，使一切懒汉、寄生虫、盗窃国库者、骗子不能浑水摸鱼和坐享其成。第三，提出创造比资本主义更高的生产率是新社会制度取得胜利的最主要和最根本任务的论断。这就需要发展燃料、铁、机器制造和化学工业等的生产，保证大工业的物质基础；大力发展群众的文化教育事业，鼓励他们的求知热情和首创精神，提高劳动者的纪律、工作技能、效率，改善劳动组织；吸收资本主义一切进步的东西和丰富的科学成就，"社会主义能否实现，就取决于我们把苏维埃和苏维埃管理组织同资本主义最新的进步的东西结合得好坏"[1]；推行大规模的社会主义工作竞赛，形成奖（奖励先进）、学（互相学习）、赶（追赶先进）、帮（帮助落后）、超（超过先进）的鲜活氛围，创造坏人坏事上"黑榜"、好人好事受羡慕的良好条件。尽管"历史上任何一次深刻而强大的人民运动都不免会有肮脏的泡沫泛起，不免有些冒险家和骗子、吹牛大王和大喊大叫的人混杂在没有经验的革新者中间，不免有瞎忙乱干、杂乱无章、空忙一阵的现象，不免有个别'领袖'企图百废俱兴而一事无成的现象"[2]，但是"我们走自己的路，力求尽量慎重而耐心地去考验和识别真正的组织家，即具有清醒头脑和实际才干的人，我们既忠于社会主义，又善于不声不响地（而且能够排除各种纷扰和喧嚷）使很多人在苏维埃组织范围内坚定地、同心协力地工作……我们还没有学会这一点。但是我们一定能学会"[3]。

1918年4月，列宁在《科学技术工作计划草稿》中指示，最高经济委员会立即委托科学院，成立一系列由专家组成的委员会，制订出俄国的工业改造和经济发展计划。这个计划包括：(1) 使俄国工业布局合理，着眼点是接近原料产地，尽量减少从原料加工到半成品加工一直到制出成品等方面的劳动消耗；(2) 从现代最大工业的角度，特别是从托拉斯的角度，把生产合理地合并和集中于少数最大的企业；(3) 最大限度地保证现在的俄罗斯共和国（不包括乌克兰和德国人占

---

[1]《列宁选集》中文第3版第3卷，第492页。
[2] 同上，第495页。
[3] 同上。

领的地区）能够在一切最主要的原料和工业品方面自给自足。（4）特别注意工业和运输业的电气化以及电力在农业中的运用。

1918年5月26日至6月4日举行的全俄国民经济委员会第一次代表大会上，列宁建议把国有化企业管理体系简化为地方的工厂管理机构和中央的管理机构（最高国民经济委员会生产局），撤销一切中间的管理机构。代表大会通过了国有化企业管理条例。6月28日，列宁签署了人民委员会关于大工业国有化的法令。在企业组织管理上，干部是关键，列宁对重要企业干部人选的选择和考察十分慎重和严格，要求企业建立严格的劳动纪律，对一切原材料进行管理和监督。

在农业建设方面，根据列宁的建议，苏维埃政权在废除土地私有制以后，提出对农业进行社会主义改造，把小农经济联合成大集体经济，建立了一些国营农场，并建立了专用基金，以便为集体经济发放补助金和贷款。

在文化建设方面，早在1917年12月底就成立了国家出版社，开始大量出版社会政治、古典文学和教科书。列宁指示应尽量多而快地出版一些通俗性读物，以满足广大群众的实际需要。1917年11月，列宁在《对彼得格勒公共图书馆工作的意见》中，对图书馆工作提出了改革意见，指出图书馆应真正成为文化和政治教育的中心，图书馆之间要加强交流和协作，互通有无，工作时间要尽量延长，节假日和星期天要倒班休息，不要关门。列宁还多次找教育人民委员卢那察尔斯基谈话。1918年6月，人民委员会通过并公布了列宁所签署的关于组织苏维埃共和国国民教育事业的法令，宣布改革学校制度，在成年人中扫盲，高等学府向工农敞开大门，建立社会主义社会科学院，建立马克思主义学术中心。

在经济建设和恢复建立革命秩序的过程中，列宁时时注意工作步骤、层次、环节的轻重缓急。有一次，一个工人代表团去见列宁，希望列宁立即颁布一道法令，把他们的企业收归国有。"当然行，"列宁说，同时从桌上拿起一张空白的表格，"如果一切都取决于愿望，那倒简单了。我只要拿起这些表，这里填上你们企业的名字，那里签上字，再在这个地方添上有关部门人民委员的姓名。"

工人们很高兴，说："那就好。"

"不过，我在这张表上签名之前，"列宁接着说，"先得问你们几个问题。首先，你们知道到哪里去弄你们企业需要的原料？"

工人们无可奈何地摇了摇头。

"你们会不会记账？""你们研究出提高产量的办法没有？"列宁又问道。

工人们再次作了否定的答复。他们承认，以前没考虑过这些问题。

"同志们，最后请问你们，你们有没有找到销售你们产品的市场？"

工人们又回答说："没有。"

"这么说，同志们，"列宁说道，"你们不觉得你们目前还没有准备好把工厂拿过来吗？你们回去吧！把这些问题都钻研一下。搞起来困难，你们会犯些错误，不过会取得知识和经验的。过几个月再来，那时候我们再谈谈把工厂收归国有的问题……"

"不幸的和约"

十月革命胜利后，列宁和布尔什维克党面对的是一个千疮百孔的烂摊子，国内建设百废待兴，工作千头万绪，急需一个结束对外战争的和平环境。因此，苏维埃政府根据列宁起草的《和平法令》，决定退出战争，向各交战国提出停战谈判。

11月7日晚上，列宁签署给俄军最高司令杜鹤宁将军的电报稿，命令他立即向交战国军队司令部提出举行停战谈判的建议，令其随时向人民委员会报告谈判的进行情况。但杜鹤宁领导的司令部却消极怠工。

1917年11月8日，苏维埃政府向英、法等协约国提出"停止世界战争，就缔结公正的民主的和约进行谈判，实现不割地不赔款的和平"的要求。11月10日，又向德国及其盟国发表了同样内容的声明。

当时的情况十分危急，旧政府的军队都在杜鹤宁的指挥之下，许多由孟什维克和社会革命党人领导的军队组织都有反苏维埃政权的情绪,如果他们与正在向彼得格勒进军的克伦斯基配合的话,肯定会使新生的苏维埃政权遭到毁灭性的打击。在这危险时刻,许多革命者,包括一些高层领导人都感到束手无策,为革命政权能否生存下去担心。但列宁却镇定自若,十分自信。11日午夜,列宁同斯大林和陆海军人民委员会成员克雷连柯一起来到彼得格勒军区司令部,用直达电报同杜鹤宁对话,质问他为什么拖延停战谈判。杜鹤宁态度强硬。鉴于杜鹤宁拒不执行苏维埃工农政府的命令,列宁当机立断,在直达电报机上向杜鹤宁宣布,解除他最高司令职务,任命克雷连柯为最高总司令。次日凌晨,列宁同斯大林和克雷连柯一起驱车前往陆海军电台,列宁通过无线电广播,号召士兵和水兵担负起停止战争、争取和平和维持秩序的使命,要求前线各团立即推选代表同敌军进行停战谈判,并及时报告谈判的结果,不让杜鹤宁等人逃避以后的法庭审判。

事态进一步发展的进程完全证实了列宁采取这一步骤的正确性,绝大部分士兵和群众支持苏维埃政权。11月下旬,德军总司令表示同意开始和平谈判。苏维埃政府立即征询协约国的意见,但协约国没有答复。于是苏维埃政府决定单独同同盟国谈判。反革命的司令部于11月20日被革命部队所占领,杜鹤宁被起义的士兵打死。俄国军队的大部分师团、军团和士兵都同意同德国军队进行谈判并签订停战协定。

拿下杜鹤宁的统帅部之后,列宁立即拟订了前线军队的下一步行动计划,他建议克雷连柯开始准备旧军队的复员工作,把枪支、弹药、军服和粮食等储备物资逐步撤到大后方,留给未来新组建的军队使用。11月24日,列宁找克雷连柯和阿·阿·越飞谈话,就同德军统帅部进行停战谈判问题做了详细指示,主要原则是不割地、不赔款。12月3日,列宁任命越飞为代表团团长,卡拉汗、加米涅夫、索柯里柯尼柯夫、姆斯提斯拉夫斯基等人为代表团成员,前往德军司令部所在地布列斯特谈判。12月15日,双方签订停战协定,规定停止军事行动,不调动军队,在1918年1月1日前实现停战。

12月22日,和约谈判会议在布列斯特—里托夫斯克正式开始。率领苏俄代表团的首席代表是越飞,代表团成员有加米涅夫、波克罗夫斯基、卡拉汗等。四国同盟方面参加会谈的是：德国外交大臣屈尔曼，最高统帅部代表、东线参谋长霍夫曼将军，奥匈帝国外交大臣切尔宁，保加利亚司法部部长波波夫，土耳其宰相泰拉特帕夏。

苏维埃代表团根据《和平法令》和列宁的指示精神，一开始就宣读了作为和平谈判基础的六点声明：（1）双方放弃强制合并战争期间侵占的领土，并从那里撤出占领军；（2）完全恢复各国人民在战争过程中所丧失的政治独立；（3）保证战前未获政治独立的民族享有自治权；（4）用立法形式规定各少数民族的文化独立和行政自治；（5）放弃向别国追偿赔款和"战费"；（6）根据第（1）、（2）、（3）、（4）点所叙述的原则，给予殖民地以自主和政治独立。苏俄方面提出的上述原则是明确而又具体的，反对或拒绝这些原则意味着将在全世界面前暴露他们的侵略阴谋，因此德方不得不表面上同意这些原则。

12月25日，奥匈外交大臣切尔宁以四国同盟代表团的名义，在会上发表了关于谈判原则的声明：四国同盟代表团准备同意苏维埃代表团提出的基本原则，准备"立即签订不强行兼并领土和不赔款"的普遍和约，并表示他们"郑重声明决定立即按上述对交战各国公平合理的条件签订停止这场战争的和约条款"。然而，德方提出两个附加条件：一是"只有各参战强国无一例外地和不附加任何条件地在规定的时间内严格履行涉及各国的共同条款时，俄国代表团的建议才能实现"。这就是说，德方接受和同意这些原则，要以协约国也承认这些原则为条件。二是提出俄国战俘的生活费用问题，实际上是向俄方索取赔款。谈判进行了几天，未能取得进展。12月28日，会议宣布休会10天，以便促使其他交战国有可能前来参加和谈。

休会期间，德国的军界和政界对是否继续进行和谈的问题发生激烈争吵。结果军方中持强硬立场的兴登堡和鲁道夫等人占了上风，右翼政界人物也乘机推波助澜，军国主义论调甚嚣尘上。于是德方代表团决定采取更加强硬的立场。

和谈继续进行。1918年1月9日，据列宁指示，苏俄代表团改由外交人民委员托洛茨基任首席谈判代表。谈判中，苏俄方面提出缔结不割地、不赔款和保证民族自决的全面的和约。屈尔曼代表中欧四国同盟发言，他以协约国拒绝参加和约为借口，拒绝苏俄提出的以普遍和约的建议为基础继续进行谈判，宣称只能谈俄国是否媾和的问题。德方提出要以乌克兰独立以及波兰、立陶宛、拉脱维亚、爱沙尼亚和白俄罗斯的一部分脱离俄国作为和约条件，否则的话，德方随时可能提出最后通牒，恢复战争状态。

在这种情况下，苏俄面临着一个进退两难的抉择：要么接受一个条件十分苛刻的和约，要么继续与以德国为首的同盟国进行战争。列宁清醒地分析了当时的国内外形势，认为可以立即缔结和约。列宁认为，俄国的国民经济已完全遭到破坏，由于长期战争而疲惫不堪的旧军队无法抵挡德国人的进攻，而工人和农民群众又缺乏进行革命战争的必要的热情。西方一些国家虽然爆发了罢工浪潮，但尚未到爆发革命的地步。如果继续战争，必将葬送新生的苏维埃政权。为了巩固苏维埃政权，需要有一个和平喘息的时机，以便建立一支新的军队。可是，当时布尔什维克党内有相当多的人沉醉于刚刚取得革命胜利的气氛中，以盲目的热情对待严酷的现实，他们鼓吹革命战争，反对立即缔结和约。1月10日，党的彼得格勒委员会通过的决议声称，该委员会毫无保留地否定与德国帝国主义签订和约的可能性。同日，党的莫斯科区域局也通过一项决议，要求立即停止对德和谈，并切断同世界上一切被称作"强盗"的国家的外交联系，号召俄国无产阶级为国际社会主义思想而与世界资产阶级进行神圣的战争。彼得格勒是当时苏维埃国家的首都，而莫斯科区域局领导着莫斯科市和13个中央工业区域的党组织，这两个党组织在党内的地位和影响是举足轻重的。

鉴于德方已经明确提出和约的条款，党内又出现严重的意见分歧，列宁打电报给托洛茨基，要他暂停谈判，回彼得格勒商谈。于是，自1月20日起，和谈再次休会10天。

1月21日，党中央召开会议讨论布列斯特的和平谈判问题。列宁在会上宣读了他起草的《关于立刻缔结单独的割地和约问题的提纲》。他指出："现在俄国社会主义政府面临着一个必须立即解决的问题：是立刻接受这个割地和约呢，还是马上进行革命战争。在这个问题上，实际上不可能作任何中间路线的决定。""我们缔结单独和约，就能在目前可能的最大程度上摆脱两个彼此敌对的帝国主义集团，利用它们互相之间的敌视和战争——这种敌视和战争阻碍它们勾结起来反对我们，取得一定时期的行动自由，来继续进行和巩固社会主义革命"，如果继续战争，必然的军事失败将迫使苏俄接受更加苛刻的和约，甚至使苏维埃政权失败。托洛茨基提出了"不战不和"的方案，即"宣布结束战争状态，让士兵复员回家，但拒绝签订和约"。奥新斯基代表一个自称"左派共产主义者"的集团（其核心人物是布哈林、布勃诺夫、洛莫夫、奥新斯基、普列奥布拉任斯基、皮达可夫、拉狄克等）强烈反对列宁的提纲，提议中断与德国的和平谈判，坚决主张向德国宣布革命战争。经过争论，会议对上述三种意见付诸表决，结果是，32票拥护革命战争的观点，16票支持托洛茨基的"不战不和"方案，只有15票赞成列宁的提纲。

1月24日，党中央委员会召开全体会议，讨论对德和谈问题。列宁重申立刻缔结单独的割地和约的主张："我们现在不得不缔结的和约无疑是一个屈辱的和约，但是如果开始战争，我们的政府将会被消灭，而和约将由其他政府来缔结……要知道，德国还只是孕育着革命，而在我们这里，一个十分健康的婴儿——社会主义共和国已经诞生了。如果开始战争，我们就要毁了这个婴儿。"斯大林支持列宁的立场，他认为现在西方没有革命运动，只有潜在的可能性，而潜在的可能性我们是无法估计的。阿尔乔姆等人也支持列宁的观点。托洛茨基重申他的"不战不和"的主张。他指出，进行革命战争是不现实的，把俄国的全部力量变成军事力量是空想。旧军队必须遣散，但遣散军队并不是签订和约；谈判拖延不下去，那就停止谈判，但声明我们也不打下去，这样，"在道德方面，我们在全世界面前是纯洁的"。在他看来，他的方案会促使德国的革命危机尖锐化，推动德国无产阶级起来反对德国政府，那时德国军队要发动就会难上加难。因此，他把停止战争、拒绝签订和约和复员军队看作是国际主义的政治示威。他认为还可以再次采取拖延谈判的策略，维持不战不和的局面。乌里茨基支持托洛茨基的主张，认为托洛茨基的整个政策就是政治示威，这个政策会给德国的进攻打开道路，那时革命战争便会开始。布哈林在发言中拥护托洛茨基的立场，反对列宁的立场。他说必须从国际主义的角度来看待社会主义共和国，若是签订了和约，保持住了自己的社会主义共和国，却会失掉国际革命运动的良机。洛莫夫在会上反驳了列宁的观点，他说，我们想为了保住婴儿（社会主义共和国）而放弃战争，然而，或许正是我们被扼杀，才能发动起西方的革命，而如果签订和约，就意味着向德国帝国主义投降。捷尔任斯基也认为签订和约就是投降，他甚至指责列宁干着季诺维也夫和加米涅夫在十月期间所干的事情（泄露武装起义计划）。为了避免党内斗争的激化，中央全会决定暂时不在党内广泛讨论这个问题。列宁坚持认为，一旦德方发出最后通牒，就应该立即满足德方提出的条件，签订和约，因此，当1月27日托洛茨基率领苏俄和谈代表团再次前往布列斯特的时候，列宁和托洛茨基约定：德国人不下最后通牒，我们就一直坚持下去，等他们下了最后通牒才让步。

斗争在两方面同时进行。一方面托洛茨基前往布列斯特和德方重开谈判，另一方面党内外争论在继续着。1月28日，党中央委员会、人民委员会、全俄中央执委会和莫斯科区域局内的"左派共产主义者"布哈林等人联名向党中央递交了一份声明，表示不赞成苏维埃代表大会的决议，要求在一星期内召开党的（非常）代表会议，讨论缔结和约问题，并说如果中央拒绝这一要求，他们就将辞职。以普列奥布拉任斯基为首的党的乌拉尔区域局以及党的彼得格勒委员会也发表了类似的声明。这个举动是"左派共产主义者"企图把革命战争路线强加于党的一个重要步骤。根据党章的规定，党的代表会议的代表由党的地方组织派定，而不是民主选举产生的。这样，"左派共产主义者"控制着莫斯科、彼得格勒、乌拉尔等重要地方的党组织，加上他们在中央委员会中的成员，因此他们很可能在党的代表会议上取胜。

2月1日，党的中央委员会召开全体会议。列宁、斯维尔德洛夫、季诺维也夫、斯大林、乌里茨基、索柯里尼科夫等多数人反对召开代表会议，因为代表会议对中央委员会没有约束力，他们主张召开代表大会来讨论和审议这个问题，以便使党在这个问题上有一个明确而又一致的主张。布哈林、洛莫夫等人坚持召开代表会议的主张。会议决定于2月20日召开党的代表大会。列宁建议，在召开代表大会以前，开一次中央委员会与各种意见代表人物的协商会议，以便达成协

第五章 治国安邦

议,这个建议被一致通过。2月3日,上述协商会议召开,由于出席会议的17人中有11人是"左派共产主义者",鼓吹革命战争的论调占据了上风。

1月30日和谈恢复,双方立场差距甚大,会谈时断时续。2月9日,德国外交部长屈尔曼向苏俄提出最后通牒,要求立即签署由德方提出的和约。2月10日晚,托洛茨基公然违反列宁十分明确的指示,擅自以苏俄代表团的名义向同盟国联合代表声明:苏俄宣布停止战争,复员军队,拒绝在和约上签字。德方向托洛茨基提出了严重警告:如果拒绝缔结和约,战争就要恢复。托洛茨基认为这是恫吓,不予理睬,率代表团离开了布列斯特。

同一天,托洛茨基未通过党中央和人民委员会,就给俄军最高统帅部发去电报,要求2月10日深夜发布同德国及其盟国结束战争状态并复员军队的命令。2月11日凌晨,最高总司令克雷连柯发布命令,命令各战线停止军事行动并着手复员军队。当天,列宁打电报给最高统帅部,命令用一切办法"撤销今天拍出的关于和约和各条战线普遍复员军队的电报",以消除认为和约已签订的误解。

和谈破裂后,德国最高统帅部要求给苏俄和布尔什维克以致命打击。2月16日,德军统帅部正式通知苏俄,停止休战状态。2月18日,德军共出动47个步兵师和5个半骑兵师,向苏俄发动了全线进攻。

列宁得知德军发动全线进攻后,于18日上午主持中央委员会会议,有13人出席。会上,列宁提出立即恢复和谈,连一个小时也不能拖延。但大多数人仍反对列宁的意见,以7票对6票否决了列宁的意见。

晚上,中央委员会继续开会,大家依旧争论不休。列宁十分着急,他批评反对和约的人"把战争当成儿戏,把革命断送给德国人。历史将会告诉人们,是你们断送了革命。我们早就可以签订对革命毫无威胁的和约"。会议经过一番争论后,就"是否应当马上向德国政府建议立即缔结和约"一案进行表决,列宁、斯米尔加、斯大林、斯维尔德洛夫、索柯里尼科夫、托洛茨基、季诺维也夫等7票赞成,乌里茨基、越飞、洛莫夫、布哈林、克列斯廷斯基等5票反对(捷尔任斯基附议),斯塔索娃1票弃权。会议委托列宁和托洛茨基草拟抗议德国政府破坏停战协定并同意签订和约的电文,派斯维尔德洛夫把这次会议的决定通知左派社

列宁传

会革命党。

2月19日清晨，列宁主持人民委员会紧急会议。会议通过了给德国政府发去同意签订和约的电文。该电文由列宁签署后，早晨即通过无线电向德国政府发出。当晚10时，全俄中央执行委员会布尔什维克党团和左派社会革命党党团召开联席会议，列宁在会上说明缔结割地和约的必要性，并答复质询。列宁说，对俄国来说没有别的出路，必须立即签订和约，因为德军投入大批兵力并发动全线进攻，我们没有能力抵抗。而缔结和约以后，党和苏维埃政府就能处理国内事务，深入社会主义革命，完成社会改革，从而尽快地在俄国实行社会主义制度。

2月19日，苏维埃政府向德国政府广播，同意按德方要求签订和约。但德方一面"轻蔑地教训"俄国人不应该通过广播而应该按正式规格制定公函递交德国，一面继续发动进攻。德军于几日之内便占领了拉脱维亚、爱沙尼亚、白俄罗斯和乌克兰，并直逼彼得格勒。形势十分危险。2月21日，苏维埃政府发表了由列宁起草的告人民书《社会主义祖国在危急中》，列宁在告人民书中提出下列措施：（1）全国所有一切人力、物力都用于革命防卫事业。（2）责成各级苏维埃和革命组织要战到最后一滴血，保卫每一个阵地。（3）所有铁路组织及与之有关的苏维埃，必须全力阻挠敌人利用交通工具；在退却时必须破坏道路，炸毁铁路建筑物；全部车辆，包括车厢和机车，立即开往东北内地去。（4）凡有落入敌方危险的一切存粮和一般食物以及一切贵重财物，应当无条件地加以销毁；责成各地苏维埃对此加以监视，并且由各苏维埃主席亲自负责。（5）彼得格勒、基辅以及沿新战线所有一切城乡的工人农民，都应当组织挖壕营，由军事专家指挥挖掘战壕。（6）资产阶级中凡有劳动能力的男女，均应编入挖壕营，受赤卫队员的监视，违者枪毙。（7）一切反对革命的国防事业，以及想利用帝国主义匪军的侵略来推翻苏维埃政府的出版机关，一律封闭，这些机关中凡有劳动能力的编辑和工作人员去参加挖战壕以及其他国防工作。（8）所有敌方奸细、投机商人、暴徒、流氓、反革命煽动者、德国间谍，一律就地枪决。

2月21日，列宁采取了一个重大的举措，在《真理报》上发表他写的《论革命空谈》一文，第一次向全党全国公开了党的最高领导机构内部围绕和约问

第五章 治国安邦

题的严重分歧,揭露和批判了"左派共产主义者"的错误。在文章中,列宁提出,形势已万分危急,凡是注重事实、不尚空谈的人都会支持缔结和约。在此之前,在和约问题上的争论还只是在党内进行。从这一天起,《真理报》几乎天天刊登有关同德国缔结和约问题的争论文章。在此期间,列宁发表的有关这方面的文章计有:《论革命空谈》(21日),《论疥疮》(22日),《和平还是战争?》(23日),《不幸的和约》,《关于立刻签订单独的割地的和约问题的提纲》(24日),《沉痛的但是必要的教训》(25日),《奇谈与怪论》(28日),《脚踏实地》(3月1日),《严重的教训与严重的责任》(3月6日),等等。这些文章,在统一全党对签订和约问题的认识和清算"左派共产主义者"的错误方面,起了良好的作用。

列宁1918年2月21日为人民委员会起草的法令《社会主义祖国在危急中!》

整装待发的苏俄红军战士

国难当头，匹夫有责。战斗号令唤起了广大人民群众保家卫国的激情。斯莫尔尼宫彻夜灯火通明，人民委员会成立防卫委员会，群众踊跃参加新组建的革命红军，到列宁工作室汇报工作和谈话的人络绎不绝。2月23日，红军成功地扼制住了德军对彼得格勒的进攻（后来苏维埃把2月23日定为红军的诞生日）。

2月22日，中央委员会以6票对5票通过决议，认为可以利用一切手段装备军队，决定从协约国英国和法国购买武器和粮食，抵抗德国的进攻。布哈林等人想不通，认为不应该从英法帝国主义那里获得马铃薯和武器，要求退出党中央委员会和《真理报》编辑部。为此列宁写了《论疥疮》一文，批评了布哈林等人的错误，指出任何一个健康的人都会说：为了抢劫而向强盗购买武器是卑鄙龌龊的行为，但是为了同暴徒进行正义的斗争而向这个强盗购买武器则是完全合理的事情。只有那些"念书"的、只学会矫揉造作的千金小姐和公子哥儿才会认为这种事情有不干净的地方。

2月23日上午10时30分，苏维埃政府收到德国发来的对2月19日电报的答复，这是一个最后通牒。其中包含的新的媾和条件比两周前提出的更加苛刻，德国政府断然要求俄军立即撤出波罗的海沿岸地区、芬兰和乌克兰，把安纳托利亚地区归还土耳其，同乌克兰中央拉达缔结条约，等等，并限苏维埃政府48小时内接受所有条款，派全权代表赴布列斯特于三日内签署和约。

当天，党中央委员会召开会议，讨论是否接受德方提出的新的媾和条件的问题。这是一次具有决定性意义的中央全会。鉴于当前形势十分严峻而又紧迫，列宁表现出十分焦急的心情，先后作了8次发言。在第一次发言中，他要求立即抛弃空谈革命的政策：我们没有军队，无法进行革命战争，只能接受德方提出的条件，立即缔结和约。他声明，如果现在还继续采取这种空谈革命的政策，自己就要退出政府和党中央委员会。在第二次发言时，列宁补充说，他提出"最后通牒"，是出于"万不得已"。托洛茨基继续鼓吹"不战不和"的主张，他说：如果党内意见一致的话，进行革命战争未尝不可，但在党内出现严重意见分歧的情况下，就不足以有效地组织防御，进行战争是不现实的，我们可以签订和约，然而从国际主义的角度来看，这将是一种损失，它会导致在无产阶级先进分子中失

第五章 治国安邦

去支柱。捷尔任斯基同意托洛茨基的观点,他说,如果党很坚强,足以经得起瓦解,经得起列宁的辞职,那就可以通过进行革命战争的决议,但现在不可能。布哈林、洛莫夫顽固地坚持自己的原有立场。洛莫夫甚至声称:"如果列宁以辞职相威胁,用不着害怕,应当撇开弗·伊(列宁),我们来掌握,应当走上前线,尽一切可能去做。"斯大林在这次会上表现得有些动摇,他认为,可以不签字,但可以开始谈判。列宁当即批评斯大林的这种态度,他说:"斯大林说可以不签订和约,那是不对的。必须签字接受这些条件,如果你不签字接受这些条件,那三个星期之后,你就得在苏维埃政权的死刑判决书上签字。"但斯大林很快承认了自己的过错,表决时投票赞成列宁的观点。斯维尔德洛夫、季诺维也夫、索柯里尼科夫等在发言中表示拥护列宁的观点。激烈的争论并未使各方的意见趋于一致,大家各持己见,最后列宁提议就下列问题进行表决:(1)是否立即接受德方提出的媾和条件。表决结果:列宁、斯塔索娃、季诺维也夫、斯维尔德洛夫、斯大林、索柯里尼科夫、斯米尔加等7票赞成,布勃诺夫、乌里茨基、布哈林、洛莫夫等4票反对,托洛茨基、克列斯廷斯基、捷尔任斯基、越飞等4票弃权(这个决议被通过,标志着列宁的正确主张在中央委员会中取得了决定性的胜利。从此,列宁的主张被称为"中央的路线")。(2)是否立即做好革命战争的准备。表决结果:一致通过。(3)是否立即征询彼得格勒和莫斯科苏维埃选民的意见。表决结果:11票赞成,4票弃权。

缔结和约的决议通过以后,一批"左派共产主义者"认为,德国人刚一进攻,就同意缔结和约,这是对国际资产阶级的投降,从而使国际无产阶级的事业受到打击,也必然使无产阶级在俄国国内丧失其领导作用。因此,他们提出要在党内开展反对党中央政策的宣传。为了不对党中央多数派通过的决议承担责任,他们声明辞去一切职务。在这一声明上签字的有洛莫夫、布哈林、布勃诺夫、斯米尔诺夫以及莫斯科区域局的一些负责党员。党中央拒绝他们的辞职声明,但认为在党的代表大会作出决议前有自由发表反对意见的权利。越飞、克列斯廷斯基、捷尔任斯基一方面批评中央委员会多数通过的决议不正确,另一方面也不同意布哈林等人的声明,认为在党内开展反对党中央政策的宣传会导致党的分裂。

托洛茨基事后也声称，为避免分裂，他投了弃权票，以使支持列宁主张的票数超过半数。因此有人说托洛茨基投了"关键的一票"。

2月24日凌晨3时，全俄中央执行委员会举行会议，讨论签订对德和约问题。列宁在会上作了报告，他指出，趁俄国软弱，德国侵略者把我们踩在脚下，提出了如此空前苛刻、屈辱和掠夺性的条件，但经过几年战争，我们的军队无论如何也不愿意作战了，我们已经没有力气，我们已经淹没在血泊中。在这种情况下，为了不向大家隐瞒真理，不能不向大家说，我们除了接受这些条件，别无出路，别无选择。凌晨4时50分，会议以微弱多数通过了同德国签订和约的报告。

24日早上7时，苏俄政府向德国政府发出了同意签约的复电。

24日，在派遣代表团签约的人选问题遇到了麻烦。越飞坚持不再去布列斯特，说以前他跟德国人谈判时说过不同意签订和约，自己不愿"改口"。拉狄克个人愿意去参判，但有人反对他去。索柯里尼柯夫表示宁肯退出中央委员会也不去。托洛茨基、洛莫夫、乌里茨基、斯米尔诺夫、皮达可夫等人均声明，要辞去承担的党和苏维埃的负责职务，用意显然是怕承担签订和约的"历史责任"。最后经过做工作，决定由索柯里尼柯夫、彼得罗夫斯基、契切林和卡拉汉组成代表团，越飞为顾问。出发前，越飞向中央递交了一份声明，说："我一开始就坚决反对……但鉴于中央委员会的断然决定，为了尽量保持党的统一，我不得不服从这一决定……但只作为顾问，不承担任何政治责任。"

反对签订和约的布哈林、拉狄克、皮达可夫、洛莫夫、乌里茨基、斯米尔诺夫、皮克罗夫斯基等人组成自称为"左派共产主义"的集团，认为与其缔结"丧权辱国"的和约，还不如让苏维埃政府灭亡好些，因为缔结和约就等于放弃自己的革命阵地，等于背叛革命事业。24日，布哈林控制的莫斯科区域局通过决议，表示不信任中央委员会，拒绝服从中央决定，认为"即使丧失目前完全流于形式的苏维埃，也是适当的"。

2月28日，列宁在《奇谈与怪论》中批评了布哈林的错误，"说苏维埃政权似乎只有形式上的意义，因而可以采取丧失苏维埃政权的策略，这种'理论'的内容就是感到没有出路，就让苏维埃政权灭亡吧——在这种心情支配下才会写出这种怪诞的决议"。

关于签订对德和约问题的争论，很快就扩大到地方党组织。继莫斯科区域局后，莫斯科市委及郊区委员会、乌拉尔区域委员会以及哈尔科夫、顿巴斯党的积极分子工作者联席会议都相继通过决议，反对签订对德和约。但大部分地方党组织都拥护列宁的主张。

2月26日，列宁和斯维尔德洛夫联合写的《俄国社会民主工党（布尔什维克）中央委员会在单独的割地的和约问题上的立场》一文以中央委员会组织局的名义在《真理报》上发表。文章指出，在接受德国政府提出和约的条件的问题上，中央委员会内部的意见是不一致的。但是，决定既然已经被通过，就应该得到全党同志的支持。即将要召开的党的代表大会将要审查中央委员会的决定，但在代表大会召开之前，全体党员必须履行自己的义务，保持党的统一，执行中央的决定。之所以要同意签订和约，是因为我们没有军队，我们无法进行有力的自卫；德军只需很少一部分力量，就能把我们打垮；德军只要切断主要铁路线，彼得格勒和莫斯科就会发生饥荒，就会被占领；工农群众中的大多数反对战争，认为苏维埃是由他们选出来的，苏维埃政府也绝对不能进行战争，否则就是冒险；反对强大的帝国主义，对于破产的农民军队来说，明摆着死路一条。由于德军兵临城下，首都彼得格勒面临严重威胁，2月26日，人民委员会同意了列宁的提议，决定把首都迁到莫斯科。

与此同时，争论扩展到了党外。同布尔什维克党合作的左派社会革命党人也对签订和约采取强烈的反对态度。前线局势仍然严峻，德军不顾苏维埃政府已经接受条件的复电，继续进攻，抢占城池，雷维尔、纳尔瓦、基辅等地相继陷落敌手。

2月28日下午2时，索柯里尼科夫率领的代表团抵达布列斯特，对德方违反停战条款提出抗议，但德方谈判代表置之不理，说只有签字，和约方才生效。3月1日，和谈重新开始，德方代表罗森贝格声明，双方根本用不着任何辩论，没有讨价还价的余地，和约必须在三天内签署，否则德国方面将认为谈判破裂，因而将采取进一步的军事行动。有鉴于此，俄国代表团放弃了任何"在业已形成的条件下毫无益处"的讨论，声明愿意按德方的要求签订和约。3月3日，俄国为一方，德国、奥匈帝国、保加利亚、土耳其为一方，双方正式签订了布列斯特—里托夫斯克条约。

条约共14条主要条款和一些附件，十分苛刻，比上两次德方提出的条件要严苛得多，涉及经济、政治、军事、外交等各个方面。条约规定：俄国同四国同盟之间停止战争状态，波兰、立陶宛、白俄罗斯和拉脱维亚的一部分划割出去；高加索的卡尔斯、阿尔达汉和巴统地区划归土耳其；承认芬兰和乌克兰为独立国家，红军撤离；俄军全面复员，包括刚刚组建的工农红军；海军军舰驶回俄国的海港，并在那里停泊到缔结普遍和约或者立即解除武装；俄国必须立即同反革命的乌克兰中央拉达缔结条约，并承认拉达同德国及同盟国签订的和约。作为和约补充协议的《俄德财政协定》（1918年8月27日正式签订）规定，俄国以各种形式向德国交付赔款60亿马克。这样，俄国总共丧失了100万平方公里的土地，被占区人口约5000万，占总人口的1/3，还有90%的煤矿、73%的铁矿、54%的工业、33%的铁路均在被占区。条约无疑是年轻的苏维埃共和国的沉重负担。条约签订后，列宁称之为"不幸的和约"。

《布列斯特和约》签订后，列宁立即提出了把党和国家的工作重点转移到社会主义建设方面的主张，但党内斗争并未停息。自称"左派共产主义者"的布哈林等人继续进行频繁的活动，连篇累牍地发表文章，继续攻击列宁和中央的决定。3月5日，布哈林在自己的派别报纸《共产主义者》上撰文，说列宁已在帝国主义面前"屈膝投降"；波克罗夫斯基则摆出一副要拼命的架势："要打仗，就要现在打！"3月6日，布哈林、洛莫夫、乌里茨基、布勃诺夫四人在《共产主义者》上发表《左派共产主义者告全体党员书》，声明他们将辞去所担任的职务，措辞严厉地继续指责签订和约的政策。

为统一思想认识，转变工作重心，消除矛盾，列宁和布尔什维克党中央决定紧急召开党的第七次代表大会。

3月5日至8日，俄国社会民主工党第七次全国代表大会在彼得格勒紧急召开。列宁领导了大会的全部工作，先后作了关于战争与和平的报告、修改党章和更改党的名称等报告，并参加了所有问题的讨论。出席这次大会的有46名有表决权的代表和58名有发言权的代表，代表着30万党员。相当多的一部分党组织由于大会召开得紧急没有来得及选派代表，被德军占领的一些地区也未能派代表。

列宁在中央委员会政治报告即关于战争与和平的报告中，回顾了布尔什维克党"六大"以来的工作，分析了俄国革命的发展进程，阐明了十月革命迅速胜利的原因，论述了俄国革命工作重心的转移及面临的新形势、新任务。关于签订《布列斯特和约》，列宁作了集中说明，严厉批评了"左派共产主义者"和托洛茨基在这个问题上的错误立场和做法。列宁指出，社会主义革命和资产阶级革命不同，它除了破旧和创业外，还有立新和守业，而不仅仅是建立起苏维埃政府就万事大吉了。新生的苏维埃政权面临着两大艰巨任务：一是社会主义革命内部的组织任务，这就是组织计算工作，监督大企业，把全国经济变成一个有机的统一体和高效运转的大机器。要完成这个任务，显然不能像解决战争任务那样高喊"乌拉"胜利进军的方式，而要经过一个艰苦的、漫长的和顽强的斗争，才能解决。二是解决俄国面临的最大的历史课题——从民族革命转到世界革命，从一开始俄国的社会主义革命就必定会遭到国际资产阶级的联合围攻和扼杀。俄国革命之所以如此顺利和迅速，是因为帝国主义的两大集团互相咬杀，两败俱伤，拼得你死我活，暂时顾不上俄国革命，俄国革命碰上了一个千载难逢的幸运时机。目前，俄国是一个遭到战争严重破坏的小农国家，群众已极度疲惫。在敌我力量悬殊，国内的政治、经济、军事都没有得到巩固的客观条件下，玩弄空话和讲漂亮的套话是最大的危险，必须正视现实，善于退却，缔结和约，以便以"空间"换"时间"，把不得已的"媾和"变为养精蓄锐、积聚力量的手段，抓住喘息时机，哪怕是一小时也好，以便赢得最后的胜利。列宁要求每一个严肃的革命者都不要夸夸其谈，而要学会在新的道路上，即在签订了空前屈辱条约的情况下工作，组织起来，加强纪律，学习军事，整顿秩序，积极生产，迎接新的战斗。

会上，布哈林、乌里茨基、布勃诺夫、梁赞诺夫、拉狄克等人先后老调重弹，反对列宁的报告，攻击《布列斯特和约》。他们认为，签订和约是对革命事业的"叛卖"，"迁就"了敌人，是革命的大"退却"，其危害在于使无产阶级在

"精神上解除了武装"，削弱了"革命意志"，是用对内对外"全线投降"的惨重代价换取了无济于事的"喘息"。列宁用十分幽默而又辛辣的话回敬了布哈林。他说，对布哈林的废话真是不值得枉费口舌，若不是签了和约，布哈林也就没有机会和可能在党的代表大会"捣乱"和大喊"不是"了，我们和布哈林仍同在一个党内证明，用不着隐瞒什么，应该谈论实际，真理一定胜利。

大会经过表决，以30票对12票（4票弃权）通过了列宁的关于《布列斯特和约》问题的决议。布哈林等人声明退出中央委员会。列宁建议代表大会不要发表这个声明，他说以前中央委员会讨论签订和约时，他也曾处于少数地位，他要求不同意见的同志可以为自己的观点申辩，以"自己的抗议"，"而不是以退出中央委员会的行动来表示自己的不同意见"，希望动辄退出中央委员会的风气不要再流行。

代表大会还根据列宁的提议，通过了关于把党的名称由俄国社会民主工党（布尔什维克）改为俄国共产党（布尔什维克）的决议，选举了以列宁为首的七人委员会，负责制定新党纲。

列宁《关于战争与和平的决议》

"七大"后，党和政府机关开始迁移，1918年3月11日，以列宁为首的党中央和人民委员会迁往莫斯科。莫斯科开始成为苏维埃俄国的首都。

3月11日，列宁到达莫斯科的当天，写了《当前的任务》一文，第二天刊登在《全俄中央委员会消息报》上。列宁怀着复杂的心情把自己所喜欢的诗人涅克拉索夫的《谁在俄罗斯能过上好日子》中的诗句作为这篇文章的题词：

俄罗斯母亲啊！

第五章 治国安邦

> 你又贫穷又富饶,
>
> 你又强大又软弱。

在文章中列宁以对祖国的无限热情谈到,无论如何要使俄罗斯不再是又贫穷又软弱。但一个真正的社会主义者,"要有勇气来正视赤裸裸的、令人沉痛的真相",既不悲观失望,也不硬充好汉而欺骗自己。要有勇气充分地、彻底地认清我们所陷入的遭受失败、分割和屈辱的"深渊",认识愈清楚,意志就愈刚强。在困境和痛苦中,要坚决抛

列宁《关于更改党的名称和修改党纲的决议》

掉一切颓丧情绪和一切空谈,要咬紧牙关,聚集自己的一切力量,绷紧每一根神经,紧张每一块肌肉,加强纪律性,增强组织性,踏踏实实地用一块块砖瓦去奠定社会主义大厦的稳固基础,把俄罗斯建成一个真正又强大又富饶的国家。

文章发表后,对于澄清部分群众在和约签订后思想混乱和悲观失望情绪,对于群众在大转折的关头认清形势、坚定信心、明确任务都起到了很好的作用。

为使《布列斯特和约》得到最终的正式批准,1918年3月14日至16日,全俄苏维埃第四次(非常)代表大会召开。大会围绕是否批准和约问题的辩论仍然十分激烈。列宁在会上作了关于批准和约的报告,契切林向大会报告了和约的内容。左派社会革命党人等其他党派反对批准和约,"左派共产主义者"也随声附和。左派社会党人卡姆柯夫攻击布尔什维克是"德帝国主义的走狗",是"自杀",并责问道:"我们在战场上作出牺牲,难道就是签一个任人支配的屈辱和约吗?"列宁十分机智地做了回答:不管现在人们怎样骂我们,把右派、准右派、近右派、左派社会革命党人、立宪民主党人、孟什维克骂我们的话收集在一起并且印出来,即使有几百普特重,在我看来同继续"陷入战争的陷阱"、让革命归于失败比起来,的确是轻如鸿毛。

辩论结束后进行了投票表决，大会以784票赞成、261票反对、115票弃权的结果通过了批准《布列斯特和约》的决议，列宁的正确主张终于获得了胜利。左派社会革命党人宣布撤出在政府中所担任的部长职务，以示抗议。

《布列斯特和约》的签订，使苏维埃俄国在极为困难的条件下，终于摆脱了帝国主义战争，争得了一段恢复整顿国民经济、建立红军、加强工农联盟的宝贵时间。列宁后来回顾这段历史时指出："《布列斯特和约》的重大意义，在于我们能够在极端困难的情况下第一次大规模地利用了帝国主义者之间的矛盾，使社会主义终于占了便宜"，与帝国主义者签订和约，"的确是同帝国主义的妥协，但这种妥协在当时那种情况下恰恰是必要的，是以空间换时间"，"《布列斯特和约》的例子教会了我们许多东西。现在我们处在两个敌人之间，如果不能战胜这两个敌人，那就应该想办法使他们互相打起来，因为鹬蚌相争，渔翁总会得到好处的。但是，一旦我们有力量打倒整个资本主义的时候，我们立刻就会抓住它的脖子"。历史的发展充分证明了列宁的决策和论断的正确性。

第一次世界大战结束后，苏维埃政府于1918年11月13日宣布废除掠夺性的《布列斯特和约》，取消赔款，收回了被德国占领的领土。

三次遇刺

在长期出生入死的革命生涯中，列宁多次化险为夷，其中比较典型的有三次。

第一次遇刺是有惊无险。

1918年1月14日，列宁在米哈伊洛夫马术学校发表演说后返回斯莫尔尼宫的路上，突遭一伙匪徒的袭击，一梭子弹从后面朝车身射来。说时迟，那时快，坐在列宁身旁的普拉廷立即抱住列宁的头倒向一边，司机情急之下，顾不上周围

第五章 治国安邦

白茫茫的浓雾，开足马力冲出伏击圈。列宁化险为夷。

事件发生后，办公厅主任邦契-布鲁也维奇开始调查。对此，列宁不以为然，他说："干什么要这样呢？难道没有别的事情吗？这完全没有必要。革命时期残存心怀不满的人开枪射击，这有什么大惊小怪的呢？……这一切都是正常现象嘛……"①

经过缜密调查，案件为一个反革命"军官战斗组织"所为。这些人从前线溃退下来后，无所事事地流窜在彼得格勒，对新制度的阶级仇恨、对政治的一窍不通、对生活的绝望悲观，促使这些人纠合在一起，铤而走险。

按照常规，犯有谋杀罪的全部主犯，理应枪决。但当时俄德双方战斗又起，列宁便作出决定：案件要了结，主犯予以释放，派往前线。

第二次遇刺受重伤。

1918年8月30日，莫斯科市委邀请列宁到巴斯曼区加夫里柯夫广场原粮食交易所大楼和莫斯科河南岸的希波克街米赫里逊工厂做关于两种政权（无产阶级专政和资产阶级专政）的演讲，时间定于晚上6点30分开始。

吃中午饭时，从彼得格勒传来彼得格勒肃反委员会主席乌里茨基被刺杀的消息，有人劝列宁为了安全起见，不能出去演讲，列宁一笑置之。本来每次出去演讲时，列宁的妹妹玛丽亚·伊里尼奇娜通常都跟随着他。但事不凑巧，这天妹妹因身体不舒服而躺在床上。临出去前，列宁拒绝了妹妹一同前往的要求，希望她在家中好好休息养病，然后也没有带任何警卫，就让司机吉尔开车送他去演讲了。

列宁先在巴斯曼区群众大会上作演讲，群众大会开得很顺利。②之后，列宁又驱车前往米赫里逊工厂做同样题目的演说。

右派社会党闻讯后，派社会革命党女党员、恐怖分子范妮·卡普兰前来行刺列宁，卡普兰口袋装着手枪，手枪中装有上了膛的几发带烈性毒药的、上面刻有

---

① 〔苏〕弗·德·邦契-布鲁也维奇：《忆列宁》，人民出版社1985年版，第439页。

② 后来侦察结果查明，右派社会革命党党徒在这里已盯上了列宁，但因一件事情妨碍了他们进行阴谋暗杀活动。

纹路的达姆子弹。计划在列宁走出会场时下毒手。

列宁下车后，匆匆走进设在车间的会场。吉尔掉转了车头，停在离车间入口处十步远的地方，面对院子的出口。

过了片刻，一个手提小皮包的女人走过来，她就是卡普兰。她走近吉尔问道："喂，列宁同志来了吧！"

吉尔回答她："我不知道谁来了。"

卡普兰笑了笑："你是司机，能不知道送谁来？"

吉尔平静地说："我怎么知道呢？是个演讲的，坐这种车的人不少，我又不能一一打听。"

卡普兰没套出什么话来，没趣地走开了。

一个小时后，从会场出来一大群人，群众大会结束了，吉尔便发动了汽车准备启程。过了一会儿，列宁在一群人的簇拥下走出会场。在车间出口，一个装成水兵的人伸开两臂，拦住了尾随列宁的人流，在厂门口，这个装成水兵的恐怖分子又故意摔了一跤，用下蹲的身子挡住了走过来的工人。这样，列宁来到停车场时周围没有几个人。当列宁走到离汽车三步远的地方时，有几个妇女跑过来问列宁关于粮食供应和运输问题。谈话持续两三分钟，列宁已被人群团团围住，吉尔早已打开的车门也被人群中的一个人给关上了。

回答完毕后，列宁迈出几步准备上车，当一只脚踏上汽车的踏板时，窥伺了好久的卡普兰站在车的左前面，立即朝列宁连开了几枪，列宁应声倒下，人群顿时大乱。卡普兰的一个男同伙此刻也逼近了列宁。吉尔听到枪响，立刻跳下车，大声喊道："不准走近，不然我就开枪！"说着持枪朝他扑去，那人立即跑掉了。因怕误伤群众，吉尔没有开枪。吉尔又去追卡普兰，追了几步，吉尔突然想到只有列宁一个人，救人要紧，立即返了回来。卡普兰趁乱向外随着人群跑着，人们不知道向列宁开枪的就是她，但是待在院子里玩的一群小孩子，一边蜂拥追赶卡普兰，一边喊道："就是她！就是她！"工人们费了很大劲终于把她抓住。

吉尔走近列宁身旁，只见列宁脸色苍白，但没有失去知觉。吉尔立即和几位工人一块把列宁扶上车。有人建议把列宁送往医院包扎伤口，吉尔坚决不同意在

第五章 治国安邦

任何地方停留，想立即回克里姆林宫。列宁用十分微弱和沙哑的声音说："回家去，回家去……"

汽车加足了马力，一路风驰电掣，疾驶克里姆林宫。到了大门口，吉尔向哨兵喊了一声"是列宁"后，就把车开进院内。

在三个人的帮助下，列宁上了楼躺在床上，脸上苍白得没有一点血色，看样子疼痛得十分难受，但列宁一声没哼。吉尔和伊里尼奇娜立即用电话通知了有关人员。

医生亚·尼·维诺库罗夫闻讯赶来，立即叫人脱去列宁的背心和衬衣，做了一些急救，叫人马上去找卫生人民委员谢马什柯和莫斯科卫生局局长奥布赫。见伤势严重，列宁的脉搏跳动十分微弱，维诺库罗夫没等会诊，及时地给列宁皮下注射止痛的吗啡，然后又注射了樟脑，以加强心脏的跳动。

很快，谢马什柯、奥布赫、外科医生弗·姆·明茨和弗·尼·罗扎诺夫、内科医生图曼诺夫、波·索·魏斯布罗德等人都来了。经过全面诊断，查明：列宁身中两弹，一颗子弹打中肱骨，造成了骨折；另一颗子弹从背后肩胛骨方向射入体内，打穿肺叶，引起了大量出血，血液流入胸膜腔，子弹陷在颈部前面的皮下，离颈部致命的血管和保证心脏跳动的神经仅一两毫米，十分危险。而且幸亏达姆子弹没有爆炸，毒剂也由于某种原因失了效。医生们拟定了治疗方法：坚持不要动，不要说话，绝对静卧，尽全力注意心脏的活动，对于手臂只作简单的包扎，使骨折的碎片不至于在无意中相互摩擦。至于是否马上从体内取出两颗子弹，医生们一致认为暂不做手术。

列宁遇刺那天，夫人克鲁普斯卡娅因参加国民教育会议，不在家。出事后，人民委员会办公厅派人把她接了回来。下车后，司机吉尔对克鲁普斯卡娅说，列宁受了点轻伤，但她看到吉尔满脸慌张和忧伤的样子后，意识到问题的严重性，马上问吉尔：

"你只告诉我，列宁是否活着？"

"列宁还活着，受了轻伤。"吉尔回答说。

克鲁普斯卡娅伫立了片刻，然后马上朝楼上跑去……

全俄中央执行委员会主席斯维尔德洛夫和医生在列宁的办公室，花了很长时间讨论关于列宁健康状况的公报。他们对公报上的每一个词、每一句话、每一个标点都进行了仔细而又周密的推敲和斟酌。深夜，斯维尔德洛夫代表中央签署了关于列宁遇刺事件的公报，公报介绍了列宁受伤的过程和状况，号召"工人阶级要更加紧密地团结起自己的力量，用无情的群众性恐怖来对付革命的一切敌人，来回答对自己的领袖的谋刺事件"。

克鲁普斯卡娅和伊里尼奇娜在列宁身旁守了一夜，斯维尔德洛夫和其他几位同志坐在列宁的办公室内，熬了一通宵。

9月2日，根据全俄肃反委员的判决，枪毙了许多被破获的白卫军组织的成员，在全国实行红色恐怖和加强警戒。

列宁遇刺事件震动了全国，各级党组织、工人、农民、红军战士等都焦虑不安，密切关注着报纸上发表的关于列宁病情的公报。无数的信件和电报发给列宁，衷心地祝愿自己的领袖早日康复。无论在工厂和农村，还是在前线和后方，各级组织都要求苏维埃采取坚决而果断的措施，无情地镇压恐怖分子和反革命势力。同时社会革命党在群众中的形象和地位一落千丈，迅速走向分裂和瓦解。

医生每天早晚对列宁的病情会诊一次，两天后，列宁脉搏跳动恢复正常。四五天以后，感染的危险基本上过去，病情趋于好转，在医护人员的精心治疗护理下，列宁较好的身体素质很快克服了胸膜大量溢血的现象，渗出液迅速被吸收，呼吸也越来越轻松，可以对骨折的手臂做手术了。手臂手术做完后，伤口愈合得很好，不过身体仍很虚弱。

9月5日，列宁的病情刚刚好转，他就要求看报或给他读报，把一切重要事情简单地报告给他。医生希望他安静，不要动，不要说话，因为危险尚未完全过去，桡骨神经系统还微微作痛。列宁总是报以微笑，坦率地说："现在不是那种时候。"9月6日，列宁签发处收到了斯大林寄自察里津的来信。9月7日，给东线方面军第五集团军政治领导人复电。9月8日致电托洛茨基，对喀山久攻不克深感不安，要求采取坚决行动，拿下喀山。

在前线，红军战士把对敌人和破坏分子的愤怒化为力量，奋起战斗。在列宁

第五章 治国安邦

列宁疗养时的住所

养病期间，红军第一集团军在东方战线解放了喀山和辛比尔斯克。9月12日红军战士在辛比尔斯克举行庆功大会，并向列宁发了一封电报："亲爱的弗拉基米尔·伊里奇！收复您的故乡，这是为您所受的一处伤而对敌人的回答，为了您所受的另一处伤，我们要收复萨马拉！"列宁收到电报后，高兴地给予了复电："我的故乡辛比尔斯克的收复，是包扎我伤口的一条最有效最理想的绷带。我顿时觉得精神振奋，力量骤增。我祝贺红军战士的胜利，并代表全体劳动者对他们作出的一切牺牲表示感谢。"[1]

9月16日，医生终于允许列宁开始工作，他非常激动，当天参加了中央委员会会议，并同沦陷区共产党组织中央局委员们谈了话。9月17日，列宁要求主持人民委员会的会议。委员们一致决定，会议时间不超过半小时，但还要让列宁感觉不出大家是在故意缩短议事日程。结果会议进行得十分顺利而巧妙，仅用了25

---

[1]《回忆列宁》第5卷，第192页。

分钟就散会了。

列宁养病期间，在公共场合抛头露面的机会几乎没有，因此外面各种谣言、小道消息和猜测盛行，尤其是敌对分子乘机造谣惑众，说列宁去世了。工人、农民、士兵代表和友好人士从四面八方打电话或写信询问列宁的健康，有的人直截了当地问列宁是否在世。

事实是最有力的回答。为驳斥谣言，澄清真相，人民委员会决定把列宁已逐步康复并开始工作的真相告知人民群众。列宁善于在群众大会上演讲，但遵医嘱，列宁需至少3个月之后才能如愿。经过研究，决定把列宁工作和生活的一些片断拍成电影，放给全国人民看。

列宁在工作中

列宁历来反对给他个人拍电影和拍照，显然要给他拍电影必须讲技巧。10月16日，办公厅事先在克里姆林宫院里安排好了摄影师。下午1时，办公厅主任布鲁也维奇陪列宁下楼散步，俩人一边走，一边聊，布鲁也维奇尽力和列宁多说话，以便使列宁不去注意周围的状况。摄影师从各个角度和方向尽量捕捉列宁的每一个动作。

走着走着，列宁忽然说："在4点以前，我还得写点东西，还得接待两位来访的同志。"于是转回身往回走，刚走几步便发现了摄影师给他拍照。列宁立即批评办公厅主任布鲁也维奇。布鲁也维奇赶紧认错并解释为什么这样做：

"因为您知道就不让拍照，可是又非拍不可……各地工人非常焦急不安，他

第五章 治国安邦

们迫切需要知道您的健康状况"。

"好吧,如果这对工人阶级有益,那您就将功折罪吧!"列宁笑着说,"您搞的这纯粹是拍电影的密谋,您巧妙地哄骗了我。"

列宁散步的新闻纪录片放映后,广大人民群众看到自己爱戴、拥护的列宁同志仍健在,十分高兴,有的兴奋得流下了热泪,说心中的一块大石头终于落了地。

工作了一个星期后,列宁感到体力和精力有点吃不消。经过医生和同志们的再三劝说,9月24日,列宁夫妇及伊里尼奇娜搬到前莫斯科市市长雷恩博特庄园哥尔克休养。这座庄园地处莫斯科近郊,建筑和陈设富丽堂皇,园子是一个美丽的花园。列宁以前从来没住过这么豪华高级的房子,一下子不知住哪儿好,总觉得不习惯住这种庄园,挑来挑去,最后在楼房侧面厢房的一个小房间里住了下来。就是在这个小房间里还有三个大玻璃窗和三个壁镜,列宁觉得有点太"奢侈"了。

列宁在庄园里大约住了三个星期,健康恢复得很快。前线不断传来的捷报也使他十分高兴。在指导党和国家活动的同时,他开始撰写《无产阶级革命和叛徒考茨基》一书。

9月19日,列宁从报上看到对自己的"称颂"后,十分生气,接连几次按铃,办公厅主任布鲁也维奇以为发生了什么事,急忙跑进屋里。列宁对他说:"您看报上写了些什么?都不好意思去读。是写我的。说我这样、那样,把什么事都夸大了,把我叫作天才,说我是个特殊人物。喏,这里有一篇莫名其妙的东西:集体希望、要求、祝愿我健康。哼!弄不好还会为我的健

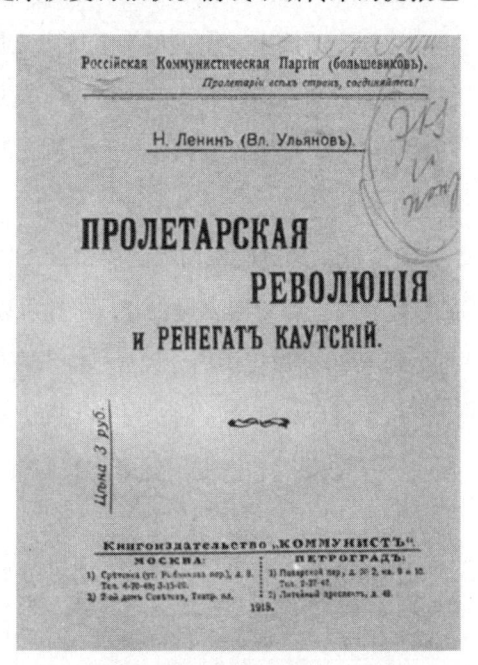

《无产阶级革命和叛徒考茨基》一书封面

康去祈祷呢？真可怕！那么，怎么会这样的呢？我们一生都为在思想战线上反对个人崇拜，反对崇拜个别人而斗争，关于英雄的问题也早就作出了决定。可是这里突然又出现了个人崇拜！这是无论如何不行的。我是和大家一样的人。我已经有最好的医生给我治病了，还要什么！老百姓还得不到这样的关怀，这样的护理和治疗。我们还没有来得及把一切都给他们办好。现在却把我这样突出出来，这是可怕的。"

布鲁也维奇赶紧作了解释，说正因为人民群众对您无限爱戴，办公厅收到了无数的电话、来信和电报，接待了若干个工厂、团体的代表。祝您的健康早日恢复，是全国工人、农民、红军和海军战士的共同心愿，报纸不过像照相底片一样如实地反映了出来。

列宁听了非常感动，但仍表示："这种情况无论如何应该立即制止，但又不要影响大家的情绪……马上到大大小小的各家报纸杂志的编辑部去一趟，把我对您说的话告诉他们，就是说，请他们从明天起巧妙地停止上面这种做法，用更需要、更有意义的材料来充实版面。"[①]

应列宁的要求，布鲁也维奇等人立即和《真理报》《消息报》等报纸杂志取得联系，告知他们对列宁的"颂扬"要立即"刹车"，因为列宁不赞成这样做，并且很生气，希望各编辑部马上给所有的有关人员回信，告诉列宁身体健康，正在工作。

9月底，经过医生们的全面检查，列宁身体基本康复：气色不错，肺部和心脏恢复正常，臂骨接合得很好，手托可以撤掉了。只是两颗子弹仍在体内，列宁打算到1920年取得国内外局势平静后再取出来。

医生最后一次会诊后，列宁执意个人掏钱付酬金给医生，但医生们说什么也不收，只是说："您恢复了健康，我们就心满意足了。"列宁感到十分过意不去，表示非常感谢。

1919年春，俄共中央组织局作出决定，在没有警卫跟随的情况下，不允许列

[①] 邦契-布鲁也维奇：《忆列宁》，人民出版社1985年版，第488—494页。

宁外出，列宁表示反对，但无济于事。有一次，列宁想"擅自"外出，在大门口被门卫阻住。列宁找来负责警卫工作的马尔科夫"理论"，马尔科夫解释说："这是中央组织局的决定，没有警卫不让您出克里姆林宫，我跟着您，马上就会放您出去。"

"这是独断专行，为此您要受到严厉的惩罚。请坐进我的车里来，废除您那个不合理的命令。"列宁说。

"干吗我要打扰您呢？我有现成的车子。您出去吧，我跟着。"

"追随另一辆车，白白浪费国家的汽油，强迫司机徒劳无益地劳动。要知道……乱花人民的钱就是犯罪。咱们都在一辆车里，座位全够。"列宁最终还是把马尔科夫请进了自己的车。

第三次是遭遇土匪抢劫。

1918年冬，由于连年战争和经济的萧条，国内工业停滞，食品和燃料不足，市内街道上路灯昏暗不明，商店大门紧闭，加上满街都是严重妨碍交通的雪堆，这一切为偷窃、抢劫和土匪活动大开方便之门。尽管苏维埃政权采取了种种措施同各种犯罪活动作斗争，但拦路抢劫、杀人越货等犯罪活动仍然相当猖獗，城市混乱秩序依旧。1919年初，列宁也成了一次土匪抢劫的受害者。

就在事件发生前不久，克鲁普斯卡娅生病了，据医嘱她被送往索科里尼奇的林间学校，这一则是因为希望新鲜的空气、完全放下工作和安静的环境能对她的健康起到良好的作用，二则在于学校离莫斯科不远，列宁可以不时去探望她。

克鲁普斯卡娅移居索科里尼奇后，列宁常常在傍晚乘车去探望她，随行的除司机以外，一般还有负责警卫的切巴诺夫等人。

1月19日（星期天）那天晚上，克鲁普斯卡娅居住的学校里要举行儿童节庆祝会和枞树联欢会，请求列宁他们在规定时间以前到达，以便参加这次节日庆祝活动。于是，列宁和随行的同志在傍晚6点左右出发了。因为是节日，大街上熙熙攘攘，在去索科里尼奇的公路上也有很多行人。当车开到一个拐弯处时，突然在远处响起了口哨声，这引起了列宁的注意，但并没有对此特别重视，仍旧继续赶路。然而，就在车驶近铁路桥的时候，突然响起了吆喝声："停车！"吆喝声是几个站在路边的人发出的。

列宁一行以为遇上了检查证件的民警，于是就叫司机把车停下了。因为当时社会秩序混乱，值勤民警拦车检查是常事。列宁的车以前也被拦过几次。有一次，列宁的司机没有注意到民警要求停车的信号，继续开车。情急之下，民警开枪警告，差点闹出误会。然而，这次令他们大吃一惊的是，拦住汽车的家伙（一共有三人）把他们都赶下车来，列宁出示了通行证，但那伙人并不感到满足，竟把枪口对准他的太阳穴，并开始翻抄他的口袋，搜走了勃朗宁手枪和克里姆林宫的通行证。因为那时民警还没有穿制服，列宁和随行的同志都不清楚到底在同谁打交道，发生了什么事。于是列宁便对他们说："我是列宁。"但是他们并不理会。随行的一个同志冲那个仍然把枪口对准列宁太阳穴的家伙喊道："你们要干什么，要知道这是列宁同志！你们是什么人，拿出证件来。"

那个家伙冷笑一声，满不在乎地回答说："对刑事犯来说，不需要任何证件。"

三个强盗跳进汽车，手枪仍对准列宁他们（其中一个肤色黝黑、长着一副十足强盗嘴脸的家伙，做的动作特别凶狠），随即开足马力向索科里尼奇方向疾驰而去。

在抢劫中，三个匪徒干得杂耍般利索和迅速，甚至没有引起过路人的注意。也许，那些强盗已经知道，站在他们面前的的确是列宁本人，因为其中一个家伙看了列宁的通行证后，在他脸上可以察觉到某种慌张的神色。他们大概已经感觉到闯了一场大祸，迅速开足马力逃之夭夭了。列宁一行留在大路上，由于整个事件发生得如此迅速和突然，一时还没清醒过来。尔后，大家你一言我一语地谈论起出事的经过，查看一下谁的手枪被抢走了。随行的司机吉尔说，他不敢开枪，因为这只会使强盗也打起枪来。切巴诺夫也说他看见他们把手枪对准了列宁后，也不能开枪，怕发生意外。

随后，列宁一行向过路人打听了索科里尼奇苏维埃所在地并朝那里走去。到了苏维埃，找到苏维埃主席，要了一辆汽车，并向全俄肃反委员会报告了出事经过。列宁对事情的发生很不满，说这太不像话，竟然就在苏维埃的鼻子底下拦路抢劫。他质问苏维埃主席，他们这里是否常常发生这种事。苏维埃主席回答说，这是常有的事，他们正尽一切努力同匪徒作斗争，但收效不大。列宁摇摇头说，再不能容忍这种不成体统的局面，必须更有力地同匪徒作斗争。汽车来后，列宁等乘车去林间学校参加枞树联欢会了，虽然他们的情绪同整个晚会的气氛不太协调。

与此同时，这个案件使全俄肃反委员会和侦讯处大大地忙了一阵子。所有的力量都动员起来了。就在当天晚上，列宁乘坐的汽车在城市的对面即靠近克里木桥沿河岸的那条街上找到了。由于街道上堆满了雪，汽车陷入了雪堆，那几个强盗就分散逃窜了。汽车旁边躺着被打死的一个民警和一个红军战士。后来查明，那天晚上全莫斯科被强盗打死了22个值勤民警。

经过很长一段时间后，袭击列宁汽车的那伙强盗才被缉拿归案（其中一部分人在进行武装反抗时就被击毙）。这是一伙无恶不作的强盗，是一伙杀人越货、作案累累的惯匪。后来其中一个强盗在审讯时交代说，"由于酒醉"，起初他们似乎还没有弄清楚同谁在打交道（他们听到的仿佛是"列文"），他们在仔细看过证件之后曾经转回来，想要打死列宁。一个叫雅柯夫·科舍尔科夫的（他似乎是这群匪徒的头目之一）说过这样的话："我们干了些什么，要知道乘坐这辆汽车的是列宁。要是我们追上他并把他打死，那他们就不会想到我们身上来，而会想到反革命身上去，那时就有可能发生政变。"

但他们未必敢回来找列宁。他们首先要做的是消灭痕迹，然后利用汽车去进行抢劫，那时候强盗常常是这样干的。

在审讯中查明，这伙强盗作了大批抢劫和凶杀案。他们的胡作非为达到了如此猖獗的程度，有一次竟带着莫斯科肃反委员会的侦探人员的证件到阿菲涅尔工厂去进行"搜查"。这次"搜查"是当着很多工人的面进行的。这伙强盗甚至把工厂委员会的代表也叫到现场，结果抢走了约3俄磅金块、约3俄磅半白金丝和25000卢布，然后就隐蔽起来了。

遭劫事件对列宁触动很大。后来，列宁在《共产主义运动中的"左派"幼稚病》一书中对这次盗劫事件作了评论。他在书中写道："假定你乘坐的汽车被武装强盗拦住了。你把钱、身份证、手枪、汽车都交给他们，你才能从强盗的光顾中脱险出来。这当然是一种妥协（'我给'你钱、手枪、汽车，'你让'我安全脱险）。但是很难找到一个没有发疯的人，会说这种妥协是'原则上不容许的'，或者说，实行这种妥协的人是强盗的同谋者（虽然强盗可以坐上汽车，利用它和枪械再去打劫，我本人遇到的一次情况中，他们正是这样干的，后来都被逮捕和枪毙了）。我们同德帝国主义强盗的妥协，正是这样的妥协。"

这一次列宁没有付出很大代价把强盗摆脱了。"妥协"起了作用。在列宁的汽车遇袭事件之后过了几天，莫斯科进入军事状态，同匪徒的斗争大大加强，市内秩序也很快变得比较安定了。

国内战争

《布列斯特和约》签订后，列宁领导苏俄人民利用来之不易的喘息时机，积极组建红军，及时把工作重心转向恢复经济和发展经济，从而使苏维埃政权逐步巩固。这引起了西方帝国主义的极大恐慌，他们视苏俄社会主义制度为洪水猛兽，害怕各国无产阶级仿效十月革命成功之路。同时，他们也不甘心失去在俄国的各项投资和贷款，以及他们所拥有的银行、矿山、工厂等既得利益。国内被推翻的地主、资本家、反动分子更不甘心失去原来的"天堂"，企图东山再起。于是，国内外敌人里应外合，向苏维埃俄国发动了进攻。

协约国、美国等帝国主义的武装干涉、国内反革命叛乱迫使苏俄放下刚刚开始的和平经济建设，把工作重心重新转向军事方面。在列宁和布尔什维克党的坚强领导下，苏俄人民进行了长达三年之久的艰苦卓绝的斗争。

整个卫国战争经历了两个阶段，第一个阶段从1918年春到年底，德国的战败；第二个阶段是从1919年春到1920年底，共粉碎了敌人三次大进攻。

1918年3月9日，第一批英国侵略军约200人在北方摩尔曼斯克登陆。此后，

第五章 治国安邦

法、美、日等14个帝国主义国家无视苏俄政府的多次抗议，采取不宣而战的手段，把军队直接开到苏俄境内，并在许多地区颠覆苏维埃政权，实行白色恐怖。5月底，国内各地相继发生叛乱。到1918年夏天，苏维埃俄国已经处于四面战火包围之中，大片领土沦陷，一些盛产粮食的地区、原料产区、石油中心和煤炭基地被敌人占据，40%的工厂处于停产状态，交通运输陷入瘫痪状态。人民忍饥挨饿，生活十分困难，有时每人每天只能领到1/8磅的面包。列宁自己也承认，苏俄人民"经历了世界上从来没有过的灾难、贫困、牺牲和严重的物资匮乏"。

面对英、法、美、日等列强装备精良、组织严密的强大正规军的进攻，列宁领导布尔什维克党加快了组建工农红军、工农海军的步伐。1918年3月13日，托洛茨基被任命为最高军事委员会主席。在列宁的直接领导下，托洛茨基负责组建红军的任务。

怎样建设红军？列宁认为必须建立一支与旧军队完全不同的新军队。在红军的组成上，一是红军要由工人和农民中的优秀分子组成。这些人的思想觉悟较高，拥护党和社会主义政权，愿意为劳动人民的利益而流血牺牲，从而使红军有机地寓于人民群众之中，列宁把工农群众捍卫苏维埃政权的决心和行动看作为苏维埃政权不可战胜的主要源泉。他指出："谁的后备多，谁的兵源足，谁的群众基础厚，谁更能持久，谁就能在战争中取得胜利。"二是红军要有鲜明的阶级性和党性。红军是维护无产阶级专政的工具，必须严格置于党的领导之下，党在各级军队中建立党组织，对军队实行监督领导。三是军队正规化，列宁十分注意通过普遍军训制度来为红军训练后备部队，并关心已经建立的各个师的武器装备情况，为了使红军组织严密、行动统一、领导和指挥集中，列宁亲自审查了第一本红军手册，规定了红军战士的职责。

当时建设红军的最大困难之一，是红军指挥人才匮乏。列宁十分关心军队干部的培养，他多次视察军事学院、军事学校和训练班，了解他们的工作，审查训练教材，同许多军事指挥员谈心。在培养红色指挥员时，如何利用旧军事专家和旧军官是个十分棘手的问题。在列宁的支持下，托洛茨基大胆利用旧沙皇军官的技术和经验，让这些旧军官去负责新编的军、师和团的工作。但是由于一些旧军

克里姆林宫内列宁的办公室

克里姆林宫内列宁的起居室

官不愿在红军军队中服役,加之他们在政治上不可靠,托洛茨基便采取了强迫他们服役的办法,并把他们的家属作为人质,同时还派去一些政治委员,把旧军官置于监督之下,每一个军事命令都必须由指挥员和政委共同签发。据估计,当时红军军队中大约使用了4万名"旧军事专家"。在当时战争急需大批军事指挥人才的情况下,托洛茨基这一个新奇而大胆的试验,引起了人们的极大关注,列宁把这个行动描述为用已经崩溃的旧制度的残砖剩瓦来建设社会主义,并强调这是一种不可缺少的建筑方法。实践证明,虽然那些自愿或被强迫参加红军的旧军官中出过叛徒,但他们中大多数是真诚地为新生政权服务的,涌现出许多著名的苏维埃军事家,在国内战争中发挥了重大作用。

1918年初夏,红军志愿兵达30多万人。5月底,红军由志愿兵制改为义务兵制。秋天，红军人数增至 80 万，年底突破 100 万。

1918 年 7 月 29 日，列宁在全俄中央执行委员会、莫斯科苏维埃、工厂委员会和工会联席会议上发表了长篇讲话。列宁在讲话中分析了当时的形势，提出把苏维埃俄国的全部工作的重心重新转移到军事和战争方面来。

当时，同战争有关的各种政治、经济、军事、外交问题的报告不断送交列宁，列宁主持各种会议加以讨论，作出决议、批示，发出电报和指示，协调各方面的行动。他不仅研究作战的原则性问题，而且深入了解前线和后方的一切情况，同各集团军司令部保持热线联系。

列宁经常出席各种集会和会议，向党员、工人、农民、士兵说明国内外形势，号召前方将士英勇杀敌，鼓励后方群众忘我劳动以支援前线，团结一致，同仇敌忾，保家卫国。

7 月底，东方战线吃紧，列宁及时指示党中央，通过了关于加强东方战线的决议，批评了某些领导人的本位主义和不守纪律的倾向，把共产党员和先进的工人派往东线。8 月 11 日，列宁签署命令，要求最高军事委员会在最短的时间内把"最多的部队"从西线调往东线，同时要求其他战线不惜任何代价守住阵地。

在发往各地的电报中，列宁认为，囤积粮食、靠人民遭难而发国难财的富农是国内反革命运动的支柱，指示各地苏维埃政权要采取果敢行动，迅速镇压富农的叛乱和破坏活动，依靠贫农，没收参加叛乱的富农的粮食和财产。

8 月 30 日列宁遇刺受伤，在养病期间他坚持工作，密切关注着国内外形势的进展。9 月 2 日，全俄中央执行委员会颁布法令，宣布苏俄为军营，国内的一切政治、经济和文化生活都服从于战争的需要，"不容许有丝毫的动摇"。到 1918 年 10 月，红军在各条战线上扼制住了帝国主义干涉军和白卫军的进攻，取得了初步的胜利。

1918 年 10 月，全俄中央执行委员会、莫斯科苏维埃、工厂委员会代表和工会代表联席会议通过决议，赞同列宁提出的建立一支 300 万人红军的计划。11 月 13 日，全俄中央执行委员会利用德国战败的有利时机，宣布废除《布列斯特和约》，驱逐德国侵略者，在被占区重建苏维埃政权。

1918年11月6日至9日，十月革命一周年之际，全俄工人、农民、哥萨克和红军代表苏维埃第六次（非常）代表大会在莫斯科举行，列宁作了关于十月革命一周年和关于国际形势的报告。在谈到国际形势时，列宁指出，从前两大帝国主义集团忙于互相厮杀，因而无法倾全力对付苏俄，德、奥等同盟国战败后，英、法、美等协约国可以腾出手来进一步干涉苏俄，因此苏俄面临的处境更加险恶。列宁要全党和广大人民群众保持清醒的头脑。会议通过决议，向英、法、美、日、意等国政府提出和平谈判建议，但遭到协约国的拒绝。

列宁同全俄苏维埃第六次（非常）代表大会的代表一起步入会场——莫斯科大剧院

1918年11月24日，苏俄第一批红军军事训练班学员举行毕业检阅仪式，列宁发表演讲，鼓励军官们为保卫苏维埃共和国英勇奋斗。这一天被定为"红色军官日"。

为增强军队战斗力，1918年秋，苏俄政府开始组建由外籍工人和取得俄国国籍的战俘组成的国际旅、国际团、国际营、国际连。值得一提的是，在俄国居住或工作的一些中国工人也组成了红军营或红军连。他们在苏俄国内战争期间，表现勇敢、机智，他们作为中国人民的优秀儿女，为世界上第一个社会主义政权

第五章 治国安邦

1918年11月7日,列宁在马克思、恩格斯纪念碑揭幕典礼上发表讲话

列宁在莫斯科红场举行的十月革命一周年庆祝大会上发表讲话

的巩固献出了青春、热情，甚至鲜血和生命，留下了许多可歌可泣的事迹。李富清、王佐等人曾给列宁当过警卫，李富清被任命为由四人组成的警卫班班长，他们的岗哨在正门门口，列宁差不多每天都从这里经过，有时也关心一下他们的工作和生活。包其三曾在奥尔忠尼启则手下当过营长，被誉为"传奇式英雄"，曾立下赫赫战功。

1918年11月30日，苏俄成立了以列宁为首的工农国防委员会，作为苏俄的非常最高机关，有动员一切人力、物力、财力保卫国家的全权，是组织共和国战时经济和编制计划的中心，安排并指导中央和地方军事和民政机关的活动，保证前线和后方的协调运转。从1918年12月1日到1920年2月27日，国防委员会召开了100多次会议，除两次会议外，其他会议均由列宁主持。

从1918年年底至1919年春，苏俄红军分别在南方、东方、北部地区打退了敌人的武装进攻，取得了初步的胜利。

1919年3月18日至23日，俄共（布）第八次代表大会在莫斯科召开。会议主要解决了三个问题：通过新的党纲，确定党的军事政策和中农政策。大会通过了由列宁领导的委员会起草的新党纲。党纲草案的理论部分除保留1903年党纲对资本主义性质的评述外，增加了对帝国主义和帝国主义性质的分析，指出全世界无产阶级社会主义革命的新纪元已经开始，论述了无产阶级专政的必然性和必要性。党纲草案的实践部分规定了党在从资本主义向社会主义过渡的整个时期中的各项基本任务。新党纲成为指导俄共（布）的理论指南，也是世界上共产党取得政权后的第一个纲领。在关于党的军事政策问题上，列宁在大会上论证并维护了党在红军建设方面的方针政策，总结了建立工农红军一年来的经验，说明了军队正规化建设和吸收旧军事专家的必要性，批评了留恋游击习气、反对正规化和利用旧专家的"军事反对派"。在对待中农问题上，列宁在开幕词和《关于农村工作的报告》中指出：要非常谨慎地对待中农和小资产阶级，要把他们同富农分开，关心他们的需要，用思想影响的办法而不是用镇压的办法来克服他们的落后性，从而取得信任，避免斗争的扩大化。会上列宁起草了《关于对中农态度的决议》，规定了党对中农的一系列具体措施。这样，对争取中农对苏维埃和红军的支持，获得国内战争的胜利起了重要的作用。

苏俄反对帝国主义武装干涉的斗争得到了协约国各国人民的积极支持。被战争拖得疲惫不堪的人民群众在国内掀起了巨大的反对干涉苏维埃共和国的浪潮。干涉军中的士兵也展开了要求回国的斗争。驻黑海的法国舰队中爆发起义。1919年春，英、法武装干涉军不得不从苏维埃国家的许多地区撤走。从此帝国主义对苏俄的武装干涉进入了一个新的阶段，协约国支持并组织俄国的白卫分子发动了三次大规模的武装进攻。

第一次进攻是1919年3月到1919年底。协约国把主要精力用在武装傀儡高

1918年"五一"国际劳动节阅兵式后，列宁（左一）和妻子、妹妹同乘汽车离开霍登卡广场

1918年开赴前线的苏俄红军

即将开赴前线的苏俄红军中国支队

尔察克身上。高尔察克是原沙皇海军上将,自封为"俄国最高执政",十月革命后一直盘踞在西伯利亚。1919年3月4日,高尔察克率领由协约国武装起来的25万白匪军,在西伯利亚长达2000公里的东方战线发动了全线进攻。4月,高尔察克占领了乌法,逼近喀山和辛比尔斯克,直取莫斯科。西方报刊宣称,几个星期后"俄国的救星"高尔察克将骑战马入主克里姆林宫。4月10日,人民委员会通过了征招工人、农民加入红军的法令。同日,列宁起草了《为支援东线告彼得格勒工人书》,发出了"一切为了东线""消除高尔察克灾祸"的号召。4月11日,中央委员会和全俄中央理事全会通过了列宁起草的《俄共(布)关于东方战线局势的提纲》,对当时的军事、政治形势作了估计,提出了加强红军建设、支援东方战线的重要措施。很快,1.5万名共产党员、3000多名共青团员和36万名工人补充到了前线。4月28日,红军在东线转入反攻。5月,列宁起草了《中央关于军事统一的指示草案》,指出取得国内战争胜利的必要条件是对红军实行统一指挥,最严格地集中管理一切人力、物力、财力,加强军事供给、铁路运输管理。根据列宁指示,全俄中央执行委员会于6月1日通过了《关于俄罗斯、乌克兰、拉脱维亚、立陶宛、白俄罗斯等苏维埃共和国结成军事联盟的决定》。8月,红军在敌后游击队的配合下,解放了乌拉尔全境,开始向西伯利亚挺进。8月24日,列宁写了《为战胜高尔察克告工农书》,号召红军、工人和群众彻底干净地消灭敌人,提醒人民群众不能掉以轻心,并从同高尔察克斗争中总结出五大经验教训：必须有强大的红军；建立大量的国家粮食储备；必须遵守极严格的革命秩序和苏维埃政权的法律与命令；不要忘记孟什维克和社会革命党人是高尔察克的帮凶；最重要的是坚持无产阶级专政和工农联盟。在列宁的指示下，党中央派了许多干部到西伯利亚，组织领导敌后游击活动。11月14日，高尔察克的老巢鄂木斯克被红军占领，高尔察克被红军抓获并被判处死刑。

1919年5月，正当高尔察克陷入溃败后，沙俄将军、白匪西北军总司令尤登尼奇又奉协约国之令向彼得格勒发动攻击，企图牵引东线红军的力量。5月中旬，尤登尼奇突破红军第七集团军的防线，直扑彼得格勒。列宁亲自督促、调兵支援彼得格勒。根据列宁提议，国防委员会派斯大林作为特派员直接领导彼得格勒的防卫工作。列宁指示斯大林，无论如何要保住彼得格勒，把彼得格勒作为当时的"首要"战线。

在指挥战斗的实际进程中，列宁获悉在彼得格勒城中和前线上，叛徒和间谍的活动十分猖獗，他很快致电斯大林，要求采取措施打击敌人的阴谋和破坏活动。同时，列宁立即和捷尔任斯基在《真理报》上联名发表宣言，号召所有觉悟的工人、群众"谨防间谍"。6月中旬，工人、水兵从资产阶级的住宅搜查出了大量的枪支弹药，逮捕了一批反动分子。8月，红军在工人和革命水兵的支援下，粉碎了尤登尼奇的进攻。9月初，尤登尼奇逃往爱沙尼亚。

帝国主义并没有因高尔察克、尤登尼奇的溃败而停止武装干涉。从1919年7月到1920年1月，协约国和白匪军把战线重心转移到南方，向苏俄发动了第二次进攻。这次进攻的主力是盘踞在南方的白匪军将领邓尼金的三个集团军。这支白军是由协约国供养的，美国向邓尼金提供可装备10万人军队的军援，并派了以海军上将麦科利为首的美国军事代表团。英国不仅运送了大批武器，而且派出了200名军事顾问、教官和为数众多的飞行员。因共有14个国家给予邓尼金以帮助，所以英国大臣丘吉尔说这是"14国的进攻"。1919年7月初，邓尼金发布了"向莫斯科进军"的命令，很快占领顿巴斯、格罗兹内、巴库、察里津。到10月中旬，白军占领了整个乌克兰，逼近供应红军枪炮弹药的图拉城，离莫斯科只有200公里，首都遭到严重威胁。一些资本家乘机跳了出来，许下诺言，以百万巨款悬赏给第一个冲进莫斯科的白军。

1919年7月初,列宁多次主持俄共(布)中央全会,讨论战争局势问题,并通过了一系列决议。列宁写了《大家都去同邓尼金作斗争》一文。俄共(布)中央决定把它作为党中央给各级党组织的信加以公布。在文章中,列宁提出:全党和全体人民的主要任务是按战时要求行动起来,把自己的工作、精力和注意力尽量转到完成直接的战争任务上;苏维埃俄国成为实际上的一个大军营,所有机关的全部工作都要与之相适应;要努力搞好宣传和鼓动工作,激发出人民群众的斗志和必胜信心;充分挖掘生产潜力,努力满足军需;缩小非军事部门和机关,在最短的时间内,把大批有经验的、忠实的、受过考验的工作者调去加强军队的政治工作;加强无产阶级专政,肃清反革命,巩固后方;做好党对资产阶级军事专家的工作。

接着,列宁亲自参加制订了南线红军同邓尼金作战的战略计划,并密切关注战争进程,随时发出指示。根据列宁的建议,俄共中央改组了南方战线统帅部。为提高党的质量和战斗性,列宁领导了党的建设工作,进行了党员重新登记,清洗"混进党里来的人",纯洁了党组织,改造和建立了一些领导机构,并建立严格的集中制,实行了铁的纪律,同时吸收觉悟高、忠诚于革命的士兵、工人、农民入党。自1919年8月开始,在各城市、农村和军队中开展了征收党员周工作,从优秀战士和群众中吸收了大批党员入党,有20万人入党。1919年10月列宁写了《工人国家和征收党员周》和《莫斯科征收党员周的总结和我们的任务》,两文阐述了征收党员周的目的、意义和成就。列宁指出,我们党不要徒具虚名的党员,应当把那些贪生怕死、牟取私利而不愿为社会主义忘我工作的人清洗出去。1万名团员被派往前线,许多共青团委员会的门上写着:"全体团员上了战场,团委停止工作。"

从1919年的4月份开始,许多工厂中的工人加班加点,在星期六放弃休息,义务劳动。之后,各地的星期六义务劳动广泛地展开。星期六义务劳动这一新生事物产生后,有人持冷嘲态度,说对它寄予希望是"小花盆里栽大树"。列宁则给予了热情的赞扬和支持。6月28日,列宁写了《伟大的创举》一文,指出这一

第五章 治国安邦

伟大创举的意义在于工人不计报酬地从事额外工作的共产主义精神，在于工人自觉自愿提高劳动生产率的首创精神，劳动生产率归根到底是使新社会制度取得胜利的最重要的东西。为推动这一创举深入持久地发展，1920年"五一节"的一大早，列宁就来到克里姆林宫广场上，和军事学校的学生一起参加义务劳动。他打扫垃圾，搬运石块。在和一位小伙子合抬木头时，列宁硬要扛粗的一头，小伙子说："我才28岁，可是您已经50岁了。"列宁诙谐地答道："既然我年纪比您大，那么您就别跟我争了。"

1919年10月，红军转入反攻。1920年3月27日，红军直捣邓尼金的最后巢穴——诺沃罗西斯克，邓尼金军队被彻底击败，邓尼金本人逃亡国外，其残部逃往克里木。红军又获得了短暂的喘息时机。

《伟大的创举》封面

1920年4月至11月，协约国又发动了第三次进攻。波兰地主资产阶级和盘

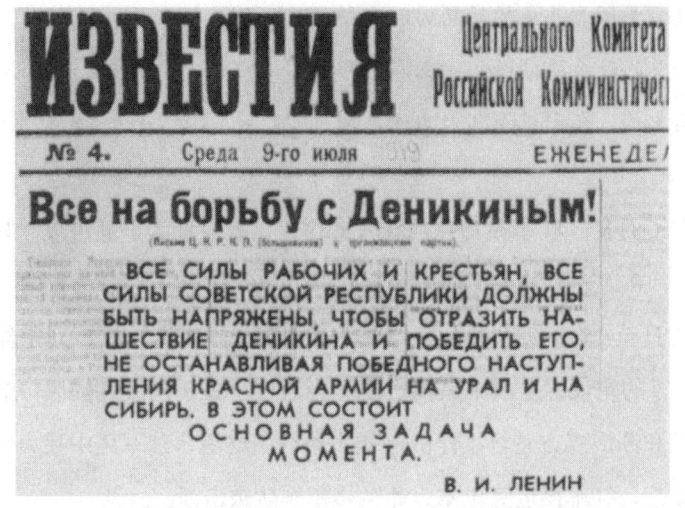

1917年7月9日《俄共（布）中央通报》第四期刊载列宁的《大家都去同邓尼金作斗争！——俄共（布）中央给各级党组织的信》

· 357 ·

踞在克里木的弗兰格尔白匪军是其中的主力。1920年春，仅法国就供给波兰大炮1500门、步枪30万支、机枪3万挺、飞机350架、载重汽车800辆及其他物资无数，还派去了军事教官。美国也于1920年上半年运去了坦克200辆、飞机300架、机枪2万挺及1.76亿美元贷款。波兰军队依靠协约国的支持，于4月25日拒绝苏俄和谈建议，向苏俄发动了大规模进攻。5月，波兰军队先后占领了基辅和第聂伯河西岸的广大地区。弗兰格尔白匪军从克里木也发动了进攻。

列宁亲自参加拟订红军军事行动的战略计划。5月11日，列宁宣布全国进入战争状态。列宁号召大家一切为了战争，为前线作出一切牺牲。5月23日，列宁和俄共（布）中央发布了《波兰前线和我们的任务》的提纲，号召工农群众团结一致，消灭侵略者。

广大共青团员积极响应列宁的伟大号召，纷纷行动起来，有的奔赴前线英勇杀敌，有的走上街头宣传。当时在大街上到处可见相关的宣传品，"你报名参加了志愿军没有"成为一句见面语。著名诗人杰米扬·别德内依的一首诗风行一时：

> 我们克服的还不是所有的障碍，
> 我们要预言斗争的结局为时尚早。
> 凶恶的敌人从四面八方向我们压来，
> 同志们，我们正受到火力的包围。

1920年6月初，红军在乌克兰转入进攻，接着发展为全面进攻，把波兰军队赶出了国境，并逼近了波兰首都华沙城下。

9月22日至25日，俄共（布）举行第九次全国代表会议，列宁作了政治报告。根据列宁的建议，全俄中央执行委员会通过了关于向波兰提议停战的声明。10月，波兰和苏俄双方签订了停战的初步条约。之后，红军集中兵力追歼弗兰格尔军队。11月，红军挺进克里木，弗兰格尔军队被击溃。

至此，外国干涉和国内战争基本结束，虽然在远东地区红军仍与日本军队作战，但大局已定。1922年10月，苏俄红军把日本侵略者赶出国土。

创建共产国际

在领导国内人民群众进行反对外国武装干涉和平定内乱的过程中，列宁早已把视野延伸到建立共产国际、联合国际无产阶级进行世界革命的大舞台上。这主要基于以下几点考虑：一是在十月革命影响下，欧洲、亚洲出现了无产阶级革命高潮，俄共（布）和其他一些国家的共产党以及社会民主党左翼希望联合起来，巩固十月革命成果，争取在世界范围内建立苏维埃共和国。二是从1918年开始，许多国家的革命左派纷纷脱离社会党，建立共产党，但是这些党在政治上不够成熟，组织上也很薄弱，又缺乏经验，孤军奋战不行，它们希望在国际范围内团结起来，互相支援，扩大影响。三是1919年2月26日，社会民主党在伯尔尼开会，企图恢复早已破产的第二国际，争夺国际工人运动的领导权，这就需要各国左派加快筹建新国际的步伐。四是第一次世界大战结束后，英、法、美等帝国主义召开了进行瓜分"一战"胜利成果的巴黎和会，并结成了国际联盟，企图共同对付世界无产阶级革命和扼杀新生的苏维埃政权；俄国无产阶级也不想单枪匹马，需要世界无产阶级统一步伐，与帝国主义的国际联盟进行针锋相对的斗争。

实际上，早在1914年大战爆发伊始，列宁就提出了在第二国际废墟上建立新国际的构想。在实践上，列宁为紧密团结各国左派进行了不懈的努力。1915年9月，列宁参加了在瑞士齐美瓦尔得召开的国际社会主义者代表会议。会议形成了以列宁为首的左派集团，决定建立共产国际。1916年4月，列宁在昆塔尔参加了国际社会主义者第二次代表会议，进一步壮大了左派力量，为建立新国际奠定了基础。

1919年1月，在列宁的主持下，有俄国、波兰、匈牙利、奥地利、拉脱维亚、芬兰共产党的代表和巴尔干革命社会民主联盟、美国社会主义工党代表参加的国际会议在莫斯科举行。会议决定向各个革命无产阶级政党发出《共产国际第一次代表大会邀请书》，邀请它们参加建立新国际的代表大会。

1919年3月2日至6日，共产国际第一次代表大会在莫斯科举行。

列宁（右二）在共产国际第一次代表大会上（1919年3月）

3月1日，列宁主持各代表小组预备会议。3月2日，各国代表会议开幕，来自世界各地30个国家的52名代表出席了会议，中国的列席代表是刘绍周（又名刘泽荣，1918年任华工联合会主席，曾是1940—1944年中华民国驻莫斯科大使馆的参赞，20世纪60年代初主编《俄汉大辞典》，曾任新中国全国政协委员和外交部外交条规司顾问等职）和张永奎（华工联合会莫斯科分会主席，1977年逝世前为甘肃师大教授）。刘绍周在会上作了发言，介绍了中国人民反帝反封建的斗争状况。列宁对中国革命的前途很重视，很想了解中国革命的情况，因此刘绍周曾三次受到列宁的接见。

代表会议一项重要的议程就是审议共产国际的理论纲领——列宁作的关于资产阶级民主和无产阶级专政问题的报告。在报告中，列宁批驳了第二国际右翼领导人的各种错误观点，对无产阶级专政和资产阶级民主问题作了全面、深刻的论述，论证了苏维埃政权是无产阶级专政的一种好形式，从而发展了列宁在《无产阶级革命和叛徒考茨基》等著作中形成的理论观点和政治结论。会议把建立苏维埃政权、实现无产阶级专政作为共产国际的总方针。

3月4日，随着迟到的各国代表的陆续到达，奥地利共产党、匈牙利共产党、瑞典左派社会民主党、巴尔干革命联盟等的代表不断向会议提出成立共产国际的问题。经过讨论和表决，除德共弃权外，一致赞成成立共产国际。这样，从3月4日起，代表会议改为共产国际代表大会。

代表大会决定成立执委会，作为共产国际的领导机构，执委会选出列宁、托洛茨基、季诺维也夫、拉科夫斯基、普拉藤五人组成政治局，季诺维也夫为执委会主席。

1919年4月15日，列宁写了《第三国际及其在历史上的地位》一文，对共产国际的历史作用和意义作了总结："第三国际即共产国际的世界历史意义在于，它已开始实现马克思的一个最伟大的口号，这个口号总结了社会主义和工人运动历来的发展，表现这个口号的概念就是无产阶级专政……第三国际接受了第二国际的工作成果，清除了它的机会主义的、社会沙文主义的、资产阶级和小资产阶级的脏东西。"①

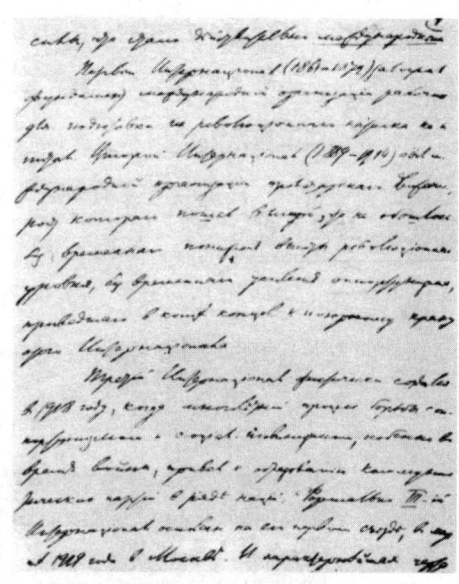

列宁为《共产国际》杂志创刊号撰写的《第三国际及其在历史上的地位》手稿

共产国际成立后，在列宁的领导下，立即以战斗者的姿态投身方兴未艾的世界革命浪潮中，声援和捍卫俄国苏维埃社会主义政权，帮助各国无产阶级建立共产党，指导和帮助发动革命。

从1919年夏季开始，苏俄国内战争进入了最困难的阶段，帝国主义14国的武装干涉全面展开。6月18日，共产国际执委会发出《关于武装干涉俄国的

---

① 《列宁选集》中文第3版第3卷，第791页。

列宁传

宣言》，一方面仍认为"世界革命已经迫近，而且是注定要爆发的"，另一方面认为，防止帝国主义扑灭世界工人运动革命烈火的唯一出路便是世界革命，"宣言"号召"世界各国人民群众都来保卫社会主义世界革命"，"提出口头抗议的时候已经过去，现在已是采取行动的时候了"。在共产国际的号召下，各国工人阶级在本国内开展的反对武装干涉苏俄的运动更加蓬勃地开展起来。

在指导世界革命的同时，列宁和共产国际还指导和帮助着一些国家建立了共产党，成为一些国家共产党的"助产士"和"催生婆"。尤其是在亚、非、拉广大落后地区，为推进东方革命，共产国际加快了帮助这些地区建党的步伐。由于这些地区不同于西欧发达国家，所以共产国际采取了完全区别于西方的政策，通过派遣秘密特使、提供经济援助和建党基地、为各国培训干部等方式，帮助这些落后国家完成了建党任务，使国际共产主义运动真正成为世界规模的革命运动。中国共产党的成立也是与共产国际的直接帮助分不开的。到1922年11月共产国际"四大"召开时，共产国际已有56个成员党，标志着国际共运发展到了一个新的水平。

列宁（右二）在共产国际第一次代表大会上

在俄国红军向华沙进军的号角声中，1920年7月19日，共产国际"二大"召开了。欧、美、亚洲37个国家的67个组织（其中27个共产党）和政党的217名代表出席了会议。列宁被选入由五人组成的大会主席团。列宁为大会起草了

1919年5月1日，列宁在庆祝"五一"国际劳动节大会上讲话

《关于共产国际第二次代表大会的基本任务的提纲》，并获得通过。在第一次代表会议上，列宁作了《关于国际形势和共产国际基本任务的报告》。在提纲和报告中，列宁仍坚持"世界革命论"。

共产国际成立后，得到了各国工人阶级和人民群众的广泛拥护和支持，但却遭到了第二国际社会民主党右翼的反对。1919年4月14日，英国独立工党领袖麦克唐纳在法国《人道报》上发表文章，对共产国际的成立"深表痛心"，攻击共产国际是"仅仅根据俄国一国的经验……在国际中制造分裂"，并鼓吹要"建立一个真正积极的并对社会主义运动有所帮助的国际"。还有一些人则认为，共产国际建立的条件不成熟，是一个"早产儿"，其出生证就写在死亡证上。到共产国际"二大"召开前，中派社会民主党纷纷要求加入共产国际，各国共产党纷纷建立，在群众的压力和要求下，德国独立社会民主党、英国独立工党、法国社会党、西班牙社会党、美国社会党等纷纷宣布退出第二国际，表示愿意加入共产国际。一时间，加入共产国际"在某种程度上已成为时髦的东西"。列宁认为，"第二国际的一部分老领袖和旧政党，一方面有意无意地对群众的愿望和压力让步，另一方面为了继续在工人运动内部充当资产阶级的代理人和帮手而有意欺骗群众，声称他们愿意有条件地加入第三国际，但是实际上他们在党的工作和政治工作的全部实践中，依旧停留在第二国际的水平上"，因此，"第三国际有被那些还没有摆脱第二国际思想体系的、动摇的、不彻底的集团削弱的危险"，这是一种很严重的并且对无产阶级解放事业的胜利有着极大的直接危险的错误，"因为这样会直接腐蚀群众，破坏第三国际的威信，像匆忙改名为共产党人的匈牙利社会民主党人那样的叛变，有再度重演的危险"。[①]

1919年5月25日，列宁在红场检阅即将开赴前线的部队

1919年4月5日，列宁和红军重炮指挥员训练班的学员合影

[①]《列宁选集》中文第3版第4卷，第234页。

列宁在领导共产国际反对右倾机会主义的斗争中所持的方针是：进一步揭露和批判右翼和中派社会民主党的叛卖行径，消除他们在群众中多年来造成的影响，启发群众的觉悟，促进各国社会党内真正革命者退出第二国际和加入共产国际运动的发展，从思想上、组织上和在斗争的各个环节上帮助、指导各国年轻而缺乏斗争经验的共产党尽快成熟和发展起来。

在分析机会主义派别为什么在欧洲根深蒂固、为什么在西欧比俄国强大时，列宁指出，这是因为先进的国家过去和现在创造自己的文化都是靠着被压迫人民。这些国家的资本家掠夺来的东西，大大超过了他们能够从本国工人身上榨取的利润。列宁以英、法、德三个最富有的国家为例，说明资产阶级完全可以从一大堆钱里拿出其中一点点来施舍给工人贵族、工人领袖，以进行各种形式的收买。收买就是整个问题的症结所在。"这可以采取千百种不同的方式：提高大中心城市的文化水平，设立教育机关，为合作领袖、工联领袖、议会领袖提供千百个肥缺。哪里有现代的资本主义关系，哪里就是如此。这几十亿超额利润，就是工人运动中机会主义赖以生存的经济基础。美国、英国和法国的机会主义领袖、工人阶级的上层分子、工人贵族最顽固，他们对共产主义运动的抵抗最顽强……这病拖的时间很久了，要治好它，比乐观主义者所想象的时间要长得多。机会主义是我们的主要敌人……实践证明，由工人运动内部机会主义派别的活动家来维护资产阶级，比资产阶级亲自出马还好……我们应该下定决心，把各国党内的这一斗争进行到底。这是主要的任务。"[①]

列宁在反对右倾机会主义的同时，还同时反对"左"倾机会主义和宗派主义。当时，在一些刚刚建立的共产党内出现了一股"左"倾思潮：由于反对第二国际的"议会迷"而否定参加议会选举和议会活动的必要性；由于反对工会官僚们的改良主义而拒绝在工会中工作，要求退出工会；由于反对第二国际机会主义领袖而提出打倒领袖的口号，混淆了领袖、政党、群众和阶级的关系；他们以国际共运中最革命的流派自居，在一些党内独立为派。如果任由这股"左"倾思潮

---

① 《列宁选集》中文第3版第4卷，第271—272页。

发展和泛滥，就会严重威胁各新生共产党的发展。

为了系统深入地批判"左"倾思潮，"二大"前夕，列宁写了《共产主义运动中的"左派"幼稚病》一书，1920年6月正式出版。这本书曾分发给出席"二大"的代表，作为大会基本文件。在这本书中，列宁用俄国三次革命的经验帮助他们深刻认识并自觉纠正这些错误，从而阐明了当时国际共运中具有重大理论和实践意义的问题。列宁阐明了十月革命的国际意义，论述了无产阶级实行无条件的集中制和极严格的纪律，是战胜国际资产阶级的重要条件，阐明了"左"倾机会主义的特征、根源以及同其作斗争的长期性和艰巨性，说明了领袖、政党、阶级、群众的辩证关系，揭示了马克思主义的战略和策略原理。

《共产主义运动中的"左派"幼稚病》封面（1920年彼得格勒）

共产国际"二大"召开后，围绕着

列宁（右三）参加共产国际第二次代表大会东方各国代表的讨论会

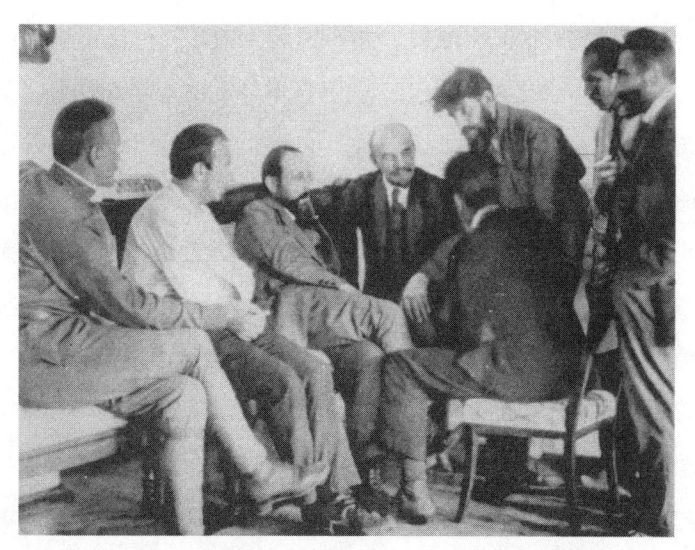

第五章 治国安邦

列宁（左四）与参加共产国际第二次代表大会的代表座谈

关于议会、工会、党的作用等问题，列宁和"左派"继续进行了斗争。经过激烈争论，大会通过了《共产党和议会制》《工会运动、工厂委员会和第三国际》《共产党在无产阶级革命中的作用》等文件。

列宁在共产国际第二次代表大会第一次会议上作《关于国际形式和共产国际基本任务的报告》

列宁传

1921年6月22日至7月12日，共产国际"三大"在莫斯科举行。大会的主题是统一对世界革命形势的认识，确定新形势下的策略和任务。鉴于"进攻理论"的流行，大会带有明显的反"左"色彩。就具体策略进行讨论时，大会发生激烈的争论，"左"倾观点和言论仍有相当大的市场和影响。会上，列宁作了《捍卫共产国际策略的讲话》，批判了"进攻"的理论，指出代表大会若不对"左的"愚蠢行为坚决进攻，不争取工人阶级的大多数，"就会被共产主义运动所淘汰""会把人引入歧途"。7月5日，列宁又向大会作了报告，对他本人起草的提交大会的《俄国共产党（布尔什维克）的策略》提纲进行解释和说明，指出世界革命还没有到来，国际形势处于相对的一种均势，因此俄国需要实行新经济政策。经过讨论，大会通过了经过修正的俄共（布）起草的论策略的提纲，提纲明确提出了"争取工人阶级大多数"的方针，发出了"到群众中去"的口号，在一定程度上纠正了"左"倾错误。

列宁在共产国际第三次代表大会上作报告

1922年11月5日，共产国际召开"四大"。列宁抱病向大会作了主报告：《俄国革命五周年和世界革命的前途》。在报告中，列宁介绍了俄国新政权成立五年来的成就和经验，说明了俄国实行新经济政策的原因、目的，教导各国共产党

列宁在共产国际第三次代表大会上做笔记

人善于组织退却。同时,列宁还向各国共产党提出了学习的任务。他语重心长地指出:正当国际阶级力量对比发生了新变化、世界革命出现曲折、各国共产党和共产国际面临完成新任务的时候,要利用一切机会"学习再学习……而且从头学习……如果这一点做到了,我深信,世界革命的前途不但是美好的,而且是非常美好的"。[1] 关于俄共(布)的经验的介绍和推广,列宁认为,介绍成功和先进的经验不仅是俄共(布)的义务,使大家能理解并且能运用也是俄共(布)的义务。列宁强调,共产国际"三大"所通过的关于各国共产党组织结构及其工作方法和工作内容的决议写得很好,但是写得太长了,外国人读不完;即使读完了,也没人能读得懂,因为俄国味太重;即使有例外,个别人读懂了,也无法执行,因为外国人不了解俄国的实际。结果一切都成为"一纸空文"。列宁希望各国党"不会满足于把这个决议像圣像那样挂在墙角,向它祷告"。[2] 大会根据列宁的思想,提出了"建立工人政府"的口号,使统一战线策略更加丰富和完善。

---

[1]《列宁选集》中文第3版第4卷,第782页。

[2] 同上,第729页。

列宁传

列宁在共产国际第四次代表大会上

列宁在共产国际第四次代表大会上的报告《俄国革命五周年和世界革命的前途》，载于1922年11月15日《真理报》第258号

第五章 治国安邦

列宁《俄国革命五周年和世界革命的前途》提纲手稿（部分）

战时共产主义

1918—1920年反对外国武装干涉和国内战争之所以取得胜利，与列宁领导的苏维埃政府采取了一系列非常时期的经济政策和措施是分不开的。这些措施后来被列宁称之为"战时共产主义"。1921年4月，列宁在《论粮食税》一文中最早使用了"战时共产主义"这个词。

如前所述，苏维埃政权诞生之初，在开始建设新的社会经济制度时，列宁并没有急于实行共产主义。《布列斯特和约》签订后，列宁提出工作重心转移到经济恢复和经济建设上来，并批评以布哈林为代表的"左派共产主义者"

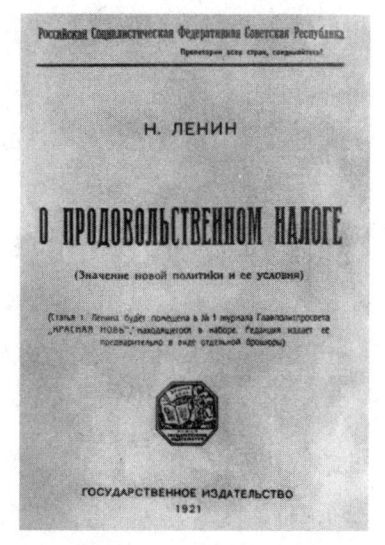

《论粮食税》封面（1921年版）

提出的反对国家资本主义、"完全打倒资产阶级""实行最坚决的社会化"等主张。1918年春天后，英、法、美等国家开始对新生的苏维埃俄国进行武装干涉，国内反革命势力接连不断发动叛乱。在形势极端危急的情况下，列宁宣布"社会主义祖国在危急中"，提出"一切为了前线，一切为了胜利"的口号，把全国的政治、经济、文化生活转入战时轨道，以动员国内一切人力、物力、财力去保证战时所需。可见，帝国主义的武装干涉和国内战争打断了列宁和布尔什维克关于逐步建设社会主义的计划。为适应非常形势，党和政府不得不实行一系列战时共产主义政策。

由于粮食问题是当时最主要、最尖锐的问题，列宁和苏维埃政府制定的非常经济措施，首先集中于农业和粮食政策方面，实行国家粮食垄断制和余粮征集制。

1918年5月8日，列宁主持人民委员会会议，会议根据列宁写的《关于粮食专卖法令的要点》，拟定了《关于粮食人民委员特别权力的法令》，决定实行粮食垄断制，授予粮食人民委员特别职权，对投机倒把行为予以严惩。

1918年5月13日，列宁签署粮食专卖法令，授予粮食人民委员部征购和供应粮食的非常权力。法令宣布：坚决实行粮食专卖和固定价格，同时必须和粮食投机贩子作不调和的斗争。责成每个农民或其他粮食持有者，在本决定宣布后一定期限内，除按照定额留存种子和新收获前的个人消费粮以外，将全部储存的余粮上交，凡有余粮而不把余粮运到收粮站者，以及滥用粮食私酿酒者一律宣布为人民的敌人，将被交付革命法庭审判，并处以10年以上徒刑，粮食全部没收，甚至永远驱出村庄。

为保证粮食专卖法令的实施，1918年5月20日，列宁在调查研究的基础上，主持人民委员会会议，讨论组织征粮队问题，会后列宁和瞿鲁巴共同署名公布《关于组织征粮队告彼得格勒工人书》，指示一切工厂立即组织工人参加征粮队。5月22日，列宁写了《论饥荒——给彼得格勒工人的信》，详尽论述了与饥荒作斗争的意义和方法，号召工人把命运抓在自己手中，表现出以往的革命精神，参加征粮队。5月26日，中央委员会批准了列宁的建议：把军事人民委员部改为军事粮食部，改编、动员、组织军队，组织年满19岁的公民去争取、夺回、收集、运输粮食和燃料，无情镇压隐藏余粮的人，枪毙胆敢抢劫粮食和不守纪律的人，宣布实行全国戒严。

针对有的工厂和单位自找门路、零星分散为自己弄粮食和燃料的办法，列宁认为这样治标不治本，只会助长混乱，给投机分子发国难财以可乘之机。5月29日，列宁起草了《告工人农民书草案》，提出有组织有领导地建立征粮队。6月1日，人民委员会把这个草案稍加修改后，作为《人民委员会关于单独收购问题的决定》予以公开发表。

6月4日，全俄中央执行委员会、莫斯科苏维埃和工会联席会议在莫斯科召开，列宁在会上驳斥了社会革命党人和孟什维克对政府关于粮食政策的责难。会议通过了以列宁的《关于同饥荒作斗争的报告的决议草案》为基础的决议案，否决了社会革命党人提出的反对组织贫苦农民、反对固定粮食价格的决议案。6月11日，全俄中央执行委员会根据列宁的建议，通过了关于建立贫农委员会的决定。

1918年7月4日下午2时，全俄苏维埃第五次代表大会召开，列宁作了关于人民委员会的工作报告，斯维尔德洛夫作了关于全俄中央执行委员会的工作报告。会议气氛一度紧张激烈，左派社会革命党人严厉抨击列宁和政府的"粮食专政"政策，要求中止对富农和资产阶级的进攻，解散征粮队和贫农委员会，撕毁《布列斯特和约》，允许粮食自由买卖。经过激烈辩论后，绝大多数代表拥护列宁及其主张。

左派社会革命党人在大会上遭到失败后，便铤而走险，发动叛乱。7月6日，左派社会革命党人勃耶姆林和安德烈也夫在全俄肃反委员会副主席、左派社会革命党人亚历山大罗维奇的直接指挥下，用炸弹炸死德国驻俄大使米尔巴赫，企图挑起德国对俄的战争。之后，肃反委员会支队队长、左派社会革命党人波波夫带领部队占领邮电大楼，抓走了邮电人民委员波得别尔斯基、莫斯科苏维埃主席斯米多维奇和全俄肃反委员会委员拉齐斯等人。全俄肃反委员会主席捷尔任斯基也被软禁。当天晚上，左派社会革命党人集中了约近2000名士兵、8门大炮、1辆装甲车，并向克里姆林宫开枪。同时，他们还发表宣言、公报，诈称已掌握政权。

叛乱发生后，大会被迫暂时中断。列宁立即部署平暴工作：（1）针对德国大使被刺杀，列宁立即撰写了《给俄国共产党各区委员会、各区工人、农民和红军代表苏维埃、各红军司令部》的电话稿，通告事情真相，指示搜捕凶手。7月7

日，列宁又起草了一份政府公告，揭露了叛乱的动机和后果，号召全体工人群众清醒地估计形势，紧密地团结在工农苏维埃政府周围。（2）亲自组织领导工人战斗队和红军部队，详细了解兵力情况，密切注视叛乱发展态势，不断给司令部和红军部队领导人下达命令。（3）6日晚上，在克里姆林宫，列宁紧急召见驻在莫斯科的拉脱维亚步兵师师长瓦采齐斯，商议和部署平乱措施。（4）6日夜间，列宁亲自带领助手察看克里姆林宫的城墙防卫措施，观察市内动静，同时审阅并批准了平叛方案。

7日凌晨2点，平叛部队包围了叛乱者的司令部三圣巷。列宁批准了用大炮密集轰击的作战方案。12时，叛乱部队抵挡不住，开始溃逃。列宁立即给莫斯科各区苏维埃发出指示，要求立即尽可能多地派出武装队伍和工人，追捕叛逃分子，力争没有一个漏网之鱼。对被捕者，未经再三审查并完全证明与叛乱无关，一律不准释放。同时列宁还给莫斯科省的各县、乡、村的苏维埃发出电报，告知叛乱者已被击溃，正向城郊逃窜，请他们设置路障，把守路口，捉拿和扣押暴动分子。7月7日下午2时，叛乱被完全平定。

莫斯科的叛乱刚刚平息，与捷克斯洛伐克军团作战的东方战线总司令、左派社会革命党人穆拉维约夫又发动叛乱，命令部队以反对德国人为借口，企图攻击莫斯科等地，但军队最终没有跟他走，他逃往辛比尔斯克。7月12日，列宁向全国发表广播演说：全体注意！与捷克斯洛伐克军团作战的穆拉维约夫受到帝国主义的收买，他已不再受法律保护，可就地处决。穆拉维约夫逃到辛比尔斯克后抗拒逮捕被击毙。

7月14日上午，德国政府企图利用大使被杀一事，以最后通牒的方式，要求派一个营的兵力保护德国驻莫斯科大使馆。15日，列宁一气呵成一篇声明草案，坚决拒绝了德国政府的无理要求。声明指出：苏维埃政府在严格履行《布列斯特和约》的条件，维护工人和农民要求和平的意志的同时，从来没有忽视这是有限度的，如果超过这个限度，那么就是爱好和平的劳动群众也一定会万众一心地拿起武器来保卫自己的国土。左派社会革命党人的愚蠢的、罪恶的冒险行为把我们拖到了战争的边缘。但我们不能满足德国政府的要求，因为这在客观上是外国军队占领俄国的开始。虽然战争对我们来说是致命的打击,但我们一定会把战争进行到底,直到最后一口气,"为了捍卫社会主义,在必要的时候大家要献出自己的生命"。人民委员会和全俄中央执行委员会通过了列宁的声明。

当时德国由于国内革命形势日趋成熟,为防止国内发生革命,德国军队迅速后撤,边境局势一下子变得平和下来。列宁再次号召全国人民抓紧时间,进行重建家园的工作。

到1918年8月,工人征粮队达到1.6万人。8月5日,列宁听说叶列茨县粮食丰富,便写信给粮食人民委员瞿鲁巴,指示"把大批力量集中在一个能够弄到许多粮食的地方……立即以最快速度把所有粮食收割队和收割征购队派往叶列茨县,并尽量多带些脱谷机和快速烘干粮食的器具(如果可能的话)……任务是:把全县的余粮收得一干二净"①。1918年下半年,全国采购到粮食6700万普特,比上半年增加3900万普特。

但是,收购的粮食仅够供应城市的一半需求,居民仍需要到黑市上购买粮食。加之国家粮食收购价格太低,富农、中农都不愿意把粮食卖给国家,而愿意到黑市上搞粮食投机,以牟取暴利,黑市价格比国家定价往往高出十几倍。10月30日,全俄中央执委会根据列宁的建议,通过了"农产品实物税"的法令,规定在交纳实物税后的粮食才按固定价格收购。但征收的实物税仍远不能满足需求。

1919年1月11日,列宁和人民委员会决定实施余粮征集制,规定国家所必需的粮食和饲料在各产粮省份的居民中实行征收。征收的办法是,由粮食人民委员部确定征收任务的总数,自上而下地摊派给各产粮省、县、乡、村直至各个农户,按国家定价强制向农民征购。每年3月1日以前上交其任务的70%,6月15日以前交清,违者将被没收其财产和存粮或被逮捕法办。实行贫农不征收、对中农适当征收、对富农多征收的原则。1919年下半年,肉类也实行这种办法,1920年,征收范围扩大到油脂、棉花、皮革、麻类等农副产品。

为贯彻余粮收集制的实施,列宁号召每个党组织、每个职工会和工人团体都

---

① 《列宁全集》中文第2版第48卷,第268页。

抽调1/10以上人员参加"工人征粮队",先后组成了2700个征粮队。征粮队既是工作队,又是宣传队。为对付敌人的武装袭击,征粮队还配有机关枪等武器。

从1919年4月份开始,粮食危机得到缓解,每个职工的面包消费量提高到每天0.9磅。在1920年7月召开的全俄粮食会议上,列宁对粮食机关的征购成绩表示"满意"和"感谢"。

实行战时共产主义的第二项措施就是把全部工业企业没收为国有,对企业实行统收统支。1918年6月28日,人民委员会通过了全国大工业国有化法令,宣布把各类大企业无偿地转为苏维埃共和国的财产。到1920年11月,工业国有化基本完成,有4540多家大企业国有化,重工业占半数。11月29日,最高国民经济委员会又颁布法令,规定有雇工或有机械的小工业、小作坊也国有化,到年底,国有化企业达到3.7万家,其中5000多家还只是雇工1人的小作坊。最高经济委员会下面按行业设立管理总局,分别对大、中、小企业进行集中管理。企业无偿上交自己生产的全部产品,企业所需的燃料、原料、材料也由国家统一调拨。工农业生产采用强制和"军事化"领导管理方法,职工按军事编制组织起来,不得擅离工作岗位,违者以逃兵论处。

列宁伤愈后在克里姆林宫院内散步(1918年10月16日)

第三项措施是在商业和供应方面，禁止所有生活必需品的私人买卖，实行国内贸易国有化和实物配给制。1918年11月21日，人民委员会发布关于实施贸易垄断的法令。法令规定，一切个人消费品和家庭日用品的采购，统一交粮食人民委员部办理，以国营商业和消费合作社来取代私人贸易。随后，即宣布了对最必需的日用品如食盐、食糖、茶叶、火柴、布匹、靴鞋、肥皂等实行国家垄断，禁止私人买卖。到1920年六七月，各种小商小贩被列为查禁之列。

随着货币的急剧贬值和保证居民最低生活需要，苏俄政府采取了工资实物化措施。1919年5月和1920年1月，先后在儿童食堂和职工食堂采取免费定量用餐办法。1920年12月，决定按购物证实行免费供应食品及其他生活日用品。同时在邮电、水电、公用房租、铁路交通等服务性部门废除收费，商品货币关系几近于零。1920年1月19日，人民委员会通过法令，撤销了人民银行，对外贸易也由国家垄断。

战时共产主义政策有很大的历史功绩。当时苏维埃政府面对的关键问题是争取战争的胜利。战时共产主义政策使国民经济首先为战争服务，保证了前线粮食、武器、弹药、服装的供应，保证了后方城市居民的最低要求，因而保证了国内战争的最后胜利。

为革命辩护

十月革命胜利后，列宁创建了世界上第一个社会主义国家，"一国胜利论"成为现实。但围绕着十月革命的道路和新生的苏维埃政权能否保持下去等问题，在俄国国内外展开了一场关于在经济文化落后国家能不能进行社会主义革命的论战。

西方资产阶级在对苏维埃政权发动武装干涉和挑起反革命暴乱的同时，在意识形态方面也展开了强大的攻势，咒骂布尔什维克是"专政家"、实行的是"暴政"，诽谤苏维埃政权"紊乱不堪""摇摇欲坠"，国内敌对势力攻击布尔什维克消除了"民主"，不讲"民权"。

在国际共产主义运动内部，普列汉诺夫在十月革命胜利的第三天，就在报上发表《致彼得格勒工人的公开信》，信中宣称："事变使我痛心……应当问问自己：我国的工人阶级是否已经准备好现在就建立自己的专政？凡是稍微了解无产阶级专政要以什么样的经济条件为前提的人，都会毫不犹豫地以坚决否定的态度回答这个问题。在俄国居民中无产阶级不是占多数而是占少数的情况下，不能实行无产阶级专政，这是任何一个郑重的社会主义者都不会反驳的。"他认为，俄国还没有成熟到实行社会主义革命的地步，在俄国工人阶级没有准备好以前过早地夺取政权，把"政权强加给它"，只能意味着把它"推上最大的历史灾难的道路"。按照普列汉诺夫的想法，社会主义制度至少要以两个必不可少的条件为前提：（1）生产力高度发展；（2）国内劳动居民具有极高的觉悟水平。缺少前者，就只能出现"饥饿"和残酷的经济危机；缺少后者，就会导致工人阶级和农民阶级的对抗，实行"东方专制主义"，出现政治怪胎。

从1918年7月开始，俄国的孟什维克党人苏汉诺夫写了七卷本《革命札记》，以回忆录的形式记叙了俄国从二月革命至十月革命的历史，说列宁提出了"关于一个落后的、农民的、分散的、完全破坏的国家向社会主义神奇美妙的跳跃"，他指责列宁对俄国实现社会主义的"客观前提"、对社会经济条件完全缺乏分析，他断言列宁的论点"同马克思主义的社会主义……毫无共同之处"，只会使"由普列汉诺夫、马尔托夫和……列宁培养出来的，学过马克思主义的信徒们的头脑产生混乱"。

奥地利社会民主党和第二国际机会主义首领之一奥托·鲍威尔接二连三地发表文章和小册子，攻击列宁和布尔什维克党。他在1920年4月写成的题为《布尔什维主义还是社会民主主义？》的小册子中认为，俄国的无产阶级专政是俄国经济和文化落后的产物，是少数人对多数人的专政，是一种"专制社会主义"。他论证说："俄国的大工业在最近一个世代才产生。俄国无产阶级的多数是由出身于农村、几年前才来到城市的人组成的。俄国无产阶级不像西欧和中欧的无产阶级那样经历了几十年组织方面的发展和教育。俄国无产阶级在历史上的年轻说明它在文化上的落后。而这种落后迫使布尔什维克走上专制社会主义的道路。"因为"只有在生产力、阶级斗争和群众的文化水平达到一定的发展阶段时才可能有民主。凡是这些先决条件还不具备的地方，先进的少数人的专制主义就是一种'暂时的必要性'，就是历史进步的一种暂时的、不可缺少的工具。俄国的情况就是如此。只有俄国农民的缺乏文化才说明，为什么沙皇专制制度必然不是由俄国人民的民主自治，而是由俄国人民中很小的少数——无产阶级的专政所取代。只有俄国工人的文化落后才说明，为什么无产阶级专政必然由无产阶级群众本身的统治转变为无产阶级很少数的先进分子的专制制度。专制社会主义是这样一种发展的必然产物，这种发展在俄国的农民还没有成熟到实行政治民主，俄国的工人还没有成熟到实行工业民主的发展阶段上就引起了社会革命。专制社会主义是俄国缺乏文化的产物。"他预言：由于"在俄国，无产阶级只占全国的很小的少数，它在那里只能暂时维持自己的统治；一旦全国的农民群众在文化上成熟到足以自行承担统治，无产阶级就一定会重新丧失这种统治"。因而"工业社会主义在农业俄国的暂时统治，只是号召工业的西方的无产阶级进行战斗的一个信号。只有当工业的西方的无产阶级取得了政权，工业社会主义的持久统治才能建立起来"。

修正主义的代表人物伯恩施坦在为自己的《社会主义的前提和社会民主党的任务》所写的跋中，指责列宁和布尔什维克党所进行的事业是"冒险的事业"，是"企图通过一系列专横行动而撇开必要的社会发展的一个重要阶段的尝试"，这种"冒险事业也必然要引起生产倒退的后果"。他在《社会主义的过去和现在》一书中，攻击布尔什维克党把"暴力看成万能的东西"，"作为生产推动力的企业家的历史的即到经济发展到一定程度所必需起的作用，在布尔什维主义的理论中消失不见了"，也为"那些强调无产阶级要达到一定的成熟程度和经济发展的成熟作为社会主义改造的条件的社会主义者"受到布尔什维克的斥责而大鸣不平。

在一片对苏维埃社会主义的攻击和责骂声中，第二国际理论家、中派代表人物考茨基也"不甘落后"。1918年8月,他出版了《无产阶级专政》一书。他以"马克思主义理论权威"自居,把对列宁和布尔什维克的攻击上升到一个"新阶段"。

在这本小册子中,考茨基打着对经济进行唯物主义分析的幌子,对十月革命和新生的苏维埃政权进行攻击。他认为,只有那些生产力高度发达的主要工业国家才具备社会主义革命"在物质上和思想上的前提条件","俄国不属于这些主要的工业国家之列"。考茨基说,俄国工业是如此落后,它还"表现出许多原始的形式",甚至在产业工人当中还有"许多人是文盲,他们来自农村,完全受着乡村观念的狭隘性束缚",而"俄国的经济基础还是农业,而且是小家庭生产。全国人口的五分之四,也许甚至是六分之五是靠小家庭生产为生的","农村人中的压倒多数是农民。革命并没有使这种情况发生任何变化,毋宁说在过去的几年里这种情况更加发展了"。根据上述分析,考茨基认为:"现在正在俄国进行的,实际上是最后一次资产阶级革命,而不是第一次社会主义革命……俄国目前的革命只有在同西欧社会主义革命同时发生的情况下,才可能具有社会主义性质。"如果要把十月革命说成是社会主义革命,在俄国建立起无产阶级专政和社会主义制度,"无非是一种想要超越或者用法令来取消那些自然的发展阶段的大规模试验而已"。"这种做法更使我们想起这样一个怀孕妇女,她疯狂万分地猛跳,为了把她无法忍受的怀孕期缩短并引起早产"。考茨基预言:"这样生下来的孩子,通常是活不成的。"

这样,就形成了一场国际性的反俄、反共、反列宁、反革命的"大合唱",其主旋律就是如何看待经济落后的俄国率先取得胜利并建立社会主义制度,如何看待马克思主义创始人关于社会主义革命的条件论述,归结为一点,就是俄国的十月革命究竟是一个错误、一场悲剧,还是一次史无前例的伟大的成功创举?对此需要作出明确的回答。

1918年9月20日,列宁从《真理报》上看到《无产阶级专政》的摘要后,立即给苏维埃共和国驻欧洲国家的三位全权代表越飞、别尔津、沃罗夫斯基三人写信,指示必须同考茨基在理论上把马克思主义庸俗化的行径作斗争。列宁请他们把考茨基的小册子给他寄来一本，同时寄来考茨基写的所有涉及布尔什维克的文章。

10月初，列宁读了考茨基的小册子《无产阶级专政》后，立即抱病撰写《无产阶级革命和叛徒考茨基》一书。在书脱稿之前，为尽快占领理论阵地，列宁先于10月9日用同一题目写了一篇文章，发表在10月11日的《真理报》上，并指示越飞等人尽快译成外文发表。11月10日，《无产阶级革命和叛徒考茨基》一书写就，12月在莫斯科出版。

在《论无产阶级革命和叛徒考茨基》一书中，列宁总结了历次革命，特别是十月革命和苏维埃政权建立以来的斗争经验，深刻阐明了暴力革命和无产阶级、过渡时期阶级斗争、资产阶级民主和无产阶级民主、工农联盟、无产阶级国际主义、俄国革命和世界革命的关系等问题，批判了考茨基、普列汉诺夫、王德威尔得等人的错误言论。

首先，列宁驳斥了考茨基等人攻击十月革命"实际上是最后一次资产阶级革命"，是超越历史发展阶段的试验的谬论。列宁指出："这个被考茨基弄得一团糟的问题，布尔什维克早在1905年就完全阐明了……当我们同全体农民一起前进时，我们的革命是资产阶级的革命。这是我们十分清楚地意识到的，是我们从1905年以来说过千百次的，我们从来没有试图跳过历史过程的这个必经阶段，也没有试图用法令把它取消……可是，在1917年，从4月起，即在十月革命以前很久，在我们夺取政权以前很久，我们就已公开说过并向人民解释过：现在革命不能停留在这里，因为国家已前进了，资本主义已前进了，经济破坏已达到空前的程度而要求（不管谁愿不愿意）向前迈进，走向社会主义。因为，不这样就不能前进，就不能拯救备受战争摧残的国家，就不能减轻被剥削劳动者的痛苦……革命进程证实了我们的论断是正确的。起初同'全体'农民一起，反对君主制，反对地主，反对中世纪制度（因此，革命还是资产阶级革命，是资产阶级民主革命）。然后同贫苦农民一起，同半无产阶级一起，同一切被剥削者一起，反对资本主义，包括反对农村的富人、富农和投机者，因此革命变成了社会主义革命。企图在这两个革命中间筑起一道人为的万里长城，企图不用无产阶级的准备程度、无产阶级同贫农联合的程度而用其他什么东西来分开这两个革命,就是极端地歪曲马克思主义,把马克思主义庸俗化,用自由主义代替马克思主义。"①

其次,列宁驳斥了所谓俄国经济落后、农民占人口大多数因而不具备实现社会主义的条件的谬论。早在十月革命以前,列宁就明确指出社会主义革命具体道路的多样性,认为"一切民族都将走向社会主义,这是不可避免的,但是一切民族的走法却不会完全一样","每个民族都会有自己的特点","从来没有一个马克思主义者在什么地方论证过:俄国'应当有'资本主义,'因为'西欧已经有了资本主义,等等。从来没有一个马克思主义者认为马克思的理论是一种必须普遍遵守的历史哲学公式,是一种超出了对某种社会经济形态的说明的东西"。②十月革命胜利后,列宁在《论我国革命》一文中指出,二月革命之后落后的俄国具备了进行社会主义革命的客观的革命形势和成熟的主观条件。列宁认为俄国生产力还没有发展到足以实现社会主义的水平,这是"无可争辩的观点",但问题是:不应以此为借口,去否定社会主义革命。社会主义革命和实现社会主义是既有联系又有区别的两个问题。当时俄国的特殊形势,使它具备社会主义革命的条件。首先,经济相对落后的俄国走上社会主义革命的道路,是俄国人民在特殊的历史环境下的历史抉择。"面对第一次帝国主义大战所造成的那种革命形势的人民,在毫无出路的处境逼迫下,难道他们就不能奋起斗争,以求至少获得某种机会去为自己争得进一步发展文明的并不十分寻常的条件吗?"③其次,俄国可以利用上层建筑对经济基础的能动反作用,来造就社会主义所需要的经济前提,即"首先用革命手段取得达到这个一定水平的前提,然后在工农政权和苏维埃制度的基础上赶上别国人民"。④"国家支配着一切大的生产资料,无产阶级掌握着国家政权,这种无产阶级和千百万小农及极小农结成了联盟,这种无产阶级对农民的领导得到了保证,如此等等——难道这不是我们所需要的一切,难道这不是

---

① 《列宁选集》中文第3版第2卷,第657页。
② 《列宁选集》第3版第1卷,人民出版社,第58页。
③ 《列宁选集》第3版第4卷,人民出版社,第777页。
④ 同上。

我们通过合作社,而且仅仅通过合作社,通过曾被我们鄙视为做买卖的合作社的……那种合作社来建成完全的社会主义社会所必需的一切吗?这还不是建成社会主义社会,但这已是建成社会主义社会所必需而且足够的一切。"①再次,俄国社会发展所体现出的特殊性并不违背世界历史发展的一般规律,因为"世界历史发展的一般规律,不仅丝毫不排斥个别发展阶段在发展的形式或顺序上表现出特殊性,反而是以此为前提的。"②针对第二国际机会主义者的攻击,列宁回答说:"你们说,为了建设社会主义就需要文明。好极了。那么,我们为什么不能首先在我国为这种文明创造前提,如驱逐地主,驱逐俄国资本家,然后开始走向社会主义呢?你们究竟在哪些书上看到,说通常的历史顺序是不容有或不可能有这类变化的呢?"在列宁看来,单从生产力方面去寻找俄国革命发生的原因而无视俄国特殊的革命形势,只看到世界历史发展的一般规律而无视个别发展阶段在发展的形式或顺序上表现出的特殊性,是对唯物史观所作的机械的片面的理解。这些人都是"套中人","都自称马克思主义者,但是对马克思主义的理解却迂腐到无以复加的程度。马克思主义中有决定意义的东西,即马克思主义的革命辩证法,他们一点也不理解"。③

第三,批判了考茨基的"纯粹民主"理论。列宁指出,如果不是嘲弄理智和历史,那就很明显:只要有不同的阶级存在,就不能说"纯粹民主",而只能说"阶级的民主","资产阶级民主同中世纪制度比较起来,是历史上一大进步,但它始终是而且在资本主义制度下不能不是狭隘的、残缺不全的、虚伪的、骗人的民主,对富人是天堂,对被剥削者、对穷人是陷阱",因为"剥削者不可能同被剥削者平等","绝不可能有事实的平等",考茨基是"带着饱学的书呆子的博学精神或者说带着10岁的女孩的天真态度"来看待无产阶级专政,迷恋于民主的"纯粹性",看不见它的资产阶级性,把形式上的平等当作事实上的平等。

第四,论述了实行无产阶级专政的必要性。列宁指出,无产阶级专政绝不

---

① 《列宁全集》第2版第43卷,人民出版社,第362页。

② 《列宁选集》第3版第4卷,人民出版社,第778页。

③ 同上,第775页。

是像考茨基所说的那样，是马克思偶然用过的一词，而是马克思的一个重要思想：在资本主义社会和共产主义社会之间，有一个从前者变为后者的革命转变时期，同这个时期相适应的也有一个政治上的过渡时期，这个时期的国家只能是无产阶级的革命专政。"只要这个时代没有结束，剥削者就必然存在着复辟希望，并把这种希望变为复辟尝试。被推翻的剥削者不曾料到自己会被推翻，他们不相信这一点，不愿想到这一点，所以他们在遭到第一次严重失败以后，就以十倍的努力、疯狂的热情、百倍的仇恨投入战斗，为恢复他们被夺去的'天堂'、为他们的家庭而斗争，他们的家庭从前过着那么甜蜜的生活，现在却被'平凡的贱民'弄得破产和贫困（或者只好从事'平凡的'劳动）。而跟着剥削者资本家走的……小资产阶级总是犹豫不决，动摇不定，今天跟着无产阶级走，明天又因革命遭到困难而害怕起来，因工人遭受初次失败或挫折而张皇失措，他们心慌意乱，东奔西跑，叫苦连天……""考茨基像个照本宣读历史教科书而变得干巴巴的中学教员那样，顽固地背对20世纪，面向18世纪，在许多章节中无数次地枯燥无味地搬弄关于资产阶级民主同专制制度、同中世纪制度对比的旧道理！"

在威信与权力面前

苏维埃政权建立后，列宁作为苏俄党和国家领导人，处处时时严格要求自己，勤勤恳恳，不搞特殊化，和群众同甘共苦，关心百姓疾苦，体现了一个无产阶级革命导师和伟大领袖的博大胸怀及崇高品格。

1917年底，苏维埃政府根据列宁的指示，提高了低级职员和邮电、铁路工人的工资，降低了苏维埃机关高级职员的工资。列宁和各部的人民委员一样每月领500卢布的工资，低于高级专家和机关一般工作人员的工资水平，当时二秘的工资是550卢布。办公厅主任邦契－布鲁也维奇觉得列宁的工资太低，有点过意不去，擅自把列宁的工资提高到每月800卢布。列宁知道后，坚辞不受，严肃批评了邦契-布鲁也维奇的行为，要求人民委员会给邦契-布鲁也维奇处以严重警告处分。

苏维埃政权初创时期，列宁工作极为繁忙和紧张：出席或主持各种会议，制定革命战略和策略，领导对敌斗争，平衡各种关系，化解各种矛盾，搭建各种机构新班子，等等，往往不分白天黑夜，作息没有规律。克鲁普斯卡娅曾回忆说：列宁超负荷地操劳，常常深夜才回到家里，在床上也睡不安宁，有时会突然起来给某个人打电话，下达一些命令，"最后即使睡着了，做梦也在谈工作"。[1]

为了列宁的身体健康，1918年1月5日，人民委员会通过决定，让列宁到芬兰"哈利拉"疗养院休养一段时间。在疗养院，列宁也闲不住，先后写了《政论家札记》《怎样组织竞赛》等文章。四天后，列宁放心不下国内的工作，又匆匆赶回了彼得格勒。

1918年3月11日，列宁全家迁往莫斯科。开始列宁一家住在"民族旅馆"里，后来才搬到旧司法机关的旧址——克里姆林宫。全俄中央执行委员会和人民委员会就设在这里。列宁一家住在四间简陋的房子里。房子里仅放了床、书桌、书架、椅子、餐桌等几样生活必需品。因当时木柴供应十分紧张，房内取火得不到保证，显得很冷，但列宁宁肯挨冻，也不愿意搞特殊化。食品供应也是如此，经常缺糖、茶、米，肉和黄油更不用提了。人民委员会食堂通常在早上给列宁送来一杯茶、一块糖和一块黑面包，有时加一块干酪或一点奶油。中午一般是稀汤、黍米粥，有一段时间曾吃过咸鱼和红鱼子。有一天早上，负责料理列宁生活服务的莉莎十分着急，因为列宁的早餐只有一杯没有糖的茶，连一片面包也没有，而列宁已工作了一个通宵，不吃早饭空着肚子怎么能工作？一位从前线回来的士兵听说后十分吃惊，立即敏捷地把背包取下来，从皮靴筒里抽出一把折刀，往靴筒上擦了擦，然后用大衣襟擦一下，从背包里取出一个硬硬的圆面包，用刀切下了一大块，让莉莎把面包送给列宁。饥肠辘辘的列宁得知事情的真相后，立

---

[1]《回忆列宁》第1卷，第619页。

列宁传

即开门向门外的士兵高声说道:"谢谢!同志,这是最好吃的面包,以前我吃过。"

出于对列宁的敬仰、关心和拥护,从各地捎来、送来或寄来的包裹很多,列宁在表示谢意的同时,不给自己留任何东西,总是把物品转送给学校或保育院的孩子们。有一次列宁的胃病加重,莉莎背着列宁悄悄叫马尔科夫搞了两次麦糁,给列宁"改善生活"。

列宁穿衣也很俭朴和随便,两套旧西服轮换着穿,战友们和工作人员劝他做套新西服,他一直不肯。全俄中央执行委员会主席斯维尔德洛夫和全俄肃反委员会主席捷尔任斯基觉得列宁的打扮实在太"朴素"了,决定背着列宁给他做套衣服。他们让卫队长马尔科夫预先搞一块布料,选一个裁缝。一切准备就绪后,斯维尔德洛夫和捷尔任斯基先到列宁家里谈事情,谈兴正浓时马尔科夫带着裁缝也来到列宁家中。列宁看到裁缝时,中止交谈,困惑不解地看着斯维尔德洛夫和捷尔任斯基。斯维尔德洛夫用手指轻轻地敲打着桌子,眼睛不时地看着窗外,捷尔任斯基不紧不慢地转过身去,信手从书架上取下一本书,翻阅起来。列宁见他们默不作声,便问起卫队长马尔科夫:"这是怎么回事?我好像没有叫您嘛,您身后是什么人躲躲闪闪的?"

马尔科夫不知从何说起,斯维尔德洛夫赶紧适时出来解围:"看来,马尔科夫同志带裁缝来是想量个尺寸,我看是这么回事。"

"量什么尺寸?给谁量?简直是胡来!"列宁显得有点生气。

"弗拉基米尔·伊里奇,给您量。"捷尔任斯基说。

"对不起!我看,你们是串通一气搞阴谋吧!"列宁打断捷尔任斯基的话。

"这就随您说了。搞阴谋?尽人皆知,我的职责就是尽快揭露阴谋。"捷尔任斯基顺水推舟地说。

于是,大家都敞怀大笑起来。列宁风趣地叹了一口气,两手一摊说道:"没办法,你们赢了。"说着,他走近裁缝,伸出手与裁缝握手说:"请您原谅,麻烦您了。其实,我自己也可以到您那儿去的。"

列宁的办公室设在克里姆林宫一个不大的房间里,里面陈设着办公必需品。一张写字台,写字台上总放着一个笔记本,列宁在上面作短记,写下要处理的事

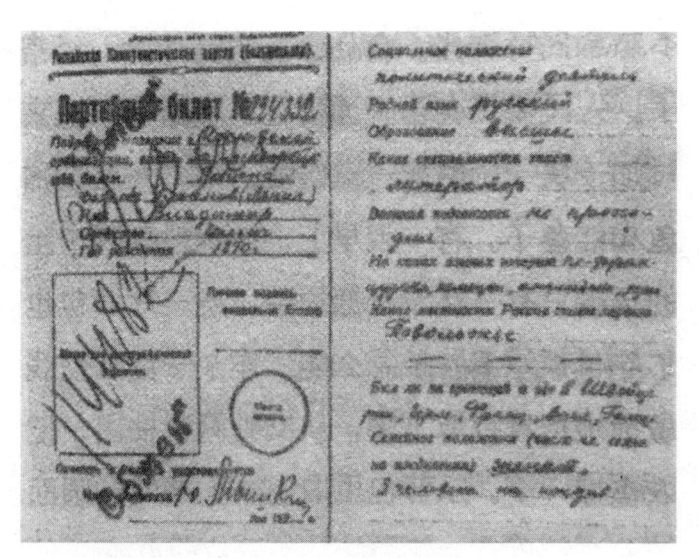

列宁的党证

情和要接见的同志的姓名，有时也把这些事情简单记在活页日历上。写字台前是一把木圈藤椅。写字台旁摆着另一张桌子，桌子两旁有两排专给来访者坐的大皮圈椅。

写字台的左右两边是两个可以旋转的书架，列宁把它们叫作"小风车"。在一个书架上放着一些党代表大会和代表会议的材料，"工农政府法令汇编"、参考书、字典。在另一个书架上是一些放公文和日常工作所必需的文件的卷宗夹，列宁打算在最近几天阅读的一些书籍也放在这个书架上。在写字台后面的两个书架上放着俄国和外国报纸的成套合订本。窗旁的一个书架上放着本月的俄文报纸。

在办公室里，全部空闲的地方都放着书柜，柜里藏有约2000本书。列宁的一部分藏书放在人民委员会接待室旁边的一个房间里。他的全部书籍、杂志和其他出版物共有10000册以上，其中有1000多本是英、法、德和其他语种的。这里有马克思和恩格斯的著作，有普列汉诺夫、倍倍尔、拉法格、梅林、卢森堡的著作，也有黑格尔、费尔巴哈、霍尔巴赫、康帕内拉、圣西门的作品，有俄国革命民主主义者赫尔岑、别林斯基、车尔尼雪夫斯基、杜勃罗留波夫、皮萨列夫等人的文集，还有历史书籍，以及有关政治经济、世界经济、苏维埃俄国经济、技术、自然科学、军事艺术以及其他方面的书籍。在这里还有大量的俄国和世界的

列宁传

文学作品，如普希金、格利波也多夫、果戈理、涅克拉索夫、屠格涅夫、萨尔蒂柯夫·谢德林、列·托尔斯泰、格·乌斯宾斯基、契诃夫、高尔基、但丁、莎士比亚、歌德、席勒、雨果、左拉、海涅、法朗士、泰戈尔、惠特曼、艾·辛克莱、易卜生、罗兰和其他作家的著作。

在列宁的办公室里还有许多地图，他在工作中常常使用它们。在沙发后的墙壁上挂着彼得格勒工人送给他的马克思像，还有一座斯切潘·哈尔士林的半浮雕像。办公室里有一株很大的棕榈树，列宁很喜欢它，并且亲自照管它。在办公室的门上和窗上没有帷幔，他不喜欢帷幔，他从来不让人把窗帘放下来。办公室里的陈设，直到列宁生前在里面工作的最后一天为止，也几乎同最初时期差不多，对自己的办公室习惯了，他坚决拒绝搬到较大和较好的办公室里去。

办公室的一个门通向走廊，另一个门通向所谓"接话室"（这里的总机可以同各人民委员和党中央委员会委员的办公室和住宅、红军各指挥部、彼得格勒及哈尔科夫和其他城市接通电话）。第三个门通向人民委员会会议室，列宁所接见的人都是经由会议室，穿过这一道门进入列宁的办公室。在走廊的尽头，紧挨着人民委员会是列宁的住宅。

列宁虽然是苏维埃政府的首脑，但是他的生活仍然很简朴。列宁在克里姆林宫里的住宅一共只有四个房间。列宁的那个小房间既是书房又是卧室。窗旁有一张写字台，靠墙有一张铁床，上面铺着一块方格子的毛毯；这块毛毯是列宁母亲玛丽亚·亚历山大罗夫娜在1910年他们在瑞士最后一次见面时送给他的；列宁非常珍惜这块毛毯。娜·康·克鲁普斯卡娅和玛·伊·乌里杨诺娃的房间以及饭厅的陈设也是非常简单的。有时厨房代替了饭厅。列宁常常按照老习惯在这里吃午饭、吃晚饭和喝茶。在厨房喝茶的时候，列宁喜欢同女勤务员茹拉天南海北地聊一些家常。

从1918年春到1918年年底，为指挥战斗，列宁的办公室和住宅之间的走廊几乎全给电话机占用了，大家日夜工作，一片繁忙。每天在一阵阵的喧嚷声中，列宁紧张地工作着。列宁每次从住宅急速走到办公室时，总是微笑着和卫兵打着招呼。直到1923年春患病迁居哥尔克之前，列宁一直在这儿工作和生活。

第五章　治国安邦

在安排和布置列宁的办公室时，卫队长马尔科夫和办公厅主任布鲁也维奇觉得人民委员会主席的办公室理应搞得气派一些，便从克里姆林宫宫内一职工那里弄到了一张能铺满整个室内地板的大地毯，在写字台前面安放了一把从宫内搬来的宽敞软椅。当列宁第一次进入办公室时，一见地毯便惊叹道："为什么要铺上这个呢？在这样地毯上走路我也不习惯，你们这是在什么地方搞到这种豪华的地毯呀？"

当列宁得知是从宫内弄到的时，便盼咐布鲁也维奇和马尔科夫："应尽快把这一切东西拿回去登记，因为这是国家财产……"

卫队长马尔科夫显得有点难为情："是没有登记……"

"不管怎样，这是不行的……一切都必须登记，"话没讲完，列宁又发现了圈椅，"这是怎么回事？怎么摆设一把这样的圈椅……请立即把它送回去，请给我放一把带藤心的普通木椅子。大概仓库里能找到吧！请你们找一下，不过拿时要按要求，要登记。"

大家知道列宁的脾气，再拖下去也无济于事，便照列宁的话把事情办妥了。

由于日理万机，列宁平常最大的休息方式就是在克里姆林宫散步，以及在休假日和家人去莫斯科郊外，在那里待上几个小时，呼吸一下新鲜的空气。巴尔维哈附近莫斯科河岸的一片小树林很快成了列宁心爱的地方，那里的一个小岗有一块幽静的地方，可以眺望宽广的河面和周围的田野，有时列宁一直在这里待到黄昏。有时候，汽车从乡村路过时，农家孩子出于好奇，对汽车品头论足、指指点点，一副羡慕的样子，这时候列宁就让司机把车停下，然后车子满载着一群一路叽叽喳喳、大呼小叫的孩子们飞驶上一段路，让孩子们过一下"车瘾"。在可能的情况下，列宁和夫人克鲁普斯卡娅在附近的街上遛达，放松一下身心，但不允许警卫跟从。负责警卫的马尔科夫只得悄悄地布置保卫工作，以防意外。

列宁不抽烟，一闻见烟味就头痛，只要他在场，周围的人都自觉地不抽烟。不论在他的办公室，还是在人民委员会会议室中，都挂有"请不要抽烟"的标牌，以告知不了解情况的人。人民委员会各部及其下属工作人员中有许多"烟鬼"，在开会时，时间短能挺过去，而会议往往一开就是没完没了，常走出会议厅不方便，而且也不可能，因为许多问题讨论时要求全体委员在场。时间一长，大家情急之中，"烟鬼"找到了解燃眉之急的办法：在会议室后头，有个瓷砖面荷兰式火炉，三分之一炉身突入会议室，这样墙和火炉之间就形成了一个相当大的空当，通气孔在这部分炉身，开会时为了换一下新鲜空气，就打开炉上的风门，吸烟者乘机坐在炉边空当，快乐地抽上一会儿烟，烟气被抽进通气孔。

列宁观察问题向来认真，他看到一些人民委员轮换穿梭往来时，觉得有些奇怪，起身到炉身旁看个究竟，发现了几个吸烟者。"原来这么一回事啊！"他笑着说道，"罪证俱在，你们被当场捉获啦。"[①] 会场上顿时出现了一阵大笑声。列宁对大家所给的特殊照顾深为感动，提议在会议室允许抽烟。所有抽烟者都不同意，仍继续到"老地方"过烟瘾。

每天要求列宁接见的人很多、很杂，请示和要求也五花八门，例如农民代表提出："根据什么和怎样分配从地主那里没收的马匹、奶牛、财物？""从地主那里没收的钱怎样处理？""如果乡土地委员会拒绝执行《土地法》，怎么办？"等等。在与农民代表的倾心交谈中，列宁知道了农民想要什么和想干什么。1917年11月中旬，列宁写了一篇《答农民问题》的文章，就农民所关心的普遍性问题做了回答。有一次，几个农民代表见到列宁后，兴奋地告诉列宁，他们已在村子中改选了苏维埃，把富农赶了出去。其中一个农民从背包里拿出一个特别大的圆面包，郑重地交给列宁。当时正值饥荒年代，面包是珍贵的礼物，农民们用朴实的感情来表达他们对工农领袖列宁的敬意。列宁十分感谢农民的厚意，同时半开玩笑地回绝："我还没有足够的时间来吃完这个面包。"

1919年初，列宁把星期五定为"上访农民接待日"。列宁亲自接待的首批农民来自全国各地，共52人。当时正值斑疹伤寒到处流行，若不注意很可能有染上这种病的危险。克里姆林宫当时还没有建立起可以对所有来访者快速进行处理的消毒室和淋浴池。有人提醒列宁，能否暂缓接见。列宁坚决不同意。

在接待室，列宁一一问清了每个人的名字和单位，上访的原因和要求，并

[①] 弗·德·邦契-布鲁也维奇：《回忆列宁》，人民出版社1985年版，第310页。

第五章 治国安邦

——作了耐心、详细的解释和回答。谈话持续了5个多小时，最后农民们满意而去。其中一位农民高兴地说："我们现在有一个英明的指挥者了！农民的道理他也懂！"

列宁虽然很忙，但他时刻不忘干部、群众疾苦，十分注意同志们的身体、生活状况。

1918年7月，列宁看到粮食人民委员瞿鲁巴脸色苍白、眼睛困倦、走路无力，气色十分不好，立即作了批示："瞿鲁巴同志：您病恹恹的，不要耽搁时间，快去休息两个月。如果您不确切保证，我将向中央委员会告状。"[①] 事后，瞿鲁巴对自己的健康还是不怎么在乎，草草休养了一下，便又忙于公务了。不久，列宁又给瞿鲁巴下了一道"命令"：由于瞿鲁巴不注意休息，有必要保护"国家财富"，特令瞿鲁巴严格执行下列预防措施：（1）不准连续工作两小时以上；（2）晚上10点半以后不许工作；（3）不接待群众来访。另外，对夫人的限制性"命令"必须绝对执行。

鉴于国家计委负责人克尔日扎诺夫斯基和克拉辛异常疲累，1918年列宁在给俄共中央组织局的信中，希望组织局作出一个强制性决定，要他们进行一个月的治疗和休息。因为他们"几乎累垮了"，对他们的身体"必须进行刻不容缓的修理"。[②]

列宁特别关心老党员、老一辈革命家的生活状况。有一次，列宁把他的秘书叫到办公室叮嘱道："我的一位战友是个老地下工作者，在前线牺牲了。他留下的几个孩子必须安置到保育院去……您不仅要把孩子们安顿好，而且要检查一下他们的生活条件好不好。"老革命家捷尔任斯基有一回在南方疗养，在身体不适的情况下请求回莫斯科工作。列宁得知情况后，立即提议政治局作出"决定"：不准捷尔任斯基在身体完全康复以前回莫斯科。伊·克·拉拉扬茨是列宁早在19世纪90年代就认识的一位马克思主义者，后来脱党，列宁认为他毕竟为革命做过贡献，还是应该加以任用，并请人关照他的生活。1920年6月22日，列宁在

---

① 《列宁文稿》第7卷，第167—168页。

② 《列宁文稿》第9卷，第330页。

列宁传

关于民意党人梯尔柯夫的批示中写道：请给予梯尔柯夫公民，即英雄的民意党人小组的最后一个莫希干人、刺杀亚历山大二世的三月事件的参加者——现已年迈的梯尔柯夫公民——二三俄亩地（从他的原有庄园中拨出）和两头牛，供他家庭使用……迅速执行。同时，列宁还交代秘书及时提醒他检查执行情况。

列宁十分重视改善科学家和专业工作者的条件。1918年，列宁批准建立了一个"科学院口粮"委员会，从国家粮食储备中挤出一部分粮食供给1万多名科学家和艺术家，提高他们的工资和补助，建立若干休养所和疗养院，改善他们的居住条件。列宁曾十几次检查给予著名生物生理学家巴甫洛夫院士的补助发放情况。1921年4月23日，列宁听说经济学家列·纳·克里茨曼身体非常不好，特写信给全俄中央执行委员会，要求给克里茨曼配一间专用房子进行工作和接待，直接从城郊的国营农场领取新鲜的农产品，因为医生禁止克里茨曼食用库存的食品。米·瓦·罗蒙索夫是著名的机车制造专家，早在沙皇统治时期就是莫斯科—喀山铁路的负责人，曾冒着风险安排一些布尔什维克党员工作。列宁知道此事后，在1921年的一次研究购买国外机车问题时，提议罗蒙索夫任机车委员会负责人，从而做到人尽其才。

对于普通群众的冷暖疾苦，列宁时刻挂在心上。1921年2月，列宁在同农民伊·阿·切库诺夫交谈中得知，切库诺夫在路上丢了眼镜，又在市场上买了一副质次价高的眼镜，十分懊恼。列宁马上给保健人民委员写了一个便条："在我这儿坐着一位叫切库诺夫的同志，他是一个能够按照自己的方式宣传共产主义原理的很风趣的劳动农民。他把眼镜丢了，花了1.5万卢布才买到一副糟糕的眼镜！可不可以帮他配一副好眼镜？务必请您帮忙，并请您的秘书通知我一下，是否办妥。"这件事令切库诺夫十分感动。列宁去世后，他曾经写下这样一首诗：在英明睿智的脑袋上／伊里奇给自己戴上的／不是缀满钻石的金冠／而是劳动人民／用自己跳动的心／给他编织的花冠……20世纪20年代前后，斑疹伤寒病流行，列宁把斑疹伤寒列为一大敌人，要求各地做好卫生防疫工作。1920年1月，列宁亲自视察了喀山车站的防疫工作，仔细而又内行地询问了消毒过程的细节，消毒设备的功效，并亲自查验了化验报告。1920年秋，列宁听说莫斯科一些工厂的工人住宿条件十分艰苦，有的几百人挤在棚屋里，睡在搭成三层的铺板上。列宁感到十分痛心，要求莫斯科党委立刻拟订一个紧急住宅行动计划，让工人参与住宅分配，做到公平、合理、及时。

同马克思恩格斯一样，列宁坚决反对搞个人崇拜和个人迷信。不论在会议上或报刊上，列宁都不允许对他个人或他的功绩作出任何颂扬或夸张的决定。只要稍有违背马克思主义的个人迷信的苗头出现，他就非常气愤。在评价历史事件和解决目前任务的时候，列宁一贯把党和群众放在首位。列宁任何时间、任何场合都表现出极其谦虚的美德。和列宁一起工作的人都不敢对他说颂扬的话，否则，就会立即遭到他的反对。甚至当他的亲密战友和朋友发自内心地讲他从事革命活动的意义时，他也表示愤懑。

1920年4月5日，在克里姆林宫召开的党的第九次代表大会上，许多代表提出庆祝列宁50岁生日，当大会执行主席宣布："列宁的50诞辰就要到了，根据代表们的要求，我们决定今天的会议庆祝这一日子。"这个决定博得全体代表的热烈掌声。列宁当即表示反对，他站起来说："同志们，还是让我们一起来唱《国际歌》吧！"

列宁在俄共（布）第九次代表大会上

大会不顾列宁的反对，转入关于列宁的生活和活动的发言，雅罗斯拉夫斯基、柯恩、加里宁先后讲了话。他们说，列宁是共产党和苏维埃国家的缔造者和领导者。他们强调指出了列宁性格的显著特点：十分谦虚、非常朴实、对人关怀备至……列宁带着戒备的神情听着，后来明显地不耐烦起来，脸上表现出很大的不满。他从主席团的桌子后面走出来，跨着很大的步子离开了会场，到自己的办公室里去了。

过了一会儿，列宁给会议主席团写去了一张便条，要求马上终止庆祝活动。当他知道会议还在庆祝他的生日，就写去了第二张便条。这时，主席团认为必须把列宁的要求告诉全体代表。可是大会仍然主张让所有要求发言的人继续发言。这个意见告诉了列宁后，列宁不仅托人送去了第三张便条，还打电话给大会执行主席彼得罗夫斯基，命令他停止那种滔滔不绝的歌功颂德的发言，坚决要求他"刹住"这种"胡闹"行为，要求讨论大会预定的问题。彼得罗夫斯基没精打采地向大会代表传达了列宁的命令，然而，这一次谁也不愿意顺从列宁的要求，那种"胡闹"的行为自然还是继续下去。发言结束时，大会作出决定：为纪念列宁50诞辰，出版列宁全集，并大量发行。

莫斯科市委会及其全体工作人员都很想庆祝列宁的50岁生日，他们决定于1920年4月23日在大德米特罗夫卡大街的莫斯科市委会大厅举行由党内积极分子参加的纪念晚会，称为"共产主义晚会"。莫斯科市委书记亚·费·米雅斯尼柯夫是在晚会开始时才通知列宁的，列宁拒绝出席正式的庆祝会。列宁和娜捷施达·康斯坦丁诺夫娜·克鲁普斯卡娅在会议结束前才来到会场。大家热烈地鼓掌欢迎他们，一直到列宁登上主席台才停止。列宁两眼含着笑意，脸上焕发出他那特有的风趣的神情。他以微笑的眼光环视了所有到会的人之后说："同志们！首先，我自然应当感谢你们。第一，感谢你们今天对我祝贺；第二，更感谢你们使我没有听祝寿演说。"接着列宁谈了党的任务，指出了骄傲自大的危险。他强调指出骄傲自大的危险，对于全体布尔什维克，无论是个人或整个政党来说，都应加倍地估计到。他说，我们面临着极其繁重的工作，要求我们比以往作出更大的努力。他在发

50岁时的列宁

言结束时，希望大家无论如何不要使党落到骄傲自大的地步。

1920年，《共产国际》杂志发表了高尔基的一篇关于列宁的文章。高尔基是以赤诚的感情，怀着对列宁深切的爱戴写这篇文章的。文章表现出高尔基特有的富于艺术的、哲理的手法。列宁读了之后，立即要求把这篇文章从杂志上撤掉，没收这一期杂志。由于杂志已经发行，编辑部就不同意没收它。但是列宁要求中央委员会作出严格的决定，指出登载这类文章是极不妥当的，今后不得在杂志上再刊登这样的文章。根据列宁的提议，中央委员会通过了相应的决定。

1920年，俄共（布）和十月革命历史资料收集委员会曾决定着手为未来的列宁纪念馆搜集材料。列宁坚决制止这种做法，他对向他汇报资料收集委员会的工作的奥里明斯基说："您不可能想象，常常把我个人提出来，这使我感到多么不愉快。"

列宁非常讨厌摆出各种姿势让别人照相，因此，他的相片不多。1920年7月，从彼得格勒来了一位摄影师，要求给列宁拍照。他请秘书安排同列宁见面。当秘书把摄影师的请求告诉列宁时，列宁直摇手，甚至连和他谈话也不同意。可是摄影师坚持要给列宁照相。秘书决定选择一个适当的时机来征得列宁的同意。过了几天，秘书让摄影师进入克里姆林宫，把照相机安置在二楼的一间房子里，这个房间是列宁到斯维尔德洛夫大厅去开会的必经的地方。秘书让摄影师做好"战斗"准备，自己则去说服列宁，他要列宁相信，花费的时间不会超过5分钟。列宁最终同意了。这样才多摄下一张珍贵的历史照片。

无论是大事还是小事，列宁都表现出朴实和谦虚的品德。列宁在写《共产主义运动中的"左派"幼稚病》一书时，请外交人民委员契切林帮助他，他给契切林写的便条说：我想请您和法因贝尔格（如果您帮忙的话，就请您介绍一名十分了解英国社会主义的同志）看一下我那本小册子或有关英国那一章，并告诉我，我书里有没有错误或不妥之处。如果没有什么困难的话，非常希望您能在旁边写出具体的修改意见。

列宁用来处理私事的时间是极少的。1920年，克鲁普斯卡娅患了严重的凸眼性甲状腺肿。一天晚上在预定的时间内，几位医科专家来家里会诊。这时，人民

列宁传

列宁和斯维尔德洛夫参加1918年11月7日在莫斯科革命广场举行的马克思、恩格斯纪念碑揭幕典礼

委员会正在开会，列宁告诉妹妹，等医生到齐了再喊他。会议进行到一半议程的时候，列宁先向大家表示歉意，然后委托人民委员列·波·克拉辛主持会议，说过10—15分钟一定回来。列宁走后，克拉辛以有人身体不好，以及有人太疲劳作借口，建议休会。列宁没等医生离开家门，就匆忙回到会场，对克拉辛提出"休会"的建议一眼就看出其问题所在，继续主持会议。

列宁在党和国家政权中有崇高的威信，但他十分注意发扬民主。当然，党内民主是有前提、有条件的，那就是必须遵守党代表大会的决议，必须执行党中央下达的指示。因为"党处在整个资本主义世界的联合起来的、十分强大的敌人包围之中"。而国内敌对势力的反抗、暴动也此起彼伏。在全党服从中央，下级服从上级的条件下，必须充分发扬党内民主。所以，十月革命胜利后，尽管政治险象环生，党与国家"经历了世界上从来没有过的灾难、贫困、牺牲"。但是党的代表大会、代表会议、中央委员会、依然按时召开，党内民主依然生气勃勃。十月革命后至列宁逝世前，俄共（布）共召开了六次全国代表大会，五次全国代表会议，45次中央全会，在77个月中，党的最高机关召开了这么多次会议，集体决策党政、军队、国家大事，实现了党代表大会对中央委员会及各级党组织的监察。例如，党内可以作观点不同的副报告。1918年5月14日至17日，俄共莫斯科区域局举行党代表会议，讨论目前形势。莫斯科党的负责人洛莫夫代表"左派共产主义"作主报告，他猛烈批评党的内外政策。随后列宁作副报告，驳斥了"左派共产主义者"的种种错误观点。会议对两个报告进行了讨论。最后会议以42∶9通过了以列宁报告为基础的决议。党员可以在适当的场合提出自己的动议、议案，发表自己的意见和主张，可以按纲领选举党代表。在党中央重大决

第五章　治国安邦

策上发生难以解决的意见分歧时,列宁不是以势压人,个人专断、向人民隐瞒真相,而是把真实情况直接告诉党员、人民,照多数人的意见办事。如讨论《布列斯特和约》时,中央全会两度否决列宁的提案,并一直为多数派反对。列宁本想在工人集中的两个首都就此事进行公民表决,但因时间紧迫改由中央发出意见征询书的形式,42省作了答复,列宁亲自汇编答复资料,总计赞成和平者167票,赞成战争者128票。1920年9月列宁在俄共(布)"九大"指出:"创办报刊(争论专页等)来更经常、更广泛地批评党的错误和开展党内各种批评。"俄共"十大"召开之前,中央委员会的一种不定期出版物《争论专页》就开始出版,同时还出专门文集。它在历次党代会召开之前,争论时期,都一再出版。列宁十分宽容那些曾经激烈反对过自己的革命同志,并与之亲密合作共事。托洛茨基、加米涅夫、季诺维也夫、李可夫、米柳亭等人都曾经激烈地反对过列宁,但是他们后来都成为党政要人。

1920年5月5日,列宁在莫斯科斯维尔德洛夫广场对开往前线的红军战士讲话

第六章

晚年的探索

危机后的选择

1920年夏天，苏维埃俄国反对外国干涉和国内叛乱的国内战争已胜利在望。国家面临的基本任务就是医治战争创伤，恢复被战争破坏的生产力，发展国民经济，稳定地维持社会的基本秩序。这样，国家再次面临着向和平经济建设过渡的问题。如何过渡，当时包括列宁在内的俄共（布）领导人坦率地承认，对于过渡的具体形式和方法不十分清楚，尚需探索，而且倾向于直接过渡，即继续实施战时共产主义政策，把原来仅为权宜和应急的战时共产主义变为直接向共产主义过渡的桥梁和捷径。1920年，列宁再三强调，在当时劳动群众处于饥饿、寒冷，经济空前困难"这种特殊情况下，必须实行'特殊的过渡'"，把军事上胜利的经验运用到经济方面来，用军事办法解决经济任务。因而他把巩固并推广余粮收集制和建立劳动军等，看成是当时保证"进行大规模的经济建设"的一条"正确"道路。

随着战争尾声的临近，不断加强的战时共产主义政策的弊端日益显露出来。余粮收集制虽然缓解了当时的粮食危机，但它在实际推广中，因为把农民的全部余粮甚至一部分口粮、种子及其他农副产品都强征强收，不仅收购价格过低，而且所付货币都是一些急速贬值的"彩色纸片"，所以农民瞒产抗交、赶走征粮队和农民暴动事件时有发生。从1920年底开始，全国许多地区的农村发生骚乱和暴动，尤其是坦波夫省、伏尔加河流域、乌克兰和西伯利亚，参加暴动的不仅有富农，还有相当数量的中农。农民给各级苏维埃政权和粮食机关写了大量的申诉信和请求书，有的还直接写信给列宁。仅在1920年9月至12月间，全俄中央执行委员会就收到400份这样的信。其中有一封由《贫农报》转给列宁的信，信中提到"苏维埃政权比沙皇政权还坏"[1]。1920年9月12日，奥洛涅茨省的一个地方的农民联合起来，派代表到莫斯科与中央政府进行谈判，在递交的委托书中这样写着："与穷凶极恶的资产阶级强盗的战争已经持续三年了，这就需要国家作出越来越多的牺牲。作出极大的努力并忍受极度的困苦，而这一切都给我们带来新的沉重负担：一会儿动员马匹，一会儿动员耕牛，各种各样的劳役，征收余粮……尽管我们十分愿意帮助国家，而国家向我们提出要求却是无法完成的。"[2] 坦波夫省叶拉托姆县的红军士兵在给中央的信中，对一些人征收余粮时滥用职权提出了控诉："农民的情绪已达到这样的程度，即如果在我们县不很快根绝这类现象，那就必然爆发暴动，这将不是富农的暴动，而是对正义的胜利丧失了任何希望的劳动居民的暴动。"[3] 就连村和乡的党的基层组织有时也支持农民的请求和申诉。1920年底的一次非党农民会议上，原喀山省农民说："余粮收得太多。请给我们定个标准，要不，我们会把春播的种子都吃完。"彼得格勒省农民说："我们那里发生过把手枪对着人家太阳穴这样的强制行为。人们很气愤。"吉尔吉斯的农民说："粮食被收集得像扫帚扫过一样干净，一点也没剩。"[4]

工人阶级也出现了令人担心的严重状况，由于工厂开工不足或倒闭，大批工人流落他乡或另谋职业，日益丧失其阶级性和骨干性，对饥饿状况日益不满。

在国家面临危机和困难的情况下，苏维埃政权的敌人和反对者——立宪民主党人、孟什

列宁（1920年7月）

---

[1]《回忆列宁》第4卷，第343页。

[2] 根基娜：《列宁的国务活动》，中国人民大学出版社1982年版，第49—50页。

[3] 同上。

[4]《列宁文稿》第3卷，第387—389页。

维克、社会革命党人、白卫分子、无政府主义者、资产阶级民族主义者，都试图利用工农群众的不满情绪，反对苏维埃政权。他们打着各种旗号，许下一些骗人的"诺言"，到处抢劫国营农场，破坏车站、桥梁，残酷杀害共产党员和贫苦农民，并挑动叛乱，为非作歹。

从1920年最后几个月起，列宁就在酝酿经济政策的调整。他把农民的来信和建议看作反映农民情绪的"晴雨表"，认为这是在政府工作报告中永远读不到的"文件"。因为通过农民的来信和申诉，可以了解到农民的呼声、愿望和"许多合理的想法"。1920年12月22日，全俄苏维埃第八次代表大会召开。列宁在会上强调，不使小农经济在实际上得到明显的改善，我们就没有出路。

1921年2月8日，俄共（布）中央政治局作出决议，决定成立由列宁任主席的委员会，负责起草党中央关于用农业税代替余粮收集制的文件。2月8日，列宁写了《农民问题提纲初纲》，提出了以下设想和建议：（1）满足非党农民关于用粮食税代替余粮收集制（即征收余粮）的愿望。（2）减低粮食税额，使其低于去年余粮收集制所征收的数额。（3）同意使税额与农民积极性相适应的原则，即依照农民积极性的增高而降低税率。（4）在迅速地缴足税款的条件下，使农民在地方经济流转中有更大的自由来运用其纳税以外的余粮。这样，就迈出了走上新经济政策的关键一步。

1921年二三月份，列宁先后接见了大批来访的工人、农民和士兵。农民代表一致要求取消余粮收集制，说明了粮食、种子、牲畜、原料几乎被"洗劫一空"的艰难困苦。在接见坦波夫省的农民代表时，列宁曾动情地说："我知道，当农民的一切都被拿走，而给他们的东西又是那么少时，他们的生活何等艰难。我了解农民的生活，我热爱他们，我尊敬他们。我请求农民稍微忍耐一下，我请求他们清醒过来并帮助自己的政权。"

在农民代表中，伊·阿·切库诺夫曾给列宁留下深刻的印象。切库诺夫是弗拉基米尔省的一位农民，曾去过不少地方，了解很多实际材料。在和列宁谈话中，他向列宁提出了实行粮食税的办法，进一步启发了列宁考虑农村经济政策的新思路。列宁对切库诺夫的评价很高，当即写信推荐他到共和国农业人民委员部工作，并建议再吸收几个经验丰富、在群众中有威信的老农民到农业部工作。切库诺夫后来的工作表现，果然不负列宁的厚望。

1921年2月28日，在敌人的挑拨离间下，喀琅施塔得部分水兵发动叛乱，叛乱者占据了海军要塞和几艘军舰，并夺取了大批枪炮弹药，提出了"不要共产党人参加的苏维埃"的口号。在劝说无效的情况下，俄共（布）中央派遣正在出席俄共（布）"十大"的300名代表在图哈切夫斯基、伏罗希洛夫的带领下，会同红军，用武力很快平定了叛乱。

喀琅施塔得叛乱表明，农民、士兵、工人对战时共产主义政策的不满情绪已发展到十分危险的边缘，若不注意，极易为别有用心的人利用，甚至威胁新生苏维埃政权的生存。事件引起了列宁和俄共（布）中央的高度重视。严酷的形势进一步坚定了列宁实施新经济政策的决心。他承认，"现实生活说明我们犯了错误"，在一个小农国家中直接用无产阶级的法令，按共产主义原则来调整国家的生产和分配行不通，必须另辟新路。

列宁同英国学者、科普作家赫·威尔斯交谈（1920年10月6日）

正当俄共（布）中央决定实行有秩序地退却，将用直接冲击的手段进入"共产主义"改为用迂回的办法建设社会主义经济基础的关键时刻，托洛茨基却挑起了关于工会问题的争论，党被迫花时间来纠正托洛茨基等人的错误。

1920年11月，全俄工会第五次代表大会召开。托洛茨基在会上公开提出了

1920年11月14日,列宁和克鲁普斯卡娅在莫斯科省沃洛科拉姆斯克县拉希诺村的农民中间

"把螺丝钉得紧""整刷工会"的口号。他主张在工会工作中采取军事命令的办法,反对向工人群众采用说服的办法,主张工会国家化,反对工会机关选举制,反对在工会内部扩大民主,反对列宁用迂回办法建设社会主义经济。会上,除全俄工会中央理事会主席托姆斯基反对外,大多数中央委员持静观态度。11月8日至9日,俄共(布)召开中央全会。会上,托洛茨基提出了一份题为《工会及其今后的作用》的提纲初稿,但被否决。全会决定成立一个研究工会问题的专门委员会,这个委员会吸收托洛茨基参加,以便将有关工会的任务、作用等问题由这个专门委员会作进一步的讨论和研究。中央全会还通过决议,不得把中央委员会内部的分歧和争论诉诸广泛的讨论。但托洛茨基拒绝参加专门委员会的活动,并坚持要把自己的意见在党报上公布出来。于是,争论不但没有停息,反而愈演愈烈。12月7日,中央全会再次举行。由同情托洛茨基的一些人领导的运输工会中央委员会无视上次中央全会的决议,依然坚持战时领导方法,采取极端措施,造成广大水运员工的强烈不满,加深了冲突和分裂。季诺维也夫代表工会专门委员会建议撤销交通总政治部,改组运输工会的领导机构,迅速召开运输工人代表大会。托洛茨基坚决反对。布哈林采取"缓冲"立场,一方面承认水运员工反对

极端措施是正确的，另一方面不同意立即改组运输工会领导机构。列宁和另外6名中央委员反对布哈林的草案，托洛茨基出于策略上的考虑，投票赞成布哈林的草案，遂使这一"缓冲"草案以一票之差得以通过。工会问题的争论引起中央委员会内部的思想混乱，争论逐步升级。因此，列宁认为这是"两次不幸的中央全会"，干扰了中央正确方针和政策的制定。

12月24日，俄共（布）中央全会决定把中央内部分歧和工会问题提交全党公开讨论，并在即将召开的党的代表大会上展开讨论，以形成统一的决议。同日，在季明剧院召开的一次群众性集会上，托洛茨基作了《关于工会在生产中的任务》的报告，托姆斯基作了副报告，这是工会问题争论公开化的开端。次日，即12月25日，托洛茨基在全俄苏维埃第八次代表大会上散发了以"一群负责工作人员"的名义写的纲领性小册子《工会的作用和任务》。小册子从头到尾都贯穿了"整刷"的精神，但列宁认为，"从形式民主的观点来看，托洛茨基无疑是有权发表纲领的，因为12月24日中央曾许可自由争论。但是从对革命是否适宜的观点来看，这就更扩大了错误，这就是根据错误的纲领建立派别组织"。12月30日，在苏维埃"八大"的党员代表、全俄工会中央理事会和莫斯科省工会理事会的党员干部大会上，就工会问题展开了全面争论。会上由季诺维也夫、托洛茨基作报告，布哈林、诺根、施略普尼柯夫和梁赞诺夫等人作副报告，列宁作了题为《论工会、目前局势及托洛茨基的错误》的演说，他阐述了工会在无产阶级专政体系中的地位和作用，分析了争论的实质，对托洛茨基的错误观点和布哈林的"缓冲"立场进行了尖锐的批判。列宁指出，在无产阶级专政条件下，一方面，工会几乎是全体工业无产阶级组织，是实行国家强制的阶级的组织，另一方面，工会是教育、吸引和训练的组织，是共产主义的学校。在向社会主义过渡时，工会是党和国家政权联系广大工人阶级的纽带，党对工会、工会对群众绝不能采取军事命令的办法，只能采用说服、教育、团结、帮助的方法。工会是群众性的阶级组织，只能在先锋队领导下进行活动。即使在最先进的国家里，无产阶级的觉悟也是参差不齐的，是分裂的，有些部分还被人收买，所以工会不能实现无产阶级专政，只有吸收了阶级的革命力量的先锋队，才能实现这种专政。关于工会问题的争论，实质在于对待群众、掌握群众、联系群众的方法问题上存在着分歧。而对待群众的政策不正确，就会使苏维埃政权失去群众支柱而灭亡。

1921年初，彼得格勒和莫斯科两个最大和最有影响的地方党组织也卷入了这场争论。1月12日，中央全会重申，必须完全自由地进行争论，任何组织都有权发表自己的见解和主张。于是，党内先后有八个派别提出自己关于工会问题的纲领，他们是由列宁、季诺维也夫、托姆斯基、鲁祖塔克、加里宁、加米涅夫、洛沃夫斯基、彼得罗夫斯基、阿尔乔姆和斯大林共同签署的"十人纲领"，还有托洛茨基派、"缓冲集团""工人反对派""民主集中派"、诺根派、梁赞诺夫派和伊格纳托夫派。争论进入一个新的阶段。

从1921年1月中旬起，提出纲领的各派分别在不同场合宣传自己的观点和主张。其间，1月19日，列宁发表《党内危机》一文，评述了工会问题争论的发展过程，揭露各个反对派的派别活动以及它们纲领的机会主义性质。1月25日，列宁写成《再论工会、目前局势及托洛茨基和布哈林的错误》，进一步论述了工会问题争论的本质，分析和批判了托洛茨基和布哈林的错误。1月19日，斯大林在《真理报》发表题为《我们的意见分歧》一文，批评了托洛茨基企图把军事方法搬到工会中来的错误。托洛茨基也分别于1月14日、15日发表文章，继续申述自己的观点，并为运输工会中央委员会的错误辩护。1月29日，他又在《真理报》上发表《有分歧，但何必引起混乱？》一文，坚持说他提出工会在生产中的作用问题是必要的，责备列宁提出"谁开头炮"的问题造成了混乱。列宁指出托洛茨基的这篇短文是嫁祸于人。此外，布哈林、柯伦泰、伊格纳托夫等纷纷发表文章和小册子，整个1月份，全党上下都对工会问题展开争论，各派之间也不断分化和重新组合。2月初，托洛茨基派同"缓冲派"提出一份联合纲领，接着，诺根派、伊格纳托夫派和"民主集中派"相继并入"工人反对派"。至党的第十次代表大会前夕，剩下了三个纲领，即：托洛茨基和布哈林"缓冲派"的联合纲领；列宁、季诺维也夫等的"十人纲领"；"工人反对派"的纲领。在党的许多基层单位的争论中，大多数党员都表示支持以列宁为代表的"十人纲领"，谴责托洛茨基在工会问题上的错误观点。至此，到俄共（布）第十次代表大会前夕，争论的阵线已趋于明朗。

3月8日至16日,俄共(布)举行第十次代表大会,列宁致开幕词并作中央委员会总结报告。季诺维也夫代表"十人纲领"的拥护者作报告,托洛茨基代表"托—布联合纲领"派、施略普尼柯夫代表"工人反对派"作副报告,各派各有两名代表在大会上发言,开展辩论,并进行表决。表决结果,336票拥护"十人纲领","托—布联合纲领"得50票,"工人反对派"纲领得18票,2票弃权。据此,大会选举了各主要派别的代表人物组成的工会问题决议起草委员会,以"十人纲领"为基础,起草了《关于工会的作用和任务》的决议草案付诸大会表决。大会通过了这一决议案,以列宁为代表的关于工会问题争论中的正确主张,终于获得了胜利。大会还通过了《关于党的统一》的决议和《关于我们党内工团主义和无政府主义倾向的决议》。大会决议特别强调,宣传无政府工团主义倾向的思想是极端有害的,必须保持党的意志和步调的统一,责令"立即毫无例外地解散一切不论按何种政纲组成的集团,并责成各级组织密切注意,禁止任何派别活动",否则,"应立即无条件地开除出党"。

列宁在俄共(布)第十次代表大会上讲话

从1920年11月起至1921年3月,俄共(布)党内关于工会问题的争论持续了四个月之久。在这场争论中,不仅托洛茨基的这些主张是错误的,尤为错误的是他不顾大局,在这个困难的时刻挑起并加剧了这场争论,从而分散了全党对当前最迫切的任务——恢复经济的注意力,被迫把许多精力放在既不紧迫又不十分重要的工会问题的争论上。正如列宁所说,这一场争论"是太奢侈了,以至于使全世界都觉得奇怪——一个党在殊死斗争的最困难情况下,而且在发生歉收和危机的条件下,在遭到严重破坏和军队复员的条件下,竟然用尽心思去研究各种纲领的细枝末节,那么现在我们应当从这些教训中得出政治的结论,应当不仅得出关于各种错误的结论,而且得出关于阶级关系、工人阶级和农民的关系的政治结论"。托洛茨基后来也不得不承认,这场争论是"离题的","列宁出于准确无误的政治本能,意识到已经到了危急关头,采取措施减轻军事压力",而他还要"试图让工会做出空前巨大的努力",全党在进行关于工会问题的争论,"而实际问题却是日常的面包、燃料和工业原料问题"。

在排除托洛茨基等人的干扰后,列宁又开始把精力投入到新经济政策上。

1921年3月中旬,俄共(布)第十次代表大会在莫斯科斯特维尔德洛夫大厅举行。列宁向大会致开幕词和向大会所作的关于实物税报告中,对"战时共产主义政策"作了客观的历史的评价,指出在当时的历史环境条件下,为了救国家,救军队,救工农政权,除了实行余粮收集制,别无他法。在当时战争条件下,这种政策是基本正确的,是一种功劳。但同时必须要看到这个"功劳"的限度,它是战争和严重经济破坏迫使我们不得不实行的政策,是一种临时的办法,它不是也不可能是适应无产阶级经济任务的政策。在战争已经结束的环境中,如果继续实行先前曾经是胜利条件的旧政策,只能导致失败。列宁还分析了战争结束以后国内阶级关系的变化,坦率承认农民的不满情绪已达到了顶点,国内已经出现经济和政治危机。由此作出结论:必须重新审查党现行的农村经济政策,制定以粮食税为中心的新的农村经济政策,允许农民自由支配交税后剩下的粮食和农产品。经过讨论,大会通过了《关于以粮食税代替余粮收集制》的决议,作出了向新经济政策过渡的决定。

俄共(布)"十大"以后,关于新经济政策的法令陆续出台。3月21日,全俄苏维埃中央委员会通过了《关于用实物税代替粮食和原料收集制》的法令。几天之后,苏维埃政府颁布了《关于实物税税额》的法令和《关于在完成余粮收集任务的省份自由交换和买卖农产品》的法令。5月17日,人民委员会通过了《就如何对付小工业、手工业和手工业农业合作社问题给政权机关的原则性指示》。5月24日,人民委员会通过了《关于交换》的法令。8月9日,列宁签署《人民委员会关于贯彻新经济政策原则的指令》。9月,苏维埃颁布《关于工资等级问题

第六章 晚年的探索

的基本原则》。另外，为改善工人的生活状况，苏维埃政府在1921年还接连颁布了《关于工人个人奖励的命令》《关于企业的集体供应的命令》《关于实行货币工资的命令》。

通过颁布一系列法令，新的经济政策逐渐丰富和完善起来，其主要内容有：

（1）以粮食税代替余粮收集制。规定粮食税的数额比余粮收集制的数额要低得多：粮食低43.3%，油料作物低50%，肉类低74.5%。这样，农民在交纳实物税以后，剩余粮食和其他农产品一律归自己支配，可以自由买卖，以换取自己所必需的工业品和其他农产品。规定在正常中等年景粮食税数额为2.4亿普特，比余粮收集制时期少征收2亿普特。粮食税数额在春耕公布，增产不增税，以调动农民的生产积极性，也为工业的恢复和发展提供更多的粮食和更广阔的市场。粮食税是实行新经济政策的核心，它根本上改变了国家和农民、城市和乡村之间经济关系的性质，农民从原来的单方面的粮食提供者，成了城乡商品交换中平等的一方，也体现了国家利益和农民个人利益的结合。

（2）开放市场，实行自由贸易，使农民的余粮和其他农产品进入市场，促进商品生产和商品流通。一开始，列宁设想通过粮食税和国家资本主义，实现城乡之间的商品交换，后来进一步后退到由国家调节私人市场的商品和货币流通。

（3）改革工业管理体制。为了改变战时共产主义时期工业领导缺少统一计划的状况，设立国家计划委员会，加强计划管理，编制和审定国民经济计划，在企业中逐步贯彻经济核算制，强调必须取消行政方法和加强经济上的灵活调度，有计划地运用商品货币关系，恢复和发展工业生产。与此同时，苏维埃国家努力改善工人生活，制定新工资条例，废除平均主义的实物供给制，取消经常性的加班，实行八小时工作制，等等，保护工人群众的积极性。

（4）为了恢复国民经济，列宁拟定了租让制、租赁制、合作社、代购代销等一系列国家资本主义形式。租让制就是国家把一些无力经营的企业、矿山、油田和林区，根据一定的条件同外国资本家签订合同，租给他们去经营。国家资本主义是实施新经济政策的重要内容之一。但是由于种种主客观原因，国家资本主义在苏联没有得到充分发展。

从1921年下半年开始，在新经济政策的启动下，俄国国民经济开始全面复苏。农民可以自主种植、自主支配税后农产品，重新成为土地和生产的主人，积极性被逐步调动起来，纷纷扩大播种面积，精耕细作，全国粮食和农产品产量迅速增加，使苏维埃政府战胜了严重的饥荒。城乡的商品交换、地区内的商品流通和私人从事的小商品交换逐步活跃起来，市场变得繁荣，信用和货币体系建立起来，工人、农民的生活水平得到明显改善，广大民众得到物质生活的实惠后，昔日的埋怨与不满逐渐冰消雪化。工人们也自觉返回岗位，消极怠工、懒惰松散、罢工示威的现象大为减少，工业生产逐步恢复，大大加强了社会主义的物质经济基础。

　　随着新经济政策的实施和完善，苏俄的经济政策发生了重大转折，由直接向共产主义过渡改为迂回方式。它犹如一块巨石投入平静的水面，引起了各个阶层、派别的强烈关注和反应。他们按照不同的立场、观点和方法进行评论，众说纷纭，莫衷一是。

　　流亡国外的白俄分子和欧洲资产阶级认为苏维埃国家会改变无产阶级性质，从此改弦更张，退向资本主义。就在新经济政策正式实行的1921年，一批流亡欧洲的白俄分子在布拉格和巴黎出版了题名为《路标转换》的文集和杂志。白俄分子乌斯特里雅洛夫直言不讳地说："布尔什维克可以爱怎么说就怎么说，可是实际上这不是什么策略，而是蜕化，是内部的蜕变，他们一定会走向通常的资产阶级国家，我们应当支持他们。历史是殊途同归的。"

　　有些党员干部对新经济政策没有足够的思想准备，他们对新经济政策所产生的后果顾虑重重，甚至产生了"资本主义在俄国复辟"的错误认识。有的老布尔什维克思想上一时想不通，竟哭了起来。老革命家穆拉维也夫的一段话可以反映出当时这些人的心声："在战时共产主义时期，大家受冻挨饿，过着艰苦的生活，即使是一颗冻僵的土豆也被当作珍品佳肴。但是1918—1920年建立起来的那种制度，它的本质是非常好的，真正是共产主义的。全部生产资料归国家所有，私有制被铲除，私人资本被消灭，金钱已经失去作用，物质财富的平均分配代替了资本主义的商业。我们实现了马克思在《哥达纲领批判》中所设想的那种社会制度

（请注意！）只要有足够的物质财富，那么整个社会就成了天堂。当听到要把巴库和格罗兹尼的油厂租让给外国资本家去经营，还要把北部和西伯利亚西部森林以及其他许多企业租让给外国资本家经营的时候，真像当头挨了一棍似的痛心。就在这一瞬间，脑海里出现这样的想法，十月革命的大厦正在摇摇欲坠。这意味着转向资本主义。等着瞧吧，当新经济政策达到这一步的时候，就是说当许多企业取消了国有化，实行自由贸易、恢复原先的经济关系的时候，我们中间的许多人才会清醒地认识到、也不能不认识到这是对共产主义的背叛，是公然抛弃十月革命所取得的一切成果……"

在国际上，一些国家的社会主义工人政党领导人和理论家批评列宁和俄共（布）实行新经济政策是别出心裁、大逆不道，背叛了马恩关于社会主义社会经济的传统论述，是让资本主义经济的瘟疫在俄国蔓延。

为了驳斥资产阶级和敌人的诬蔑和攻击，为了消除部分党员、干部、群众中的模糊思想和种种疑虑，为了统一全党思想认识，使党的工作适应新形势的要求，列宁不仅在组织上、实践上排除了种种阻力和压力，而且在理论上进一步阐述了实施新经济的意义、内容、实质和伟大作用。

1921年3月底，列宁开始写《论粮食税（新政策的意义及其条件）》的小册子，4月21日完稿。书中阐述了与粮食税执行有关的一系列理论问题。首先，列宁阐明了1921年春和1918年春的经济政策原则之间的关系。1918年的论断在估计经济的恢复和经济的社会主义改造方面有许多错误，实际期限比当时估计的要长，到1921年，改善农民生活状况成为当务之急。其次，列宁阐述了用粮食税代替余粮收集制这一过渡政策的实质。列宁在肯定了战时共产主义政策巨大功绩的同时，指出必须顺时而变，因循守旧只能是干蠢事、自杀。再次，针对当时人们常常发出的"资本主义是祸害，社会主义是幸福"的议论，列宁指出这种议论是抽象的空谈，资本主义同社会主义比较是祸害，但同宗法式经济、小生产相比较则是幸福，既然不能直接过渡，那么作为生产和交换的自发产物的资本主义在一定程度上就是不可避免的，应该利用资本主义作为小生产和社会主义的中间环节，作为提高生产力的手段。最后，列宁总结了他对新经济政策的论证。粮食税

列宁传

是从战时共产主义到正常的社会主义产品交换制的过渡。实行粮食税、发展农业和手工业间的流转、发展小工业是改善农民生活状况的好方法。流转就是贸易自由，就是资本主义，但资本主义在一定限度内对苏维埃国家有利，限度的大小将由实践和经验来确定，要加强国家监督。

为了使新经济政策能够正确地迅速地贯彻执行，俄共（布）于1921年5月26日至28日提前召开了党的第十次全国代表会议。列宁直接领导了会议的工作，在会上，他论证了新经济政策的实质，驳斥了对新经济政策的诽谤和歪曲，明确指出新政策要"认真地和长期地"实行。

1921年秋，在实施新经济政策的过程中，列宁及时不断地总结了实行新经济政策半年多的经验，从理论上作了进一步概括，发表了一系列重要著作和讲话。在《十月革命四周年》(1921年10月14日)中，列宁指出："坚冰已经打破，航路已经开通，道路已经指明……我们正在学习怎样在一个小农国家里进一步建设社会主义大厦而不犯这些错误……不能直接凭热情，而要借助于伟大革命所产生的热情，靠个人利益，靠同个人利益相结合，靠经济核算，在这个小农国家里先建立起巩固的桥梁，通过国家资本主义走向社会主义……只要坚定地、顽强地学下去，用实际经验来检验我们迈出的每一步，不怕已经开始的工作一改再改，不怕纠正我们的错误，仔细领会这些错误的意义，我们一定会升到更高的班级。"[①]在《新经济政策和政治教育委员会的任务》(1921年10月17日)中，列宁指出，新经济政策的实质就是解决谁战胜谁的问题，要巩固工农联盟，要农民跟党走。针对租让法令颁布后，有人提出："怎么才把本国的剥削者赶走了，又要把外国的剥削者请来呢？"一些老工人表示再不想接受被资本家剥削和奴役。列宁指出，给外国资本家搞租借，是会产生资本主义，资本家也会剥削工人，赚取利润发横财，但我们要跟他们学会做经济工作。只有这样才能建成共产主义大厦，必须向经济这门科学进军，否则别无出路。在《论黄金在目前和在社会主义完全胜利后的作用》(1921年11月5日)中，列宁从革命和改良这两种方法的关系的角度论

[①]《列宁选集》中文第3版第4卷，第569—571页。

第六章 晚年的探索

述了苏俄在经济建设方面走过的和正在走的道路，指出应该冷静地考虑在何时、何地选用革命的方法或改良的方法，新经济政策就是用一种改良主义的、渐进主义的、审慎迂回的行动方式来实现的新事物。

列宁和俄共（布）第十次全国代表会议的代表合影（1921年5月）

1921年10月29日，列宁出席了莫斯科省第七次党代表会议。会上，列宁在作关于新经济政策的报告时，发生了一场面对面的辩论。

"同志们，目前的情况是，我们党内许多同志对新经济政策的意义认识不足，对战时共产主义政策的错误认识不足。"列宁动情地说。

列宁的这一句话引起全场的哗然，一位代表站起来大声喊道："不！如果说战时共产主义是'官僚主义邪恶'，那么新经济政策就是'资产阶级邪恶'！"另一位代表站起来用沙哑的声音冲动地说："指责战时共产主义错误，是捏造！"

列宁从容地摆摆手，示意大家安静。接着，他耐心地解释说："这并不是谁捏造出来的

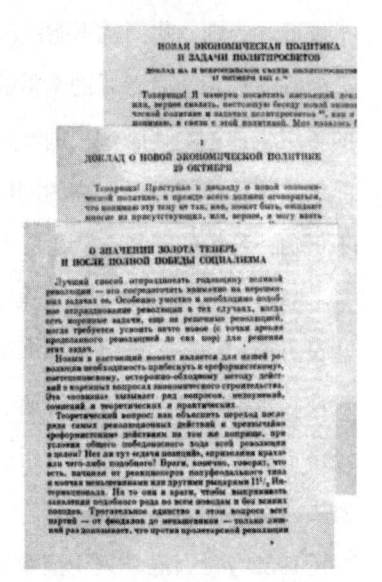

列宁关于新经济政策的三篇文章：《新经济政策和政治教育委员会的任务》《在莫斯科省第七次党代表会议上关于新经济政策的报告》《论黄金在目前和社会主义完全胜利后的作用》

错误，而是历史留给我们的事实。我们不要把脑袋藏在翅膀下边，而要勇敢地正视和承认这一事实：战争结束后继续实行'战时共产主义'政策，使党在经济上遭到的损失和失败比高尔察克、邓尼金、尤登尼奇匪帮给我们造成的损失和失败都要严重得多，危险得多！"

当列宁讲到下一步执行新经济政策，还必须退到国家调节商业，而不再由国家垄断和直接经营商业，要积极发展商品经济，并要求各级干部学习商品经济知识、学会经商时，台下又有一位代表插话："我们在沙皇的监狱里没有学会经商。"

列宁笑了笑，说："对，我们过去都没有学过经商。我流亡国外时虽然看过一些涉及商品经济的书，但只是把它当成是资本主义邪恶，从批判的角度去看的。但这能不能成为我们今天不去学习经商的理由呢？"列宁提高了声调，铿锵有力地说："不！这只能说明我们今天学习经商的任务更迫切、更繁重。实践经验表明，商业不完全是资本主义的邪恶，它在社会主义经济建设中同样有不可替代的作用，我们今天还不能越过商品经济的发展。所以我们要学习经商，成为精明的批发商。否则，我们就不能使这个小农基础的国家在经济上站稳脚跟。"

在此后两个月召开的全俄苏维埃第九次代表大会上，列宁再一次谆谆教导党的各级干部不要迷恋过去的经验，尽管过去的经验是宝贵的、丰富的，但它已不能解决目前迫切需要解决的问题。党和苏维埃在经济政策上实行退却，但退却并不可怕，可怕的倒是空想和自我欺骗，害怕真理将导致灭亡。

1921年底，俄共（布）第十一次代表会议一致通过决议，明确规定党在经济建设方面的任务，就是领导苏维埃政权的经济工作，从市场存在出发并考虑市场规律，掌握市场，通过系统的、深思熟虑的、建立在对市场过程精确估计之上的经济措施，来调节市场和货币流通，建立并巩固新的工农联盟，促进国民经济的发展。

1922年2月底，列宁撰写了《政治家札记》（生前未发表，仅写了一部分），通过打比方和比较的方法，深入浅出地论述了进攻与退却、因循守旧和敢于开拓的辩证关系。列宁指出，鹰有时比鸡飞得低，但鸡永远不能飞得像鹰那么高。如果有些共产党员以为不犯错误，不实行退却，不一再重做那些还没有做成和做得不对的事情，就可以完成像奠定社会主义经济基础（尤其是在一个小农国家里）这样一桩有世界历史意义的事业，那就要碰壁、犯错误。

总之，列宁亲自领导的从战时共产主义向新经济政策的转变，是社会主义发展史上的一次重要的改革实践。这场选择和改革，是从暴风骤雨般对抗、搏杀的阶级斗争向稳健、务实、井然有序的社会主义经济建设的转变，是以单纯划一、高度集权、充满理想色彩的共产主义经济模式向扎根现实、多种层次、充满生机和活力的社会主义经济体制的转变。在丰富多彩的具体实践中，列宁对新经济政策的认识和思考发生了升华，结晶为一系列重要思想和原则，结晶为对于社会主义模式的新的战略性构想，如：适应生产力发展需要，构架多成分、多层次的经济结构；有计划地发展商品货币关系，充分利用市场的调节作用；实行物质利益原则；等等。正如列宁自己在1922年所说的：在新经济政策实践的基础上，我们对于社会主义的看法已经根本改变了。

外贸垄断制的争论

十月革命后不久，列宁就提出了国家垄断对外贸易的法令。1918年4月，人民委员会根据列宁的指示，通过了对外贸易国有化的法令。但在国内战争和资本主义国家封锁的条件下，对外贸易几乎停止了。1921年实行新经济政策后，商品流通和自由贸易趋于活跃，同国外也签订了一批贸易合同。这样，要不要坚持对外贸易垄断制问题，在党的领导层中出现了分歧，并展开了辩论。索柯里尼柯夫、布哈林、皮达可夫反对实行对外贸易垄断，斯大林、季诺维也夫、加米涅夫主张放宽对外贸易垄断。列宁在论述新经济政策时，坚定地主张对外贸易垄断，认为它对于保持苏维埃经济上的独立性有重要作用，强调它同土地国有化、工业国有化一样，是苏维埃社会主义不可动摇的基础。1921年3月17日，人民委员会通过了《关于对外贸易》的法令，重申实行对外贸易垄断。

1921年，南高加索和远东外贸机构在实际工作中有某些违背对外贸易垄断的做法。对此，列宁感到不安。

1921年10月底，波罗的海经济会议在里加举行，出席会议的苏维埃俄国代表团团长米柳亭写信给外交人民委员契切林，提出废除苏俄对外贸易国有化的建议。11月9日，列宁在契切林的信上明确表示，米柳亭的计划是"根本不适应的、毫无根据的"。11月10日，按照列宁的指示，俄共中央政治局否决了米柳亭的提议，并要求最高经济委员会提出关于对外贸易垄断体制的计划。

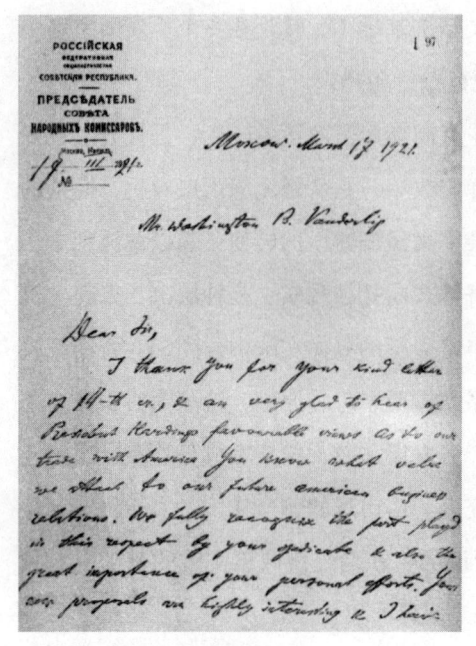

列宁给华盛顿、万德利普的信

1921年12月底，党的第十一次代表会议召开，列宁因病未出席，米柳亭的支持者仍然主张削弱、废除对外贸易垄断制。会后，对对外贸易垄断制的攻击有增无减。1922年1月，最高经济委员会提出了由对外贸易副人民委员列扎瓦草拟的《对外贸易提纲》，提出由"自由垄断制"代替原来的"绝对垄断制"，放宽权限，列宁基本同意。但索柯里尼柯夫、斯大林、弗鲁姆金反对这一个提纲，主张进一步放松或取消外贸垄断制。斯大林甚至认为"关于垄断制的废话终归是废话"。[①] 在这种情况下，列宁认为必须采取最坚决的措施予以回击。1922年3月3日，列宁致函加米涅夫，建议"绝对不得破坏对外贸易垄断制"。3月13日，人民委员会通过《关于对外贸易》的法令，再次确认对外贸易由国家垄断，但个别地方作了某些重要的补充和修订：国家机关、国营企业以及中央消费合作总社经对外贸易人民委员部特许，有权在国外市场上直接进行交易，但事前必须将合同

---

① 《苏共历史问题》1963年第10期。

和协议书交对外贸易人民委员部批准。列宁把这种补充和修订称之为对外贸易的"绝对"垄断制已为"自由垄断制"所代替,"不过,后者毫无疑问而且无论如何还是垄断制"。①

1922年5月15日,列宁收到了苏俄驻德全权代表尼·尼·克列斯廷斯基的信和材料。这些材料证明,党内关于对外贸易垄断制问题的争论在同外国资本家的业务谈判中造成了不良影响。当天,列宁写信给各政治局委员以及瞿鲁巴和李可夫谈了这个问题。他给斯大林和弗鲁姆金写道:"有关削弱对外贸易垄断制的一切议论、商谈和委员会等等都应正式禁止。"②同时建议政治局通过一项指示:中央委员会确认对外贸易垄断,并决定各地停止研究和准备最高经济委员会同对外贸易人民委员部合并的事宜。斯大林对列宁的意见颇不以为然:"我不反对在现阶段'正式禁止'放松对外贸易垄断方面的步骤。但我仍然认为,放松将是不可避免的。"5月22日,政治局通过了列宁的决议案。

1922年夏天,列宁的病情第一次严重发作,虽然有关外贸垄断的争论停了一个时期,但在实际工作中确实采取了一些放松对外贸易垄断的措施。10月6日,俄共(布)中央召开全会。列宁因病未出席会议。全会根据索柯里尼科夫的报告,通过了《关于对外贸易章程》的决议。决议规定,在对外贸易垄断制方面不宣布任何改变,但可由劳动与国防委员会通过一些个别决议,暂时准许个别种类的商品进出口,或规定在个别边境地区实行这些决议。外贸人民委员部获悉中央全会决议后,部务委员会委托克拉辛(外贸人民委员)给中央写信,认为这一决定"实际上取消了对外贸易垄断制这一苏维埃共和国的基本法令之一",请求撤销上述决定,否则请求中央解除全体部务委员的职务。中央消费合作总社主任亨楚克也写信给列宁,表示反对削弱外贸垄断制。

列宁获悉中央全会的决议后,表示坚决不同意。他在给斯大林的信中写道:中央全会的决定,事实上是破坏对外贸易垄断制。接着列宁说明,实行这样的决议意味着会给国家带来灾难性后果,是草率从事的表现。列宁从维护工农联盟的

---

① 《列宁文稿》第10卷,第150页。
② 同上,第216页。

列宁出席俄共（布）中央全会（1922年10月5日）

角度举例说，亚麻在俄国值4.5卢布，而在英国值14卢布，如果开放彼得堡港，就会使同芬兰交界地点的亚麻走私达到可怕的程度。"我们不是对职业走私贩进行斗争，而是同亚麻产区的全体农民进行斗争。""在边境上专门走私的人是一回事，而保卫自己并同企图夺去他们'私人'利益的政权作斗争的全体农民又是一回事。"外贸垄断是社会主义积累来源之一，是"使我们得到黄金基金流入俄国的开端"，"我们还在试验刚刚使我们获得几百万卢布（并将使我们得到几千万甚至更多的卢布）的垄断制，就又来搞个完全混乱的局面，推倒那些刚刚开始巩固起来的支柱"，这无异于"抛弃一切而去追求幻影"。列宁警告说："我们开始获得学习和增加这种利润额的可能，如果暂时局部地开放几个港口，那么，这一切马上都完了，全部工作都被破坏了。"列宁在信中提出："非常遗憾，我因病未能参加那天的会议，现在又不得不请求破例行事。"他建议："延期两个月解决这个问题，即延到下次全会，在这个期间收集关于我们贸易政策经验的汇总的并经检验的文件。"

根据列宁的建议，政治局就延期问题征询中央委员们的意见。斯大林和布哈林同意延期，但并不认为列宁的意见是正确的，季诺维也夫则反对延期，结果，政治局以14票对1票通过决定，延至下次全会对这一问题作出决定。

在这期间，列宁做了大量的工作，亲自调查研究了有关外贸垄断的资料并在政治局内部做深入细致的争取和说服工作，说明外贸垄断的不可动摇性。

12月3日，即中央十二月全会开幕前不久，苏俄驻德国全权代表克列斯廷斯基寄给列宁一封信。信中详细说明了统一柏林商务代办处工作、同德国的贸易情况及他关于组织对外贸易的看法。信中写道："如果我们废除对外贸易垄断制，那么由于各经济机关在国外进行竞争，我们将购买更昂贵的外国商品，而更廉价地卖出我们的商品。"在经济领域中现在刚刚开始履行的贸易条约，前景是广阔的。而废除对外贸易垄断制或使其架空，所有这些广阔前景就将化为泡影。他还引用这样的例子说明对外贸易垄断制的正确性：凡是亲身了解了实际情况的同志，都成了对外贸易垄断制的拥护者，可是在出国之前，"他们对这个问题都还没有确定的方针"。鉴于政治局成员中唯有托洛茨基较明确地表示赞同自己的意见，列宁看了这封信后，把它转给了托洛茨基，请他尽快谈谈自己的意见，并在信的结尾直截了当地告诉他："我将在全会上为垄断制战斗。您呢？"①

12月12日，托洛茨基给列宁回信，表示拥护列宁的主张。12月13日至15日，列宁又给托洛茨基写信，要求他"务必在即将召开的全会上出面维护我们共同的观点""我们一旦失败，就应该将问题提交党代表大会"。②

12月13日，列宁写给斯大林转中央全会一封《论对外贸易垄断制》的信。信中驳斥了布哈林提出的用保护关税政策代替外贸垄断制的主张。列宁指出，在帝国主义时代，在国与国之间贫富悬殊得惊人的时代，"在目前俄国的条件下，任何关税保护政策都是十分空虚的，都是纸上谈兵，对无产阶级一点好处也没有"。列宁指责克拉辛不了解加强流通的重要性，指出合营公司是能真正改善国家机关的官僚主义等坏作风的制度，因为实行这个制度，外国商人和俄国商人就会在一起工作，就会"学会、学好、学通"经营管理，"利用合营公司进行长期的认真的学习，这是恢复我国工业的唯一途径"。

12月15日，列宁收到了弗鲁姆金的一封信，认为必须迅速解决这一问题，继续处于不确定状态会断送全部工作。看完信后，列宁当即转给托洛茨基，并在信

---

① 《列宁文稿》第10卷，第306页。

② 同上。

列宁传

中表示"一劳永逸地彻底解决这个问题是绝对必须的"。"如果有人担心这个问题可能使我焦虑,甚至影响我的健康,我认为这是完全不正确的。因为拖延不决就要使我们在一个根本问题上的政策完全稳定不下来,这更会令我一万倍地感到焦虑。因此,我请您注意附去的信,务请支持立即讨论这个问题。"① 由于列宁做了大量工作,促使许多原先反对外贸垄断制的人改变了自己的看法。12月15日,斯大林在给中央委员的信中表示,收回自己两个月前反对对外贸易垄断制的意见。

12月18日,党中央委员会举行全体会议,撤销了十月中央全会的决定,重申"保留和从组织上加强对外贸易垄断制的绝对必要性"。全会决定发出指令,严禁任何反对外贸垄断制的言论,并责成外贸人民委员部对国家和私人组织违反对外贸易垄断制承担责任,按月向中央报告决议的执行情况。另外,全会作出专门决定,责成斯大林负责监督执行医生为列宁规定的制度。

列宁在病中对全会的结果十分满意。12月21日,他口授了一封给托洛茨基的信中说:"好像仅仅调动了一下兵力,就一枪不发地拿下了阵地。我建议不要停顿,要继续进攻,为此要通过一个向党代会提出加强对外贸易和改进外贸工作措施问题的提案。这事要向苏维埃代表大会党团宣布。我希望,您不会反对,也不会拒绝向党团作一个报告。"② 信件是克鲁普斯卡娅征得医生同意后记录的。

12月22日,斯大林在得知列宁给托洛茨基的通信内容后大为不快,在电话里大发雷霆,把克鲁普斯卡娅痛骂了一顿,并以诉诸党的监察委员会相威胁。

鉴于列宁的病情,克鲁普斯卡娅没有立即把这件事告诉列宁,而是写信给加米涅夫请求保护。信中说道:"由于我记录了弗拉基米尔·伊里奇经医生许可口授的一封短信,斯大林昨天竟然对我大发雷霆。我入党不是一天了。三十年来没有听见任何一位同志对我说过一句粗话。我珍视党和伊里奇的利益,并不亚于斯大林。现在我需要最大限度地克制自己。什么可以同伊里奇讲,什么不可以讲,我比任何医生都清楚,至少比斯大林清楚,因为我知道什么事会使他不安,什么不会。"克鲁普斯卡娅请求加米涅夫和季诺维也夫保护她,使她的个人生活免遭粗

---

① 《列宁文稿》第10卷,第310、312页。

② 同上。

暴的干涉、不应有的谩骂和威胁。①

12月24日，政治局对列宁了解政治生活情况以及通信、会晤、口述等活动作了严格的限制。列宁从此不能接触一切中央文件，也被切断了其他任何政治情报来源。在政治局成员中，唯有斯大林"享有"向列宁通报情况、谈论政治的特权。这种特权是斯大林利用"监护人"的身份而自行取得的，从此以后，斯大林加强了对列宁的"监护"。

1923年4月17日至24日，党的"十二大"召开，列宁因病未出席大会。大会向列宁发了致敬电，中央总结报告对列宁关于外贸垄断制的思想作了肯定："代表大会无条件地确认对外贸易垄断制是确定不移的，不允许有任何的违背和执行时有任何动摇，并责成新的中央委员会采取一系列的措施来巩固和发展对外贸易垄断制。"② 至此，有关外贸垄断制的争论告一段落。

格鲁吉亚事件

俄国是一个多民族的国家。十月革命以后，俄国的各民族地区建立了一系列独立的苏维埃共和国。根据列宁关于民族自决的原则，苏维埃俄国承认了这些共和国的独立。这些共和国以苏俄1918年宪法为榜样，也制定了自己的宪法。国内战争时期，由于反对外国武装干涉、平定国内叛乱的需要，各苏维埃共和国建立了军事政治联盟。1919年7月，列宁在《为战胜邓尼金告乌克兰工农书》中指出，要战胜作为一种国际势力的资本，需要有工人阶级的国际联合和国际友爱，社会主义的利益要求在各国、各民族的劳动者之间有最充分的信任和最紧密的联

---

① 《列宁文稿》第10卷，第610页。
② 《苏联共产党代表大会、代表会议和中央全会决议汇编》第2册，人民出版社1964年版，第249页。

合。共产党人是民族仇恨、民族纠纷和民族隔绝的反对者,是国际主义者,"我们主张建立自愿的民族联盟,这种联盟不允许一个民族对另一个民族施行任何暴力,它的基础是充分的信任,对兄弟般团结一致的明确认识,完全的自觉自愿。这样的联盟是不能一下子实现的。应当十分耐心和十分谨慎地去实现这种联盟,不要把事情弄坏,不要引起不信任,要设法消除许多世纪以来由地主和资本家的压迫、私有制以及因瓜分私有财产而结下的仇恨所造成的不信任心理。"① 国内战争结束以后,各共和国之间的联合趋势随着经济建设的需要而进一步加强。俄罗斯联邦首先与各共和国之间建立了条约关系。

1921年3月,根据列宁的指示和思想,俄共(布)"十大"通过了《党在民族问题方面的当前任务的决议》,确认联邦制是各苏维埃共和国的国家联盟的普遍形式。

1922年,各苏维埃共和国进一步提出了成立统一的联盟国家的问题。成立联盟国家的核心问题是采取何种国家结构,以便正确处理各独立的民族共和国的相互关系。1922年8月初,俄共(布)中央政治局建议由组织局出面成立一个专门委员会制订各共和国联合的原则和方案,以为下一次中央委员会全会讨论各个苏维埃共和国的相互关系问题做准备。8月11日,该委员会宣告成立,参加的成员有斯大林、古比雪夫、奥尔忠尼启则、拉柯夫斯基、索柯里尼科夫和各民族共和国的代表:格鲁吉亚的穆迪瓦尼、阿塞拜疆的阿加马利-奥格雷、亚美尼亚的米雅斯尼柯夫、乌克兰的彼得罗夫斯基和白俄罗斯的切尔维亚科夫。斯大林拟订了一个名为《关于俄罗斯苏维埃联邦社会主义共和国和各独立共和国的相互关系》的联合的方案的草案,即所谓"自治化"方案,提交每个委员及各民族共和国的党中央委员会讨论。按照这个方案的规定,乌克兰、白俄罗斯、阿塞拜疆、格鲁吉亚和亚美尼亚作为自治区共和国加入俄罗斯联邦,换句话说,由俄罗斯联邦作为最高权力机关去领导和管理乌克兰、白俄罗斯、格鲁吉亚等其他共和国。这一带有明显的大民族主义倾向的草案受到大多数民族国家的党中央委员会不同程度

---

① 《列宁全集》中文第2版第38卷,第46页。

的反对，其中以格鲁吉亚最为激烈。然而，在9月23日至24日俄共（布）中央组织局主持召开的委员会会议上，仍以多数票基本上通过了这一"自治化"方案。

这个方案最后的文本共6条，其中第一条内容为："确认乌克兰、白俄罗斯、阿塞拜疆、格鲁吉亚、亚美尼亚各苏维埃共和国和俄罗斯苏维埃联邦社会主义共和国之间缔结关于它们正式加入俄罗斯苏维埃联邦社会主义共和国的条约是适宜的。"

9月25日，有关"自治化"方案的全部材料被送交在哥尔克村休养的列宁。列宁看了上述材料之后，立即找索柯里尼科夫和斯大林等人谈话，交换意见。列宁同斯大林发生了严重的意见分歧，他坚决反对各独立的苏维埃共和国"自治化"，认为"自治化"不符合进一步巩固各民族友好的任务，可能给民族主义分子蛊惑性地捏造"不平权现象提供借口"。第二天，列宁就写信给加米涅夫转全体政治局委员，认为"问题极端重要。斯大林有点操之过急"，建议将第一条中的"加入"俄罗斯苏维埃联邦社会主义共和国改为"同俄罗斯苏维埃联邦社会主义共和国一起正式联合组成欧洲和亚洲苏维埃联邦社会主义共和国联盟"，因为，"我们承认，我们同乌克兰苏维埃社会主义共和国以及其他共和国都是平等的，我们将同他们一起平等地加入新的联盟，新的联邦"。[1]当时斯大林把不赞成"自治化"方案的格鲁吉亚共产党人穆迪瓦尼等人斥为"独立分子"，列宁却说穆迪瓦尼是"被认为有搞'独立活动'嫌疑的格鲁吉亚共产党员"，列宁强调指出："重要的是，我们不去助长'独立分子'，也不消灭他们的独立化，而要更上一层楼，建立平等的共和国联邦。"[2]列宁根据过去制定的苏维埃联邦制的原则，并总结了俄国各民族建设的经验，提出了这样一个新思想：各个平等独立的苏维埃共和国在自愿联合的基础上建立苏维埃社会主义共和国联盟。

9月27日，斯大林给列宁写了回信。信中表示可以同意列宁对第一条的修正意见，主张采用以下措辞："确认乌克兰、白俄罗斯、格鲁吉亚、阿塞拜疆、亚美尼亚各苏维埃共和国同俄罗斯苏维埃联邦社会主义共和国一起正式联合组成欧

---

[1]《列宁文稿》第4卷，第385—386页。

[2] 同上。

洲和亚洲苏维埃联邦社会主义共和国联盟是适宜的。"但信中对列宁的修改意见提出两点异议：一是不同意再建立一个联邦的中央执行委员会，他认为这样做，就会在莫斯科存在两个中央执行委员会，其中一个大概将是"下院"，另一个是"上院"，这种状况只能带来冲突和摩擦。二是斯大林不仅不承认自己"操之过急"，反而认为列宁"操之过急"，并说"这种'操之过急'的做法将会'助长独立分子'而使列宁同志的民族自由主义受到损害"。[1]

事后斯大林将第一条原文改为："确认乌克兰、白俄罗斯以及南高加索共和国联邦和俄罗斯苏维埃联邦社会主义共和国之间缔结关于联合成'苏维埃社会主义共和国联盟'的条约是必要的，而每一个共和国保留有自由退出'联盟'的权利。"这就是说，新草案中以"南高加索共和国联邦"代替原先的格鲁吉亚、阿塞拜疆、亚美尼亚等三个南高加索的民族国家，这三个国家必须先联合成为南高加索共和国联邦，然后再与乌克兰、白俄罗斯、俄罗斯联合成苏维埃社会主义共和国联盟。这一修改并未告诉列宁。同时斯大林还强调，原先的决议"基本上是正确的，无疑是可以接受的"，而新草案只是"在措辞上作了某些改动，使它更为确切"。这样，格鲁吉亚等国的独立和平等地位依然未能得到解决，这便成了以后"格鲁吉亚事件"的导火线。

10月初，俄共（布）中央召开全会，列宁因病未能出席。10月6日，全会讨论各独立共和国的联合和相互关系问题，列宁写了一张便条给加米涅夫，内容是：我宣布同大国沙文主义进行决死战。那颗讨厌的蛀牙一治好，我就要用满口的好牙吃掉它。在联盟的中央执行委员会中要绝对坚持由俄罗斯人、乌克兰人、格鲁吉亚人等轮流担任主席。全会支持列宁的立场，通过了以列宁的提议为基础的决议，并委托以斯大林为首的新的委员会制定关于成立苏维埃社会主义共和国联盟的法令草案，以提交苏维埃代表大会。

1922年12月30日，苏维埃社会主义共和国联盟第一次苏维埃代表大会在莫斯科开幕。大会通过了苏维埃社会主义共和国联盟成立宣言和条约，从而正式宣

---

[1] 《马列著作编译资料》1981年第13期，第5—6页。

告了苏联的诞生。宣言从立法上巩固了列宁关于联盟国家的组织原则。条约规定了各共和国加入联盟的手续、自由退出联盟的权利,以及国家政权和行政最高机关的组成方式和权限。代表大会选出了联盟中央执行委员会及其主席团,四个加盟共和国的中央执行委员会主席当选为苏联中央执行委员会主席。

十月中央全会以后,格鲁吉亚问题并没有解决。问题的症结在于格鲁吉亚等要不要通过南高加索联邦加入苏联。列宁对这一点未表示明确意见。斯大林和以奥尔忠尼启则为首的俄共(布)南高加索边区委员会则以全会决议为依据,要求格鲁吉亚通过南高加索加入苏联。而以穆迪瓦尼为首的格鲁吉亚共产党人赞成中央全会通过的决议及新草案

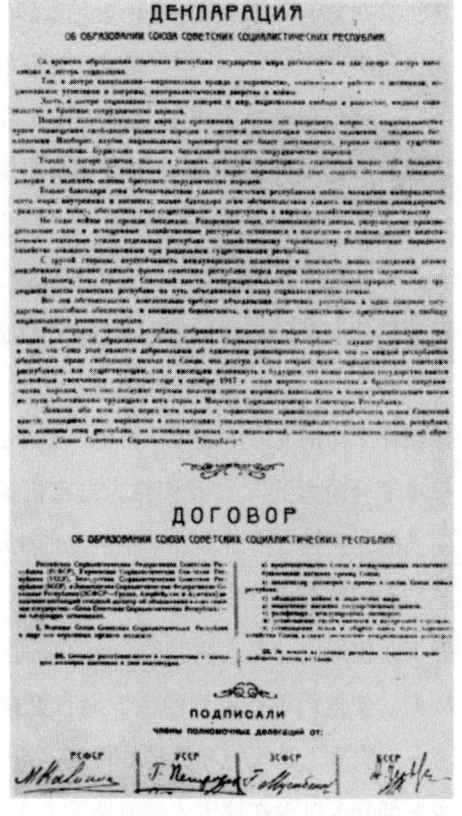

关于苏维埃社会主义共和国联盟(简称苏联)成立的宣言和条约(1922年12月30日)

的基本精神,但要求格鲁吉亚也像乌克兰、白俄罗斯那样作为平等的独立共和国联合成为苏联。这种情况下,格鲁吉亚的共产党领导人的要求被指责为"资产阶级民族主义"和"沙文主义",并认为这些领导人违犯党纪,俄共南高加索边区区委分别给以党纪处分。格鲁吉亚这批领导人便不断向俄共(布)中央提出申诉。

11月24日、25日,俄共中央书记处决定成立一个以捷尔任斯基为首的三人委员会,前往第比利斯调处格鲁吉亚问题。捷尔任斯基的三人委员会在格鲁吉亚的调查带有很大的倾向性。他们偏听偏信,认为南高加索边区委员会和奥尔忠尼启则的做法完全符合俄共中央的指令,是完全正确的,谴责穆迪瓦尼等格鲁吉亚共产党人的"民族主义"错误。正在这时,发生了奥尔忠尼启则在他的办公室动手打人的事件,因为这位少数民族干部持有不同意见,这造成了恶劣的影响。于

· 425 ·

是，双方关于格鲁吉亚的争论更趋激烈。

12月12日晚上，列宁接见了刚从格鲁吉亚回来的捷尔任斯基，听取了他的汇报，其中包括奥尔忠尼启则的打人事件。这次谈话对列宁的情绪影响很大，从次日（13日）起他第二次发病。当他的病情稍有好转时，就于12月30日、31日接连口授了《关于民族或"自治化"问题》等文章，阐述了共产党执政条件下正确处理民族问题的一系列重要原则，并批评了有关人员的错误。列宁说，根据捷尔任斯基同志说的情况，"我只能感到莫大的忧虑。如果事情发展到奥尔忠尼启则竟会动手打人——这是捷尔任斯基告诉我的，那么可以想象得出，我们已掉到什么样的泥潭里去了。可见，整个这个'自治化'的想法是根本不对的，是根本不合时宜的"。"我们称为自己机关的那个机关，实际上是和我们完全格格不入的，它是资产阶级和沙皇制度的大杂烩，在没有其他国家帮助，又忙于'军务'和同饥荒作斗争的情况下，根本不可能在五年内把它改造过来"。在这种条件下，仅规定"退出联盟的自由"只是一纸空文，"它不能够保护俄国境内的异族人，使他们不受典型的俄罗斯官僚这样的真正俄罗斯人、大俄罗斯沙文主义者——实质上是恶棍和暴徒的侵害。毫无疑问，在苏维埃化了的工人中，会有很少一部分人沉没在这个大俄罗斯沙文主义垃圾的大海里，就像苍蝇沉没在牛奶里一样"。对于承担责任的问题，列宁进行了分析："我想斯大林的急躁和喜欢采取行政措施以及他对有名的'社会民族主义'的愤恨，在这件事情上起了决定性的作用。愤恨通常在政治上总是起极坏的作用。""我还担心，去高加索调查案件的捷尔任斯基同志，在这件事情上也只是突出表现了他的真正俄罗斯的情绪（大家知道，俄罗斯化的异族人在表现真正俄罗斯人的情绪方面总是做得过火），他的整个委员会是否不偏不倚，这在奥尔忠尼启则'动手打人'这件事上得到了充分说明。我想，这种俄罗斯式的动手打人行为是不能用受到任何挑衅甚至侮辱作辩解的，而捷尔任斯基同志无法补救的过错就在于他对这种动手打人行为采取了轻率的态度。""奥尔忠尼启则对于高加索的其余所有公民就是权力。奥尔忠尼启则无权发怒，尽管他和捷尔任斯基借口说是被别人激怒的。相反，奥尔忠尼启则必须克制自己，而任何一个普通公民，尤其是一个被指控犯了'政治'罪的普通公民倒不是非克制自己不可的。要知道，从实质上说，社会民族主义分子就是被控犯了政治罪的公民，而且从这种指控的全部情况来看，也不能这样认定。""这就提出一个重要的原则问题：怎样理解国际主义呢？""压迫民族或所谓'伟大'民族（虽然只不过是因为施行暴力而伟大，只不过是像杰尔席莫尔达那样的伟大）的国际主义，应当不仅表现在遵守形式上的民族平等，而且表现在压迫民族即大民族要处于不平等地位，以抵偿在生活中事实上形成的不平等。谁不懂得这一点，谁就不懂得对待民族问题的真正无产阶级态度，谁就实质上仍持小资产阶级观点，因而就不能不随时滚到资产阶级的观点上去。""对无产者来说，重要的是什么呢？对无产者来说，不仅重要而且极其必要的是保证在无产阶级的阶级斗争中取得异族人的最大信任。为此需要什么呢？为此不仅需要形式上的平等。为此无论如何需要用自己对待异族人的态度或让步来抵偿'大国'民族的政府在以往历史上给他们带来的那种不信任、那种猜疑、那种侮辱。"[①]

列宁口授的上面这封信当时没有送交俄共（布）中央，直到1923年4月才由列宁的秘书交给党的第十二次代表大会主席团。因此，1923年1月25日，政治局在听取捷尔任斯基委员的报告后，仍然批准了他的报告和建议，同意撤换格鲁吉亚的党政领导人，批准中央组织局于1922年12月21日把穆迪瓦尼、秦查泽－卡夫塔拉泽和马哈拉泽调离格鲁吉亚。争论继续升级，问题愈加棘手和严重。

1923年1月下旬，列宁在病中要求调阅格鲁吉亚问题的全部材料。2月1日，政治局批准给列宁所需要的材料，列宁当即委托他的秘书班子福季耶娃等人着手研究，并要求他们在三个星期内写出综合报告。1923年1月24日，列宁把值班秘书福季耶娃叫去，让她向捷尔任斯基或斯大林索取格鲁吉亚问题委员会的材料并作详尽的研究，以便供列宁在党代表大会上使用。

但是，福季耶娃从捷尔任斯基处得到的回答是，材料在斯大林那里。而斯大林则表示，未经政治局同意材料不能给。在电话里，斯大林还心存戒备地问福季耶娃：有没有对列宁说了什么多余的话？列宁是从哪儿了解到日常事务的？

[①]《列宁全集》中文第2版第43卷，第349—355页。

列宁传

列宁表示，要为取得材料而斗争。但他还被蒙在鼓里的是，这时政治局已经同意了捷尔任斯基主持的格鲁吉亚问题委员会偏袒奥尔忠尼启则的结论。

2月1日，政治局对列宁的要求作出让步，同意提供材料。福季耶娃回忆说，在政治局会议上加米涅夫曾说："既然列宁坚持要，不给更糟。"斯大林答道："不知道。他要怎么办就怎么办好了。"

列宁交代身边的工作人员如何利用和研究这些材料，并说道："如果我现在自由的话（起先是口误，后来又笑着重复一遍说：如果我现在自由的话），这一切我自己可以轻而易举地做好。"

2月3日，列宁问福季耶娃，这个问题提到政治局没有。福季耶娃回答说，我无权谈此事。列宁问道："禁止您谈的正是专指这件事吗？""不，关于日常事务我一般无权谈论。""就是说，这是日常事务？"福季耶娃意识到自己疏忽了，然而又重复说"我无权谈论"。

列宁意识到，自己被封锁了。他竭力要将格鲁吉亚问题提交即将召开的代表大会，因此指示工作人员加紧准备。

但是，医生绝对禁止他看报、会见和听政治消息。列宁得到这种禁令，气得连嘴唇都发抖了。列宁得到这样的印象：不是医生们给中央委员会指示，而是中央委员会给医生们下指令。

3月初，列宁得知斯大林辱骂克鲁普斯卡娅的事，十分气愤。3月5日，列宁分别口授了一封给托洛茨基和斯大林的信。他给托洛茨基写的信中说："我请您务必在党中央为格鲁吉亚事件进行辩护。这一事件现在正由斯大林和捷尔任斯基'审理'，但是我不能指望他们会秉公处理。甚至完全相反。如果您同意出面为这一事件进行辩护，那我就放心了。要是您因为某种原因不同意，就请把全部案卷还给我。"托洛茨基以身体不好为由拒绝了列宁的要求，实际上是怕卷入斗争旋涡。在给斯大林的信中，列宁说道：

尊敬的斯大林同志：

您竟然粗暴地要我的妻子接电话，并且辱骂了她。虽然她向您表示同意忘记您说的话，但这件事还是由她告诉了季诺维也夫和加米涅夫。我无意这样轻易地忘记反对我的言行，不言自明，我认为反对我妻子的言行也就是反对我的。因此，您是同意收回您的话并且道歉，还是宁愿断绝我们之间的关系，请您斟酌。

致敬

列宁①

3月6日，列宁给被指责为"民族倾向分子"的格鲁吉亚穆迪瓦尼、马哈拉泽等同志写信，信中说："我全心关注着你们的事。对奥尔忠尼启则的粗暴、斯大林和捷尔任斯基的纵容姑息感到愤慨。我正为你们准备信件和发言稿。"3月7日，斯大林得知了列宁通信的内容。

和斯大林的尖锐冲突使列宁受到巨大刺激。3月6日深夜，列宁的健康状况急剧恶化。3月10日，又一次脑血栓使他右半身完全瘫痪并且失去了说话的能力。他感到极端痛苦，竭力进行挣扎。列宁从此未能恢复健康，因此他对格鲁吉亚事件的直接干预也就到此为止了。3月7日，斯大林从加米涅夫那儿得知了列宁给穆迪瓦尼等人信的内容。后来，托洛茨基、布哈林等人虽曾对这个问题提出一些正确意见，但收效甚微。

4月16日，在党的代表大会前夕，福季耶娃把列宁写的《关于民族或"自治化"问题》交给政治局。4月18日，在斯大林等人的压力下，党的十二次代表大会主席团作出决定，列宁的《关于民族或"自治化"问题》不向代表大会传达，也不向民族问题委员会传达，而只是向各代表团团长传达。穆迪瓦尼等人一再要求公布列宁的文章，都遭到了拒绝。在斯大林的授意下，中央委员会对列宁的文章作出说明，指出列宁听到的关于虐待和侮辱少数民族的情况是误传的，但他在病榻上相信了这些消息，难免不表示气愤。

由于斯大林采取了措施，列宁关于民族问题的文章没有引起重视。不仅如

---

① 《列宁文稿》第10卷，第314页。

此，斯大林的支持者竟在会上发言说，觉得列宁同志成了片面的不正确的消息的受害者。一个人因病而不可能去管理日常工作，人们却跑去告诉他说，某某地方某某同志受了委屈遭到打击，被驱逐、被免职，等等，他当然会写出这样尖锐的信的。

本来民族问题在代表大会上占相当分量，但在俄共领导人中只有布哈林一人在大会上出来为列宁在民族问题上的基本立场辩护。然而，他受到了斯大林的严厉批评。斯大林在《关于党和国家建设中的民族问题的报告的结论》中说，我同意不应当委屈少数民族。但是如果因此而创造出一种新的理论，说必须使大俄罗斯无产阶级在对过去被压迫民族的关系上处于不平等的地位负责，那就是胡说八道了。在列宁同志的一篇著名论文中只是文字上的一种表现方法，布哈林竟把它变成了完整口号。斯大林在这里几乎是点名批判列宁了。因此，严重的中风使列宁未能从根本上解决苏联民族问题，成为他生前的一大憾事。

三次中风

在列宁几十年的革命生涯中，极端复杂而险恶的斗争环境，奔波、流亡的艰苦生活，长年累月的紧张和劳累，以及1918年遇刺留下的创伤，严重地损害了他的健康。还在侨居国外之时，列宁就开始患有高血压症，并逐渐发展为动脉粥样硬化。从1918年开始，列宁的动脉硬化逐渐发展，某些微小的卒中悄然侵袭他的大脑。因此他曾不得不多次到莫斯科郊外休息。1921年年初，列宁开始出现严重的头痛病和顽固的失眠症。

1921年，在新经济政策的酝酿、制定和实施过程中，列宁的工作更加繁忙，日理万机，仅1921年一年所写的文献就达2000多件。当时工人群众挨饥受饿的困苦境况也使列宁的心情很抑郁，这愈加影响了列宁的身心健康。1921年夏天，

列宁（1921年）

列宁的身体出现了令人担忧的状况。7月8日，列宁在身体撑不住的情况下，第一次向中央提出申请休假一个月。7月9日，中央政治局决定让列宁休假一个月，规定"在休假期间只准参加政治局会议，除经中央书记处决定的特殊情况外不得参加人民委员会和劳动国防委员会会议"。①但就是在这段时间中，列宁仍坚持每周二至三次、每次二至三小时出席政治局、人民委员会和劳动国防委员会会议。7月13日，列宁前往哥尔克休假。动身前，列宁给秘书处留下了一系列指示，并

---

① 《列宁文稿》第9卷，第817页。

请求给他送去新到的外国报纸和他所需要的各种材料。实际上，列宁在休假时并没有停止工作。他要求按时送给他的俄文报纸主要有：《真理报》《消息报》《经济生活报》以及在国外用俄文出版的孟什维克和社会革命党人的报刊、小册子和书籍目录。列宁在哥尔克阅读外文期刊共137种，另外还有马克思、恩格斯及高尔基的一些著作。7月15日起，他又接连在莫斯科主持和出席了一系列中央会议，同各方面进行频繁的国事通信和撰写文件。8月9日，列宁在给高尔基的信中承认自己"累得精疲力竭"。8月9日，中央全会讨论了布哈林提出的"鉴于列宁病情，禁止他加紧工作"的要求，并通过了决议：责成列宁同志继续休假，严格按照医生戈季耶教授指示的日期和条件办事；列宁同志参加（党和苏维埃的）会议以及参加工作，须经中央书记处事先正式同意。列宁服从了这项决议，在8月份以及9月份的前十多天，他没有主持人民委员会和劳动国防委员会的会议，也没有出席政治局的会议，有时也拒绝会客或写文章的要求。但在休假之后，列宁通信工作反而更多了。在1921年2月写了大约60件信和其他文献，3月是70多件，4月和5月分别超过100件，6月是174件，7月是155件，而休假期间的8月则是187件，9月是183件（包括打电报和其他指示）。

9月中旬，列宁又完全恢复了紧张的工作。到12月初，列宁的健康状况不佳。12月3日，政治局通过了相应的决议。12月6日，列宁动身去哥尔克村。从他在这一天发出的几封信可以看出，他十分担心有丧失工作能力的危险。他在给维·米·莫洛托夫的信中曾直接地说到这一点："我今天就动身。最近几天，尽管我减少工作、增加休息，但失眠却更严重了。我担心，无论是党代表会议还是苏维埃代表大会，我都不能作报告了。此信请送政治局各委员传阅，以备万一。"[①]12月，政治局在重申关于让列宁休假决定的同时，认为必须"保持列宁同志的绝对的安静"，并且禁止秘书处"给他递送任何文件"，以便"使列宁同志能在苏维埃代表大会上作一个简短的发言（哪怕是半小时也好）"[②]。列宁没有参加12月底召开的党的第十一次代表会议的工作，他只对代表会议关于清党的决

[①]《列宁文稿》第9卷，第729页。
[②] 同上，第918页有关注释。

议草案提了意见，但是却十分仔细地准备了在苏维埃第九次代表大会上的报告，并且写信询问所有人民委员，要求送来必要的确切材料。12月23日，列宁在代表大会上作了关于政府工作的长篇报告。12月26日，在非党代表的会议上作了发言，并草拟了这次代表大会的重要决议——《经济工作问题的指令》和关于国际形势的宣言草案。"指令"确定了中央和地方苏维埃机关在实现新经济政策方面的基本任务。

12月31日，列宁参加了中央政治局会议。会议通过了关于延长列宁假期的决定："（1）未经中央书记处允许，禁止来莫斯科；（2）必须规定一星期特定的一个小时来电话谈最重要的问题。"后来，政治局又通过新决定，把列宁的假期延长到3月底，即党的第十一次代表大会之前。

在这几个月中，列宁在莫斯科近郊的科斯齐诺夫村休养。无论是1921年12月，还是1922年1月至3月，列宁虽然身体很坏，仍未曾停止过一天的工作，实际上他继续领导着党和国家工作，一些重大的原则性问题，都是在列宁的直接参与或作出指示的情况下得到解决的。1921年12月，列宁所写的信件、便条、电报和指令超过120件，1922年1月到2月约有200件（主要是谈热那亚会议的准备问题、对外贸易垄断问题、财政和租让政策问题、司法人民委员部和工农检查人民委员部的任务问题等）。差不多中央政治局每次开会，列宁都要对议事日程上的问题送去自己的建议和决议草案。此外，列宁还在1922年1月草拟了党中央关于《工会在新经济政策条件下的作用和任务》的决议草案。在2月和3月，写了《政论家的短评》《论战斗唯物主义的意义》等著名论文。3月6日，列宁在全俄五金工人代表大会共产党党团会议上作了《论苏维埃共和国的国内外形势》的长篇演说。[①]

从1922年3月中旬起，列宁结束休假，恢复工作。他加紧准备党的第十一次代表大会，参加了代表大会关于基本问题的决议草案的起草工作，拟定了中央委员会政治报告的提纲。他把这个提纲提交中央全会审查。

[①]《回忆列宁》第4卷，第519—520页。

列宁传

1922年3月27日至4月2日，俄共（布）第十一次代表大会在莫斯科举行。这是列宁参加的最后一次党代表大会。他领导了这次代表大会的全部工作。在代表大会上，他致开幕词，作中央政治报告及关于中央政治报告的结论，并在闭幕式上发表演说。大会闭幕后，列宁参加了新中央委员会全体会议的工作。之后，在4月和5月间，又出席了中央政治局的所有各次会议。这样紧张的活动，使他的健康状况更加恶化了。他在给弗·维·阿多拉茨基的信中说："我因病没有工作，而且还要有相当长的时间不能工作。"1922年4月7日，他在给奥尔忠尼启则的信中写道："我还是神经痛，而且头痛不止。为了认真进行治疗，必须好好休息。"

开始时，医生推测，列宁的头痛是由1918年受伤后体内留下的子弹所引起的。但经请德国著名外科医生博尔夏特教授等人会诊，否定了这种看法。在俄国著名外科医生弗·尼·罗扎诺夫的建议下，列宁同意取出颈部的那颗子弹，他说："我们就取出一颗吧，免得老来纠缠我，免得大家再去想它。"于是医生决定取出其中的一颗子弹（医生认为触动另一颗是危险的）。4月23日，列宁在波特金医院做了取出子弹的手术，手术进行得十分顺利，列宁也十分镇定，在动手术时只是稍稍皱了皱眉头。4月27日，医生给列宁伤口拆了线，当天列宁就主持了俄共（布）中央政治局会议。列宁在医院住了两个星期，伤口愈合得很平整。但是，这次手术没有使列宁的健康好转。医生认为，他应该好好休息和治疗。5月20日，列宁根据医生的恳求决定前往哥尔克。动身之前，列宁要求各中央机关和组织的领导人向他报告有关最重要的事情以及最重要的决议、计划、运动等的执行和进展情况，责成人民委员会秘书处按时向哥尔克寄送中央各报（主要是《真理报》《消息报》和《经济生活报》），经常同共产国际和外交人民委员部联系寄送最重要的外文刊物和国外出版的俄文刊物。[①] 但是，前几个月紧张工作的后果马上就表现出来了，列宁的健康状况急剧恶化。5月23日，列宁费了很大气力草拟了关于全俄中央执行委员会组成问题的草案，并同克里木共和国领导人谈了有

---

① 《回忆列宁》第4卷，第519—520页。

关问题。接着前往哥尔克休养。5月26日,列宁的妹妹非常惊慌地给罗扎诺夫医生打电话,说列宁腹痛、呕吐。有关人员立即赶来。日常接近列宁的人说,列宁起初可能只是胃病,因为前一天晚上他吃了一些不太新鲜的鱼,可是别人也吃了鱼,没出什么事。列宁呕吐之后头痛,接着是右手和右脚有轻度瘫痪,说话口齿不清。原来是血栓堵塞了列宁的一条动脉血管,医生们和亲友们意识到列宁病情的严重性,拟订了治疗方案。大约三个星期以后,列宁的健康状况开始好转。7月,医生允许他会见亲密的同志,读些书,后来允许他读报纸,并恢复了公务上的通信。8月22日,列宁给各主管部门写了大约10封信。9月11日,会诊医师们准许他从10月1日起开始工作。从7月中旬到10月2日,列宁共写了70多个文件,同党和国家领导人进行了数十次谈话。

1922年10月2日,列宁从哥尔克回到了莫斯科。在动身回莫斯科之前,列宁给列·波·加

列宁在哥尔克村(1922年8月初)

列宁和妻子克鲁普斯卡娅、侄子维克多、工人之女薇拉(右二)在哥尔克村(1922年8月初)

列宁传

列宁在哥尔克村（1922年）

列宁和妻子克鲁普斯卡娅在哥尔克村
（1922年8月底至9月初）

米涅夫并政治局各委员发去了《关于成立苏维埃社会主义共和国联盟》的著名信件。10月3日，列宁在长期中止工作之后，第一次主持了人民委员会会议。10月4日，《真理报》报道说："列宁已实际上恢复执行人民委员会主席的职务。"但是病魔实际上一直缠着他。11月13日，出席共产国际第四次代表大会的代表看到列宁在演讲时动作呆滞、口齿不清，完全不像从前那样动作敏捷、说话流利了。10月至11月间，列宁主持了土地法、劳动法、地方法等法典的制定工作，研究了租让合同、水利电力交通建设和共产国际的一些工作，写了信和便条近200件，会见来访者155人，主持召开了7次人民委员会会议、5次劳动国防委员会会议、7次政治局会议和1次中央全会。

11月底，医生们要求列宁必须彻底休息一周。12月7日，列宁又去哥尔克，开始准备在苏维埃第十次代表大会上的报告。12月12日回到莫斯科，这一天是列宁最后一次在克里姆林宫自己的办公室里工作。12月13日，他的病又一次严重发作，医生们好不容易才说服他不在任何会议上讲话，暂时完全放弃工作，当天上午医嘱是"离城，全休"，列宁最后表示同意。有好几天他在家里工作：口授信件，嘱咐办各种各样的事情。其中，12月13日，他用电话口授了给中央的

《论对外贸易垄断制》的信。12月15日,他在给斯大林的信中写道:"我现在已经把自己的事情处理完毕,可以安心起程了。"12月15日至16日夜间,列宁的健康状况再次恶化,而在12月22日至23日夜间出现了整个右半身瘫痪,丧失了独立工作能力。俄共(布)中央政治局通过决议,不准列宁过问所有党政事务。

从10月22日恢复工作到12月16日患病为止的这两个半月中,列宁写了224个文件和便条,接见了171个人(125次),主持了32次人民委员会、劳动国防委员会、政治局和各种委员会的会议。

列宁在哥尔克村(1922年8月初)

列宁和妻子(右二)、姐姐、侄儿以及一位女工的女儿(中)在哥尔克村

列宁传

　　第二次患病更加严重。"工作就是生命"历来是列宁的准则,不能工作,无疑比自杀还难受。他清楚地知道自己病情的危险,曾不止一次地对医生说,他的病可能会突然导致生命的终结。在预感到自己的生命危急的同时,列宁迫切希望用不多的时日,对党和国家重大的问题提出自己的建议和意见。于是,他采取了一个不寻常的行动,向政治局发出一个"最后通牒",必须每天给他一定的口授时间(列宁一向不习惯于口授,只是由于右手瘫痪,不能写字),以便把他思考的意见记录下来,否则他将"完全拒绝治疗"。对此,中央政治局会同医生商量以后,作出下列决定:"授予弗拉基米尔·伊里奇每天口授5—10分钟的权利,但不得带有通信的性质,弗拉基米尔·伊里奇也不得等待这些记录作出回答。禁止会客……无论朋友或家人都不得把政治生活中的任何事情告诉弗拉基米尔·伊里奇,以免给他提供思索和操心的材料。"[1]列宁接到这一决定后,就开始口授信件(《给代表大会的信》)和论文(《日记摘录》《论合作社》《论我国革命》《我们怎样改组工农检查院》《宁肯少些,但要好些》),这些信件和论文便是列宁生前最后一批宝贵的文献。列宁的口授时间往往超过规定的时间,经常是每天半小时至一小时,最长一天达一个半钟头。由于列宁不习惯口授,他常常对秘书整理的文稿不够满意,不得不花费时间进行修改。在列宁值班秘书的日志里,可以看到这样的记载:"口授4分钟,自我感觉很坏。"(12月23日)"用支架帮助他看书和看自己的手稿。"(1月17日)"头上敷着纱布,脸色苍白。看来他累了。"(2月4日)"头痛很厉害。"(2月12日)"他说话困难,看来已经累了。"(2月14日)在口授《论我国革命》一文时,列宁被一句话卡住,思路接续不上,他自己也有所感慨地说:"记性真不好!我要说的全忘了!真见鬼!真是令人吃惊的健忘啊!"(1月17日)在口授《宁肯少些,但要好些》一文时,又在一句话上卡住了,列宁对秘书说:"看来我完全卡壳了,您给记上,还是在这个地方卡了壳!"(2月7日)[2]

　　1923年3月6日,列宁口授了他生前最后一封信《致波·古·穆迪瓦尼、

---

[1]《列宁全集》俄文第5版第45卷,第710、474—483页。

[2] 同上。

菲·耶·马哈拉泽等同志》。3月10日，列宁的病第三次严重发作，完全丧失了说话能力和工作能力。后来的病情时好时坏，但他始终没有重新获得工作能力和重返政治活动的舞台。列宁在失去说话能力前几个小时，妹妹玛·伊·乌里扬诺娃和他一块坐在他的床边回顾往事。列宁说："1917年，多亏白卫军的准尉们，我在谢斯特罗列茨克的草棚里休息了一阵子；1918年，又多亏卡普兰的一枪，我又休息了一阵子，而后来这种机会再没有了……"[①]

凝重而深邃的思考

在时断时续的患病过程中，列宁一直没有放弃理论思考和研究，注意总结苏维埃俄国的社会主义革命和建设的经验教训。特别是1922年底列宁第二次中风后，他口授了一些极为重要的信件和论文：《给代表大会的信》《关于使国家计划委员会具有立法职能》《关于民族或"自治化"问题》《日记摘录》《论合作社》《论我国革命》《怎样改组工农检查院》《宁肯少些，但要好些》，这些信件和论文深刻地阐述了关于合作社、加强党的建设和反对官僚主义、世界革命、发展生产力、文化革命等一系列问题，探索和规划了社会主义建设的正确道路，成为俄国布尔什维克党和人民的宝贵财富，对整个国际共产主义运动也有重要的启示。

一、发展经济是最大的政治

早在苏维埃政权建立伊始，列宁就提出了把党和国家的工作重心转移到和平经济建设上的设想，但三年战争打乱了这个计划。战争结束后，列宁再次不失时机地提出了这个设想。他强调："在资产阶级制度下，干实事的是老板，不是国家

---

① 《回忆列宁》第1卷，第211—212页。

机构，但是在我们这里，经济工作则是我们大家的事情。这是我们最感兴趣的政治。"① 在这种思想的指导下，列宁领导党和政府致力于恢复和发展国民经济。

疗养中的列宁（1923年夏）

---

① 《列宁全集》中文第2版第41卷，第324页。

1921年11月21日，在俄共（布）莫斯科省代表会议上，列宁作了题为《我国的国内形势和党的任务》的讲话，论证了全党和全国的工作重点转移到社会主义建设上来的必要性和紧迫性。列宁指出，即使全世界的社会主义革命推迟爆发，无产阶级政权和苏维埃政权在目前也能保住和存在下去，三年国内战争硝烟的实践证明了这一点。但如果不顺时地完成经济建设的任务，那么在推翻剥削者和用武力抗击国际帝国主义者的事业中的任何成就、任何胜利就会付诸东流，旧制度的复辟就会不可避免。在《论合作社》一文中，列宁说："我们不得不承认我们对社会主义的整个看法根本改变了。这种根本的改变表现在：从前我们是把重心放在而且也应该放在政治斗争、革命、夺取政权等方面，而现在重心改变了，转到和平组织'文化'工作上面去了。"这里讲的文化，是一种广义的文化，不仅指精神文化，也包括物质文化。

如何进行社会主义经济建设呢？列宁提出了一系列富有建树的理论和措施。

首先，列宁提出了实现国家工业化的任务，从而为社会主义奠定强大的物质基础。列宁在《关于农村工作的报告》中指出：如果我们明天能够拿出10万台头等拖拉机，供给汽油，供给驾驶员（你们很清楚地知道，这在目前还是一种梦想），那么中农就会说：我赞成共产主义。要做到这一点，重要条件之一就是"必须把我们的生产率提高到能够自己制造这些拖拉机的程度"，而没有大机器工业的发展就不会有更高的劳动生产率，也就不可能最终战胜资本主义制度。

电气化是实现工业化的关键步骤。列宁在拟订社会主义经济建设规划时，不仅提出国家工业化的任务，而且把它具体化为一个具有先进水平的俄罗斯国家电气化计划。早在1920年2月，全俄中央执行委员会就根据列宁的建议，通过决议，成立了俄罗斯国家电气化委员会，在200多位优秀的科学家、工程师和农艺师的参加下，经过将近一年的工作，制订了全俄电气化的总规划。在委员会人员组成上，列宁亲自领导寻找人才，力求把领导干部的丰富的领导、组织和管理经验、专家、学者的丰富的理论造诣、实际技术工作者的直接工作经验有机地结合起来。罗爱·克拉桑是一个专业知识造诣很深的工程师，早在1894—1895年彼得堡马克思主义小组中就是列宁的论敌，但列宁觉得争论是正常的，并亲切接见了他，委以重任。在同年12月召开的全俄苏维埃第八次代表大会上，通过了国家电气化计划和列宁起草的关于电气化报告的决议，这个计划是伟大经济创举方面的第一个步骤。1921年2月，列宁写了《论统一的经济计划》一文，文中强调，总该学会尊重科学！总该摒弃门外汉和官僚主义者的"共产主义"的傲慢行为！总该学会有系统地从事工作，利用我们自己的经验和我们自己的实践！他批评那些犯有官僚主义毛病的党的领导者说，应该多向资产阶级专家和学者学习，少玩弄些行政命令手段。要记住，工程师承认共产主义所经历的途径并不像过去地下宣传员和著作家所经历的那样，他们是通过自己研究的那门科学所达到的实际成果来承认共产主义的。我们认为，那些出身于资产阶级的科学和技术专家要比妄自尊大的共产党员宝贵十倍。

列宁充分估计了电气化的全部意义，高度赞扬了全国电气化计划，称它为"第二个党纲"，是一个"把俄国转到共产主义所必需的真正经济基础上去的伟大的经济计划"。列宁把他的电气化思想和建立新的社会制度紧密联系起来，概括为"共产主义就是苏维埃政权加全国电气化"。1921年10月，列宁在写给全俄电气技师第八次大会主席团的贺信中指出："只有当国家实现了电气化，为工业、农业和运输业打下了现代大工业的技术基础的时候，我们才能得到最后的胜利。"

为了实现工业化和电气化的任务，列宁从俄国的具体条件出发，总结了十月

列宁在办公（1922年10月4日）

革命以来经济管理经验,指出解决经济任务不同于政治任务、军事任务,如果还是按照老办法靠热情、靠英勇精神来解决经济任务,必然要犯错误。列宁在《十月革命四周年》《全俄苏维埃第九次代表大会》这些讲话中都表达了这种思想。他指出,为了实现工业化,必须依靠广大群众,开展社会主义劳动竞赛,提高劳动生产率;必须加强劳动纪律,采用最先进的科学管理方法;要使劳动者从个人利益上去关心劳动成果,反对分配上的平均主义,实行按劳分配,实施奖金制度;还必须掌握和运用先进的科学技术,团结和利用科学家、技术专家,充分发挥他们的作用;各方面要增收节支、开源节流、精简机构;等等。

在列宁的领导下,电气化工作取得了很大的成绩,到1922年,全国共建成274个电站,其中有卡什拉和野鸭淀两个大型电站。

发展社会主义经济,需要正确看待资本主义和商品货币关系。十月革命胜利初期,列宁仍对商品货币关系持否定态度,把它看作资本主义统一物而与社会主义相对立,主张限制并废除。从1921年起,列宁对商品货币关系的观点发生了重大变化。

新经济政策的一个核心问题是如何利用商品货币关系,实现从产品生产向商品生产转变。列宁强调指出,不是余粮收集制,也不是粮食税,而是用社会主义大工业的产品交换农民的产品,才是社会主义的经济实质和基础。根据新经济政

列宁1923年1月上旬口授的文章《日记摘录》《论合作社》《怎么改组工农检察院》《宁肯少些,但要好些》

1921年10月22日，列宁观看苏俄第一部电犁试验

策的实践，列宁比较充分地肯定了商品货币关系的必然存在和重要作用，认识到只有利用商品货币关系和市场的作用，才能战胜资本主义和建设社会主义。"这看起来很奇怪：共产主义与商业？！这是两种风马牛不相及、毫不相干、相去甚远的东西。但是，如果从经济上认真考虑一下，就会知道这二者之间的距离并不比共产主义同小农的、宗法式的农业的距离更远。"[①]

列宁在发展商品货币关系的实践中，阐发了几个重要的思想：

第一，商业是沟通工业和农业之间的渠道，是俄国向社会主义过渡的中心环节。列宁认为，在大机器工业还没有充分发展的条件下，"商业就是千百万小农与大工业之间唯一可能的经济联系"[②]"是无产阶级先头部队同农民结合的唯一可能的环节，是促使经济开始全面高涨的唯一可能的纽带"。[③]因此，列宁要求苏维埃的工作人员学习经商，学会掌握、指导和调节商业的本领；要求建立和健全与利用商业相适应的商业、财政、金融等制度和机构。

第二，国营企业必须实行"商业化原则"，严格进行经济核算。1921年7月，列宁在给俄共（布）中央政治局的建议中正式提出按"商业化原则"（或商业化精神、准则、办法）搞经济事业的观点。10月至11月，在《按商业化原则

[①]《列宁全集》中文第2版第42卷，第248、249、348、241页。

[②] 同上。

[③] 同上。

办事》的论文提要中，他从理论上阐明了按商业化原则办事的口号，并分析了商业化原则的要点：

"商业原则＝

＝极度紧张

＝尽量缩减企业数量，使企业集中

＝检查结果

＝'经营有方'。

……"①

1922年1月，列宁为俄共（布）"十一大"起草的《工会在新经济政策条件下的作用和任务》中，把"商业化原则"写入了党代会的正式文件。"商业化原则"，就是要求国营企业进行严格的经济核算，改变不讲核算、不要利润的情况。

第三，货币是社会财富和劳动的结晶，不能一下子废除。十月革命后，列宁冷静地看到苏维埃俄国的经济现状，特别是多种经济成分存在的现实，承认"在从资本主义社会向社会主义社会过渡时，不要货币，或者在短期内代之以新的货币，是根本不可能的事情"②。他认为，"货币是社会财富的结晶，是社会劳动的结晶"③，"货币周转是这么一回事，它可以很好地检查国内流转是否正常"④，因此，要健全货币，整顿货币流通，恢复财政信贷制度，使货币为过渡时期的经济和社会主义建设服务。

第四，在存在商品货币关系的条件下，要考虑市场关系和价值规律的作用。根据列宁的思想，俄共（布）第十一次代表会议的决议指出，目前俄共在经济方面的基本任务，就是领导苏维埃政权的经济工作：必须从市场的存在出发并考虑市场的规律，掌握市场，通过有系统的、深思熟虑的、建立在对市场过程的精确估计之上的经济措施，来调节市场和货币流通。联共（布）第十三次代表会议的

---

① 《列宁全集》中文第2版第42卷，第248、249、348、241页。
② 同上，第34卷，第126页。
③ 同上，第36卷，第340页。
④ 同上，第41卷，第59页。

决议又明确指出，必须使国家各个经济部门之间以及它们同市场之间的相互关系协调一致。

与商品货币关系联系在一起的是如何看待经济中的资本主义问题。在新经济政策的酝酿、实施、完善过程中，列宁对此有了较明确的认识。

1921年10月17日，列宁在全俄政治教育局第二次代表大会上作了题为《新经济政策和政治教育局的任务》的讲话。在这个讲话中有一个标题就是"我们的错误"。他说当国内战争向我们袭来的时候，我们犯了错误："决定直接过渡到共产主义的生产和分配。当时我们决定，农民按照余粮收集制会交出我们所需数量的粮食，而我们把这些粮食分配给每个工厂，我们就可以实行共产主义的生产和分配了。"列宁说，但是经过一段不很长的试验，我们终于相信，这种构想是错误的，是同我们以前关于从资本主义到社会主义的过渡的论述相抵触的。

列宁在1921年10月的讲话中明确指出："资本主义愈不发达，所需要的过渡时间就愈长。"[①]根据俄国的特点，列宁在1923年1月2日的日记中特别指出，在农村中还没有实行共产主义的物质基础之前，决不能过早地给自己提出向农村推行共产主义的目标。这个目标现在是达不到的，是不合时宜的，现在提出来不但无益，反而有害。

实行新经济政策以后，列宁更明确地提出通过国家资本主义的多种形式，如租让制、合作制等，进一步发展生产，增加产量，同时作为向社会主义过渡的步骤。他在《论粮食税》一文中说："我们应该利用资本主义（特别是要把它引导到国家资本主义的轨道上去）作为小生产和社会主义之间的中间环节，作为提高生产力的手段、途径、方法和方式。"在这篇文章中，他批评"资本主义是祸害，社会主义是幸福"的议论。列宁认为它忘记了现存的各种社会经济结构的总和，而只从中抽出了两种成分来看。列宁用历史唯物主义的方法指出，和社会主义比较，资本主义是祸害；但和中世纪制度、和小生产、和小生产散漫性联系着的官僚主义比较，资本主义则是幸福。1918年春，列宁在《〈论苏维埃政权的当前任

[①]《列宁全集》中文第2版第34卷，第520页。

务〉一文的几个提纲》一文中提出了一个著名的公式：乐于吸取外国的好东西：苏维埃政权＋普鲁士的铁路秩序＋美国的技术和托拉斯组织＋美国的国民教育等等等等＋＋＝总和＝社会主义。

二、通过合作社引导农民走上社会主义

十月革命后，苏维埃政权通过对大资本的剥夺，为社会主义大工业建立了一定的基础。但小生产仍占优势，在广大农村，主要还是小农经济结构。用社会主义原则改造小生产者，引导千百万个体小农户过渡到大规模的农业生产，是当时俄国社会主义建设中最困难的任务之一。对此，列宁曾经深刻地分析了小农所具有的两重性，认为个体农民既是劳动者，又是私有者。作为劳动者是自己产品的生产者，要求摆脱剥削，倾向革命，接受工人阶级的领导；作为私有者，则要求把粮食等产品自由出卖，希望自己发财致富。在个体经济基础上的资本主义自发倾向的发展，必然会导致两极分化，少数人越来越富，成为农村资产者，多数人越来越穷，甚至有人破产。列宁说，小商品生产"是一个非常广阔和极其深厚的资本主义基础。在这个基础上，资本主义得以保留和复活起来"。因此，如果不使整个国民经济过渡到统一的社会主义基础上，就仍然存在着资本主义复辟的危险性。列宁指出：社会主义合作化的企业的意义是非常大的，"因为原来那种贫困不堪的农民经济如果不加改变，就谈不到如何巩固地建立社会主义社会"。对于广大小生产者农民来说，既不能驱逐，也不能镇压，必须同他们和睦相处，无产阶级可以改造他们，教育他们，通过协作社、劳动组合等形式的合作经济把他们吸引到社会主义建设中来。

在1921年春天以前，列宁从马克思、恩格斯关于农业社会化的思想、当时俄国革命的实际情况以及他本人也存在的直接过渡到社会主义的思想出发，提出了实行共耕制的政策。

通过实践，列宁逐渐认识到，共耕制这种组织形式不是改造农业的理想形式，而且也不能依靠它大幅度地增加农产品。1920年12月，列宁在全俄苏维埃第八次代表大会上说："集体农庄的问题并非当务之急。我知道，集体农庄还没有

很好地组织起来，还处于名副其实的养老院的可怜状态。""现在大多数国营农场的状况，低于一般水平。""必须依靠个体农民。""现在还不能设想向社会主义和集体化过渡"。1921年3月，列宁在俄共（布）第十次代表大会上阐明新经济政策时，总结了创办集体农庄的经验教训。他说："这些集体农庄的经验只是提供了一个不该这样经营的例子，让周围农民见笑或者生气。"这时列宁提出了合作社问题。列宁指出："在实行地方经济流转的情况下，我们是需要合作社的，而现在合作社在我国已经奄奄一息。"党纲强调指出，合作社"是需要保存下来的"，但我们"执行得非常不够，而且在某些方面完全没有执行，其部分原因还是我们犯了错误，部分原因则是军事上需要"。从此，列宁实现农业社会主义改造的道路就由共耕制转向了合作制。

按照列宁对合作社的设想，其出发点是：第一，承认农民对个人利益、私人买卖利益的关心是促进农业生产的恢复和发展的重要因素，因此，必须把农民的个人利益、私人买卖的利益与社会主义国家和集体的利益结合起来；第二，要把合作经济的发展建立在农村商品生产发展的基础上。因此，列宁说明，合作社首先是买卖机关，在流通领域把农民组织起来，然后在商品生产的基础上发展到生产领域的合作。而在共耕制时期，一方面由于军事上的需要，另一方面列宁也还没有完全认识到照顾农民个人利益和发展农村商品生产的重要性。

1921年10月，列宁听取了一国营农场场长叶梅利杨诺夫的汇报后，严肃批评了当时土地改革中吃"大锅饭"、急躁冒进、侵吞公共财产和不会管理的现象。他指出："一方面是侵吞，另一方面是不会工作……我们这里性急的人很多……我们还得经受很多困难""即使在一块很好的土地上也会长出杂草"，如果一味急躁，"就会把事情弄糟，以至丧失一切"。[1]

1923年1月，列宁抱病口述了《论合作社》一文。在《论合作社》中，列宁对合作社性质的看法有了发展。他虽然仍然把合作社看成是能与国家资本主义相比拟的东西，但他着重强调了合作社的社会主义性质。列宁指出，那些不明白

---

[1]《回忆列宁》第4卷，第452—455页。

合作社原则的社会主义意义的同志，常常忘记了俄国国情的特殊性。这种特殊性表现在两个方面：第一，在苏维埃俄国，包括土地在内的一切大生产资料的所有权掌握在无产阶级的国家手里，无产阶级和农民结成联盟，无产阶级对农民的领导已有保证，等等。因此，在资本主义国家条件下，合作社是集体的资本主义组织，而在俄国的现存制度条件下，合作企业是社会主义集体企业，合作社是同社会主义完全一致的。第二，俄国是一个经济文化落后的农民占多数的国家。在工人阶级掌握国家机器和全部生产资料以后，国家政权所要解决的任务就是使居民合作化，使所有小农实际地参加社会主义建设，而这就需要采用尽可能使农民感到简便易行和容易接受的方法。列宁认为，发展合作社就是这样的方法。在这个意义上，列宁说，单是合作社的发展就等于社会主义的发展；文明的合作社工作者的制度就是社会主义制度。列宁强调，在合作化中应贯彻自愿原则，"在这里使用暴力，就是葬送全部事业"。

列宁论证了提高农民文化水平是农村中顺利实现合作化不可缺少的条件。他指出，没有整个的文化革命，要实现合作化是不可能的。列宁强调，使全体居民参加合作社须经过整整一个历史时代，因此要影响和改造千百万小农经济，决不能急躁冒进，"只能采取谨慎的逐步的办法，只能靠成功的实际的例子"，采用典型示范，实际地向农民表明合作农业的优越性。苏维埃俄国最初建立的几千个农业合作组织，虽然数量不多，而且还很嫩弱，但列宁认为它们"每一个都成为在农民中传播共产主义思想和意识的真正苗圃""是社会主义新制度的真正幼芽"。

三、开展文化革命，提高全民素质

苏维埃政权建立后，布尔什维克党不仅接收了一个经济异常落后、混乱的烂摊子，而且还面对着文化教育严重滞后的困难局面，文盲占居民总数的78%。愚昧无知成为全党和全国人民的一大祸害。对此，列宁有清醒的认识。首先，文化教育落后是反对官僚主义的严重障碍。他指出："我们深深知道，俄国文化不发达是什么意思，它对苏维埃政权有什么影响；苏维埃政权在原则上实行了高得无比的无产阶级民主，对全世界作出了实行这种民主的榜样，可是这种文化上的落后却限制了苏维埃政权的作用并使官僚制度复活。"① 因为苏维埃的创造性工作需要大批有文化、懂管理的人，工人阶级由于文化水平低，还不是人人都能实际上进行对国家的管理。劳动人民普遍缺乏文化，妨碍了充分发扬社会主义民主和劳动人民行使对国家机关人员监督的权力，为此苏维埃不得不吸收有文化、懂管理的旧式官僚参加管理，而结果便产生了官僚主义。其次，文化教育落后是开展社会主义经济建设的巨大障碍。列宁指出，在一个文盲充斥的国家内是不能建设共产主义的。文盲是被排斥在政治之外的，"不识字不可能有政治，不识字只能有流言蜚语、谎话偏见"②。列宁在《论合作社》中把在农民中进行文化革命看作是一项"划时代的主要任务"，认为仅仅扫盲和认几个字成不了大事。

为改变苏维埃俄国文化教育严重落后的状况，列宁提出了开展社会主义文化革命的任务，主要包括：扫除文盲，普及文化知识，提高人民的文化水平；造就掌握先进科学技术的经济建设人才和其他方面的专门人才；加强共产主义道德风尚的教育；等等。解决这些任务的根本途径是大力发展教育事业。俄共（布）十分重视教育事业的发展。

完成教育任务是无产阶级专政的重要作用之一。列宁在驳斥资产阶级的诬蔑时指出：资产阶级竭力抹杀无产阶级专政的一个更为重要的作用，即教育任务，这个任务对于无产阶级在人口中占少数的俄国尤其重要。这个任务在俄国应当提到首位，因为我们要为社会主义建设训练群众。在俄共（布）关于教育方面的决议和列宁的一些讲话中，都一再指明，应把对群众的教育工作和发展社会主义经济的需要联系起来；苏维埃国家的教育工作应适应国家中心任务转向经济建设这一新形势，应使人们认识必须把教育工作提高到新阶段，以保证经济建设的顺利进行。

列宁十分关心对学生、青年的培养教育，因为他们负有社会主义建设的重任。列宁教导青年们说：你们完全了解，不识字的人不能实现电气化，而且仅仅识字还不够。只懂得什么是电气化还不够，还应该懂得怎样在技术上把电应用到工农业上去，应用到工农业的各个部门中去。每个人必须学会，并且必须教导一

---

① 《列宁选集》中文第3版第3卷，第766页。
② 同上，第4卷，第590页。

切劳动青年都学会。这就是说，青年们只有受到现代教育，用人类创造的全部知识财富来丰富自己的头脑，学习政治、文化、知识和科学技术，才能担当起建设社会主义的任务。

教师是发展文化教育事业、培养人才的重要力量。列宁提醒全党充分注意发挥人民教师在发展社会主义文化教育事业中的作用。他号召人民向教师们学习，为了建设社会主义和共产主义，"只有掌握教师从资产阶级那里继承来的一切知识，才能做到。否则，共产主义就不可能有任何技术成就，在这方面的一切理想就要落空"。列宁强调要提高人民教师的地位和物质生活条件，提高他们的觉悟和能力。在《日记摘录》一文中，列宁通过1897年和1920年俄国居民识字情况的对比说明，"我们还要做多少非做不可的粗活，才能达到西欧一个普通文明国家的水平"，只有把"国民教师的地位提到在资产阶级社会里从来没有、也不可能有的高度"，才能使他们变成苏维埃制度的支柱，否则，就谈不上任何文化。[①]

教育部门对社会主义文化教育事业的发展负有很大的责任。列宁认为检验他们工作的成绩如何，主要是看发现、使用和教育团结专家方面工作得怎样，在帮助教师工作和提拔他们以及介绍和参考他们的经验方面工作得怎样。列宁要求领导者少谈些"领导"，多做些实际工作，深入到教学活动中去，修改、实践教师的教学大纲，编写适用的教科书，实际地改善（即使改善很少）十个、百个和千个教育专家的教学内容和工作条件。

列宁认为，对文化革命应采取谨慎态度，在文化问题上急躁冒进是有害的，对文化采取虚无主义的态度也是荒谬的。苏维埃俄国在开始进行文化建设时，在怎样进行文化建设和由谁领导文化建设的问题上出现了分歧和斗争。以波格丹诺夫为首的"无产阶级文化派"，从唯心主义哲学出发，散布了许多有害的观点。他们打着"创造新的无产阶级的文化"的幌子，臆造自己的"特殊文化"，反对批判地继承人类优秀的文化遗产，说"无产阶级文化"要由他们创造出来。列宁在《关于无产阶级文化》中批判了"无产阶级文化派"的错误观点，"马克思主

---

① 《列宁选集》中文第3版第4卷，第762—764页。

义这一革命无产阶级的思想体系赢得了世界历史性意义,是因为它没有抛弃资产阶级时代最宝贵的成就,相反却吸收和改造了两千多年来人类思想和文化发展中一切有价值的东西,只有在这个基础上,按照这个方向,在无产阶级专政(这是无产阶级反对一切剥削的最后斗争)的实际经验的鼓舞下继续进行工作,才能认为是发展真正的无产阶级文化"。[1]

四、反对官僚主义、加强党和国家机关建设

在领导党和政府进行社会主义建设的过程中,列宁逐渐察觉到党和政府机关内官僚主义等不良现象的滋长和蔓延。对此,列宁表示关切和忧虑。

按照列宁的看法,当时党和政府机关中主要存在以下几个问题:(1)十月革命后接受下来的许多国家机关,除了外交人民委员部外,其他机关"在很大程度上是旧事物的残余,极少有重大的改变。这些机关仅仅在表面上稍稍粉饰了一下,而从其他方面来看,仍然是一些最典型的旧式国家机关"[2],像文牍主义、滥用职权、拖拉作风、办事效率低、贪污腐化现象严重存在;而打碎了旧的沙皇机器、取而代之的苏维埃新机构,虽然按其性质来讲不同于旧政权,但也受到了官僚主义等腐败现象的污染和侵蚀,被派去担任国家机关工作的许多党员干部,在相当程度上脱离了群众,沾染上了官僚主义。早在1918年4月,列宁在《苏维埃政权的当前任务》中指出,现在有一种使苏维埃代表变成官僚的小资产阶级的趋势。1919年春,列宁进一步指出:"官僚主义在苏维埃制度内部部分地复活起来。"在1921年3月俄共(布)"十大"上,列宁又说:"我们把这个祸害看得更清楚,更明确,更严重了。"1923年3月2日,列宁在《宁肯少些,但要好些》一文中指出:"我们国家机关的情况,即使不令人厌恶,至少也非常可悲。"(2)行政监督检查机构工作不力,威信不高,机构臃肿。1920年1月,在原国家监察人民委员部基础上改组而成的工农检查人民委员部(又称工农检查院)很快形成拥有1.2万人之多的庞大机构。1922年4月,列宁批评"工农检查人民委员部

---

[1]《列宁选集》中文第3版第4卷,第299、779页。

[2] 同上,第299、779页。

现在没有丝毫威信……再没有比我们工农检查院这个机关搞得更坏的机关了"。（3）在组织形式和工作方法上不适应新时期经济建设的要求，党政不分、外行领导内行、无组织无原则的争论，尤其是俄国人民文化异常落后，愚昧无知状态成为全党和全国人民的重大祸害，文盲近80%。另外，列宁对一些组织、个人、报刊做出的对他的任何个人崇拜行为深恶痛绝。

1921年10月17日，列宁在《新经济政策和政治教育委员会的任务》一文中指出："在每一个共产党员面前都有三大敌人：第一个敌人是共产党员的狂妄自大，第二个敌人是文盲，第三个敌人是贪污受贿。"

对于苏维埃国家的民主政治建设，列宁从理论上作了科学、全面、深入的分析和研究。1919年3月，列宁在俄共（布）"八大"通过的新党纲中指出：对于官僚主义，我们讲得很直率，我们不怕承认祸害，而愿意暴露它、揭穿它，使人人唾弃它，唤起同祸害作斗争的思想、意志、毅力和行动。

在分析官僚主义的经济根源时，列宁认为主要有两种：一种是资产阶级为了维护自己的统治，建立起官僚主义的和资产阶级压迫者的机构，以反对工农革命运动，这些已为革命所摧毁。另外一种是小生产者的分散性和散漫性，他们的贫困、不开化，交通的闭塞、文盲现象的存在，工农业间的缺乏流转、缺乏联系和协作，这在极大程度上是国内战争的结果。在苏维埃俄国，旧的官僚主义分子早已被查出并被赶走，但由于居民的文化水平不高，专门人才不足，于是官僚们又钻进国家机关，占据了原有的位置。无产阶级并不能一下子把他们改造过来，这也加重了官僚主义的危害。

怎样才能有效地改善国家机关工作，同官僚主义作斗争呢？

以列宁为首的俄共（布）认为，应当试验各种各样的方法和措施。在党的第八次代表大会通过的党纲中明确载入了反官僚主义的条文。规定必须吸收苏维埃每个代表来担负一定的国家管理工作，逐渐把所有的劳动人民无例外地吸收来参加国家管理工作；广泛发扬社会主义民主，为广大劳动人民运用民主权利和自由提供物质条件；通过公职人员作工作报告等办法，使政权机关进一步接近群众；鉴于居民的文化程度较低，已成为实现这些措施的巨大障碍，党应当把文化教育任务摆在突出地位。

从1921年年底起,列宁开始深入考虑如何改进人民委员会和劳动国防委员会的工作制度问题。1922年,列宁花费了相当一部分时间来安排他的助手即副主席的工作,并以此为契机来改组整个中央政府的工作。他同两位副主席李可夫和瞿鲁巴频繁通信,讨论他们的实际工作计划。仅在1922年1月24日至2月27日的一个多月当中,列宁就给瞿鲁巴写了6封信。列宁在这些信件中指出,人民委员会和劳动国防委员会工作的根本缺点是处理琐碎小事太多,对执行情况缺乏检查,"可恶的官僚主义积习使我们陷入滥发文件、讨论法令、乱下指示的境地,生动活泼的工作就淹没在这浩如烟海的公文之中了"。因此,应该"周密地考虑一下工作制度,做一番彻底的改革"。列宁认为,各人民委员和人民委员会、人民委员会主席和副主席工作的方针应该是"不信任法令、机构、'改组'和大员,特别是共产党员中的大员;通过对人的考核和对实际工作的检查,同腐败的官僚主义和拖拉作风作斗争;毫不留情地赶走多余的官员,减缩编制,撤换不认真学习管理工作的共产党员"。

在长期考虑并同李可夫和瞿鲁巴通信之后,列宁于1922年4月11日最后拟定了《关于副主席(人民委员会和劳动国防委员会副主席)工作的决定》。"决定"详尽规定了副主席的工作任务、工作性质、工作方法及其分工合作问题。关于副主席工作的决定分送中央政治局全体委员征求意见。1922年5月5日,列宁在给斯大林的信中,在要求把这项决定草案交政治局"传阅"时,对某些人关于副主席工作的一些意见作了答复。1922年底,当健康状况再度恶化的时候,列宁又重新考虑了人民委员会和劳动国防委员会副主席的工作制度,并在12月4日写了关于副主席和主席的工作制度的新建议;12月13日和16日,列宁口授了两封信,再次对副主席工作问题作了指示。

在考虑怎样改进苏维埃机关的领导工作时,列宁把对机关工作的检查和督促放在最主要的地位。列宁认为,副主席主要专门负责的基本工作是检查法令、法律和决定实际执行情况,缩减苏维埃机关的编制,督促它们整顿并简化办公制度,反对官僚主义和拖拉作风,其余的一切工作都应服从这一工作。早在1918年

3月，为扩大对所有行政机关的监督，苏俄设立了国家监察部，但实际效果并不显著。1919年3月，俄共"八大"决定加强监督工作。

1920年1月，根据列宁的提议，国家监察人民委员部改组为工农检查人民委员部（又称工农检查院），它的职责是对国家机关的各部门工作实行监督和检查。列宁认为，这个部与其他国家机关不同，它应当依靠工农群众，完全"工人化"和"农民化"。为此，他提议把"工农检查制度贯彻到国家监察部的一切部门中去""把全体劳动群众、男子特别是妇女，都吸收来参加工农检查工作"。为了不因吸收大批人参加这项工作而发生混乱，列宁认为可以实行"逐步吸收、轮流替换"的原则，通过这一工作，使工农劳动群众在实践中培养管理国家事务的能力，提高当家做主的责任感。工农检查人民委员部应成为广大群众学习管理的学校，成为检查和改善整个国家管理的机构。1923年年初，列宁为改组工农检查院而口授的一系列文章，是他改革国家机构、反对官僚主义而作出的最重要的步骤。这些文章包括《〈我们对工农检查院怎么办？〉一文提要》（1月初）、《我们对工农检查院怎么办？》（1月13日），这是列宁对改组工农检查院提出的第一个方案，这个方案当时未见公布。1月19日至23日，列宁口授《怎样改组工农检查院（向党的第十二次代表大会提出的建议）》，这是列宁对改组工农检查院提出的第二个方案，该文刊载于1月25日《真理报》上。接着，2月上旬，列宁又连续几天口授《宁肯少些，但要好些》一文，提出了更为详尽而重要的意见，该文刊载于3月4日《真理报》上，这是列宁生前发表的最后一篇文章。

怎样改组工农检查院呢？按照列宁的设想：一是把工农检查院的工作人员减少到三四百人。这些人都要经过特别的审查，看他们是否忠实，是否了解国家机关的情形，同时还要经过特别考试，看他们是否知道科学地组织一般劳动的原理，特别是科学地组织管理工作和行政工作等的原理。二是把工农检查院和党中央监察委员会合并起来。列宁认为，这种结合对于"两个机关都有好处"，既可以使工农检查院获得很高的威信，又能保证这个机构拥有优秀的干部（列宁主张从党的代表大会的工人、农民代表中选出70—100人任新的中央监察委员），并保持同广大群众的联系。

同时，列宁认为，改组后的工农检查院有助于维护党的统一。扩大中央委员会和中央监察委员会，在这两个党的高级机关中形成一个紧密的集体，它"应该'不顾情面'，要注意不因任何人，无论是总书记或是其他任何中央委员的威信而妨碍他们提出质问，审查各种文件，并且要做到绝对了解情况和使问题处理得非常正确"。此外，列宁认为这样的改组还有一个好处："就是在我们中央委员会里出于纯粹个人情况和偶然情况的影响就会减少，因而分裂的危险也会减少。"

尽管改革国家机关十分必要，但列宁郑重地告诫人们，从事这项工作应该遵守一条规则：宁可数量少些，但要质量高些……与其匆忙从事而毫无希望得到优秀人才，倒不如再过两年甚至三年好些。因为要发现和培养的优秀人才，除了必须是一心一意为社会主义而奋斗的工人外，还必须使他们具备必需的知识和文化，这些都是需要时间的。

列宁估计到，关于改组工农检查院的主张，必定会受到党内不少人"直接或间接地"反对。事实果真如此，政治局许多人对此不能理解，或多或少地产生了某种抵触情绪。布哈林作为《真理报》主编，对发表《宁肯少些，但要好些》一文迟疑不决；在一次政治局紧急会议上，古比雪夫甚至提议，出版一张刊有这篇文章的《真理报》"特别版"，专供列宁阅读，不正式发行，这样做既可以使全党和全国人民不知道有这篇文章，又可以借此来安慰列宁。但托洛茨基不赞成，他说，列宁的文章是根本压不住的。最后政治局同意在《真理报》上刊登列宁的这篇文章。

列宁关于改组工农检查院的建议，在1923年4月17日至25日举行的党的第十二次代表大会上未列入议事日程。大会根据捷尔任斯基为首的专门委员会提出的《关于改组工农检查院和中央监察委员会及其相互关系》的提纲，通过了相应的决议，表示赞同列宁关于改组工农检查院的建议，但代表大会没有设立如列宁所建议的那种具有广泛权力的、重新改组了的工农检查机关。列宁的愿望在实际工作中被大打折扣。

在实际工作中，列宁身体力行，不折不扣地与官僚主义作斗争。

为了便于监督国家机关中各部门工作的执行情况，列宁委托秘书玛·伊格利亚塞尔在办公登记簿上画上格子，每一栏加上标题，以便检查人民委员会和劳动国防委员会的每项决议是如何执行的，何时、何人执行的。列宁时常根据这本簿记亲自检查秘书处是如何监督执行决议的，是否有拖拉现象。

为了让人们严格遵守革命秩序和法制，教育人们切实尊重新生苏维埃政权的法令，尊重苏维埃共和国宪法，司法人民委员部立法提案司根据列宁的要求出版了一本题为《请执行苏维埃共和国的法律！》的小册子。列宁亲自为它作了校订。这本小册子按照列宁的指示分发给全体人民委员。在人民委员会会议上，列宁总是把它放在自己面前，引用它的内容，并提醒人民委员们予以注意。

列宁只要发现苏维埃的决议或命令没有得到执行，他一定要求惩罚当事人。他认为，惩罚并不是目的，因而惩罚也可以不那么严厉，有时只予以警告就够了，但必须打破那种认为违反纪律可以不受惩罚的普遍信念。列宁认为，直接接受任务而未完成的人固然有错，但是因政府决定未被执行而使工作蒙受损失的有关单位领导人的麻木也应负有责任。他认为这种领导人的错误在于：不报警、不申诉、不向有关机构提出声明。有一次，人民委员会责成粮食人民委员部向某一企业工人紧急供应口粮，而这个企业在规定的时间内没有得到粮食人民委员部供应的粮食，企业领导人不及时反映情况，说明人民委员会的决定没有得到执行。列宁得知后认为，这个企业领导人与粮食人民委员部犯了同等程度的错误。

列宁在得知人民委员会或者劳动国防委员会的决定没有执行时，他就指示把当事人禁闭两到三天。同时补充说："逢假日禁闭，非假日释放，以免工作受到损失。"[①]

列宁对受贿行为十分憎恨。在1921年10月全俄政治教育委员会第二次代表大会上所作的报告中，列宁阐述党员在反贪污斗争中的作用时说："如果政治教育工作者回答说：'这不是我们管的事情''关于这个问题我们已经出版了小册子和布告'，那么人民就会对你们说：'你们是坏党员，这固然不是你们管的事情，这些事情由工农检查院管，但是，你们也是共产党呀！'"[②] 列宁在1922年3月1日

[①]《回忆列宁》第4卷，第128—129页。

[②]《回忆列宁》第4卷，第128—129页。

列宁传

写给全俄肃反委员会一位委员的便条中指示：对受贿以及诸如此类的现象，国家政治保卫局能够而且应该进行斗争，"并经过法庭予以枪决"①。列宁特别严格地要求共产党员和负责人、工作人员遵守纪律和法制，对每一件违法乱纪的事例都要进行追究，不管违法乱纪者的职位多么高。1922年3月18日，列宁针对莫斯科苏维埃中央住宅管理处某些负责的工作人员滥用职权以及苏共（布）莫斯科委员会对他们的纵容姑息，满怀义愤地给俄共（布）中央政治局写了一封信，建议：由于对共产党员的姑息，给予莫斯科委员会严重警告处分；向所有省委会重申，凡有一丝一毫试图对法庭"施加影响"以"减轻"共产党员罪责的人，中央都会将其开除出党；通令司法人民委员部（抄送各省党委），法庭对党员的惩处须严于非党员，凡不执行此项规定的人民审判员和司法人民委员部部务委员应予撤销职务；责成全俄中央委员会主席团在报刊上对莫斯科苏维埃主席团严词训诫。在附言中列宁还指出："可耻和荒唐到极点：执政党庇护'自己的'坏蛋！"②1921年10月20日，列宁就粮食人民委员部的拖拉作风问题给莫斯科革命法庭写了一封信，在信的附言中说："无论从党的还是从政治的观点来看，为了贯彻苏维埃第八次代表大会的决议，对拖拉案件的审理应该是最庄严的、最富有教育意义的，而判决则应该给人以强烈的震动。这一点极为重要。"③1921年11月4日，列宁在给库尔斯基的信中说，在1921年秋季至1922年初，务必将四至六起莫斯科的拖拉作风案件提交莫斯科法庭审理，要选择比较引人注目的案例，并使每次审判都成为有政治意义的大事④。列宁为了说明官僚主义的危害性，在1922年2月22日写给财政人民委员索柯里尼柯夫的信中说："我们所有经济机关的一切工作中最大的毛病就是官僚主义。共产党员成了官僚主义者。如果说有什么东西会把我们毁掉的话，那就是这个。"⑤

加强党的建设，提高党员素质，是反对官僚主义、建设民主政治的重要内容。

---

① 同上，第129页。
② 同上，第128页。
③ 同上，第129页。
④ 《回忆列宁》第4卷，第129—132页。
⑤ 同上，第132页。

在十月革命后，俄共（布）处于执政党的地位，因而加强苏维埃政权建设和加强党的建设是紧密联系在一起的。在反对外国武装干涉斗争的年代里，党直接面临的是军事斗争任务。党的组织和党员不论在前线或后方的工作中都受到了战斗的洗礼。但在国内战争期间，工人人数大为减少，一些非无产阶级分子涌到党内来，使工人成分的党员比重下降，削弱了党的阶级基础。同时，由于党处于执政党的地位，不可避免地混进了一些追求名利的异己分子和到合法政党内寻求依附的某些集团和阶层的力量，这就造成党的社会成分不纯。当时还由于战斗任务繁重因而放松了对党员的教育，使党员的质量有所下降。鉴于这种严重情况，列宁指出党的建设任务应是改善党的质量，而不是追求数量。在注意吸收新党员的同时，强调纯洁党的队伍，加强对党的理论教育，提高党员的觉悟。俄共（布）第八次代表大会制定了新党纲，并通过了改善党员社会成分和全党重新登记的决议。决议指出：党的组织绝不应当以降低党员的质量为代价，来换取党员数量的增加。应当吸收城乡无产阶级分子加入党的队伍，在接受非工农分子入党时，应当进行仔细的审查。俄共（布）根据这项决议清洗了混入党内的骗子、投机冒险分子、坏分子以及虽然"改头换面"但心里依然故我的孟什维克分子等。到1923年党的第十二次代表大会召开时，党员人数由第十次代表大会的73.25万人降到38.6万人。党员数量虽然减少，但党员的社会成分和党的队伍的纯洁性有了很大的改善。

为提高党员的觉悟，俄共（布）逐渐加强了马克思主义理论、党的历史、当前任务以及关于党的团结和纪律的教育。在俄共（布）第八次代表大会通过的党章中，对工农成分和其他非工农成分的新党员规定了不同的预备期，以便进一步考察和提高他们的觉悟。

进入国民经济恢复时期后，俄共（布）强调党的建设要适应新时期总任务的要求，在组织形式和工作方式上作相应的改变。新时期比任何时候都更加需要党在组织上思想上的团结和统一，反对任何派别分裂活动。必须把国内战争时期分散成各个独立的队伍的党重新集合起来，以便在经济建设中发挥巨大作用。在组织形式上要有利于充分发扬民主，经常召开各级党的会议，以便党员积极参加党的生活，参加讨论和解决党所面临的问题。党的机关应实行普选制、报告制和监督制。俄共（布）第十次代表大会规定，工作方法首先是对一切最重大的问题，在党的决议未通过前展开广泛的讨论和争论，充分自由地进行党内批评，集体制定全党性的决议。决议一经通过，就必须遵守，必须最迅速而准确地执行。俄共（布）要求担负领导责任的党员要履行党员的义务，深入基层，报告工作，听取批评和建议，进行组织和宣传工作，接近广大工农群众。"党只能按党员的觉悟、忠诚、坚定、政治上的成熟、革命的经验和自我牺牲的决心程度来区别党员，而根本反对按任何其他标志（上级和下级、知识分子和工人、民族标志等）来区别党员。"

为适应社会主义经济建设任务的要求，俄共（布）还采取措施，加强党员的专业知识和业务能力的培训，使其获得本部门的专业知识，成为熟练的经济工作者。俄共（布）第十二次代表大会的决议中就指出：党在选拔优秀人员去做经济工作时，"不仅要考虑到这些人的严格的党性、党龄等等，而且要考虑到他们做经济工作的实际经验和业务能力"。

列宁认为，明确党政之间的分工是十分重要的，绝不能把两者的职能混淆起来。"党努力领导苏维埃的工作，但不是代替苏维埃。"在经济建设时期，党应当指导经济建设机关的活动，但不要硬去代替经济机关或者使经济机关处于无人负责的状态。如果不严格地区分这些职能，就会带来严重的后果，"会使每个人对委托给他的工作缺乏严格而明确的责任心，会在党组织内部滋长官僚主义，使党组织什么都做而又什么都做不好，会妨碍经济工作者的真正专业化（妨碍他们研究问题的各个细节，妨碍他们获得真正有用的经验），一句话，会使正常的工作难于进行"。

五、关于政治稳定，防止党的分裂

关于自己去世后的党的领导人问题，或者说接班人问题，列宁在患病前几乎没有论述。这主要是因为20年代初，以列宁为核心的党和国家的最高领导集团的成员都处于年富力强的年纪，列宁刚过50岁，加米涅夫和季诺维也夫不到50岁，托洛茨基和斯大林刚过40岁，布哈林才30多岁，其他政治局委员、候补委员大多也只有40多岁。当时的革命任务十分繁重而又艰巨，苏维埃俄国的国内

第六章 晚年的探索

战争刚刚结束,严重的战争创伤有待于医治,经济恢复还刚开始,社会主义建设还有待于实践,所以交接班的问题尚未提上日程。在1922年12月16日第二次发病后,列宁预感到自己病情的严重,可能无法恢复健康。此时,他开始考虑,他一旦去世,国内将出现什么样的政治局面,党和国家将面临什么样的危险。据他看来,最大的危险莫过于党的分裂,而这种分裂很可能是党的领袖人物之间的冲突而酿成的。在当时的党和政府的领导层中矛盾和冲突已很激烈。托洛茨基和斯大林在三年国内战争时期就有过摩擦。在新经济政策和《布列斯特和约》等问题上,列宁、托洛茨基、布哈林、斯大林等人的看法存在明显的分歧。1921—1922年,在对外贸易垄断、格鲁吉亚事件、改组工农检查院、苏联国家结构等问题上,列宁和斯大林的冲突也很严重,斯大林已开始表现出不能"谨慎"地使用权力的苗头。而此时,斯大林已经身兼党内三职:政治局委员、组织局委员、总书记(1922年以前,书记处只是从属于政治局的一个中央执行机构,只管党内事务,并不干涉国家管理的主要领域,党的最著名的领导人并不喜欢书记处那种琐碎的日常机关工作,中央书记处没有一个是政治局委员。1922年4月,为改进书记处工作,中央决定选一个政治局委员担任总书记,在俄共(布)十一届一中全会上斯大林被推选为总书记。斯大林担任总书记后,利用书记处有审查党的专职干部并提出提拔和调动意见、保持与地方党组织联系的职能,逐渐控制了全党的干部工作,进一步培养起了一个层层对上负责的金字塔系统,而书记处也开始登上了这个金字塔的顶端),这是当时党内领导人都无法比拟的,因此他有"无限的权力"。对于斯大林能否正确而慎重地使用权力,列宁忧心忡忡。列宁曾私下说过,斯大林"这个厨师只会为我们煮辣汤"。

列宁患病期间,医生禁止他谈政治问题,但可以同一些人见面。对此,列宁很有意见。他不止一次地对妹妹抱怨说:"这些怪人……他们以为政治活动家在久别之后能够不谈政治,而去谈别的东西。"[①] 布哈林曾回忆说,每次他去看望列宁的时候,列宁立即把他带往花园,并对他说:"他们不想让我谈政治,因为这使

---

① 《回忆列宁》第1卷,第234页。

我激动。但他们怎么也不懂得,这是我的全部生命之所在。如果不让我谈这些,那么这比让我谈还要坏,还要使我激动。"布哈林又说:"我同列宁谈的主要是我们当时说的'领袖学',即关于继承问题,即在列宁逝世后谁最适合担任党的领袖。""这一问题最使列宁感到担心和不安。他逝世后党会成什么样子呢?"[①]对于党的领袖集团中各个成员的个性及品质,列宁当然是谙熟的。他在世时,也有可能运用自己的威信和影响,调节领导成员间的矛盾和冲突,以便同心协力,维护党的集体领导。可是他去世后,领袖集团中不同的个人性格和品质而引起的矛盾和冲突,很可能导致党的分裂。而在共产党执政的国家里,党的分裂无疑会给国家造成极大的危害和灾难。

基于以上考虑,1922年12月23日、24日、26日,列宁口授了一批给党第十二次代表大会的信,简称《给代表大会的信》,1923年1月4日,列宁又口授了《对1922年12月24日的信的补充》[②]。这几封信在有关列宁的历史文献中通常被称为列宁的政治遗嘱。

在信中,列宁首先建议即将召开的党的"十二大""对我们的政治制度实行一系列的变动",一是建议把中央委员会的人数增加到几十人甚至100人,要工人阶级出50—100个中央委员。列宁认为增加中央委员会的人数可以达到多重目的:中央委员愈多,受到中央工作锻炼的就愈多,因某种不慎而造成分裂的危险就愈小;吸收很多工人参加中央委员会,有助于工人改善"我们糟透了的机关","更好地检查、改善和改造我们的机关";防止中央委员会一小部分人的冲突对党的整个前途产生过大的影响,增强党的稳定性,因为敌人在反对苏维埃俄国的赌博中"把赌注押在我们党的分裂身上",在这种分裂方面敌人"又把赌注押在党内最严重的意见分歧上","据我看,这种斗争在最近几年内可能而且一定会大大尖锐化"。选拔工人中央委员,"应当主要不是来自那些做过长期苏维埃工作的工人(我在本信的这一部分所指的工人都是把农民包括在内的),因为在这些工人中间已经形成了某些正应该加以克服的传统和成见"。"工人中央委员会主

[①]《马列著作编译资料》1980年第12辑,第222—223页。
[②]《列宁选集》中文第3版第4卷,第743—749页。

要应当是这样的工人,他们的岗位低于五年来被我们提拔为苏维埃职员的那一层人,他们更接近于普通的工人和没有成为直接或间接剥削者的农民","他们在高度熟练的专家和在各部门都有很高威信的工农检查院成员的帮助下,年复一年地学习国家管理的课程,那么,我认为,我们一定能够成功地解决我们长期未能解决的这一任务"。另外,列宁还提出赋予国家计委以立法的性质和职能。

列宁从两个角度分析了党的不稳定性和分裂的问题。

一个是因党所依靠的工人阶级和农民阶级不能协调一致,而产生党的不稳定性和分裂,在这种情况下,任何措施都不能防止分裂,党的"垮台就不可避免,"但这还不是现实的问题,"是极遥远的未来的事,是不大可能发生的事"。另一个是近期内保障党的稳定性,防止党的最高领导层内部的分裂。考虑到托洛茨基和斯大林的较深的积怨和矛盾,列宁直截了当地指出:"稳定性的问题基本在于斯大林和托洛茨基这样的中央委员。在我看来,分裂的危险,一大半是由他们之间的关系构成的。"

接着,本着同志式的立场,列宁从"纯粹个人特性"的角度对当时党和国家的六位最高领导人作了评论,其中对斯大林和托洛茨基两个人的评述是重点。

对于斯大林,列宁在1922年12月24日的信中指出:"斯大林同志当了总书记,掌握了无限的权力,他能不能永远十分谨慎地使用这一权力,我没有把握。"10天后,列宁在对这封信的补充中,又提出:"斯大林太粗暴,这个缺点在我们中间,在我们共产党人的相互交往中是完全可以容忍的,但在总书记的职位上就成为不可容忍的了,因此我建议同志们想个办法把斯大林从这个位置上调开,另外指定一个人担任这个职位,这个人在所有其他方面只要有一点强过斯大林同志,这就是较为耐心、较为谦恭、较有礼貌,较能关心同志而较少任性等等。这一点看来可能是微不足道的小事。但是我想,从防止分裂来看,从我前面所说的斯大林和托洛茨基的相互关系来看,这不是小事,或者说,这是一种可能具有决定意义的小事。"

对于托洛茨基,列宁在信中评论道:"托洛茨基同志正像他在交通人民委员部问题上对中央进行的斗争所证明的那样,不仅具有卓越的才能,也许他还是现在中央中最能干的人，但是他过分自负，过分热衷于事情的纯粹行政方面。托洛茨基和斯大林这两位卓越领袖的这两种品质会无意中造成分裂，如果我们党不采取措施防止，那分裂是会突然来临的。"

在对斯大林和托洛茨基作了评价之后，列宁在信中表示："我不打算再评述其他中央委员的个人特点了。我只提醒一下，季诺维也夫和加米涅夫在十月的那件事[①]当然不是偶然的，但是此事不大能归罪于他们个人……在年轻的中央委员中，我想就布哈林和皮达可夫谈几句，依我看，他们是最杰出的力量（在最年轻的力量中），对他们应当注意下列情况：布哈林不仅是党的最宝贵的和最伟大的理论家，他也理所当然被认为是全党喜欢的人物，但是他的理论观点能不能说是完全马克思主义的，很值得怀疑，因为其中有某种烦琐哲学的东西（他从来没有学过辩证法，因而——我想——他从来没有完全理解辩证法）……其次是皮达可夫，他无疑是个有坚强意志和杰出才能的人，但是太热衷于行政手段和事情的行政方面，以致在重大的政治问题上是不能指靠他的。当然，我对两人作这样的评语是仅就现时情况来说的，而且还假定这两位杰出而忠诚的工作人员得不到机会来充实自己的知识，并改变自己的片面性。"

从上述列宁口述的信中可以看出，列宁对他们中间的任何人都在肯定他们的主要方面的优点、才能的同时，也明确指出他们的弱点和缺点，但没有全盘否定其中某个人的意思。克鲁普斯卡娅在1925年《布尔什维克》杂志中写道："信的目的是要帮助活着的同志们沿着正确轨道工作，因此除了优点，也指出包括托洛茨基在内的这些同志的缺点，他们必须注意这些缺点，以便最好地组织党的领导集体的工作。""信中对这些弗拉基米尔·伊里奇曾长期与之共事的同志毫无不信任之意。相反，信中对他们有不少赞扬之词。"[②] 同时，列宁与身边这批战友已合作共事多年，且同在一条船上久经风浪考验，列宁对他们的经历、才能和性格都十分了解，对他们的评价也十分准确和公允。同时也希望他们顾大局、讲团结，避免党的分裂，实行集体领导，反对个人专断。

---

① 指在十月革命前季诺维也夫和加米涅夫二人在报上发表文章泄露党的武装起义行动计划。
②《布尔什维克》杂志（俄文）1925年第16期。

第六章 晚年的探索

从口授信件的初衷来看，列宁是想向即将召开的党的"十二大"（1923年3月4日）提出自己的意见和忠告，争取亲自解决这些问题。所以，12月24日，列宁在口授给代表大会的上述几封信时，对负责记录的值班秘书玛·阿·沃洛迪切娃告诫说：昨天（12月23日）和今天（12月24日）口授的内容"是绝密的"。他再三地强调了这一点，他要求将口授的一切特别保存起来。这些记录共制成五份，一份留存秘密档案库，一份留在列宁身边，三份交克鲁普斯卡娅，均置于密封中，写明只有列宁本人才有权拆阅，而在他死后，克鲁普斯卡娅有权拆阅。当后来克鲁普斯卡娅把这部分信件交给党中央时，她写道："弗拉基米尔·伊里奇坚决希望，他的这些记录在他死后交给下次党的代表大会。"①沃洛迪切娃则在1929年写道："按列宁的意愿，文件复制本装在用火漆加封的信封中，他请求写上，只有列宁可以启封，在他死后由娜杰日达·康斯坦丁诺夫娜启封。我没有在信封上写'他死后'的字。"②沃洛迪切娃之所以没有写"他死后"几个字，主要是从感情上不愿意接受，总觉得有点犯忌。

在党的"十二大"召开前夕，列宁病情发生第三次严重恶化，丧失了语言能力，他已无力亲自安排向"十二大"送交信件的事宜了。由于克鲁普斯卡娅没有把列宁的遗嘱交给"十二大"，因此斯大林仍然被选为党的中央总书记，并且斯大林的不少支持者也被选进中央委员会。在"十二大"上，可能是顾及列宁尚在，斯大林与托洛茨基都表现得出奇的冷静，两人各讲各的报告，彼此相安无事。"十二大"后，党内高层的分歧和矛盾日益白热化，争权夺利的斗争不断升级。

1924年5月18日，党的第十三次代表大会前夕，克鲁普斯卡娅将列宁的这些信件交给中央全会，并附了一封信，说她之所以扣压这些遗嘱的记录，是因为列宁表示过，希望在他去世后交给下一次代表大会。党的领导人都第一次正式知悉了这些信件的内容。由于信中涉及各位领导人优缺点的评价，所以他们每个人都不大乐意公开接受。起初，遗嘱先在政治局成员间传阅。斯大林阅后表示，列宁的遗嘱是在被一群女人包围的情况下，听了不准确的消息后说的。5月22日，

---

① 《列宁全集》俄文第5版第45卷，第594、477页。

② 同上。

列宁的遗嘱在经过挑选的44名代表参加的会议上宣读。在中央全会上,季诺维也夫说:"我们高兴地说,列宁的担忧有一点已经证明是没有根据的。我指的就是关于我们总书记的那一点。你们全都亲眼看到我们在近几个月里融洽的合作;像我一样,你们都会高兴地说,列宁的担忧已经是没有根据的。"① 他和加米涅夫都向中央委员会建议让斯大林留任总书记。从季诺维也夫的话中可以隐约看出,他之所以不愿意公开列宁的遗嘱,主要是怕自己和加米涅夫的"疮疤"被揭。5月,中央全会对列宁这些信件的传达范围做了规定:"按照列宁的意愿,把宣读过的文件交代表大会,向代表团分别宣读,规定这些文件不得复制,由伊里奇文件接受委员会负责向各代表团宣读。"② 这样做的目的就是限制传达范围,列宁的这些信件遂成为绝密文件。

1925年,曾长期居住在苏联的美共党员、记者麦克斯·伊斯特曼写了《列宁死后》一书。书中第三章透露了"遗嘱"中列宁对斯大林、托洛茨基等六人的评价。因为书中涉及托洛茨基和克鲁普斯卡娅的一些言论,根据"政治局委员会的建议",两人分别在《布尔什维克》杂志上发表声明,声明列宁生前没有也不可能留下"遗嘱"。

列宁逝世后,联共(布)党内斗争激烈,争论双方都竭力求助于列宁的权威。包括托洛茨基在内的反对派指责斯大林隐瞒列宁的遗嘱,斯大林则引用"列宁遗嘱"中对自己有利的部分来回击反对派。这样,"列宁遗嘱"处在云山雾罩之中。

1956年,根据苏共中央的决定,将列宁的这些信件向苏共第二十次代表大会的代表传达,并将它们分发给各地党组织。接着,在1956年第9期《共产党人》杂志上正式公布了列宁的《给代表大会的信》,并出版了单行本。这样,列宁的遗嘱被揭开了神秘的面纱,成为公开的秘密。

六、对社会主义的前途和道路充满信心

---

① 〔英〕多伊彻:《斯大林政治传记》1966年英文版。
② 《列宁全集》俄文第5版第45卷,第594页。

第六章　晚年的探索

1918—1920年，当西方国家正处于社会阶级矛盾极端尖锐和革命高涨时期，列宁曾把世界范围内社会主义革命的前途寄希望于欧洲一些大国的革命运动的胜利。到1923年，国际形势发生了很大变化，德国、匈牙利、芬兰的革命及其他许多国家的革命运动遭到了失败。如何看待世界革命形势发生的巨大变化？列宁在《宁肯少些，但要好些》等文中深刻分析了国际舞台阶级力量对比，展望了世界革命的光辉前景。

1920年11月21日，列宁在一次讲话中指出："即使全世界的社会主义革命推迟爆发，无产阶级政权和苏维埃共和国也能够存在下去。"[1]1921年6月，列宁在共产国际"三大"上指出："我们预言过的国际革命正在向前发展。但是，这种前进运动并不是我们所期望的那种直线运动。"[2]

1923年初，列宁在《宁肯少些，但要好些》中认为，西欧资本主义国家发展到社会主义的过程不会是经过社会主义在这些国家里平衡成熟的道路来完成的，同时也强调东方的印度、中国及其他国家，由于第一次世界大战的影响，"完全被抛出了自己的常轨。这些国家的发展已完全按照一般欧洲式资本主义的标准进行……开始了一般欧洲式的波动"，因此，在这些国家中，被压迫民族正在觉醒，反帝民主力量日益壮大，人民革命运动正在迅速来临。

在共产国际第三次代表大会上的讲话中，列宁曾充分估计了殖民地半殖民地民族解放运动在争取社会主义在全世界获得胜利的巨大意义，指出"在未来的世界革命的决战中，占世界人口多数的人民的运动，最初为争取民族的解放，将来一定会转而反对资本主义和帝国主义，它所起的革命作用，也许比我们所希望的要大得多"。列宁在《宁肯少些，但要好些》一文中进一步论证了殖民地民族解放运动对世界无产阶级解放斗争的作用。他指出，东方各国"已经卷入了不能不引起整个世界资本主义危机的发展旋涡"，东方兴起的民族解放运动，将会直接打击帝国主义殖民体系，瓦解帝国主义的后方，使帝国主义失去自己的后备军，失去超额利润的主要来源，从而激起无产阶级争取社会主义的斗争。列宁指出：

---

[1]《列宁全集》中文第2版第40卷，第22页。

[2] 同上，第42卷，第40页。

列宁传

"斗争的结局归根到底取决于这一点：俄国、印度、中国等构成世界人口的绝大多数。正是这大多数的人口，最近几年来也非常迅速地卷入争取自身解放的斗争中，所以在这个意义上讲来，世界斗争的最终解决将会如何，是不能有丝毫怀疑的。在这个意义上讲来，社会主义的最后胜利是完全和绝对有保证的。"

列宁预计，资本主义各种矛盾的发展，必然导致新的革命危机。在西方新的革命高潮到来前，俄国人民的基本任务应该是：必须极其谨慎地维护我国的工人政权，保持住工人阶级对农民的领导，努力建设我们的社会主义国家。在对外政策上，实行不同社会制度国家和平共处，警惕和防止帝国主义国家的侵略和颠覆阴谋，维护社会主义国家的独立，争取和平建设的环境。列宁说："社会主义蕴藏着巨大的力量，人类现在已经转入一个新的、有着光辉灿烂的前途的发展阶段。"社会主义将由俄国一国胜利发展为多国胜利，直至全世界胜利，这是社会主义胜利发展的客观规律，前景是无限美好的。

1922年12月24日，列宁在病中借阅了苏汉诺夫的《革命札记》第3卷和第4卷。因为当时以缺乏经济前提为借口反对俄国社会主义的议论颇为流行，说什么俄国的生产力和文化还没有发展到足以实现社会主义的水平，说什么布尔什维克实现社会主义革命是违背历史规律的，在经济落后的国家内实行社会主义改造是荒唐的，其中苏汉诺夫在《革命札记》中的言论很有代表性。所以，列宁在1923年1月16日和17日，抱病口授了评《革命札记》的一篇文章给《真理报》，《真理报》给这篇文章加的题目是《论我国革命》。在这篇文章中，列宁进一步从理论上阐明了十月革命的历史必然性。针对苏汉诺夫之流对十月革命的责难，列宁指出，马克思主义者并不否认社会主义革命需要一定的经济前提，但是马克思主义者从来没有把这一定的经济前提凝固化、绝对化，把它变成阻止革命的清规戒律。在帝国主义时代，经济文化落后的国家，只要有了一定程度的资本主义发展，有了比较成熟的主观条件，出现了革命形势，无产阶级就应当发扬革命的首创性，不失时机地进行社会主义革命。"现在已经毫无疑问，我们基本上是胜利了。"列宁说："不错，建设社会主义是需要一定的文化水平的，虽然谁也说不出这个一定的'文化水平'究竟怎样，因为这在各个西欧国家都是不同的。"但是,"我们为什么不能首先用革命手段取得达到这个一定水平的前提,然后在工农政权和苏维埃制度的基础上追上别国的人民呢?""你们在哪些书上读到过,通常的历史顺序是不容有或不可能有这类改变的呢?"列宁指出:"世界历史发展的一般规律,不仅丝毫不排斥个别发展阶段在发展的形式或顺序上表现出特殊性,反而正是以此为前提的。"因为"俄国是个介于文明国家和初次被这次战争(第一次世界大战)完全拖进文明之列的整个东方各国或欧洲以外各国之间的国家,所以俄国可能表现出而且势必表现出某些特殊性,这些特殊性固然并不越出世界发展的共同路线,但是使俄国革命显得有别于以前西欧各国的革命……而且在转向东方国家时这些特殊性又会带有某些局部的新东西"。列宁无情地嘲笑了苏汉诺夫之流的"学究气"、对过去的"盲目模仿"、对新生事物的"胆小","他们都自命为马克思主义者,但是对马克思主义的了解却迂腐到了极点。马克思主义中有决定意义的东西,即马克思列宁主义的革命辩证法,他们是一窍不通的"。

最后岁月

1923年3月10日,列宁第三次严重发病,无情的病魔使列宁右半身完全瘫痪并剥夺了他的说话能力和工作能力。列宁感到极端痛苦,竭力进行挣扎。至此,列宁的政治生命基本结束。一位看护他的教授记载道:"情况确是悲壮的。这个人,这个曾经用他的言语使群众激动兴奋,曾经在辩论中说服战士并使领袖坚强起来的人,使全世界都对他的话起了这样那样反应的这个人,现在却连最简单最原始的概念都表示不出来了。"[①]

为了列宁的健康,党和政府组织了全国一流的医护人员为列宁诊治病症,并

[①] 普·凯尔任采夫:《列宁传》,三联书店1977年版,第297—298页。

参加值班工作。当时，中央政治局规定，除克鲁普斯卡娅、伊里尼奇娜、医护人员外，其他人不许随便探望列宁。鉴于列宁的巨大影响和崇高威信，国内外十分关注他的病情，因此党和政府决定经常发布关于列宁病情的公报。

列宁虽然不能工作和说话，但他神智仍然清醒，有时会蹦出几个词，加上手势、神态、语调来表达这种或那种意思。在失去说话能力的三四个月内，尤其是当别人不理解自己的意思时，列宁既着急，又悲伤，甚至发脾气，逼着医生、护士和护理人员走开，大家心情比较沉重。连曾被列宁亲切接见过的费尔斯特教授也不得不靠列宁周围的人提供的情况来参加治疗。

5月份，列宁的病情略有好转。5月15日，列宁被转送到哥尔克治疗，按照他的意愿把他安置在他发病前住过的一个俭朴的房间中。清新的空气和良好的护理产生了一定效果。从1923年7月底开始，列宁的健康缓慢地好转，睡眠正常，食欲改善，能够坐起来，每天和大家一块共进午餐和晚餐，茶余饭后坐轮椅到花园中散步，常常和周围的人一起去找蘑菇。这样，列宁的心情逐渐变得开朗起来，常常发出笑声，有时还轻声哼着《国际歌》《红旗歌》《塔吉斯坦山谷之歌》等歌曲。从8月份开始，在列宁的要求和建议下，值班医生和女护士的护理停止了。

视工作和政治为生命的列宁渴望能恢复工作能力。病情稍微好转和稳定，他就用左手练习写字（右手已瘫痪），练习朗诵以恢复说话能力。由于列宁反对请专业人员帮助他练习说话或写字，所以专家就先把练习说话和写字的技术单独传授给克鲁普斯卡娅，再由克鲁普斯卡娅以极大的耐心单独教列宁。

从8月10日开始，列宁开始每天翻阅《真理报》，稍后又翻阅《消息报》和其他报刊，再指定一些重要文章由克鲁普斯卡娅念给他听。有时他看一下新闻纪录片和一些文艺作品。

10月18日，列宁决定去莫斯科一趟。那天列宁的心情显得有些兴奋和激动。到城边时，他脱下帽子，挥动着，和迎接他的人打着招呼。到克里姆林宫后，列宁上楼看了看人民委员会会议厅，住在了自己的办公室。第二天，列宁又乘车在大街上和农业展览会上逛了一圈，然后回克里姆林宫自己的办公室挑了几本书，若有所思地环视了一下，然后回到哥尔克。这是列宁最后一次到莫斯科。

10月底到12月之间，布哈林、普列奥布拉任斯基、皮亚特尼茨基、斯克沃尔佐夫、斯切潘诺夫、克列斯廷斯基及《红色处女地》杂志编辑、工人和农民代表团等先后谒见了列宁。列宁虽然不能说话，但脸上挂着微笑，口中清晰地发出"噢……噢"的声音，不时地点着头。熟悉列宁的同志，可以根据他的脸部表情以及他在听汇报时的注意程度，看出他对谈话所涉及的问题的态度如何。11月2日，格卢霍沃纺织厂的工人代表团给列宁带来了18棵樱桃树和工人的问候信，列宁显得十分高兴。

1924年1月下半月，列宁病情开始出现恶化的征兆，但列宁的精神状态仍不错。1月16日至19日，俄共（布）召开了第十三次代表大会，通过了对托洛茨基反对派的决议。列宁非常认真地听取了克鲁普斯卡娅的汇报。1月19日，列宁乘坐雪橇到森林里去观看打猎。当天，全俄苏维埃第十一次代表大会开幕，加里宁在开幕词中向代表们宣布：为列宁治病的著名医师认为，列宁有可能重新进行国务活动和政治活动。这番话引起了代表们暴风雨般的掌声和"乌拉"的欢呼声。

但是，广大人民群众希望列宁恢复健康的心愿未能实现。列宁的健康状况忽然急剧恶化。1924年1月21日18时，列宁的病情急转直下，他面色苍白，全身

列宁与世长辞

肌肉抽搐，体温达 42.3℃，神志昏迷。一直守护在列宁身旁的医生全力紧张抢救，但回天乏术，无法使列宁恢复过来。18 时 50 分，列宁停止了呼吸，与世长辞，终年 54 岁。诊断书上写道，列宁的主要病状是过度的脑力劳动所引起的严重的脑脉管硬化。引起死亡的直接原因是脑溢血。经常的极度紧张的和不间断的工作，过早地夺去了列宁的生命。

列宁逝世的噩耗传开后，一阵阵的哭泣声和喧哗声打破了哥尔克宁静的夜空。当晚，加米涅夫、季诺维也夫、布哈林、斯大林、加里宁和托姆斯基闻讯后，立即乘坐雪橇，冒着凛冽寒风，驶抵哥尔克。列宁的遗体放置在一张周围摆满枞树的台桌上，加米涅夫等人在瞻仰了列宁的遗容后，当晚深夜赶回了莫斯科，召开了中央委员会全体会议，会议通过了《告全党和全体劳动人民书》。

俄共（布）中央就列宁逝世发布的《告全党和全体劳动人民书》（1924 年 1 月 23 日）

1 月 22 日凌晨 6 时，苏联电台、报纸发布了列宁逝世的消息和苏联党和政府的讣告。讣告对列宁的逝世表示沉痛的哀悼，并高度评价了列宁伟大的一生：

"无产阶级伟大解放运动的历史，在马克思之后，从来没有产生过像我们已故领袖、导师和朋友这样伟大的人物。

"无产阶级所固有的一切真正伟大和英勇的品质——大无畏的智慧，不屈不挠的、顽强的、战胜一切的钢铁意志，对奴役和压迫的深恶痛绝，移山填海的革命热情，对群众创造力量的无限信任，巨大的组织天才，都由列宁卓越地体现出来，他的名字成为从东到西、从南到北的新世界的象征。

"这样一个人去世了，在他的战斗的领导下，我们党用有力的手，在战争的烟雾中，在全国举起了十月的红旗，扫荡了我们敌人的抵抗，在以前的沙皇俄国巩固地建立起了劳动者的最高权力。共产国际的创立人，世界共产主义的领袖，国际无产阶级所敬爱并引以自豪的人，被蹂躏的东方的旗手，俄国工人专政的领袖去世了。

"列宁活在每一个诚实工人的心里；列宁活在每一个贫苦农民的心里；列宁活在千百万殖民地奴隶中间；列宁活在我们敌人营垒对列宁主义、共产主义和布尔什维主义的憎恨里。"

1月22日，全俄苏维埃第十一次代表大会上，与会的几百名代表哭作一团。代表大会通过《俄罗斯苏维埃联邦社会主义共和国第十一次代表大会告苏维埃社会主义共和国联盟全体劳动人民书》。同日，俄国共产主义青年团中央委员会通过《告全体团员书》。苏联中央执行委员会成立了由捷尔任斯基任主席的治丧委员会。

1月23日，俄共（布）中央委员会发布《告全党和全体劳动人民书》，共产国际执行委员会发表《号召书》，号召苏联和全世界的共产党人、劳动人民，继承列宁的遗训，夺取新的胜利。

1月21日至23日，俄共（布）中央委员、政府委员、全俄苏维埃第十一次代表大会和莫斯科劳动人民的代表团陆续来到哥尔克，附近乡村的农民也都来向列宁告别。1月23日，专车把列宁的灵柩运到莫斯科，安放在工会大厦圆柱大厅内，政治局委员轮流守灵。23日至27日，列宁的遗体停放在大厅里供人瞻仰、悼念。各界群众从这一天开始来到这里向列宁告别。

1月26日11时，中央执行委员会主席加里宁在全苏苏维埃第二次代表大会上宣布：这次代表大会的第一次会议是列宁追悼大会。追悼会由中央执行委员会副主席彼得罗夫斯基主持。依次发言的有：加里宁（主席）、克鲁普斯卡娅、季诺维也夫、斯大林、布哈林、蔡特金及工会、共青团、红军和海军、工人、农民、非党人士、外国人士等各方面的代表，最后是加米涅夫。

加里宁在悼词中说，苏联政府在国内外政策方面将坚定不移地遵循列宁的遗训：大民族要帮助国内其他小民族发展生产，要尊重他们千百年来历史上形成的风俗习惯；只有工人阶级和农民结成联盟才能战胜敌人；用战争反对战争，争

列宁传

苏联苏维埃第二次代表大会的代表到哥尔克村向列宁遗体告别
（1924年1月22日—23日）

取和平，争取被压迫民族的解放；在争取共产主义的斗争中，十倍地加强自己的力量。

克鲁普斯卡娅忍着巨大的悲痛，简短地阐明了列宁一生的活动和思想。她说，列宁一生对全体劳动者，对全体被压迫者充满了热爱。这种感情是他从英勇的俄国革命运动的遗产中得到的。这种感情使他热烈地、满怀激情地去探求能使劳动者获得解放的道路。他是从马克思那里找到答案的。但他不是以一个书呆子的态度对待马克思，他是以一个对亟待解决的难题寻找答案的人的态度对待马克思的。最后，克鲁普斯卡娅号召全世界劳动者，同心协力地团结起来，站到列宁的旗帜下，站到共产主义的旗帜下！

第三个发言的是共产国际执行委员会主席季诺维也夫，他代表共产国际作了长篇发言。他说，列宁为全世界劳动人民做出了巨大的贡献。他具有预见的才能，他的著作具有全世界的意义。他对苏联和共产国际的事业付出了自己的全部心血。俄国共产党的最大荣幸就是在列宁的领导下工作、斗争、胜利，有时也遭到失败。正是在失败的时候他起的作用特别大。他用自己的信念，用自己的知识，用自己对不久将来的深厚热忱照亮了我们大家的眼睛。他使厌倦者精神振奋，他把幸免于难的战士组织起来，经过艰苦的工作重新缔造了党，并领导党走向新的高涨。党的团结，是列宁留给我们的主要的、极其宝贵的财富。我们党的每个党员，政府的每个成员，要宁愿切断自己的右手，也不愿做出任何破坏党和政权坚强团结的事情。我们要发挥集体智慧和集体组织的力量去遵循列宁留给我们的遗训。我们要像列宁那样对待自己的工作。我们应该把列宁的光辉学说带到更广泛的人民群众当中去。

第四个发言的是俄共（布）中央委员会总书记斯大林，他代表中央委员会致悼词。在悼词中，斯大林连续六次用了这样的一个用语："列宁同志，我们谨向你宣誓。"他说，列宁嘱咐我们要珍视共产党这个伟大称号，要像保护眼珠一样保护党的统一，要保护并巩固无产阶级专政，要竭力巩固工农联盟，要巩固和扩大共和国联盟，要忠实于共产国际的原则。我们向列宁宣誓：我们一定竭尽全力地执行这些遗嘱。

第五个发言的是俄共（布）中央委员会政治局委员布哈林。他说，列宁是一位极其伟大的人物，在人类社会发展史上，他标志着一个时代的结束和另一个时代的开始。列宁是千百万劳动人民的代言人、预言家、领袖、最好的顾问。他的力量在于：他不仅善于教育群众，而且善于倾听群众的呼声；他是一位与每一个工人和农民、与那些刚刚登上历史舞台的新人具有广泛联系的极其伟大的人物。由于他了解群众和新成长起来的人，由于他与老百姓亲密无间，才使他成为掌握千百万人民心灵的魔术师。所以，当资本主义制度的矛盾尖锐的时候，当下层人民掀起强大的反抗浪潮的时候，列宁作为有经验的舵手，才能够领导这一巨大的、所向披靡的自发的革命运动。

发言的还有德国共产党的代表克·蔡特金，政治局委员、全俄工会中央理事会主席托姆斯基，土耳其斯坦的代表沙－阿卜杜拉苏列夫，红色普梯洛夫工厂的代表阿·思·谢尔盖也夫，非党农民代表阿·勃·克拉尤什金，科学院院士谢·费·奥尔旬布尔格，三山纺织工厂的工作人员兹韦列娃，南高加索联邦中央执行委员会主席纳·纳·利马诺夫，共产主义青年团的代表普·伊·斯罗定，红军和红海军的代表伏罗希洛夫，最后一个发言人是政治局主席、人民委员副主席加米涅夫。

1月27日，《真理报》依次报道了大会发言者提要，斯大林的发言在当时的

列宁传

报道中只有几句话。

托洛茨基在高加索养病，未能回莫斯科参加列宁的葬礼。他拍了一封电报代替悼文，并著文发表在《真理报》上，他称："该有多少人愿意毫不犹豫地献出自己的最后一滴血，只要能使伟大的领袖列宁——伊里奇这个唯一不可重复的人的血管重新工作起来！但是，这样的奇迹未能实现，科学表明自己是无能为力的……就这样，伊里奇不在了。党成了孤儿。工人阶级成了孤儿。"[1]

为深切悼念列宁的不朽功勋，苏维埃社会主义共和国联盟委员会主席团作出一系列悼念列宁的决定：列宁逝世的日子为周年纪念日；彼得格勒改名为列宁格勒；建立"列宁研究班"；用世界各种主要文字出版列宁著作；在莫斯科和其他主要城市建立纪念碑；将列宁遗体进行防腐处理，然后安置在水晶棺中，陈放在红场克里姆林宫城墙旁的陵墓[2]里供人瞻仰，不能参加葬礼的人将由机关表达他们的敬意。1月24日，《真理报》开始刊登悼念列宁的文章。

列宁去世后，各国无产阶级的代表纷纷撰文盛赞列宁的丰功伟绩。中国革命的先行者孙中山写了"国友人师"的挽联，称赞列宁是"革命中之圣人""革命中最好的模范"，强调列宁的思想魅力和奋斗精神永在。就连许多无产阶级革命的反对者也对列宁给予了高度评价。英国外交家凯尔在致《苏联中央执行委员会通报》编辑部的信中讲："列宁通过其助手们的协作，进行了一场两千年来规模最为宏大的社会实验。两千年来，所有的这类实验都失败，但列宁的做法有所创新，并且是不无道理的……只要我们这一星球还未能从混乱中恢复公正，列宁这

---

[1] 托洛茨基：《论列宁》，三联书店1980年版，第149页。

[2] 1924年1月21日列宁去世后，苏联领导人对列宁遗体的处理有不同意见，包括列宁夫人克鲁普斯卡娅在内的部分领导人主张土葬，另一部分人则主张保存遗体。1月22日，阿·伊·布里科索夫教授对列宁遗体做了防腐处理。1月24日，建筑师阿·维·休谢夫受命设计供瞻仰遗体的临时性松木墓。1月26日，苏联第二次苏维埃代表大会决定建立永久性陵墓，保存遗体。1月27日，第一座用松木建造的列宁墓在红场克里姆林宫墙边建成。1924年8月1日，由休谢夫设计的第二座用橡木建造的列宁墓在原址建成。1929年，苏联政府决定建造大理石陵墓，1930年，由休谢夫设计的第三座列宁墓在原址建成。1941年6月，列宁遗体迁往乌拉尔。1945年4月重新运回莫斯科。1953年3月5日，斯大林去世，7日，苏共中央和苏联部长会议决定将斯大林的灵柩安放在列宁墓中，与列宁遗体并列，9日，追悼会后灵柩运入，并将陵墓改称列宁斯大林墓。1961年10月，苏共第二十二次代表大会决定迁出斯大林灵柩，恢复列宁墓的名称。苏联"八·一九"事件后，有人主张把列宁遗体迁葬到列宁格勒。

位已故者将以成百种形式一次又一次复活。"① 举世闻名的哲学大师罗素则说："列宁的去世使世界失去了由战争所造成的唯一的真正伟大的人。可以认为，我们的时代将进入列宁和爱因斯坦的时代，这两个人成功地完成了巨大的综合工作，一个在思想领域，另一个在行动领域……列宁这样的国务活动家在世界上最多 100 年才出一个，我们中的许多人未必能够活着再看到另外一个像他那样的人。"②

从 1 月 23 日至 27 日的四个昼夜里，有 90 万苏联和其他国家各界劳动人民群众前往工会大厦，含着热泪依次向列宁遗体默哀致敬。因外地群众成批涌入首都，政府发出紧急通知，指示停售各地至莫斯科的车票。人们为了瞻仰列宁遗容，向自己的领袖和导师列宁告别，在零下 30℃的严寒中，燃起一堆堆篝火，日夜静默排队等候在工会大厦外面的大街上。对于人们当时瞻仰列宁遗容的动人情景，意共创始人乌·特拉契尼曾回忆说："紧靠着红场的入口，低低的木台子停放着暗红色的灵柩。灵柩开着盖，前面稍稍抬起。列宁的头枕着红色的枕头。他似乎透过闭着的眼睑看着川流不息的人群。在一片无垠的凝固的寂静中，只听到大堆篝火发出的噼啪声。成千上万的人围着篝火取暖，他们来自各地城乡，含着悲痛的眼泪，在灵柩面前行礼。灵柩四面站着守灵的人，每十分钟换一次班。守灵的有老布尔什维克、科学院的学者、男女工人、党中央委员、工会领导人、胡子上结了霜的农民。"③

1 月 27 日上午 9 时 20 分，装有列宁遗体的灵柩从工会大厦抬到红场。人民群众排着队川流不息地绕过安置在红场上的列宁灵柩的一旁。下午 4 时，全国所有企业停工五分钟，车船停止行驶五分钟，工厂汽笛长鸣告别，追悼礼炮轰鸣，在一片哀乐声中，列宁的灵柩被徐徐安放到莫斯科红场陵墓中。

……

历史的帷幕一层一层地拉上了，一个充满革命、创新、剑气的激荡人心的伟大时代慢慢地虚掩在时间的隧道之中。列宁——俄罗斯人民伟大的儿子、全世界

---

① 〔苏〕格列奇霍等：《列宁：人、思想家、革命家》，莫斯科1990年版，第480页。
② 〔苏〕格列奇霍等：《列宁：人、思想家、革命家》，莫斯科1990年版，第506页。
③ 《回忆列宁》第5卷，第454—455页。

列宁传

到工会大厦哀悼列宁的群众行列

在列宁的葬礼上。抬灵柩者（从右至左）：布哈林、加里宁、季诺维也夫、莫洛托夫、鲁祖塔克、托姆斯基、加米涅夫、斯大林

红场上的送殡人群

第六章　晚年的探索

红场上的临时列宁墓

到莫斯科红场拜谒列宁墓的人们

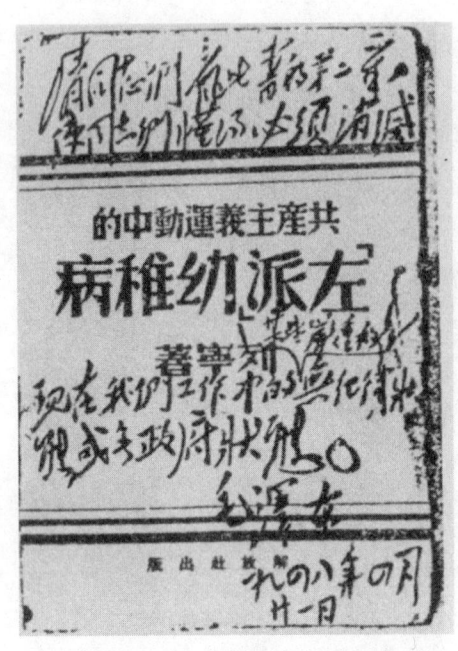

毛泽东读过的列宁著作

周恩来读过的列宁著作

刘少奇读过的列宁著作

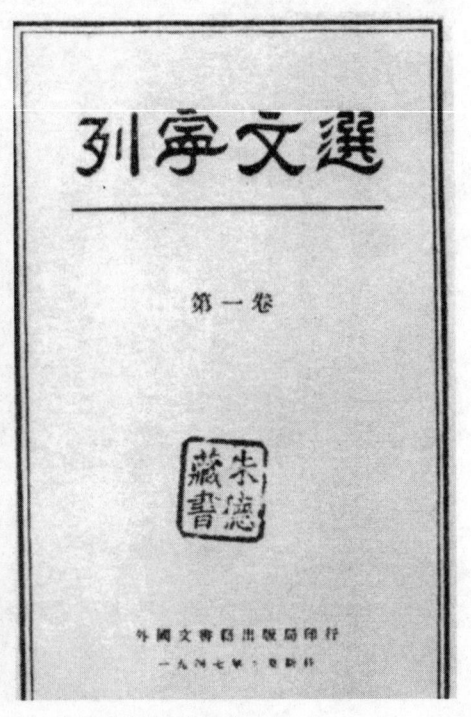

朱德读过的列宁著作

第六章 晚年的探索

无产阶级的伟大领袖和导师，虽然长眠了，但他那经天纬地的不朽业绩、博大精深的光辉思想、富有磁性魅力的伟大人格，不仅被凝铸成一座座历史丰碑而永垂千古，而且成为一把永不熄灭的火炬照亮社会主义运动的过去、现在和未来，也成为全世界无产阶级和劳动人民寻求正义、自由、平等、真理和解放的永不衰竭的源泉。正像 1895 年列宁曾引用父亲伊里亚生前所喜爱的俄国诗人涅克拉索夫的一首诗来悼念革命导师恩格斯一样，这首诗也成了人们怀念他的一段"悼文"：

> 你永不停止心灵中的渴望，
> 你热爱祖国，像正在热恋的人一样，
> 你向她献出了自己的劳动、希望和思想，
> 你使许多纯朴的心都屈服于她。
> 你呼唤人们走向新的生活，
> ……
> 然而，死神过早地降临到你的头上，
> 它夺去了你手中预言的笔杆。
> 一盏多么光亮的智慧的明灯熄灭了！
> 一颗多么伟大的心灵停止了跳动！

附 录

列宁年谱

（本年谱所述时间一律为公历。1900年以前，俄历比公历晚12天，1900年后，俄历比公历晚13天。）

1870年

4月22日（俄历10日）：弗拉基米尔·伊里奇·乌里扬诺夫（列宁）诞生于俄国辛比尔斯克市（今乌里扬诺夫斯克市）。

1879年

8月28日：进辛比尔斯克古典中学。

1886年

1月24日：父亲伊里亚·尼古拉也维奇·乌里扬诺夫去世。

1887年

3月13日：哥哥亚历山大·伊里奇·乌里扬诺夫因参与谋刺沙皇亚历山大三

世被捕。

4月30日：列宁向辛比尔斯克古典中学校长申请参加毕业考试。

5月20日：哥哥亚·伊·乌里扬诺夫被处以死刑。

6月22日：中学毕业，学习成绩优异，获金质奖章。

8月25日：开始在喀山大学法律系学习。

9月—12月16日：加入革命大学生小组和萨马拉—辛比尔斯克同乡会。

12月13日：以萨马拉—辛比尔斯克同乡会代表身份参加喀山大学和喀山兽医学院两校同乡会秘密代表会议，商讨莫斯科学运工作。

12月16日：因带头参加喀山大学学生集会、声援莫斯科大学生发动的反对反动的教育法令的运动而被捕。

12月17日：被喀山大学开除学籍。

12月19日：被放逐到喀山省莱舍夫县科库什基诺村，受警察秘密监视。

1888年

5月21日：向国民教育大臣申请复学，未获准。

9月18日：向内务大臣申请出国求学，未获准。

秋天：获准回喀山居住，受警察监视。在喀山秘密参加尼·叶·费多谢也夫组织的一个马克思主义小组。

冬天：攻读《资本论》等马、恩著作，研究达尔文、李嘉图等人的著作。

1889年

5月15日：随同全家迁往萨马拉省阿拉卡也夫卡村的田庄。

6月前后：在《萨马拉》报上刊登授课启事。

9月17日：全家移居萨马拉市（今古比雪夫）。开始研究瓦·巴·沃龙佐夫的《俄国资本主义的命运》一书。

年底：翻译《共产党宣言》，秘密在青年中宣传马克思主义。

1890 年

6月24日：向国民教育大臣申请以校外生资格参加彼得堡大学法律系课程的国家考试，获准。

夏天：和全家在阿拉卡也夫卡田庄避暑，并研读了恩格斯的《英国工人阶级状况》一书德文版。

1891 年

4月16日—5月6日：前往彼得堡，以校外生资格参加彼得堡大学法律系课程的春季考试。

5月22日：和母亲、友好在沃尔科夫参加妹妹奥丽加的葬礼。

9月22日—11月21日：在彼得堡参加彼得堡大学法律系秋季课程的考试。

11月1日：往见警察司头子，申请临时出国，被拒绝。

11月26日：回到萨马拉。

11月27日：获彼得堡大学一级毕业证书。

12月中旬：出席瓦·瓦·沃多沃佐夫关于德国社会民主党的报告会，对报告人的观点提出了不同意见。

1892 年

2月11日：注册为A.H.哈尔金律师助理。

3月—12月：承办若干件诉讼案件，并出庭辩护。组织并领导萨马拉马克思主义小组。

夏天：开始撰写批判民粹派分子沃龙佐夫、尤沙柯夫等人观点的专题报告。

1893 年

1月—12月：承办一些诉讼案件，并出庭辩护。

春天：撰写《农民生活中新的经济变动（评弗·叶·波斯特尼柯夫〈南俄农

民经济〉一书）》一文。

9月1日：从萨马拉启程前往彼得堡，途经下诺夫哥罗德。

秋天：撰写《论所谓市场问题》一文，并在马克思主义小组会上宣读。

9月15日：注册为沃尔卡施泰因的律师助理。

9月：经常参加一些律师会议，经常去国立公共图书馆和自由经济学会图书馆借书。

10月：加入彼得堡工艺学院学生马克思主义小组。

11月初：在马克思主义小组会上，批评克拉辛的《市场问题》报告。

1894年

1月21日：在莫斯科的一次秘密会议上批判民粹派分子瓦·巴·沃龙佐夫的观点。

3月初：参加彼得堡马克思主义者在克拉桑工程师家里的集会，第一次同娜·康·克鲁普斯卡娅见面。

3月开始：经常在星期日同克鲁普斯卡娅会面。

春夏：撰写《什么是"人民之友"以及他们如何攻击社会民主党人？》一书。

秋冬：领导彼得堡的进步工人小组，给维堡、涅瓦关卡等地的工人小组讲课，并参加工人的集会。

年底：撰写《民粹主义的经济内容及其在司徒卢威先生的书中受到的批评》一文。

4月前和8月前：分别研究了恩格斯的《家庭、私有制和国家的起源》《论住宅问题》。

1895年

3月初：参加在彼得堡召开的俄国各城市社会民主主义团体成员代表会议。

5月7日：为了同在国外的俄国马克思主义团体劳动解放社建立联系并考察西欧工人运动，由莫斯科启程出国。

5月15日—6月8日：在瑞士访问劳动解放社的成员（在日内瓦访问格·瓦·普列汉诺夫；在苏黎世访问帕·波·阿克雪里罗得），商谈建立经常联系和在国外出版《工作者》文集等问题。

6月：在巴黎访问法国工人运动和国际工人运动活动家、马克思的女婿保·拉法格。

9月14日—19日：在柏林访问德国社会民主党领袖威·李卜克内西。

10月：回国后主持彼得堡革命马克思主义者会议。在这次会议上正式成立彼得堡全市社会民主党人组织。同年12月27日，该组织正式定名为"工人阶级解放斗争协会"。

12月20日：由于内奸告密而被捕。

年底：在监禁和流放期间撰写《俄国资本主义的发展》一书。

1896年

1月—12月：每周二次收到姐姐借来的有关书籍。

1897年

3月1日—5月20日：从彼得堡启程经莫斯科前往西伯利亚流放地舒申斯克村。

3月后：通过母亲、姐姐和友人借阅了大量图书，并从事写作、研究和翻译工作。

1898年

7月22日：同娜·康·克鲁普斯卡娅在流放地舒申斯克村举行婚礼。

1月—12月：列宁就有关哲学问题同林格尼克通信，反对唯心主义。

1899年

2月7日—4月2日：研究卡·考茨基的著作。夏天重读普列汉诺夫的著作，研究法国和德国一些哲学理论。

9月1日—3日：在叶尔马科夫斯克村召集在米努辛斯克专区流放的马克思主义者开会，讨论经济派的《信条》。与会者17人一致通过列宁起草的《俄国社会民主党人抗议书》。

9月13日：写信给妹妹乌里扬诺娃，批判伯恩施坦修正主义。

1900年

2月10日：流放期满，离开舒申斯克村。

不晚于7月26日：从波多尔斯克启程出国。

12月24日：创办的全俄马克思主义的秘密报纸《火星报》创刊号在慕尼黑出版。

1901年

5月—12月：侨居慕尼黑，主持《火星报》工作。

7月12日前：参加俄国革命社会民主党人国外组织新章程草案的起草工作。

秋天：开始撰写《怎么办？（我们运动中的迫切问题）》一书。

1902年

1月—8月：侨居慕尼黑和伦敦，领导《火星报》编辑部工作；拟定俄国社会民主工党纲领草案。

1月21日—3月3日：研究格·瓦·普列汉诺夫写的俄国社会民主工党第一个纲领草案，在提出修改和补充意见后，亲自起草了另一个纲领草案。

4月29日：开始经常去伦敦英国博物馆借阅书刊，研究德、荷、法等国的农业统计资料。

5月—7月：指导俄国社会民主工党"二大"的筹备工作。

8月：《俄国社会民主党的土地纲领》一文在《曙光》杂志第4期发表。

9月：侨居伦敦，继续主持《火星报》工作。

1903 年

7月30日—8月23日：先后在布鲁塞尔和伦敦举行的俄国社会民主工党第二次代表大会的工作。会后，俄国社会民主工党分裂为多数派（布尔什维克）和少数派（孟什维克）。

9月：开始侨居日内瓦。

10月10日—26日：为参加俄国社会民主党人国外同盟第二次代表大会做筹备工作。

12月6日：声明退出《火星报》编辑部。

1904 年

2月—5月19日：撰写《进一步，退两步（我们党内的危机）》一书。

12月4日：出席巴黎俄国政治流亡者会议。

12月：主持布尔什维克秘密报纸《前进报》的工作。

年底：在日内瓦图书馆编制有关问题的俄文、德文、法文和英文书籍的目录。

1905 年

1月23日：在日内瓦得知彼得堡发生1月9日流血事件后，写文章进行评述。号召准备武装起义。

3月23日前：研究武装起义问题。

3月—6月：侨居日内瓦。

4月25日—5月10日：出席在伦敦举行的俄国社会民主工党第三次代表大会。当选大会主席，被任命为《无产者报》的主编和中央委员会驻国外代表。

5月10日后：在伦敦海格特公墓参谒马克思墓。

6月—7月：在巴黎参谒"公社战士墙"。撰写《社会民主党在民主革命中的两种策略》一书。

11月15日—18日：从日内瓦启程，经斯德哥尔摩回到俄国首都彼得堡。

11月22日—12月16日：主持《新生活报》编辑部的工作。

12月25日—30日：领导在芬兰的塔墨尔福斯召开的俄国社会民主工党第一次代表会议的工作。

1906年

1月下半月：从彼得堡秘密到达莫斯科，以了解莫斯科十二月武装起义后的形势。

2月底：领导俄国社会民主工党彼得堡市第一、二次代表会议的工作，讨论对待国家杜马的态度。

2月底—4月初：多次去彼得堡直接参加俄国社会民主工党中央委员会和彼得堡委员会工作，并出席会议。

4月23日—5月8日：参加在斯德哥尔摩举行的俄国社会民主工党第四次（统一）代表大会的工作，被选入代表大会主席团。

5月—8月：秘密居住在莫斯科，经常更换住所。

9月：侨居在芬兰库奥卡拉"瓦萨"别墅，编辑《无产者报》，领导《前进报》的工作。

11月16日：在俄国社会民主工党第二次代表会议（第一次全国代表会议）上被选入主席团。

1907年

1月—12月：指导布尔什维克杜马党团工作。

5月4日—13日：先后在哥本哈根和伦敦出席布尔什维克代表会议，负责领导布尔什维克派中央执行委员会。

5月13日—6月1日：领导在伦敦举行的俄国社会民主工党第五次代表大会的工作。

8月3日—5日：出席在芬兰的科特卡召开的俄国社会民主工党第三次代表会议（第二次全国代表会议）。

8月16日—24日：每天出席社会党国际局会议。在斯图加特代表大会上任大会主席团成员以及关于军国主义和国际冲突问题决议起草委员会成员，会议通过了他和卢森堡修改的关于军国主义和国际冲突的决议。

9月2日：在俄国社会民主工党中央委员会的会议上被选为党中央机关报《社会民主党人报》的主编。

11月18日—25日：出席在芬兰的赫尔辛福斯召开的俄国社会民主工党第四次代表会议（第三次全国代表会议）。

12月：第二次流亡国外。由芬兰的奥布（图尔库）前往纳古岛时，徒步走过海峡薄冰层，几乎遇难。从纳古岛乘轮船前往斯德哥尔摩。

1908年

1月：经瑞典、德国抵达瑞士的日内瓦，主持迁移到日内瓦继续出版的布尔什维克秘密报纸《无产者报》。

年初：同高尔基等人多次通信或会晤，批判波格丹诺夫、卢那察尔斯基等人的错误言行。

2月底—11月初：撰写《唯物主义和经验批判主义》一书。

8月26日：开始领导筹备俄国社会民主工党第五次全国代表会议的工作。

9月10日—24日：写《列夫·托尔斯泰是俄国革命的镜子》一文。

12月15日：侨居巴黎。

1909年

1月3日—9日：出席在巴黎举行的俄国社会民主工党第五次全国代表会议，批判取消派和召回派。

1月：编辑党中央机关报《社会民主党人报》。

6月21日—30日：主持《无产者报》扩大编辑部会议，批判取消派和召回派。

夏天：同克鲁普斯卡娅到巴黎近郊德拉维里拜访马克思的女婿拉法格一家。

列宁传

1910 年

8月28日—9月3日：出席第二国际哥本哈根代表大会。

12月：领导在莫斯科出版的布尔什维克合法杂志《思想》的出版工作。

1911 年

春天—8月30日：创建和领导设在巴黎的隆瑞莫党校，并亲自授课和作报告。

12月3日：代表俄国社会民主工党在拉法格夫妇的葬礼上发表演说。

12月27日—30日：主持召开布尔什维克国外小组会议。

1912 年

1月18日—30日：出席并主持俄国社会民主工党第六次（布拉格）全国代表会议。

2月：出席巴黎布尔什维克小组会议，反对在侨居条件下同孟什维克进行无谓的辩论。

5月5日：领导布尔什维克的合法日报《真理报》第1号在彼得堡出版。

6月13日：在俄国社会民主工党国外组织巴黎支部会议上作讲演。

6月22日：同克鲁普斯卡娅由巴黎迁居波兰的克拉科夫。

7月：在克拉科夫领导《真理报》和布尔什维克杜马党团工作。

11月10日—12月3日：指导布尔什维克代表参加第二国际巴塞尔代表大会。

1913 年

1月8日—14日：主持召开俄国社会民主工党中央委员会会议。

1月16日：撰写的《欧仁·鲍狄埃》一文发表在《真理报》第2号上。

3月：侨居在波兰的克拉科夫和波罗宁，领导俄国全党的工作。

3月14日：撰写的《马克思学说的历史命运》一文发表在《真理报》第50号上。

3月—4月：撰写《马克思主义的三个来源和三个组成部分》。

10月6日—14日：在波罗宁主持召开俄国社会民主工党中央委员会会议。

10月10日以后：开始研究由奥·倍倍尔和爱·伯恩施坦编辑的《马克思和恩格斯通信集》第1—4卷。

1914年

1月26日—2月2日：参加拉脱维亚边疆区社会民主党第四次代表大会的工作，代表俄国社会民主工党中央委员会在代表大会上作报告。

2月—5月：撰写《论民族自决权》。

3月—5月9日：侨居克拉科夫。

5月9日：移居波罗宁。

7月—11月：撰写《卡尔·马克思》一文。

夏天：研究关于哲学问题的资料，并做笔记。

8月1日：得悉第一次世界大战爆发。

8月5日：从报上得悉德国社会民主党议员表决赞成德国政府提出的预算消息后，认为第二国际末日已到，宣布自己"不再是社会民主党人，而要成为共产党人"。

8月7日—19日：被诬从事间谍活动，被奥地利当局逮捕入狱并受审。

9月5日：出狱后获准去瑞士，偕全家到达伯尔尼，途经克拉科夫。

9月5日、6日：撰写关于战争问题的提纲《革命的社会民主党在欧洲大战中的任务》。

9月5日后：在伯尔尼图书馆进行研究工作。

9月6日—8日：领导在伯尔尼举行的布尔什维克会议，作关于布尔什维克党对战争的态度问题的报告。

10月11日：前往伯尔尼作关于战争问题的报告。

10月16日：在洛桑、日内瓦作关于战争问题的报告后返回伯尔尼。

1915年

1月10日—2月26日：领导俄国社会民主工党国外支部代表会议的筹备工作，起草关于战争、第二国际、革命等问题的决议草案。

2月27日—3月4日：在伯尔尼主持俄国社会民主工党国外支部代表会议，并作报告。

5月底—10月6日：陪夫人克鲁普斯卡娅在瑞士泽伦堡山村养病，从事理论研究工作，领导国际社会党代表会议的筹备工作。

5月—8月：撰写《第二国际的破产》《社会主义与战争（俄国社会民主工党对战争的态度）》《论欧洲联邦口号》等著作。

9月5日—8日：出席在瑞士的齐美尔瓦尔德举行的国际社会党代表会议并发言，组织和团结这次会议的左翼。

不晚于11月12日：复函同意米·尼·波克罗夫斯基提出写一本关于帝国主义的小册子的建议。

1月—12月：研究关于民族问题的材料。

1916年

1月15日：主持齐美尔瓦尔德左派常务局会议。

2月10日后：参加布尔什维克苏黎世支部。

4月24日—30日：出席在瑞士昆塔尔举行的国际社会党代表会议，主持齐美尔瓦尔德左派的一系列会议。

7月2日：完成《帝国主义是资本主义的最高阶段》一书。

7月后：在苏黎世领导布尔什维克党的革命工作，编辑《社会民主党人报》，反对机会主义和中派分子。

7月25日后：获悉母亲玛·亚·乌里扬诺娃于1916年7月25日在彼得格勒去世，终年82岁。

9月1日后：研究英、法、德报纸上的作战地图。

1917年

2月：以《马克思主义论国家》为标题，开始探讨国家与革命问题，并做了笔记。

3月15日：获悉俄国二月革命取得胜利，决定立即回国。

3月20日—4月8日：为《真理报》撰写总标题为《远方来信》的一组文章。

4月9日：同克鲁普斯卡娅和一批政治流亡者一起离开瑞士，取道德国、瑞典、芬兰回国。

4月16日：撰写《四月提纲初稿》。抵达彼得格勒芬兰车站，站在装甲车上向欢迎群众发表演说。

4月17日或18日：开始主编布尔什维克党中央机关报《真理报》。

4月18日：出席在塔夫利达宫举行的全俄工兵代表苏维埃布尔什维克代表会议，作报告并逐条阐述《四月提纲》。

5月7日—12日：主持俄国社会民主工党（布）第七次全国代表会议（四月代表会议），作关于土地、战争、殖民地、民族问题、革命策略等问题的报告。

5月—7月：在彼得格勒主持俄国社会民主工党（布）中央委员会和《真理报》的工作。

6月4日：出席全俄农民第一次代表大会，发表关于土地问题的讲话。

6月16日—7月7日：参加在彼得格勒举行的全俄工兵代表苏维埃第一次代表大会的工作。

7月18日—11月6日：由于"七月事变"后资产阶级临时政府实行白色恐怖，为避开搜捕而转入地下，嘱托他人保管好记有《马克思主义论国家》的笔记本。

7月18日—11月6日：处在地下状态，同党中央保持密切联系，指导党的活动，秘密撰稿，研究社会主义革命最重要的理论问题，领导武装起义的准备工作。

7月23日：撰写《政治形势》一文，明确提出布尔什维克党准备武装起义以夺取政权的新策略路线。

8月8日—16日：间接领导俄国社会民主工党（布）第六次代表大会的工作，并被选为大会的名誉主席和党中央委员。

8月22日晚：化装后乘火车秘密前往芬兰。

8月23日—10月20日：隐居在芬兰。

8月—9月：撰写《国家与革命》一书。

9月下旬：写《大难临头，出路何在？》等文章和《布尔什维克应当夺取政权》《马克思主义和起义》两封信。

10月20日—11月6日：秘密住在彼得格勒。

10月23日：参加俄国社会民主工党（布）中央委员会会议，提出关于武装起义的决议案。会议成立了以列宁为首的中央政治局，对起义进行政治领导。

10月29日：出席俄国社会民主工党（布）中央委员会扩大会议，就武装起义的方针问题作报告。会议成立了起义领导机构——军事革命总部。

10月30日—11月1日：指示严肃处理季诺维也夫和加米涅夫泄露武装起义计划的事，要求将二人开除出党。

11月6日：写信给中央委员会，认为拖延武装起义等于自取灭亡。深夜冒险来到起义领导中心斯莫尔尼宫，直接领导彼得格勒的工人、士兵的武装起义。

11月7日：以军事革命委员会的名义起草《告俄国公民书》，宣告资产阶级临时政府已被推翻，政权转到军事革命委员会手中。午夜，起草《土地法令》。

11月8日：出席全俄工兵代表苏维埃第二次代表大会第二次会议。大会通过列宁起草的《和平法令》《土地法令》和《关于成立工农政府的决定》。大会宣布组成世界上第一个工农政府——以列宁为首的人民委员会。

11月9日：主持人民委员会第一次会议。领导平定叛乱工作。

11月15日后：签署《俄国各民族权利宣言》。拟《关于实行银行国有化及其必要措施的法令草案》。做关于苏维埃国家经济政策问题的笔记。

1918 年

1月6日—9日：写《怎样组织竞赛？》等多篇文章和一些文件。

1月16日：拟写的《被剥削劳动人民权利宣言》被全俄中央执行委员会通过。指示和德国的停战谈判问题。

1月23日—31日：领导全俄工兵农代表苏维埃第三次代表大会的工作，当选为代表大会名誉主席。

1月28日：签署人民委员会关于建立工农红军的法令。

2月18日：出席俄国社会民主工党（布）中央委员会会议，两次讲话，坚决主张立即接受德国提出的和约条件。

2月21日：起草人民委员会的法令《社会主义祖国在危急中！》。

3月6日—8日：出席俄共（布）第七次（紧急）代表大会，作《关于修改党纲和更改党的名称的报告》，提出关于战争与和平的决议草案。

3月10日：由于迁都，离开彼得格勒前往莫斯科。

3月11日—16日：领导全俄工兵农代表苏维埃第四次（非常）代表大会的工作。大会通过列宁起草的以共产党党团名义提出的关于批准《布列斯特和约》的决议。

4月—5月：撰写《苏维埃政权的当前任务》《论"左派"幼稚性和小资产阶级性》等文章。

5月1日：在霍登卡广场检阅部队。

5月8日：主持人民委员会会议，撰写《关于粮食专卖法令的要点》。

6月4日：在全俄中央执行委员会、莫斯科苏维埃和工会联席会议上作《关于同饥荒作斗争的报告》和总结发言。

7月5日：在全俄苏维埃第五次代表大会上作人民委员会工作报告。

7月10日：同约·约·瓦采季斯谈东线的局势、苏维埃共和国的国防体系和红军建设等问题。

8月6日以后：撰写告工人书《工人同志们！大家都来进行最后的斗争！》。

8月28日：在全俄教育工作第一次代表大会上发表讲话。

8月30日：在莫斯科河南岸区原米歇尔逊工厂群众大会上发表讲话。离开工厂时，遭社会革命党恐怖分子范·卡普兰枪击受重伤。

8月30日—9月15日：受伤后接受治疗。

10月—11月：撰写《无产阶级革命和叛徒考茨基》一书。

11月6日：出席全俄工人、农民、哥萨克和红军代表苏维埃第六次（非常）代表大会第一次会议，当选为大会名誉主席，发表庆祝十月革命一周年的讲话。

11月7日：先后在马克思、恩格斯纪念碑揭幕典礼和十月革命烈士纪念碑揭幕典礼上讲话。

11月19日：在全俄女工第一次代表大会上讲话。

11月30日：签署全俄中央执行委员会关于成立工农国防委员会的决定。

1919年

3月2日：在共产国际第一次代表大会上致开幕词，当选为大会主席团常务主席。

3月18日：在全俄中央执行委员会举行的雅·米·斯维尔德洛夫追悼会上致悼词。

3月18日—23日：出席俄共（布）第八次代表大会，致开幕词，并代表中央委员会作总结报告和关于党纲的报告。

3月底：灌制八篇留声机片录音讲话。

5月1日：在红场的阅兵式和庆祝大会上讲话。

5月6日：在全俄社会教育第一次代表大会上致贺词。

5月25日：参加在红场举行的庆祝普遍军训一周年的群众大会，检阅工人营、各区共产主义分队和莫斯科军事学校学员，并发表讲话。

6月28日：写完小册子《伟大的创举（论后方工人的英雄主义。论"共产主义星期六义务劳动"）》。

7月4日—7日：代表俄共（布）中央给各级党组织写《大家都去同邓尼金

作斗争！》一信。

10月11日：撰写《工人国家和征收党员周》一文。

10月16日：在莫斯科苏维埃大楼阳台上对应征入伍的工人共产党员发表讲话。

10月30日：撰写《无产阶级专政时代的经济和政治》一文。

11月19日：接见旅俄华工联合会会长刘绍周（刘泽荣）。

12月2日—4日：领导俄共（布）第八次全国代表会议的工作。

1920年

1月23日：写信给格·马·克尔日札诺夫斯基，建议他在为《真理报》写的文章中阐述国家电气化计划。

2月：接受美国《世界报》记者林·埃尔的采访。

3月底—4月初：领导俄共（布）第九次代表大会的工作，并作报告和发言。

4月—5月：撰写《共产主义运动中的"左派"幼稚病》一书。

5月1日：在克里姆林宫院内参加星期六义务劳动。

7月19日：在共产国际第二次代表大会开幕会上作报告。

9月下旬：主持俄共（布）第九次全国代表会议。

10月2日：出席俄国共产主义青年团第三次全国代表大会，发表《青年团的任务》的讲话。

10月6日：接见英国学者赫·威尔斯。

秋天：接见苏俄红军中国团团长任辅臣烈士的遗属。

11月14日：同克鲁普斯卡娅一起参加莫斯科省沃洛科拉姆斯克县卡希诺村电站的落成典礼。

12月22日—29日：领导全俄苏维埃第八次代表大会的工作。

1921年

1月28日—2月2日：两次接见全俄矿工第二次代表大会的代表。

2月8日：出席俄共（布）中央政治局会议。在讨论春播运动和农民生活状况时，撰写《农民问题提纲初稿》，规划从战时共产主义向新经济政策的转变。

3月8日—16日：领导俄共（布）第十次代表大会的工作，作关于以实物税代替余粮收集制的报告。这次代表大会标志着苏维埃俄国从战时共产主义政策转向新经济政策。

3月17日：写信给美国实业家华·万德利普，表示苏维埃俄国愿意同美国建立贸易关系和事务关系。

3月底—4月21日：撰写《论粮食税（新政策的意义及其条件）》一书。

5月26日—28日：领导俄共（布）第十次全国代表会议的工作。

6月14日—22日：同德国统一共产党出席共产国际第三次代表大会的代表克·蔡特金谈话。

6月22日—7月12日：领导共产国际第三次代表大会的工作，当选为大会名誉主席，并在会上作报告。

不晚于7月6日：在共产国际第三次代表大会会议休息时，同中国《晨报》记者瞿秋白交谈。

10月14日：撰写《十月革命四周年》一文。

10月17日：在全俄政治教育委员会第二次代表大会上作题为《新经济政策和政治教育委员会的任务》的报告。

10月22日：就租让谈判事宜接见美国实业家阿·哈默。观看全俄第一部电犁试验。

10月29日：出席莫斯科省第七次党代表会议，作关于新经济政策的报告。

11月5日：撰写《论黄金在目前和在社会主义完全胜利后的作用》一文。

11月28日：同美国社会活动家、法学家和经济学家帕·克里斯坦森交谈。

12月23日—28日：领导全俄苏维埃第九次代表大会的工作。

1922年

3月27日—4月2日：领导俄共（布）第十一次代表大会的工作，被选入主席团，作政治报告，当选俄共（布）中央委员。

4月3日：出席俄共（布）中央全会会议，被选为中央政治局委员。全会通过关于设立党中央总书记和两名书记的职务的决定。全会任命约·维·斯大林为党中央总书记。

5月下旬—10月初：因健康状况不佳在莫斯科近郊的哥尔克村休养，但仍未放下工作。

10月3日：休养后第一次主持人民委员会会议。

10月5日：出席俄共（布）中央全会会议。

11月13日：出席共产国际第四次代表大会的会议，用德语作《俄国革命的五年和世界革命的前途》的报告。

11月20日：在莫斯科苏维埃全会上作一生中的最后一次讲话。

12月30日：因病未能参加苏联苏维埃第一次代表大会，被缺席选为大会名誉主席。这次代表大会宣布成立苏维埃社会主义共和国联盟，并选举列宁为第一届苏联中央执行委员会委员。

12月开始：病中口授一生中最后的书信和文章:《给代表大会的信》《关于赋予国家计划委员会以立法职能》《关于民族或"自治化"问题》《日记摘录》《论合作社》《论我国革命（评尼·苏汉诺夫的札记）》《我们怎样改组工农检查院（向党的第十二次代表大会提出的建议）》和《宁肯少些，但要好些》。

1923年

3月上旬：病情恶化，丧失语言能力，右半身瘫痪加重。

4月17日：俄共（布）第十二次代表大会开幕。列宁因病不能出席，被缺席选为代表大会主席团委员。

5月15日：在医生陪同下去哥尔克村疗养。

7月6日：苏联第一届中央执行委员会第二次会议选举列宁为苏联人民委员会主席。

列宁传

1924 年

1 月 21 日：病情急剧恶化，当晚于哥尔克村逝世。

1 月 27 日：葬于莫斯科红场陵墓。